VOYAGE

AU

CAP DE BONNE-ESPÉRANCE,

ET

AUTOUR DU MONDE

AVEC LE CAPITAINE COOK.

TOME PREMIER.

VOYAGE
AU
CAP DE BONNE-ESPÉRANCE,
ET
AUTOUR DU MONDE
AVEC LE CAPITAINE COOK,
ET PRINCIPALEMENT
DANS LE PAYS DES HOTTENTOTS
ET DES CAFFRES.

Par ANDRÉ SPARRMAN, Docteur en Médecine, de l'Académie des Sciences, et Directeur du Cabinet royal d'Histoire naturelle de Stockholm.

Avec Cartes, Figures et Planches en taille douce.

Traduit par M. LE TOURNEUR.

TOME PREMIER.

A PARIS,

Chez BUISSON, Libraire, Hôtel de Mesgrigny, rue des Poitevins, n°. 13.

M. DCC. LXXXVII.
AVEC APPROBATION, ET PRIVILÉGE DU ROI.

PRÉFACE.

Les relations de voyages ont été de tout tems bien accueillies du public, mais surtout dans notre siècle, que son goût porte aux recherches, aux expériences, aux découvertes, et dont la curiosité est irritée plutôt que satisfaite par les progrès des arts et de l'industrie humaine en tout genre. Tous les voyages authentiques peuvent être considérés comme autant de traités de physique expérimentale. C'est dans cette source que l'histoire naturelle puise tous les jours de nouvelles richesses. Les observations multipliées sur l'atmosphère et ses phénomènes, sur les saisons, les sols et les climats, étendent sans cesse la sphère des connoissances physiques dont tous les arts profitent. Quant à la philosophie morale et métaphysique, il suffit de citer les ouvrages de *Paw*, de *Raynal*, de *Kaimes*, de *Robertson*, pour prouver l'utilité des journaux et relations de voyages. C'est encore dans ces dépôts que le philosophe et l'homme de génie peuvent trouver les meilleurs matériaux pour former des systêmes ressemblans à la nature, pour lier ensemble et attacher à un même principe une chaîne de vérités, et rectifier par les faits les écarts de l'imagination. Combien d'édifices brillans qu'elle avoit élevés à grands frais, et qu'une observation bien constatée d'un voyageur a tout d'un coup renversés ! Plus on lit les voyages, plus on se convainc qu'il est dangereux de prétendre deviner la nature, et qu'il est plus sûr de l'observer. L'esprit de systême est le plus grand ennemi de la vérité ; il vaut mieux la chercher dans les écrivains originaux d'itinéraires et de journaux. Ils n'ont pour la plupart, ni talens philosophiques, ni aucun autre motif de prévention ou d'orgueil, qui les engage à rapporter les faits autrement qu'ils ne se sont présentés à leur connoissance ; et entre les préjugés de l'ignorance et ceux de la science, ce sont encore les

PRÉFACE.

premiers dont l'erreur est la plus facile à distinguer et à corriger.

L'auteur de ce journal, quoique rempli de connoissances, montre à chaque page trop peu d'attachement aux systêmes et aux hypothèses, pour qu'on puisse le soupçonner de prévention, d'artifice ou d'entêtement dans ses idées préconçues. Embrasé de l'amour de la science et de la vérité, il s'engage dans les déserts sauvages d'Afrique, sans argent, sans amis, sans soutien d'aucune espèce. Il fut même obligé de se procurer, en se captivant quelque tems dans un emploi étranger à ses goûts, une somme suffisante pour l'exécution de ses projets favoris.

Indépendamment de ces considérations, l'ouvrage porte à chaque page des marques évidentes de cet attachement à la simple vérité, qui lui fit naître la première idée de l'entreprise. Il est si exact et si soigneux dans ses descriptions d'animaux, qu'il est plutôt à craindre qu'elles ne paroissent mi-

PRÉFACE.

nutieuses à quelques lecteurs moins en état de sentir leur utilité, quand il s'agit sur-tout d'êtres inconnus et d'objets tout neufs. Mais lorsqu'il décrit des scènes ou des situations, ou grandes, ou agréables, ou ridicules, alors quittant la plume pour le pinceau, il représente chaque objet sous des couleurs vives comme celles de la nature. Physicien, naturaliste, philosophe, ni les mœurs des hommes, ni leurs institutions civiles, ni leur économie rurale, ni leur politique, rien n'échappe à son observation. Jamais il ne se repose sur les relations des autres, que lorsqu'il ne peut observer lui-même.

Si l'on a du plaisir à accompagner un voyageur attentif et judicieux, le plaisir est bien plus grand encore, quand les objets qu'il observe sont nouveaux, quand il contemple la nature dans des scènes extraordinaires, ou qu'il examine des productions qui avoient jusque-là échappé à l'œil des plus courageux observateurs.

L'intérêt qu'inspire la lecture de cet ou-

PRÉFACE.

vrage naît de toutes ces sources ; les connoissances qui nous sont antérieurement parvenues sur les objets qu'il traite, étoient obscurcies par la dissemblance des relations et les contradictions des voyageurs. Le merveilleux de leurs récits tenoit l'esprit en suspens et en défiance. Kolbe est en apparence soigneux et exact, mais crédule et minutieux. La Caille semble s'être plus occupé de contredire son prédécesseur que d'établir la vérité. Dans le voyage du docteur Sparrman, nous trouvons moins de merveilles, et cette raison seule nous porteroit à croire ses récits plus exacts, quand même la fidélité de cet historien ne seroit pas garantie par les nombreuses occasions qui se présentent tous les jours, d'acquérir des informations, et par son caractère établi de précision et d'intelligence. Dans quelques circonstances peu importantes, on le trouve quelquefois un peu négligé, mais en général ses remarques sont d'une justesse frappante.

PRÉFACE.

Le champ d'un observateur tel que Sparrman, sont les ouvrages de la nature, les objets inanimés, comme les vues générales des pays qu'il parcourt, ou leurs habitations. Dans ses descriptions du pays, il se montre habile peintre; son style est nerveux et serré. Ses tableaux sont distingués par un coloris vif et par un coup d'œil sûr. De tous les habitans de ces contrées, l'homme est celui qu'il se plaît sur-tout à décrire. Nous y voyons l'indolent, mais fidèle Hottentot, le Boshi plus traître, le Caffre plus sauvage, différenciés par des traits caractéristiques. Quelques animaux particuliers y sont bien décrits, et il fait souvent mention des plantes indigènes de cette contrée, qu'il distingue par leurs noms, tant génériques que vulgaires (*).

Doué d'un rare esprit d'observation,

(*) Nous trouvons plusieurs de ces plantes mentionnées dans le supplément de Linné junior; mais il y en a plusieurs autres dont, l'on ne sait pourquoi, Linné n'a point parlé.

PRÉFACE.

Sparrman avoit encore, comme nous l'apprend son ami M. George Forster, l'avantage d'être admis dans les premières maisons du Cap. Il paroît avoir eu fort à cœur de tirer de cet avantage tout le parti possible, et c'est peut-être à quoi nous sommes redevables de la carte du pays, placée en tête de ce volume, acquisition vraiment précieuse pour la géographie. Dès sa jeunesse, il s'étoit préparé à une aussi grande entreprise, par un voyage qu'il fit sous son cousin le chevalier Ekeberg, et les *Amœnitates Academiæ* publiées sous l'inspection du grand Linné, fournirent nombre de preuves qu'il n'avoit pas fait le voyage en vain. A son retour à Upsal, il s'appliqua à l'étude de la physique; mais son attention se porta principalement vers la botanique, qu'il cultiva avec la plus grande ardeur sous le célèbre restaurateur de cette science, et il devint un de ses disciples favoris. Il n'étoit point, il faut l'avouer, d'éducation plus propre à le former pour sa tâche future.

PRÉFACE.

Son âge, lorsqu'il partit pour le Cap, étoit aussi le plus convenable à ses desseins.

Le prétexte de son expatriation étoit, comme il le dit lui-même, d'instruire les enfans de M. Kerste, alors résident à Falsebay. Cette fonction, si peu analogue à l'intention de son voyage, qui étoit d'examiner à fond cette partie du monde, servoit à empêcher qu'il ne fût soupçonné comme espion. Dans cette situation, qui lui déroboit une grande partie de son tems, avec une fortune très-bornée, environné de difficultés qui provenoient tant du caractère indolent des naturels, que de la jalousie des habitans Européens, il est étonnant qu'il ait pu ce qu'il a fait.

L'arrivée de M^{rs}. Forster au Cap, avec les vaisseaux *la Résolution* et *l'Aventure*, fut pour lui une occasion d'étendre ses recherches encore plus loin. L'heureuse rencontre que ces célèbres navigateurs firent, dans ces conjonctures, d'un zoologiste tel que M. Sparrman, fut peut-être autant utile

à

PRÉFACE.

à la réputation de M^{rs}. Forster, qu'elle le fut au progrès des connoissances naturelles. On doit espérer que nous serons un jour informés de toute l'étendue de nos obligations envers lui, relativement à cet objet.

A son retour de ce long et glorieux voyage, le docteur Sparrman se donne à peine le tems de se remettre de ses fatigues, et s'empresse de mettre à exécution un projet depuis long-tems médité. Il voyage à travers une foule de périls, au milieu des bêtes féroces, d'habitans perfides, avec un incommode chariot, et continuellement suspendu entre des précipices effrayans et des rivières rapides, dans un pays où l'on ne trouve jamais de ponts, et souvent point de chemin.

Mais son œil attentif ne s'est pas borné à observer et à décrire une plante ou un animal inconnu. On trouvera dans le cours de cet ouvrage une découverte d'une utilité bien plus générale, et qui doit rendre à jamais précieuse la mémoire de cet intré-

PRÉFACE.

pide voyageur. Il vient de porter la lumière sur un coin du globe, enveloppé jusqu'à présent d'un nuage funeste : il a montré aux navigateurs de toutes les nations des rades et des ports faciles, près desquels des milliers d'hommes ont sans doute péri, faute de les connoître. *Le Doddington*, vaisseau de la Compagnie des Indes, et tout récemment un autre encore, n'ont fait naufrage que parce qu'ils ignoroient que la côte d'Afrique s'étend bien loin à l'est, avant de commencer à se porter vers le nord, ensorte que les vaisseaux venant de l'Inde trouvoient la Caffrerie beaucoup plus à l'est qu'ils ne s'y attendoient; et ceux qui étoient jetés au loin vers le sud, étoient obligés de lutter contre l'impétueux élément, dans ces rudes climats, lorsqu'ils auroient pu trouver sur la côte méridionale, à l'est de Falsebay, des havres salutaires ; havres omis exprès sur les cartes publiées par les Hollandois. Telles sont les observations qui rendent cet ouvrage à jamais précieux.

PRÉFACE.

En suivant notre voyageur, nous apprenons à connoître plus particulièrement ces habitans féroces des bois, dont l'homme a si heureusement envahi ou resserré les domaines; l'hyène, le buffle, l'éléphant sauvage, le rhinocéros, et sur-tout le lion. Ce tyran du désert est examiné par M. Sparrman, dans sa caverne natale, et ses mœurs décrites par un témoin oculaire, exposé à son ressentiment.

Parmi les quadrupèdes de cette contrée, on trouve un animal qui en apparence mérite peu d'attention, et qui pourtant déroute tous les systèmes des spéculateurs; c'est le *viverra putorius*, qu'un naturaliste justement célèbre a positivement assuré ne devoir point se trouver dans les parties méridionales de l'ancien monde, d'après l'impossibilité prétendue qu'il existât en Amérique des animaux qu'on ne pût pas supposer avoir passé le détroit entre les deux continens à l'est de la Sibérie.

Au mois de décembre 1775, M. Sparr-

PRÉFACE.

man, pendant son absence, fut élevé au grade de docteur en médecine; et à son retour, il fut fait membre de l'Académie royale de Stockholm et de plusieurs autres sociétés savantes. Après la mort du grand entomologiste, le baron de Géer, qui avoit légué à l'Académie sa magnifique collection de curiosités naturelles, notre auteur en fut nommé inspecteur; il fut revêtu par l'Académie du titre honorifique de professeur; et résignant à son successseur la charge de président de cette société, après l'avoir occupée l'espace de trois mois, il prononça un discours sur « les avantages « que les sciences, et en particulier l'his- « toire naturelle, ont retirés et doivent « retirer encore des recherches passées et » futures dans la mer Pacifique «, publié à Stockholm en 1778. Nous avons appris l'année dernière la mort prématurée de cet homme estimable.

Nous nous sommes permis de réformer l'orthographe de quelques noms de lieux,

PRÉFACE.

dans le cours de l'ouvrage et dans la carte. Nous en avons traduit ou imité en françois un petit nombre des plus familiers à notre nation (*). L'auteur, qui s'attachoit aux choses plutôt qu'aux mots, a quelquefois négligé la nomenclature. Nous avons aussi adopté les divisions en chapitres et en sections, faites par M. George Forster, éditeur de la traduction allemande. Ces divisions, en reposant l'attention, nous ont paru faciliter l'intelligence de cet ouvrage, qui, pour employer les expressions de M. Forster, est fait pour plaire à toutes les classes de lecteurs.

(*) Tous les noms francisés sont écrits sur la carte en caractère romain.

AVIS.

L'auteur a fait ses observations météorologiques sur le thermomètre de Farenheit.

On sait que les degrés du thermomètre de Farenheit ne sont pas divisés sur la même échelle que ceux du thermomètre de Réaumur ; mais on connoît à-peu-près le rapport qui existe entre les deux échelles. Je dis à-peu-près, car les physiciens ne sont pas exactement d'accord sur le rapport qui se trouve entre ces deux sortes de thermomètres. L'un dit que le 32e degré de celui de Réaumur correspond avec le 96e de celui de Farenheit, d'où il s'ensuivroit que pour 2 degrés de Réaumur, il faudroit en compter 7 de Farenheit ; et cependant il est constant, en général, que le 25e degré de Réaumur concourt avec le 84e de Farenheit. Nollet donne une règle assez sûre pour une partie de l'échelle ; c'est que dans le Réaumur à esprit-de-vin, 10 degrés au dessus et au dessous du point de congélation, équivalent à 20 degrés $\frac{2}{3}$ du Farenheit à mercure. Mais cette proportion n'a pas lieu dans le reste de l'échelle, parce que l'ascension de l'esprit-de-vin ne suit pas toujours une progression égale ; qu'il monte ou descend, tantôt plus vîte, tantôt plus lentement ; comme il est certain qu'il monte plus vîte que le mercure, et se tient plus haut que lui. Mais la proportion qu'on vient de donner de 20 degrés $\frac{2}{3}$ du Farenheit pour 10 du Réaumur, suffit dans l'usage ordinaire, et quand il n'est pas question d'une précision géométrique ; et avec cette règle, on pourra toujours réduire les degrés du Farenheit à ceux du Réaumur.

INTRODUCTION.

J'eus dans le mois de septembre 1771, occasion de songer à faire un voyage au promontoire septentrional d'Afrique ; voici ce qui donna lieu à ce projet.

Le capitaine Ekeberg, homme savant, et zélé pour le progrès des sciences, s'étoit chargé d'obtenir, dans une résidence assez courte qu'il fit au Cap de Bonne-Espérance, la permission d'y envoyer de Suède un naturaliste, et il l'avoit obtenue.

Mais afin que celui qu'on y enverroit en cette qualité, pût vaquer à ses recherches sur les plantes, les insectes et tous les autres objets de sa compétence, sans courir le risque d'être regardé comme un espion envoyé pour observer le pays et son gouvernement; afin qu'il pût aussi remplir sa mission le plus économiquement qu'il seroit possible, on convint qu'il enseigneroit en même tems aux enfans du résident à Falsebay, la géographie, le françois et les mathématiques.

M. Ekeberg n'ignoroit pas mon goût pour l'histoire naturelle. Il en avoit été témoin dans le cours d'un voyage à Canton en Chine, que j'avois eu le bonheur de faire sous son commandement en 1765 et 66. C'étoit donc moi qu'il avoit eu en vue, lorsqu'il songea à ce voyage au Cap de Bonne-Espérance.

J'acceptai son offre avec d'autant plus de plaisir, que je desirois depuis long-tems de visiter les parties lointaines du globe; mais il étoit, avant tout, nécessaire d'obtenir de MM. les Directeurs de la Compagnie des Indes orientales Suédoise, qu'il me fût accordé un passage sur quelqu'un de leurs vaisseaux destiné pour le Cap et Canton.

M. Ekeberg parla au Conseil, de mon voyage projeté, comme d'une entreprise qui devoit être avantageuse aux sciences. En considération d'un motif si noble et si séduisant, ces Messieurs me flattèrent de l'espérance d'obtenir ma demande, dès que, conformément à l'usage, on leur auroit présenté une requête par écrit à ce sujet.

Notre grand Linné entendit parler avec joie d'un projet, dont l'objet principal étoit sa science favorite, et dans laquelle il étoit si profondément versé; il envoya son nom, qui équivalut à une requête.

MM. les Directeurs n'ignorant pas de leur côté, combien

INTRODUCTION. xvij

combien les sciences fournissent de lumières et de secours au commerce et à la navigation, lorsque la navigation et le commerce secondent à leur tour et soutiennent les sciences, non-seulement m'accordèrent l'objet de mes demandes, mais outrepassèrent mon attente.

Ils ordonnèrent que mon passage de Gottenbourg au Cap, et toutes les choses nécessaires pour la traversée, me fussent fournis gratis sur un de leurs vaisseaux, nommé *le Fort de Stockholm*, destiné pour Canton, qui, à ce qu'on espéroit, devoit être prêt à mettre à la voile à Noël suivant, et devoit prendre, en passant, des rafraîchissemens au Cap.

Avant de commencer le journal de mon voyage, j'ai l'honneur d'assurer à tout lecteur qui voudra m'accompagner, qu'il est le bienvenu; mais je le préviens qu'il ne doit pas s'attendre à trouver ici un chef-d'œuvre de méthode, ni de rhétorique.

Un homme qui voyage pour s'instruire dans des pays inconnus, n'a pas assez de tems pour mettre en ordre les collections qu'il cherche à former ; comment seroit-il capable d'arranger ses observations sur le papier, ensorte que ses écrits symétrisés d'après le goût du siècle, pussent plaire à

Tome I. c

tout le monde ? Quant à mon style, c'est celui d'un homme peu accoutumé à la composition : il est parfois si inégal, si malheureux en expression, qu'il me déplaît à moi-même, et j'ai besoin plus que tout autre écrivain, de réclamer sur ce point l'indulgence du public. Depuis plusieurs années, tous mes écrits n'ont consisté qu'en quelques notes ou *memento* très-courts, écrits tantôt dans une langue, tantôt dans une autre, selon le genre de mes occupations ou selon la partie du monde où je me trouvois ; souvent même, dans plusieurs langues fondues ensemble à ma manière. C'est ce mélange que j'ai rassemblé et traduit en Suédois, ma langue naturelle, dans un style sans doute très-diffus.

Quoique je l'aie fait avec plaisir, en songeant qu'il est de mon devoir de communiquer à mes compatriotes les résultats de mes recherches, la tâche n'en est pas moins pénible pour moi, qui, depuis long-tems occupé d'objets plus importans, ai négligé totalement l'art d'écrire, et qui me sens absolument incapable de satisfaire en cela le goût de mes lecteurs.

Cependant je n'ignore pas combien ces accessoires sont puissans pour disposer les esprits en faveur d'un ouvrage. Quoique je puisse garantir le point essentiel dans toutes les compositions de ce genre, c'est-à-dire, la vérité des faits, ce mérite ne sera compté pour rien, si le public juge que j'ai mal choisi mes matériaux, que je n'ai pas su y répandre assez de variété ni d'intérêt, enfin s'il est mal satisfait de la manière dont ils lui sont présentés. On m'a déja donné à entendre qu'on attendoit de moi des récits merveilleux. Un homme que son caractère actif et le desir de voir avoient lancé hors de son pays natal, et emporté autour du monde, particulièrement à travers le pays des Hottentots et les régions désertes de l'Afrique, un tel homme, dis-je, devoit avoir rapporté une foule de relations curieuses. J'avoue que cette attente n'est pas mal fondée; la nature s'est en effet présentée à moi sous différentes formes, toujours digne d'admiration, souvent enchanteresse, quelquefois terrible et environnée d'horreur; mais je dois encore prévenir que ces grands prodiges, ces phénomènes miraculeux, dont la lecture de quelques auteurs a déja rempli l'imagination de certaines personnes, et sur lesquelles j'ai été mainte fois interrogé, on ne les trouvera point dans mon journal. Les hommes qui marchent sur un pied, les cyclopes, les syrènes, les troglodites et tous les autres êtres imaginaires se sont depuis long-tems évanouis, à mesure que le monde s'est éclairé. Cependant, dans ce siècle même, beaucoup de gens ont ajouté foi à des contes non moins étranges, dont les voyageurs au pays des Hottentots ont assaisonné leurs relations, pour les faire accueillir plus favorablement du public. On ne doit donc pas être étonné de trouver mes récits souvent fort différens des leurs. Je serai quelquefois obligé dans le cours de cet ouvrage, de ramener dans de justes bornes leurs assertions exagérées ; autrement on auroit lieu de douter de ma propre véracité.

Mon intention n'est point de donner ici une histoire complète du Cap de Bonne-Espérance, mais seulement un recueil, tant des observations que j'ai faites moi-même sur les objets remarquables de cette partie du monde, que des faits et anecdotes que j'ai entendu raconter sur les lieux. L'on me pardonnera néanmoins cette défectuosité de mon ouvrage, si l'on considère que, fort éloigné d'être riche, n'ayant d'autre appui que moi-même, j'ai entrepris un voyage qui, sous ce point de vue, doit paroître d'une étendue considérable. Toute la somme que j'emportois avec moi en partant de Suède, pour fournir aux frais de mon expédition, se réduisoit à environ 25 rixdalles (*). A mon retour, le fruit pécuniaire de mes travaux et de

---

(*) La rixdalle vaut un peu plus de 4 liv. de France.

mon économie étoit à-peu-près le double de cette somme.

Ce n'est donc point à prix d'argent que j'ai amassé des collections, et élargi la sphère de mes connoissances. C'est, comme on dit, à la sueur de mon front et au péril de ma vie; et j'ai été forcé de me contenter de ce que la fortune, a, pour ainsi dire, jeté gratis sur mon chemin.

Quoique l'arrangement en forme de journal des faits et des évènemens, ne soit pas, sous plusieurs rapports, la meilleure méthode, elle est cependant la plus naturelle. Lorsqu'on a une multitude de choses à décrire, rien n'est plus propre à donner au lecteur une juste idée de chaque objet, que de lui faire connoître quand, comment, et dans quel ordre le voyageur les a vus. Les circonstances accidentelles éclairent ces récits; mais le plus grand avantage encore qui résulte de cette méthode, c'est qu'en la suivant, il est plus aisé d'appercevoir en quoi diffèrent les résultats de l'expérience personnelle de l'auteur, de ce qu'il n'avoit d'abord avancé que sur la foi des relations d'autrui.

APPROBATION.

J'ai lu par ordre de Monseigneur le Garde des Sceaux, un manuscrit intitulé : *Voyage du docteur Sparrman au Cap de Bonne-Espérance, et autour du monde avec le capitaine Cook; traduit par M. Le Tourneur.* J'ai trouvé cet Ouvrage rempli de détails intéressans, et d'observations que le savoir de M. Sparrman rend précieuses. Ce Livre, réuni à quelques autres sur plusieurs portions de l'intérieur de l'Afrique, concourra à étendre nos connoissances sur cette partie considérable du globe. A Paris, ce 16 avril 1787.

MENTELLE.

PRIVILÈGE DU ROI.

LOUIS, PAR LA GRACE DE DIEU, ROI DE FRANCE ET DE NAVARRE : A nos amés et féaux Conseillers, les Gens tenant nos cours de Parlement, Maîtres des Requêtes ordinaires de notre Hôtel, Grand Conseil, Prévôt de Paris, Baillifs, Sénéchaux, leurs Lieutenans Civils, et autres nos Justiciers qu'il appartiendra : SALUT. Notre amé le sieur LE TOURNEUR, Nous a fait exposer qu'il desireroit faire imprimer et donner au Public *le Voyage du docteur SPARRMAN au Cap de Bonne-Espérance*, s'il nous plaisoit lui accorder nos Lettres de Privilège pour ce nécessaires. A CES CAUSES, voulant favorablement traiter l'Exposant, Nous lui avons permis et permettons par ces Présentes, de faire imprimer ledit Ouvrage autant de fois que bon lui semblera ; de le vendre, faire vendre et débiter par tout notre

Royaume. Voulons qu'il jouisse de l'effet du présent privilège, pour lui et ses hoirs à perpétuité, pourvu qu'il ne le rétrocède à personne; et si cependant il jugeoit à propos d'en faire une cession, l'acte qui la contiendra sera enrégistré en la Chambre Syndicale de Paris, à peine de nullité, tant du Privilège que de la cession; et alors, par le fait seul de la cession enrégistrée, la durée du présent Privilège sera réduite à celle de la vie de l'Exposant, ou à celle de dix années, à compter de ce jour, si l'Exposant décède avant l'expiration desdites dix années. Le tout conformément aux articles IV et V de l'Arrêt du Conseil du 30 août 1777, portant réglement sur la durée des Privilèges en Librairie. Faisons défenses à tous Imprimeurs, Libraires et autres personnes, de quelques qualités et conditions qu'elles soient, d'en introduire d'impression étrangère dans aucun lieu de notre obéissance, comme aussi d'imprimer ou faire imprimer, vendre, faire vendre, débiter ni contrefaire ledit Ouvrage, sous quelque prétexte que ce puisse être, sans la permission expresse et par écrit dudit Exposant, ou de celui qui le représentera, à peine de saisie et de confiscation des exemplaires contrefaits, de six mille livres d'amende, qui ne pourra être modérée, pour la première fois; de pareille amende et de déchéance d'état en cas de récidive, et de tous dépens, dommages et intérêts, conformément à l'Arrêt du Conseil du 30 août 1777, concernant les contrefaçons. A la charge que ces Présentes seront enrégistrées tout au long sur le Registre de la Communauté des Imprimeurs et Libraires de Paris, dans trois mois de la date d'icelles; que l'impression dudit Ouvrage sera faite dans notre royaume et non ailleurs, en beau papier et beaux caractères, conformément aux Réglemens de la Librairie, à peine de déchéance du présent Privilège; qu'avant de l'exposer en vente, le Manuscrit qui aura servi de copie à l'impression dudit Ouvrage sera remis dans le même état où l'approbation y aura été donnée, ès mains de notre très-cher et féal Chevalier Garde des Sceaux de France, le sieur HUE DE MIROMENIL, Commandeur de nos Ordres; qu'il en sera ensuite remis deux exemplaires dans notre Bibliothèque publique, un dans celle de notre château du Louvre, un dans celle de notre très-cher et féal Chevalier, Chancelier de France, le sieur DE MAUPEOU, et un dans celle dudit sieur HUE DE MIROMENIL; le tout à peine de nullité des Présentes. Du contenu desquelles vous mandons et enjoignons de faire jouir ledit Exposant et ses hoirs pleinement et paisiblement, sans souffrir qu'il leur soit fait aucun trouble ou empêchement. Voulons que la copie des Présentes, qui sera imprimée tout au long au commencement ou à la fin dudit Ouvrage, soit tenue pour duement signifiée, et qu'aux copies collationnées par l'un de nos amés et féaux Conseillers-Secrétaires, foi soit ajoutée comme à l'original. Commandons au premier notre Huissier ou Sergent sur ce requis, de faire, pour l'exécution d'icelles, tous actes requis et nécessaires, sans demander autre permission, et nonobstant clameur de Haro, Charte Normande, et Lettres à ce contraires : CAR tel est notre plaisir. DONNÉ à Versailles, le vingt-huitième jour du mois de février, l'an de grace mil sept cent quatre-vingt-sept, et de notre règne le treizième. Par le Roi en son Conseil.

LE BEGUE.

Registré sur le Registre XXIII de la Chambre Royale et Syndicale des Libraires et Imprimeurs de Paris, n°. 575, fol°. 175, conformément aux dispositions énoncées dans le présent Privilège; et à la charge de remettre à ladite Chambre les neuf exemplaires prescrits par l'Arrêt du Conseil du 16 avril 1785. A Paris, le 9 mars 1787. KNAPEN, *Syndic.*

VOYAGE

VUE DES ENVIRONS DU CAP DE BONNE ESPÉRANCE

VOYAGE
AU
CAP DE BONNE-ESPÉRANCE,
ET
AUTOUR DU MONDE
AVEC LE CAPITAINE COOK.

CHAPITRE PREMIER.
Voyage de Gottenbourg au Cap.

Le 10 janvier 1772, je partis de Gottenbourg sur le navire *le Château de Stockolm*, appartenant à la Compagnie des Indes orientales Suédoise. Le vent étoit favorable. Nous eûmes bientôt renvoyé nos pilotes, et perdu de vue les verts pâturages de la Suède. Nous trouvâmes le temps, comme on l'éprouve ordinairement dans cette saison froide, un peu plus doux en pleine mer qu'il n'étoit sur la côte. La *Louise*, navire des Indes orientales Suédoises destiné pour Cadix, où il devoit prendre des rafraîchissemens et de l'argent pour les deux vaisseaux, nous accompagna

1772.
Janvier.

Tome I.   A

jusqu'à ce que nous eussions passé le nord de l'Ecosse; mais le mauvais tems, ordinaire dans ces parages et dans cette saison, nous força de nous séparer plus tôt que nous n'en avions l'intention. Le vent continuant à souffler avec plus de violence, nous emporta notre grande hune, quoique toute neuve et faite d'une forte toile. Le dommage fut évalué à plusieurs centaines de rixdalles.

Cette scène de désordre et de ravage ne laissa pas de m'offrir un beau spectacle, tout-à-fait nouveau pour moi. Les grains de pluie qui se succédoient rapidement, et la nuit, nous enveloppoient d'épaisses ténèbres. Qu'on se représente, pour un moment, le vaisseau environné de tous côtés de vagues écumantes, qui montoient quelquefois jusqu'à nos vergues, tandis que les longs lambeaux brisés et démarrés de la hune, qu'on distinguoit clairement à leur blancheur, ondoyoient de côté et d'autre avec une violence alarmante; enfin elle disparut tout-à-fait au milieu de l'obscurité: en même temps le vent, en agitant les autres voiles qui restoient sur le mât, ainsi que les bouts de cordages brisés, les faisoit battre et craquer avec tant de force, que ce bruit couvroit par intervalles le rugissement de la mer et des vents.

L'impression ne fut pas moindre lorsque nous vînmes par degré à distinguer le tumulte de la mer, le gonflement des vagues, le rugissement des vents et le craquement des mâts et des jointures des planches, sur-tout si l'on ajoute encore le cri sauvage et continuel du capitaine, *stribord! bas-bord!* auquel les timonniers répondoient sur le même ton, sans parler du tintamarre accoutumé des matelots et des mousses, tous en agitation sur le tillac.

LE 2 février, dans l'après-midi, étant par les 34 deg. 22 min. lat. N. et 1 deg. 32 min. E. du méridien de Paris, un navire tira plusieurs coups de canon, pour nous faire entendre qu'il étoit dans la détresse, et qu'il desiroit nous parler. Nous l'attendîmes, pour qu'il pût venir à nous. C'étoit un Hollandois des Indes orientales, nommé le *Duivenbrock*, qui retournoit, et étoit commandé par le Capitaine *Conrad Loue*. Ils avoient perdu leur gouvernail, et la grosse mer les avoit empêchés d'en replacer un autre : ce qui les avoit considérablement détournés de leur route. L'équipage extrêmement amaigri, manquoit d'eau et de provisions. Notre Capitaine leur fit présent d'autant de vivres et d'eau qu'ils en purent emporter dans deux de leurs longs canots; mais le jour commençant à tomber, et un vent plus frais à s'élever, ils furent privés des nouveaux secours que chacun de nous s'empressoit encore de leur donner. Jusqu'à nos simples matelots montrèrent beaucoup de pitié pour leur situation : et sans se borner à de vaines démonstrations, c'étoit à qui

4 VOYAGE

1772.
Février.

leur donneroit des premiers du tabac et d'autres rafraîchissemens pris sur leur provision particulière.

LE 12 février, étant précisément sous le tropique, à 24 deg. 51 min. lat. N., nous vîmes un animal marin de sept ou huit pieds de long, connu des matelots sous le nom de *diable de mer*. Les auteurs qui ont écrit des voyages, rapportent qu'il est fort dangereux pour les hommes qui font la pêche des perles. Dans un voyage que j'ai fait anciennement en Chine, il m'est arrivé de voir un de ces monstres, et en l'examinant, je le reconnus pour être une espèce de *raye*.

LE 21 février, à six heures après midi, étant par les 3 deg. 24 min. lat. N. de l'équateur, nous observâmes un beau météore : il ressembloit à un boulet rouge, allant, venant, avec un petit bourdonnement, droit au dessus de notre vaisseau, entre les mâts de perroquet. Mais malgré tous les pronostics que les matelots en tirèrent, il ne parut point qu'il nous amenât aucun changement de tems.

Mars.

LE 4 mars nous passâmes la ligne, et nombre de cérémonies frivoles furent accomplies, suivant la coutume.

LE 5, étant environ par les 35 deg. lat. S. et par les 21 deg. O. de Paris, outre les lueurs étincelantes fréquentes sur la surface de la mer, on vit dans la nuit un éclatant rayon de lumière, appelé par les matelots *maarsken*, ou clair de mer. Il parut le plus souvent sous une forme ronde de trois pieds de diamètre, jetant, dans toute son étendue, une flamme des plus vives. Comme sa forme devenoit quelquefois oblongue, on conjectura qu'il provenoit du froissement des ondes : alors toute l'étendue de l'Océan fut étoilée de corps lumineux de ce genre, quelquefois éloignés l'un de l'autre de plusieurs fois la longueur du navire, et quelquefois seulement de deux ou trois pieds. Nous ne fûmes pas assez heureux pour être à portée de les examiner de près.

1772.
Mars.

Le vent devint frais, et quelquefois accompagné de fortes ondées de pluie. Le lendemain on n'observoit sur la surface de la mer, rien d'extraordinaire à quoi l'on pût attribuer cette apparition lumineuse. Une ou deux nuits auparavant, nous avions commencé à appercevoir quelques-unes de ces lueurs, et le tems étoit couvert alors. Quelques matelots des plus expérimentés m'apprirent qu'on rencontroit de ces lumières, particulièrement dans les mers du nord et dans les petites baies sur la côte du Mexique, et qu'il étoit d'usage de pronostiquer de ces apparitions un prompt changement de tems. On conjecture que ces lueurs, qu'on voit ordinairement dans la mer, sont produites tant par les parties élémentaires de la mer même, que par

1772.
Mars.

des poissons et d'autres espèces d'animaux infiniment petits dont elle est remplie. Mais quant à ces *maarsken*, je ne connois point de navigateur qui en parle. Ces clairs de mer ne seroient-ils point occasionnés par quelques animaux visqueux et gélatineux, comme le *mollusca*, qui ne s'élèvent à la surface de l'eau que dans la nuit, à certains endroits, et par une suite de quelque changement dans l'atmosphère? Je me rappelle d'avoir apperçu, particulièrement en 1775, dans les baies voisines du Cap de Bonne-Espérance, au retour de mon voyage autour du monde, le même mouvement montant et descendant dans les *medusæ*, que j'observai alors dans ces animaux. Le tems avoit été orageux toute la nuit précédente et une grande partie de la matinée suivante, et je fus très-étonné d'appercevoir, pour la première fois dans un si long voyage, une quantité si prodigieuse de ces animaux, qu'ils formoient une masse condensée de plusieurs brasses de profondeur, comme s'ils eussent été pressés l'un contre l'autre. Lorsqu'ils vinrent à s'étendre et à être un peu moins serrés, on pouvoit distinguer qu'il y en avoit une partie de bleus, d'autres de couleur de flamme, d'autres encore d'une nuance plus claire. Ils étoient pour la plupart de la forme d'un collier (*moniliformes*), et probablement ils avoient été rassemblés en troupes si nombreuses et entassées par la tempête. Cette multitude de *maarsken* donne un degré de plus de probabilité à ma conjecture. Un seul petit coin de mer (*la baie de la Table*) fournissoit alors la nourriture à plus d'animaux réunis, qu'on n'en trouveroit peut-être sur toute la surface de la terre. Je trouvai là ouverte devant moi, si l'on me permet l'expression, une des portes du riche magasin que la nature a caché dans le fond des eaux, et d'un coup-d'œil rapide je pus entrevoir une portion de ces provisions immenses qui nourrissent des millions de poissons, et qui forment dans le sein de la baleine, ce grand colosse de l'abyme, la graisse huileuse dont elle est remplie.

1772.
Mars.

On peut conclure de ces observations, que c'étoient les mêmes insectes, dont les gras lions de mer et les veaux marins, les oiseaux plongeurs et amphibies, plusieurs espèces d'albatros (*diomedeæ*, *procellariæ*) et les goulus de mer de toute espèce, étoient en quête, lorsque je les voyois chasser si assidument autour du Cap et dans les mers du Sud.

Le 12 avril, nous eûmes vue du Cap, et mîmes à l'ancre le même jour dans *la baie de la Table*.

Avril.

CHAPITRE II.

Résidence au Cap de Bonne-Espérance, jusqu'au voyage de l'Auteur à la mer du Sud.

SECTION I.

Résidence à la ville du Cap.

1772.
Avril.

Les voyageurs maritimes font ordinairement de trop magnifiques récits du Cap, sur-tout ceux qui n'y ont résidé que peu de tems. Apparemment que fatigués d'une ennuyeuse traversée de plusieurs mois, ils sont enchantés du premier coin de terre sur lequel ils posent le pied, et qu'ils font leurs relations d'après la première impression que le pays a faite sur eux. Cette espèce d'illusion est d'autant plus fréquente et plus particulière au Cap, que les voyageurs ordinairement y font trop peu de séjour pour s'en lasser. Cependant il n'est pas rare d'y voir aussi des matelots languir et dépérir après un séjour de quelques mois, et aspirer à retourner en mer. J'ai oui dire au Capitaine Cook que sir Joseph Banks, le docteur Solander et lui-même, prévenus par les relations des autres, regardèrent le Cap, la première fois qu'ils le virent, comme le plus fertile et le plus délicieux pays du monde, et qu'il leur

leur arriva même de prendre d'abord fort innocemment, pour de magnifiques champs de blé, les bruyères stériles qui s'étendent au nord de la ville.

1772.
Avril.

QUANT à moi, pour n'induire mes lecteurs dans aucune erreur sur ce point, ce n'est qu'après un mûr examen que j'ai écrit cette relation. Je dois cependant avant tout les prévenir que la carte placée en tête de ce volume, leur donnera l'idée la plus juste et la plus claire de la position des havres et petites baies de cette partie du monde, et leur présentera fidèlement les noms et la situation des différentes montagnes. Avec le secours de cette carte, on suivra plus aisément la description que je vais en faire.

LA ville est la seule de toute la colonie, et est bien nommée *le Cap*, quoique souvent ce nom soit improprement donné à tout l'établissement. Elle est située entre le rivage et le côté nord de la montagne, qu'on a appelée, à cause de l'égalité apparente de sa surface, montagne de *la Table*. D'après les mesures de l'abbé de la Caille, le rivage de cette baie est élevé de 550 toises au dessus de la surface de la mer, et elle a 1340 toises en longueur de l'est à l'ouest; le milieu est situé au sud-est de la ville, et en est éloigné de 2000 toises.

DUYVELS-KOP (*la Tête du Diable*), appelée par les Anglois, *Charles-mountain*, tient en grande partie à celle de *la Table*; mais elle est plus basse de 31 toises ; elle forme un pic aride et nu.

Leeuwen-kop, appellée par les Anglois, *Tête de Lion*, et aussi *Sugar-loaf* (Pain de Sucre), est une montagne puls séparée des deux autres, mais moins élevée. On peut dire la même chose de sa voisine *Leeuwen-staart*, nommée par les Anglois, *Croupe de Lion*, et aussi *Lion's-tail*.

D'une de ces montagnes on donne les signaux, qui sont quelques coups de canon, pour tous les vaisseaux qu'on apperçoit dans ces parages, et qui paroissent se diriger vers cette baie. Lorsqu'ils sont plus près, on hisse sur la montagne un pavillon qui sert de signal aux Capitaines des navires Hollandois; mais il n'y a qu'eux et le gouverneur du Cap qui connoissent de quelle couleur doit être le pavillon pour chaque mois. L'intention de cette règle, c'est qu'un Hollandois qui arrive dans le havre puisse connoître aussitôt si le port n'est pas tombé entre les mains de l'ennemi, et conséquemment se garder d'y tomber aussi.

Les montagnes dont j'ai parlé, sont presque entièrement nues, et la partie de celle de la Table qui regarde la ville, est assez escarpée. Les buissons et les arbres, si on peut leur donner ce nom, qui croissent çà et là sans culture, sont rabougris, tant par

leur nature chétive, que par les vents de sud-est et
de nord-ouest. La plupart paroissent séchés sur pied,
ont des feuilles pâles et brouïes, et la plus misérable
apparence. Quelques-uns qui sont abrités par des rochers, et arrosés par quelqu'un des petits ruisseaux
qui coulent le long des côtés de la montagne, sont
peut-être un peu plus sains et plus vigoureux; mais
ils n'ont jamais cette verdure vive qui décore les chênes, les vignes, les lauriers, les citronniers, etc. plantés dans les bas-fonds près de la ville. De plus, les
landes sèches et couvertes de bruyères, les plaines
sablonneuses du rivage, contribuent à donner au pays
un aspect aride et nu. Il faut avouer que dans la belle
saison, on y voit en grand nombre, éparses çà et là,
les plus belles fleurs africaines; mais elles ne peuvent
étaler tout le brillant de leurs couleurs au milieu des
amas d'herbes différentes qui les environnent, et dont
la plupart durent toute l'année avec une teinte pâle,
au milieu de buissons secs et de campagnes qui sont,
du moins près du Cap, presque continuellement broutées par le bétail. Ces plaines ne peuvent donc captiver l'œil autant que notre Flore Européenne dans ses
verts domaines, que le printems tous les ans tapisse
d'un gazon frais et nouveau. Il est vrai que les plantations verdoyantes, et quelques acres de terre labourable
qui sont autour de la ville, font un bel effet, et contrastent agréablement avec les déserts sauvages et
stériles dont elles sont environnées; mais des arbres

1772.
Avril.

1772.
Avril.

tondus et ajustés par le ciseau, des plantations symétrisées et élevées à force d'art, ne peuvent flatter aussi constamment notre goût, que cette verdure vivante et animée qu'un Européen, au moins après avoir résidé quelque tems au Cap, ne peut, suivant moi, manquer de regretter.

La ville est petite : elle n'a que 2000 pas de long sur autant de large, en y comprenant les jardins et vergers qui la terminent d'un côté : les rues sont larges, mais non pavées; plusieurs sont plantées de chênes : les maisons sont jolies; elles ont au plus deux étages : la plupart sont en stuc, et blanchies à l'extérieur; quelques-unes sont peintes en vert. Cette couleur, qu'on ne voit jamais sur nos maisons en Suède, est la couleur favorite des Hollandois ; chez eux, vêtemens, canots, navires, tout est en vert.

Une grande partie de leurs maisons, aussi bien que leurs églises, sont couvertes d'une espèce de roseau d'une couleur foncée *(restio tectorum)*, qui croît dans des lieux secs et sablonneux : il est un peu plus ferme que le glui ou paille de nos toits, mais plus fin et plus cassant.

La manière dont ces toits de roseaux sont formés, mérite certainement l'attention de nos seigneurs habitant la campagne, et autres propriétaires terriers. On en donnera dans quelque autre occasion une description faite par le capitaine Ekeberg. Le reste des maisons du Cap sont couvertes de ce qu'on appelle toit à l'Italienne, et qui ressemble aux tuiles plates dont nous nous servons pour les planchers.

Les jardins de la Compagnie, dont Kolbe, Byron et Bougainville ont parlé si différemment, sont les plus grands de la ville ; ils ont 400 pas de large et 1000 de long, et sont divisés en différentes planches plantées de choux et autres légumes pour la table du gouverneur et pour l'usage des vaisseaux Hollandois et de l'hôpital. Dans quelques carrés sont des arbres fruitiers qu'on a soin d'environner de haies de myrtes et d'ormes, pour les garantir de la violence des vents de sud-est. Les grandes avenues sont ornées de chênes de trente pieds de haut, dont l'ombrage donne une agréable fraîcheur ; c'est la promenade favorite des étrangers qui visitent ce port, et un refuge contre la chaleur du jour.

Dans les quatre carreaux les plus proches de la demeure du gouverneur, qui est située dans le jardin de plaisance vers le nord, il y a quelques lits de fleurs ; mais ce jardin est fort loin de mériter les récits qu'en fait Kolbe, qui l'élève au dessus de tout ce qu'on voit de plus merveilleux, et le dit rempli des plantes les plus rares et les plus précieuses de toutes les parties du monde. Au bout et à l'est du jardin de plaisance est la ménagerie, fermée de palissades et de grilles, dans laquelle on montre des *Autruches*, des *Casoars*, des *Zèbres*, quelques différentes espèces de gazelles et d'autres quadrupèdes plus petits, presque tous natifs du pays. Dans une autre division on tient diverses espèces d'oiseaux étrangers et domestiques.

Les fortifications sont situées à quelques centaines de pas au nord de la ville, dont elles sont séparées par une prairie verte, coupée par des canaux et des chemins. Aux deux côtés de la ville, vers le rivage, sont placées des batteries; et au sud, où le terrain est plus élevé, on voit les cimetières des Chinois et des Malaies libres qui vivent au Cap; un autre encore environné d'un mur et appartenant aux Hollandois. Mais ce qui déshonore la ville, c'est un gibet avec des roues et autres instrumens horribles de torture que le gouverneur a fait dernièrement ériger dans la place d'honneur, s'il est permis de lui donner ce nom, ou à l'opposite des fortifications, dans la prairie dont nous venons de parler. La dureté bien connue des Hollandois établis dans les Indes, s'y est encore manifestée par deux autres gibets de plus, pompeusement élevés en vue de la ville, un sur chaque côté.

Le 30 avril au matin, nous mîmes à l'ancre dans le port, et pour la première fois je posai le pied sur les terres d'Afrique. Mon premier soin fut d'aller visiter le gouverneur, M le baron *Joachim Von Ptettenberg*, auquel je rendis mes devoirs. Je ne lui cachai point mon désir de pouvoir résider dans cette ville sous sa protection. Aussitôt qu'il fut informé de la nature des fonctions que j'y venois remplir, il m'accorda ma demande sans difficulté, et m'offrit bientôt un privilège pour exercer la médecine, science à laquelle je lui fis entendre que je m'étois particulièrement livré. Je reçus des civilités de plusieurs personnes attachées au gouvernement, sur-tout du commandant des troupes, le baron *Van Prehm*, né en Afrique ; mais ce qui est assez rare parmi ses compatriotes, et ce que je dois dire à sa louange, c'est qu'il avoit vu l'Europe et qu'il étoit passionné pour les sciences. Je ne dois pas passer sous silence qu'il avoit été au service de Prusse, en qualité d'aide-de-camp, dans la dernière guerre d'Allemagne, et qu'il portoit sur son corps plusieurs blessures, nobles marques de ses travaux militaires ; et pour la satisfaction de tous ceux qui ont du plaisir à apprendre que le mérite a une fois trouvé sa récompense, j'ajouterai qu'il revint au Cap revêtu de la place qu'il occupe aujourd'hui, et qu'à-peu-près dans le même tems il fit une grande fortune par son mariage avec la plus belle personne de la Colonie.

1772.
Avril.

SECTION II.

Résidence à Falsebay ou Cap Falso.

J'AVOIS déja passé plusieurs jours au Cap, sans avoir

1772.
Avril.

encore pu voir le résident (aujourd'hui sous-gouverneur), dont je devois instruire les enfans. Il étoit allé à Falsebay, à environ dix-huit milles du Cap, pour recevoir et approvisionner des navires qui venoient d'entrer dans la baie lorsque nous arrivâmes. Je partis donc pour lui rendre ma visite à Falsebay ; mais je m'arrêtai le soir dans la maison d'un respectable paysan auquel j'avois été adressé, et qui devoit me servir de guide. Je sentis alors pour la première fois à quels inconvéniens un homme est exposé lorsqu'il n'entend point le langage de ceux avec qui il vit. Je m'étois attaché avec beaucoup de peine un petit Allemand, pendant mon voyage de Gottenbourg au Cap ; mais il m'étoit peu utile, soit pour faire entendre mes idées aux Hollandois, soit pour m'expliquer les leurs. Cependant la nécessité où j'étois de communiquer avec eux, me donna plus de facilité que je n'avois espéré, pour les comprendre, et pour en être compris. Mon hôte, fort curieux des affaires de l'Europe, et desirant de plus d'avoir quelques informations sur des sujets relatifs à la médecine, me proposoit sans cesse ses questions du mieux qu'il pouvoit en langue Allemande ; je lui répétois vingt fois mes réponses dans je ne sais quel langage que je ne connoissois pas moi-même. Il semble que les langues Suédoise, Allemande et Hollandoise, ont entre elles beaucoup d'analogie et beaucoup de mots qui leur sont communs ; mais la différence de prononciation dans ces trois idiomes, aussi bien que dans leurs dialectes, permet

met rarement d'en appercevoir la similitude. Ma flegmatique hôtesse, qui écoutoit bouche béante notre conversation, sans en comprendre un seul mot, sûre que je n'entendois point son langage, demandoit à son mari si quelqu'autre motif qu'une disette absolue des choses nécessaires à la vie avoit pu m'engager, moi et beaucoup d'autres étrangers, à quitter l'Europe pour venir résider en Afrique. Cette remarque montre assez qu'elle avoit des étrangers une fort mince opinion, et j'avois peine à digérer cette idée, sur-tout après le très-modique souper qu'ils m'avoient donné, consistant en une étuvée de choux rouges, quelques viandes conservées dans le poivre, et du pain rempli de gravier. Cependant je rapporte ce trait, seulement comme une preuve que les Africains, ignorant tout ce qui se passe au delà des limites de leurs habitations, ont généralement l'idée la plus avantageuse de leur propre pays.

1772.
Avril.

Le lendemain matin, j'arrivai à Falsebay. Le résident me promit de remplir ses engagemens avec le capitaine *Ekeberg*, et me donna aussitôt la place d'interprète entre lui et les François qui abordoient à ce port. La politesse avec laquelle les François semblent deviner ce que vous allez dire, et s'empressent à corriger, de la manière la plus honnête, les expressions impropres inévitables pour un étranger qui commence à apprendre leur langue, me fut fort agréable dans cette circonstance, d'autant plus que je n'avois pas la moindre con-

Tome I.   C

noissance de la dialecte et des termes usités parmi eux dans l'Inde. C'est une sorte de civilité que donne un bon caractère joint à une bonne éducation ; il est malheureux qu'elle soit inconnue à la plupart des habitans du Cap, et en particulier au beau sexe. D'après cette remarque, les Européens semblent n'être pas tout-à-fait injustes en concevant une idée défavorable des colons Africains. Quoi qu'il en soit, ces derniers ne se mêlent guère d'apprendre aucune langue étrangère, quoiqu'ils soient d'ailleurs infatigablement appliqués au négoce et à tout ce qui a trait à leur profit, et que la prospérité de la Colonie, aussi bien que celle des habitans en particulier, dépende entièrement de leur commerce avec les étrangers.

Le jour suivant, je revins au Cap, faire débarquer mon bagage, et prendre congé de mes amis. Je ne pus m'empêcher d'être tendrement affecté en les quittant, et ce fut, il est vrai, la dernière fois que je vis plusieurs d'entre eux. Je perdis de vue le pavillon Suédois, et ce ne fut que de ce moment que je me sentis absolument étranger sur la côte d'Afrique.

Cependant, durant le peu de jours que j'avois à rester à la ville, j'eus le bonheur de rencontrer un ancien camarade d'étude, le docteur Thunberg, alors démonstrateur dans l'université d'Upsal, et que son goût pour la botanique avoit porté à entreprendre un voyage

sur la côte méridionale de l'Afrique. Il voyageoit aux
frais de quelques personnes riches de Hollande, et étoit
arrivé au Cap sur un vaisseau Hollandois, quelques
jours après moi. Il ne pouvoit y avoir pour lui d'évènement plus inattendu que d'y rencontrer un homme qu'il
croyoit, d'après les avis les plus récens, à Upsal, plon-
gé dans les études académiques; et rien ne pouvoit lui
être plus agréable que de recevoir les lettres que je lui
apportois de ses parens et de ses amis.

1772.
Avril.

Mais je fus bientôt obligé de retourner à Falsebay,
et je perdis la compagnie de mon digne compatriote,
qui pouvoit seule métamorphoser la scène pour moi,
me faire retrouver une petite Suède dans le Cap, et nous
rendre plus aisée et plus délicieuse notre étude favorite,
en formant entre nous une agréable communauté de
secours et de lumières. Il n'y a peut-être qu'un amateur
de l'histoire naturelle qui puisse imaginer quel plaisir
nous avons goûté parmi les herbes et les fleurs, pendant
le peu de tems que nous y avons passé ensemble : d'a-
bord chaque jour amenoit une riche moisson des plantes
les plus rares et les plus belles. J'ai presque dit qu'à
chaque pas nous faisions une ou plusieurs nouvelles découvertes ; et comme quelques-uns de mes amis Suédois, et particulièrement le grand *Linné*, étoient sans
cesse présens à ma mémoire, chaque duplicata ou tri-
plicata des plantes que je cueillois, me causoit un vif
plaisir ; quoique souvent, emporté par mon extrême

C ij

avidité et pour moi-même et pour mes amis, j'en cueillisse beaucoup plus que je n'en pouvois examiner ou même sécher d'une manière convenable. C'est ce qui arrive sans doute, à un degré plus ou moins remarquable, à tout botaniste qui parcourt des contrées étrangères. Mais outre ma séparation de cet ami, mes occupations chez le résident me détournèrent beaucoup de ma science chérie.

Je me vis ainsi souvent privé des moyens d'examiner à fond quelques-unes des plantes que j'avois cueillies. Je ne négligeai donc aucune occasion d'envoyer à M. *Charles Linné* des doubles de tout ce que je trouvois, avec mes notes particulières. Malheureusement la maladie, le déclin et la mort de ce grand homme nous ont empêchés long-tems de les voir imprimées dans une *Mantissa tertia*.

Je devois alors résider à Falsebay jusqu'à la fin de l'hiver, qu'on appelle la mauvaise saison (en Hollandois, *quaade mousson*), et qu'on compte du 14 mai jusqu'au 14 août. Il n'est distingué par aucun degré de froid particulier, car nous avions souvent dans cette saison les plus beaux jours d'été. Il y tomba une fois ou deux de la grêle; mais je n'y ai jamais vu de neige. Nous eûmes quelquefois des grains de pluie très-violens, et cela ordinairement pendant plusieurs jours de suite : ce qui rafraîchit considérablement l'air. Nous fûmes souvent affligés des vents de nord-ouest, et c'est principalement la raison pour laquelle les vaisseaux Hollandois, dans cette saison, ont toujours eu ordre d'aborder à la baie de la Table depuis l'année 1772, pendant laquelle, sur dix vaisseaux appartenant aux colons Hollandois, huit furent jetés sur le rivage, et perdus. C'est ce qui a pareillement engagé la compagnie Hollandoise à tenir prêtes sous la main toutes les choses nécessaires pour leurs vaisseaux, sous l'inspection du résident, à Falsebay. Ils y ont construit un fort grand magasin, qui contient aussi des forges et des boulangeries, avec un logement pour les ouvriers, qui font tout le service de la garde, et sont commandés par un sergent et deux caporaux : la boucherie forme un bâtiment séparé du reste, ainsi que la maison du résident et l'hôpital. Vers le tems de mon départ d'Afrique, ils bâtissoient une autre maison, grande et jolie, destinée pour le gouverneur, lorsque son plaisir le porteroit à venir l'habiter. On a conduit de l'eau fraîche d'une montagne voisine à un des quais, où l'on s'en procure fort commodément. Un artisan ou deux ont obtenu la permission d'y bâtir une auberge, où l'on ne trouve cependant pas toujours un appartement et les choses nécessaires à des gens fatigués d'une longue traversée. Les vaisseaux qui abordent à Falsebay ne portent pas la plupart au-delà de vingt passagers : on y paie, comme au Cap, pour la table et le logement, une rixdalle ou rixdalle et demie par jour : la table y est ordinairement assez bonne, et l'on n'y est point trop mal servi. Si un étranger veut aller en poste de Falsebay au Cap, distance d'environ 18 milles, il trouve qu'il en coûte fort cher par comparaison ; on paie trois ou quatre rixdalles pour un cheval de selle, et depuis douze jusqu'à seize pour un chariot, ordinairement incommode, et traîné par trois ou quatre paires de chevaux, ou par le même nombre de bœufs.

Peu de vaisseaux abordent à Falsebay, excepté dans l'hiver, à cause des vents de sud-est, presque continuels dans toute autre saison, et qui rendent cette baie incommode sous plusieurs rapports : ces vents soufflent avec tant de violence dans cet endroit, qu'ils couvrent deux montagnes voisines d'une couche épaisse de sable fin, depuis le rivage jusqu'à leur sommet. On voit ce faîte de sable de l'embouchure du havre qui est fort éloignée, et il sert de signal aux vaisseaux ; car la baie de Simon, qui est l'endroit où ils doivent jeter l'ancre, est située directement à l'est, ou un peu plus au sud. La baie Falso n'est pas si large, que par un temps clair on ne puisse appercevoir, de la baie de Simon les terres situées à l'opposite, à l'est, ou les *Schaapen - Bergen* (montagne des Brebis) dans la Hollande Hottentotte ; et avec une lunette, on peut même en distinguer les maisons.

De la pointe de terre appelée le Cap de Bonne-Espérance jusqu'à la ville, en droiture, s'étend une chaîne de montagnes, qui, suivant le rivage de la báie de Simon, se prolonge jusqu'à la partie la plus au nord, ou le fond de la baie Falso, et ensuite se tournant vers l'ouest, du côté de *Constance*, va au nord joindre la montagne de la Table. Cette chaîne de montagnes, à prendre depuis la baie de Simon, est interrompue en deux endroits ; 1°. près de *Constance*, par une vallée dans laquelle passe le chemin qui conduit à *Hout-bay* ; 2°. par une autre vallée sablonneuse, un peu au nord de la baie de Simon. A travers cette vallée passe un court chemin de communication entre les côtes orientales et occidentales ; et suivant toute probabilité, c'étoit anciennement un petit détroit qui a été peu-à-peu comblé de sable par les vents et par les vagues. Toutes les basses terres, qui sont des plaines sablonneuses et des landes couvertes de bruyères, à l'est de la ville, se sont vraisemblablement formées de la même manière, et le Cap de Bonne - Espérance étoit, au commencement, une île qui n'a été jointe avec la *montagne du Tigre* et avec le rivage du pays des Hottentots Hollandois, que par degrés et par le laps du tems. C'est, suivant mon opinion, principalement par ses sables, ses coquillages, par des troncs d'arbres et autres semblables débris, que la mer a augmenté les terres, et s'est resserrée elle-même dans des limites plus étroites. Un autre agent qui seconde la mer, et ne contribue pas peu à cet effet, c'est le vent de sud-est, dont la violence déracine quelquefois des haies, des arbres et d'autres végétaux de toute

1772.
Avril.

espèce, et qui, comme on l'a déja dit, accumule d'assez hautes montagnes de sable.

La baie de la Table s'est même rétrécie par degrés; ensorte que les maisons bâties tout au bord de la mer, en sont aujourd'hui plus éloignées, et après un certain tems on a été obligé d'alonger le quai construit dans le port. Je puis rapporter encore, à l'appui de mon opinion, les coquilles de différentes grandeurs que j'ai trouvées dans les parties sablonneuses d'un pré, un peu au dessous de la montagne du Tigre. Un colon, homme sensé, nommé *Cornelius Vervey*, qui me conduisit en ce lieu, situé à la distance d'environ deux lieues du rivage, jugea, comme moi, que les coquilles y étoient restées après que la mer s'en étoit retirée, et qu'elles ne pouvoient avoir été apportées par les Hottentots dans un endroit où l'on ne trouvoit point d'eau, et conséquemment où ils n'auroient pu résider.

La route entre le Cap et Falsebay est fort difficile, et même quelquefois dangereuse. Quand le vent souffle du sud-est, la marée est ordinairement si haute dans cette baie, que la mer, même à son degré le plus bas, s'élève, à quelques endroits, jusqu'au pied des montagnes dont ce havre spacieux est environné ; ensorte qu'on est obligé, pendant un long espace de chemin, de faire route pour ainsi dire au dessous du bord de la mer, quoique la lame s'élève quelquefois au dessus du

moyen

moyeu des roues, et même jusqu'au corps du chariot; on diroit même quelquefois que les vagues vont emporter en pleine mer chariot, chevaux et voyageurs : aussi ont-ils, en général, des chariots forts et pesans, des chevaux sûrs, accoutumés à ce genre de travail, et des conducteurs habiles et sobres, ensorte qu'on n'a guère à craindre un semblable accident ; il y a même des conducteurs qui, se reposant sur la bonté de leur voiture et de leurs chevaux, aiment mieux conduire un peu au dessous du bord de la mer, où les sables sont plus fermes et plus unis, tandis que plus haut ils sont mouvans, profonds et raboteux. Dans une large plaine qui forme le côté nord de la *baie Falso*, est un vaste champ de sable que le chemin traverse : les pluies violentes qui tombent en hiver, jointes à des marées plus hautes que de coutume, le couvrent d'eau quelquefois tout entier, ensorte que les voyageurs sont en danger de voir leur chariot s'enfoncer, jusqu'au moyeu, dans des trous et des fosses. Il arriva quelques accidens ce ce genre, l'hiver que je passai à Falsebay.

Dans cette saison, les vaisseaux de diverses nations, Anglois, François, et particulièrement les Hollandois des Indes orientales, mouillent dans la baie de Simon. Les principaux officiers et passagers logent ordinairement avec le résident, ensorte qu'à l'heure du dîner j'y entendis parler tout-à-la-fois divers dialectes Européens, mêlés avec les langages usités dans le commerce avec les Indiens, c'est-à-dire le Malaie et une sorte de Portugais corrompu, ce qui formoit à mon oreille une confusion presque égale à celle de la tour de Babel. La diversité dans les mœurs et dans la conduite étoit quelquefois également frappante: j'en vais rapporter un exemple qui me parut assez singulier. Lorsque les étrangers des autres nations commençoient à manger leur dessert, deux capitaines Hollandois mirent leurs chapeaux, et allumèrent leurs pipes. Sur cela, je demandai à quelques Hollandois assis près de moi, si l'on ne regardoit point ici cet usage comme étrange et impoli? Ils me répondirent que le tabac étoit le plus délicieux des desserts; qu'il avoit plus de charmes, pour un vieux marin, que les gâteaux et les confitures, et que c'étoit une coutume encore plus générale dans les autres endroits des Indes orientales. J'observai en effet, au Cap, que les Hollandois portent communément le chapeau sur la tête dans les maisons, et même en compagnie, sans encourir aucun reproche d'incivilité: au reste, la coutume, presque générale en Europe, d'en porter sous le bras, est encore plus bizarre et moins naturelle. Je n'ai jamais vu cet usage, incontestablement absurde, observé dans les Indes orientales.

Nous fûmes souvent honorés de la compagnie de plusieurs dames Angloises, dont la plupart soutenoient jusqu'au bout notre élégant dessert de pipes et de tabac. Quelques-unes de ces ladis venoient des Indes orientales, et retournoient en Europe, et quelques autres arrivoient d'Angleterre : celles qui étoient mariées alloient voir leurs maris, soit à Bombay, à Madras, ou au Bengale ; les demoiselles alloient y chercher des maris : quelques-unes des premières n'avoient pas vu leurs époux depuis plusieurs années, ceux-ci n'ayant pas gagné assez d'argent pour fournir aux frais d'une maison, fort dispendieuse dans cette partie du monde, et pour faire venir leurs femmes : les autres font rarement le voyage en vain ; elles sont les bien-venues chez nombre de célibataires qui, après avoir acquis une jolie part dans les trésors de l'Inde, ne peuvent, d'un côté, se résoudre à épouser les beautés basanées du pays (ce qu'on voit cependant arriver fréquemment), et de l'autre, n'ont pas eu le loisir d'aller en Europe exprès pour se choisir des compagnes. Nous supposâmes donc que quelques-unes de ces belles voyageuses étoient une sorte de pacotille, envoyée par commission, quoiqu'elles ne fussent pas portées sur la facture.

Quoi qu'il en soit, elles paroissoient toutes bien dignes de riches et de bons maris, tant par leur courage et leur résolution à se hasarder sur l'Océan, que par d'autres belles qualités dont elles étoient pourvues. Comme elles étoient toujours dans la compagnie, et sous la garde de quelque respectable ladi mariée, personne ne parut élever le moindre doute sur leur conduite. Je rapporterai à cette occasion l'anecdote suivante.

Une Angloise, qui avoit passé par le Cap quelque tems auparavant, étoit destinée à épouser un certain gouverneur; mais en arrivant, la dame refusa net d'y consentir, et donna finalement pour raison de ce procédé, qu'elle ne vouloit point le tromper; elle déclara que durant le voyage elle s'étoit fiancée avec le capitaine du vaisseau, qui étoit cependant assez vil pour se rétracter de sa promesse, malgré les craintes qu'elle avoit que leur liaison n'eût certaines suites assez fâcheuses. Le gouverneur répondit à sa franchise par une conduite généreuse: il ne fut point du tout surpris qu'elle eût mieux aimé donner sa main à un jeune homme, qui d'ailleurs se trouvoit sous ses yeux, que d'attendre dans l'incertitude les vœux d'un homme plus âgé, qui lui étoit absolument étranger, et encore à mille lieues d'elle. Il l'épousa sans balancer, après avoir fait d'inutiles efforts pour engager l'amant perfide à faire son devoir.

La petite île de *Malagas*, dans la baie Falso, sert principalement de refuge aux pingouins et aux veaux marins; et quoique l'île de *Robben* (ou des Veaux marins), appelée autrement île des *Pingouins*, dans la baie de la Table, porte le nom de ces animaux, on y en trouve rarement depuis que l'île est habitée; mais ils sont en bien plus grand nombre dans l'île *Dassen*: quelquefois on leur fait des chasses générales, pour les détruire et en avoir l'huile. Leurs peaux, quoique bonnes dans leur espèce, sont à bon marché, et ne sont, autant que j'en sais, recherchées que par des paysans, pour en faire des bourses à tabac, que ces peaux ont l'avantage de conserver toujours humide et frais. J'ai apporté avec moi, du Cap, le fœtus empaillé d'un *phoca* ou veau marin : il est de l'espèce de ceux que j'ai examinés, et dont j'ai mangé avec Messieurs Forster, à la *nouvelle Zélande*, à la terre de *Feu* et à la *Thulé* du sud. Lorsqu'on en eut séparé les parties huileuses, la chair nous en parut réellement bonne et mangeable, sur-tout dans ces endroits, où nous n'avions rien de meilleur : nous nous figurions qu'elle avoit goût de bœuf ; mais il faut avouer qu'elle étoit d'une couleur noire, fort désagréable.

J'AI ouvert les intestins de divers *phoca*, et n'y ai jamais rien trouvé qu'un peu de sable et de petites coquilles, avec quelques pierres, depuis la grosseur d'une noix jusqu'à celle d'un œuf. Ce vide dans leurs intestins pouvoit provenir d'une faculté digestive très-puissante, qui dissout en un instant les poissons de mer dont ils vivent probablement, ou de ce que, dans la saison de leur accouplement et de leur séjour sur le rivage, ils s'abstiennent peut-être pendant long-temps de toute nourriture.

ON prend, au Cap et à Falsebay, différentes sortes de poissons : on pêcha, à Falsebay, une torpille (*raja torpedo*) ; mais malheureusement je me trouvai ab-

1772.
Avril.

sent, lorsqu'elle étoit encore vivante, et qu'on fit sur elle des expériences. Plusieurs personnes qui la touchèrent, éprouvèrent toutes une forte commotion électrique, à l'exception du résident, qui pouvoit manier ce poisson sans en ressentir aucun effet. S'il étoit également insensible à l'électricité ordinaire, c'est ce qu'il n'avoit jamais vérifié; mais l'affirmative est probable, d'après un exemple que nous trouvons rapporté dans l'introduction à la Philosophie naturelle de *Musschenbroek*, §. 832, n°. 3, de trois personnes qui n'étoient susceptibles d'aucun des effets ordinaires de l'électricité, quoiqu'on répétât plusieurs fois l'expérience. J'ai d'ailleurs connu un homme qui paroissoit posséder aussi une grande vertu anti-électrique. Par le résultat de plusieurs expériences faites sur la torpille, et rapportées dans les transactions philosophiques pour les années 1773, 74, 75 et 76, il paroît qu'il existe une analogie incontestable entre l'électricité et ce poisson.

Le *Cancer Norvegicus*, sorte d'écrevisse de mer, est un manger fort commun à Falsebay; on y fait ordinairement des étuvées d'une sorte de limaçon de mer ou pétoncle, nommé *klipkaus* (*Haliotis* de Linné), qui a depuis un demi-pied jusqu'à un pied et demi de diamètre; mais c'est, à mon avis, un ragoût fort insipide. On peut dire la même chose du *sepia loligo* et du *sepia octopodia*, dont on fait une soupe, et qui sont connus de nos matelots sous le nom de *poisson noir* ou de *chat de mer*, et des Anglois sous le nom de *Cuttle-fish*. On trouve aussi, dans un endroit particulier de la baie, une petite espèce d'huitres, que le gouverneur réserve pour sa table. J'y ai vu peu de moules; mais dans la baie de la Table, au dessous de la montagne du Lion, on en trouve en abondance, et elles ont un goût délicieux. Il n'est pas aisé d'y découvrir le *myxine glutinosa* entre les *vermes* : c'est une espèce d'anguille ou serpent, avec une queue plate; sa bouche est formée par une ouverture oblongue sous le nez : cette ouverture n'est point en travers, mais en longueur, et suit la direction de son corps. Il a des mâchoires doubles et mobiles, bien garnies de dents : sa morsure cause, dit-on, une enflure désagréable, mais n'est point mortelle.

1772.
Avril.

ENTRE tous les végétaux de Falsebay, le *Cunonia Capensis* est le plus grand arbre que j'y ai trouvé, quoiqu'il n'ait que deux ou trois fois la hauteur d'un homme. Il croît près de l'eau, et contient dans ses stipules bivalves, sagittales, une matière crémeuse en apparence, mais en effet une substance visqueuse et gommeuse. Divers *Sophora* y fleurissent vers le printems : ils demandent un bon sol; mais on trouve en abondance, sur le *Sophora Capensis* principalement, une nouvelle sorte de *viscum*. L'*Antholiza Æthiopica* s'élève depuis trois jusqu'à six pieds de haut, avec de belles fleurs rouges : on la trouve toujours à peu de distance du rivage, et le plus souvent sous l'abri d'autres plantes. Je l'ai rencon-

1772.
Avril.

trée, par la suite, dans les bois près du Cap, particulièrement dans le pays de *Houtniquas*. Pour l'*Antholiza Maura* (*), remarquable par ses fleurs, moitié blanches et moitié noires, je ne la trouvai que dans un seul endroit de la montagne, près un des petits ruisseaux qui tombent précisément en face de la boucherie. J'y ai vu un fort petit *Triandros* (*Staminibus monadelphis*), portant des fleurs jaunes, belles et grandes, orner en plein jour un large espace de terrein, de ses fleurs épanouies, qui à d'autres heures se refermoient si étroitement, qu'elles étoient presque entièrement disparues. Le *Calla Æthiopica* se plaît principalement dans des lieux humides, près du bord de la mer. Il fut en fleurs pendant tout l'hiver (**).

(*) Cet arbre forme maintenant un nouveau genre, et est appelé, par le docteur Thunberg, *Wittenia Maura*.

(**) Des *Protea*, *Erica*, *Cornus*, *Gnaphalium*, *Gnidia*, *Echium*, *Phylica*, *Brunia* et *Periploca*, deux variétés du *Myrica cerifera*, avec des *Cliffortia*, *Thesium*, *Polygala*, *Hermannia* et *Aster*, étoient pêle-mêle sur les places sèches du penchant de la montagne.

Parmi ces plantes, quelques *Restio* paroissoient cantonnés sur le sable découvert, avec divers *Mesembryanthemum*. L'*Hyobanche sanguinea*, plante parasite, commence vers le printems à pousser ses touffes de fleurs rouges, dans les sables arides. Je trouvai aussi de tems en tems, dans les mêmes endroits, un ou deux *Osteospermum*, plante qui appartient autant à la division des arbres qu'à celle des herbes. Les *Arctotis*, *Calendula* et *Othonna* croissent le plus ordinairement dans des places sablonneuses. Outre le *Protea*, *Brunia*, *Diosma*, *Erica* et le *Stilbe*, on trouve sur la montagne des *Indigofera*, *Erinus*, *Selago*, *Manulea*, *Chironia*, de différentes espèces, avec plusieurs plantes de la Gynandrie. Nous y trouvâmes aussi

Parmi

PARMI les plantes, tant connues que nouvelles, que nous trouvâmes en cet endroit, il y en avoit quelques-unes de fort rares, et d'autres que je n'ai revues dans aucun des autres lieux de l'Afrique que j'ai visités. Chaque canton a toujours quelque production qui lui est particulière : il ne faudroit donc pas s'étonner si, le docteur Thunberg et moi, nous avions omis de faire mention de divers autres échantillons du règne végétal d'Afrique, qui nous ont échappé ; et le proverbe *Semper aliquid novi ex Africâ*, doit être vrai encore pendant nombre d'années. Les botanistes ne doivent donc pas s'attendre à trouver ici un catalogue exact de toutes les plantes, ce seroit une tâche trop ennuyeuse ; mais se contenter d'acquérir en passant, et de loin en loin, quelques notions du pays, tel qu'il est, couvert des herbes et des arbres qu'on y trouve le plus communément dans les divers cantons et dans les différentes saisons de l'année.

SECTION III.

Résidence à Alphen, près de Constance, jusqu'au voyage de l'Auteur à Paarl.

QUAND l'hiver fut passé, et que les vaisseaux allèrent

---

des plantes vertes et potagères, dans cette saison la plus défavorable de l'année : au printems, diverses espèces d'*Ixia*, *Gladiolus*, *Moræa*, *Oxalis*, *Mesembryanthemum*, *Antirrhinum*, et même plusieurs belles petites *Iris*, hautes de plusieurs pouces, avec une corolle moitié blanche et moitié bleue, commencent à sortir de terre.

Tome I.   E

1772.
Avril.

de préférence mouiller dans la baie de la Table, j'allai avec le résident à une terre qui lui appartenoit, nommée Alphen, située dans le voisinage de Constance, d'où elle étoit éloignée d'environ trois milles, et à peu près à moitié chemin entre la baie de la Table et celle de Simon. En traversant les montagnes par où passe cette route, nous vîmes une troupe de singes, grimpant fort lestement sur les rochers escarpés, et détalant à toutes jambes pour se sauver de nos chiens de chasse qui les poursuivoient, en remplissant l'air de leurs clameurs. En entrant dans la plaine, nous vîmes une grande volée de flammants (*Phœnicopterus ruber*), espèce d'oiseau de la section des *Grallæ*, qui cherchent leur nourriture dans les étangs et dans les bourbiers. Ils sont plus grands que nos grues; ils ont le corps d'un blanc de neige, et les ailes d'un rose vif. On peut se figurer l'effet que produisoit cette brillante livrée sur le fond vert de la campagne. Notre route nous conduisit ensuite dans une plaine sablonneuse que dans l'hiver on est obligé de passer à gué, vu qu'elle est sous l'eau ; alors nous arrivâmes à une campagne couverte d'une grande quantité de bruyères de diverses espèces, et d'autres arbrisseaux et buissons, avec quelques petits arbres du genre du *Protea*. Quelques-unes des fleurs et des herbes, éparses parmi ces buissons, me parurent plus tardives qu'à Falsebay, sans doute parce que dans ce dernier endroit elles sont hâtées, et par les vapeurs qui s'élèvent de la mer, et par les rayons du soleil réfléchis des montagnes. D'un autre côté, je vis tout le long de la route, dans leur plus grande beauté, divers *Ixia*, *Gladiolus*, *Moræa*, *Hiacinthus*, *Cyphia*, *Melanthium*, *Albuca*, *Oxalis*, *Asperugo*, *Geranium*, *Monsonia*, *Arctotis*, *Calendula*, *Wachendorfia* et l'*Arctopus*, dont j'avois vu quelques-unes très-rarement dans la baie, et quelques autres m'étoient absolument inconnues. Le plaisir que goûte un botaniste, à l'aspect inattendu d'une si riche collection de fleurs printannières, inconnues, belles et rares, dans une partie du monde si peu fréquentée, est plus aisé à concevoir qu'à décrire. Tout agréable qu'étoit ce voyage d'ailleurs, je desirois impatiemment de le voir finir : nous arrivâmes enfin à la maison de campagne du résident, et je ne différai pas un instant à me procurer un amusement encore plus délicieux, celui de reconnoître toutes les plantes qui m'étoient encore inconnues.

1772.
Avril.

Les bâtimens sont fort bien construits, et joignans à un jardin d'une étendue considérable, et à un vignoble assez vaste, qui s'étend et s'agrandit d'année en année ; mais à peine trouveroit-on un acre de terre labourable dans tout le voisinage. Les propriétaires des vignes de ce pays ne croient pas dignes d'eux de s'inquiéter de l'agriculture. Ils étoient alors (vers la fin d'août) occupés à creuser et à fouir autour de leurs pieds de vigne, et à faire de nouvelles plantations. Ils ne détruisent jamais leurs ceps ; ils les laissent s'élever à une certaine hauteur, et les coupent ensuite fort bas. Ils entourent ordinairement de haies leurs vignes et leurs arbres fruitiers, pour les protéger contre le vent. Une petite espèce de *Curculio*, en particulier, cause des dommages infinis aux bourgeons et aux feuilles tendres. Ils sont alors fort empressés à éplucher cet insecte, et à l'arracher de la plante aussitôt qu'il y paroît, et qu'ils peuvent l'y saisir. C'est le seul moyen connu de prévenir les ravages de ce petit animal.

Aux approches de l'été, l'*Exacum* et la *Gentiaña exacoides* (*) commencent à couvrir la terre de leurs feuilles jaunes, et plusieurs sortes de touffes, du genre très-étendu de l'*Aspalathus*, étoient sorties par degrés avec leurs fleurs jaunissantes. Mais le *Protea argentea*, ou arbre d'argent, comme on l'appelle, fournit pendant toute l'année ses feuilles lustrées, blanches, ou d'un gris d'argent. Cet arbre a une apparence fort extraordinaire, et vraiment belle. Cependant je crois que nous perdrions à échanger contre lui nos délicieuses allées de tremble. L'arbre d'argent croît rarement au dessus de vingt pieds ; et si ma mémoire ne me trompe, on m'a dit qu'il s'élève à cette hauteur en douze ou quinze ans ; mais dans un sol plus riche il croît deux fois plus vite, et devient le plus grand de tout le genre des *Protea*. On en trouve auprès de quelques fermes un ou deux qu'on y a plantés ; mais on en rencontre rarement dans

---

(*) Aujourd'hui la *Sebæa exacoides*.

ces cantons, qui soient venus naturellement. On en voit pourtant un petit bosquet près de Constance : on a conclu que l'arbre d'argent y a été transplanté dans l'origine ; mais personne n'a pu encore me dire d'où il est venu. Il a probablement été apporté des bords de l'*Anamaqua* ; car j'ai voyagé dans toute la partie du nord-est de la Hollande Hottentote, sans en trouver un seul, soit sauvage, soit transplanté. Cependant comme il est le plus grand de tous les *Protea*, et presque de tous les arbres indigènes du Cap, il est remarquable que cet arbre et plusieurs autres dont la plantation eût été pour le pays d'une grande ressource, n'aient pas attiré l'attention du gouvernement, sur-tout lorsqu'il ne peut ignorer que la consommation des bois, tant pour l'usage des vaisseaux que pour celui de la ville, augmente de jour en jour, et surpasse les moyens qu'ils ont de s'en fournir. C'est principalement du terrain plat qui borde le rivage, que la compagnie tire aujourd'hui son bois, qui ne consiste que dans deux espèces de *Protea*, petites et tortueuses. Le bois est si cher au Cap, que les particuliers trouvent mieux leur compte à le faire venir directement des montagnes sur le dos de leurs esclaves, quoiqu'il faille à chacun d'eux une journée entière pour ramasser une charge modique d'arbrisseaux et de branches sèches, qui vaut communément le quart d'une rixdalle ; et il est fort heureux pour les Hollandois de ce pays, de n'avoir besoin de feu que pour apprêter leurs vivres, pour allumer leur pipes, et pour l'entretien des chaufferettes de leurs femmes.

1772.
Avril.

ALPHEN, nom de la ferme où je passai cet automne, est au sud de la montagne de la Table, et en est éloigné d'environ un mille et demi. Cette montagne paroît d'ici, comme de la baie de la Table, unie au sommet, quoiqu'il y ait en effet des inégalités considérables. On trouve sur son plateau de grands étangs dans la saison pluvieuse, mais point de lacs, comme quelques-uns le prétendent. Lorsqu'un nuage couvre cette file de montagnes, et que le vent de nord-ouest souffle, il sembleroit que ce vent devroit chasser le nuage et le précipiter en pluie dans la vallée opposée : c'est le contraire ; il ne pleut jamais dans la partie au sud des montagnes. C'est une particularité qui, comme tous les autres phénomènes physiques, a sa cause réelle et constante dans la nature. La solution qui me paroît la plus probable, c'est que les vapeurs, soulevées de la mer par le vend de nord-ouest, s'amassent autour de la montagne qui les attire, et y demeurent tant qu'elles conservent un certain degré de raréfaction ; mais devenant plus denses, elles sont forcées de céder plutôt à la force du vent qu'à la puissance attractive de la montagne, et sont emportées avec trop de vîtesse pour pouvoir tomber en pluie droit au pied de la montagne, effet qui ne peut être produit qu'après que les nuages ont atteint l'autre côté de *Zout-Rivier*.

APRÈS avoir souvent appréhendé sans raison, dans mes promenades, d'être arrosé, plus qu'il ne convient, par

AU CAP DE BONNE-ESPÉRANCE. 39

ces nuages, je me résolus à la fin à gravir la montagne, et à voir de près la situation des choses. Le tems étoit beau dans la vallée, et le vent frais : mais lorsque j'eus atteint le bord le plus élevé de la montagne, je sentis quelques bouffées d'un vent qui sembloit se précipiter sur moi, froid et humide, et avec une violence pénétrante.

1772.
Avril.

La température de l'air dont je fus environné l'espace de trois quarts-d'heure, varia plusieurs fois, suivant que le tems passoit du clair au sombre, et du sombre à la bruine ou à la grosse pluie. La nudité de la montagne, la froideur de son atmosphère, la rareté des plantes, rabougries encore par le climat, l'air sombre et pluvieux, tout conspiroit à former autour de moi un de ces jours nébuleux et tristes du déclin de l'automne; mais pour me consoler, j'avois de ce lieu même une agréable perspective d'été, vers le pied de la montagne, celle des plaines vertes qui l'environnent, éclairées et échauffées par les rayons bienfaisans du soleil.

Du fond des vallées de ces montagnes sembloient sortir des dos de collines moins élevées, arrondis et oblongs, à peu près de formes égales, et parallèles les uns aux autres, divisés par des vallons, au pied desquels coulent les eaux amassées d'avance par la montagne, et comme destinées à arroser les plaines. Un grand nombre d'arbres et d'arbrisseaux verts, plantés par la nature le long des bords de ces ruisseaux, formoient sur le penchant de la montagne et sur les collines inférieures, de magnifiques ceintures. On voyoit çà et là plusieurs groupes de fermes bien tenues, dont les maisons étoient blanches, sous des toits noirs, tandis que les fonds, régulièrement divisés en vergers et en vignes, présentant de riches masses de verdure, et laissant voir leurs compartimens variés dans leurs situations respectives, formoient le plus superbe tableau. Un peu au-delà on découvroit des plaines de bruyères arides et pâles, coupées çà et là par des espaces de sable, par des routes sablonneuses, tracées en tournoyant, et des chariots et de lourdes charrettes qui se traînoient lentement le long de ces impraticables chemins. La perspective de ces grandes plaines étoit bornée par la montagne du Tigre et par les rivages de la Hollande Hottentote. Non loin d'elle, mais un peu au-delà, on appercevoit d'autres montagnes, qu'en raison de leur distance on voyoit beaucoup moins distinctement, et qui alloient enfin se perdre dans les nuages. Outre plusieurs étangs, je voyois encore de cet endroit une grande partie de la vaste baie Falso, qui par son calme et son éloignement me paroissoit unie comme une glace : ce côté étoit majestueusement terminé par l'Océan, ou plutôt, suivant le rapport de mes yeux, par l'horizon.

Je vis de tems en tems comme autant de taches dans l'air, de petits nuages que le vent de nord-ouest arrachoit du brouillard qui m'environnoit, passant tantôt

au

au dessus, tantôt au dessous du lieu où j'étois posté, et suivis immédiatement de leur ombre qui fuyoit sur les plaines. En un mot, ce spectacle me parut aussi ravissant que singulier : mais peu accoutumé à courir de grands dangers, je n'osai me hasarder à monter, comme je l'aurois desiré, assez haut pour examiner de ce côté le sommet de la montagne de la Table. La nuit approchoit, j'aurois pu aisément perdre mon chemin, et tomber dans les griffes des léopards et des hyènes qui habitent ces contrées en grand nombre, et qui le soir sont très-hardis et très-voraces. Il n'y avoit pas encore long-tems qu'ils avoient commis de grands ravages dans la cour d'une ferme, justement au dessous de la montagne. Ce soir-là même j'entendis leurs hurlemens, qui paroissoient sortir d'un lieu où j'étois à botaniser deux heures auparavant. Ce même jour il s'en fallut peu que que je ne fusse pillé par une troupe d'esclaves, qui depuis quelque tems s'étoient échappés de la maison de leurs maîtres, et qu'on soupçonnoit alors d'avoir leurs retraites aux environs de la montagne de la Table. Un feu nouvellement éteint que j'y trouvai, m'annonça qu'ils ne faisoient probablement que quitter ce lieu. Cependant la magnifique perspective que je viens de décrire, m'auroit peut-être retenu plus long-tems, si je n'eusse commencé à sentir dans les reins une sorte d'engourdissement ou de douleurs rhumatismales, occasionnées sans doute par l'air froid du sommet de la montagne, dans lequel j'étois entré en sueur, et trop légèrement

Tome I. F

vêtu. Cet accident auroit eu peut-être des suites sérieuses, si un heureux hasard ne m'eût jeté de nouveau dans une sueur violente. Le fait est, qu'en redescendant il me prit envie d'examiner quelques-uns des buissons serrés qui bordent les ruisseaux sur le côté de la montagne; je m'écartai de mon sentier, et m'engageai dans un taillis épais et très-fourré, dont j'eus toutes les peines du monde à me tirer.

Quelque tems avant cette aventure, vers le commencement de septembre, j'étois allé à cheval au Cap, prendre congé du docteur Thunberg qui partoit pour un long voyage dans l'intérieur du pays, aux frais de la compagnie des Indes Hollandoise. Je le quittai trop tard dans la soirée; la nuit me surprit, et je manquai mon chemin. Je poussai mon cheval vers une ferme que j'appercevois, j'y demandai ma route, et je crus l'avoir retrouvée; mais la pluie venant à tomber avec violence, et l'obscurité à redoubler, j'en repris une fausse qui me conduisit à une maison d'assez belle apparence, appartenant à quelque riche particulier. Après avoir soutenu les attaques d'une meute de chiens de garde, je vis sortir une troupe de dix-huit ou vingt esclaves. Cette malicieuse engeance refusa, comme de concert, de me répondre, quoique quelques-uns d'eux m'entendissent fort bien, et qu'en leur promettant pour boire, je les priasse, en assez bon Hollandois, de m'indiquer le chemin. Au lieu de me satisfaire, ils se mirent à conférer entre eux, dans une espèce de mauvais Portugais ou *Malaie*, d'une manière qui m'alarma. Je craignis qu'ils n'eussent pas pour moi de meilleures intentions qu'ils n'en ont pour les individus des nations qui ont coutume de les vendre ici, après les avoir, tant par brigandage et à force ouverte, que par forme de marché et de commerce, enlevés de leur pays natal, et qui les ont réduits à l'état déplorable qu'ils subissent aujourd'hui. Il ne m'eût peut-être servi de rien que le maître eût été au logis, et peut-être n'aurois-je pu lui parler en ce moment ; car chaque habitant de ce pays est obligé de fermer durant la nuit, la porte de sa chambre, et de tenir près de lui des armes à feu chargées, dans la crainte de quelque disposition vindicative de ses esclaves. Alors il leur eût été encore plus aisé de me tuer, et de tenir leur meurtre secret, en m'enfouissant ou me traînant dans quelque buisson, où les bêtes féroces m'auroient eu bientôt dévoré. Je jugeai donc à propos de rebrousser chemin au plus vîte, et de chercher une meilleure destinée. Je lâchai la bride à mon cheval, dans l'espérance qu'il retrouveroit seul la route d'Alphen beaucoup mieux que moi. Le premier usage qu'il fit de sa liberté, fut de quitter tous les sentiers battus, et de prendre à travers champs le plus court chemin. Je me trouvai bientôt dans un terrain raboteux et marécageux, couvert de buissons, coupé de ruisseaux, tant qu'à la fin il fit un saut si brusque, que nous culbutâmes l'un et l'autre dans une fosse, et nous séparâmes là. La fuite subite

1772.
Avril.

de mon cheval me fit craindre que la présence de quelque bête féroce ne l'eût occasionnée. Ne me croyant pas moi-même fort en sureté, je me préparai aussitôt à me défendre avec un large couteau que je portois ordinairement pour fouir les racines des plantes. Le meilleur parti qui me restât, étoit de me réfugier, comme font la plupart des voyageurs à pied de ce pays, dans la cour de quelque ferme, et de courir les risques d'être déchiré en pièces par de grands dogues qu'on lâche tous les soirs pour écarter les voleurs. Passer la nuit en plein air, par un tems qui menaçoit d'être très-pluvieux, étoit un parti aussi désagréable que dangereux. Cependant je continuai de marcher au hasard, pour m'échauffer. Dans l'espace de quelques minutes je me trouvai sur une petite éminence, d'où j'apperçus une ferme près de moi. Il faisoit si sombre, qu'il me fallut la considérer long-tems avant de pouvoir la reconnoître pour ma propre demeure. Avec quel plaisir je trouvai mon cheval déja arrivé à la porte de l'écurie, attendant fort tranquillement qu'elle lui fût ouverte ! Je fus encore assez heureux pour pouvoir cacher mon aventure à la famille : discrétion dont la place que j'occupois me faisoit alors une loi.

Constance est un district consistant en deux fermes, qui produisent ce vin si prisé en Europe, connu sous le nom de vin *du Cap* ou *de Constance*. Cet endroit est éloigné d'un mille et demi d'Alphen, dans un coude formé, et presque couvert par une chaîne de collines, qui commence depuis la montagne *Meuisen*, précisément à l'endroit où elle se tourne et s'étend vers Houtbay. L'une de ces fermes est appelée *petite Constance* : l'on y fait le vin de Constance blanc ; l'autre produit le rouge. D'après M. de la Caille, il ne s'y fait jamais plus de soixante *liggars* de rouge, et quatre-vingt-dix de blanc, chaque liggar contenant six cents pintes Françoises, ou environ cent cinquante pots Suédois, ensorte que tout le produit monte environ à vingt-deux mille cinq cents mesures de Suède. Comme la Compagnie est dans l'usage d'en garder un tiers pour elle, le reste est toujours retenu par les Européens, long-tems avant qu'il soit fait. On voit rarement de ce vin sur les tables du Cap, d'abord à cause de sa cherté, ensuite parce que c'est une production du pays. Le vin rouge de Constance est le plus cher, mais le blanc est ordinairement à un taux plus raisonnable. Le prix du vin blanc ordinaire au Cap est depuis dix jusqu'à soixante-dix rixdalles (*) le *liggar*, suivant que l'année est abondante, et la quantité qu'on en demande d'Europe. On fait de plus, dans les environs du Cap, des vins de *Bourgogne*, de *Madère*, de *Moselle*, et *Muscats*, ainsi nommés d'après quelque analogie qu'ils ont avec les vins Européens du même nom, ou d'après les divers endroits de l'Europe d'où les pieds de vignes ont été originairement apportés. Ces vins sont

---

(*) C'est environ de 50 à 350 liv. le tonneau de 600 pintes.

à proportion plus chers que le vin blanc ordinaire. Comme ils sont tous les jours enlevés par des vaisseaux de diverses nations, on en trouve rarement de vieux; mais si on les gardoit plus long-tems, qu'on les fit avec plus de soin, et qu'on y employât moins de soufre, ils seroient sans doute aussi bons que nos meilleurs vins Européens. Le véritable vin de Constance est incontestablement un vin de dessert, délicat et spiritueux, et il a dans le bouquet quelque chose de singulièrement agréable. Je suis convaincu que sa supériorité n'est point due à quelque préparation particulière; car alors rien n'empêcheroit d'en faire une plus grande quantité : mais le fait est que cette espèce de vin ne peut être produite que par certains sols particuliers. Les cantons qui les avoisinent ne donnent que du vin du Cap ordinaire, quoique plantés de ceps pris des vignes de Constance, et de quelques-unes apportées des bords du Rhin, d'où l'on suppose que la véritable espèce de Constance est venue originairement. Quoique tous les vignobles aux environs de Constance semblent avoir absolument le même sol, il arrive souvent au Cap, de même qu'en Europe, que de bonnes grappes produisent de mauvais vin, et qu'avec de mauvaises grappes on en fait de fort bon. Ainsi, dans la manière de faire les vins d'une certaine qualité, il doit y avoir, avec le meilleur raisin, certaines conditions, certains procédés à observer, dont un examen approfondi et raisonné seroit d'un grand avantage pour le genre humain.

Ceux qui savent quelle consommation il se fait en Europe de prétendus vins de Constance, ont peut-être déja remarqué que mon calcul du produit de ses vignes est singulièrement borné ; ce que j'ai dit est cependant la vérité. Tout le surplus est une fraude de l'avarice, qui, aiguillonnée par le desir du gain, sait toujours trouver moyen de satisfaire aux demandes du luxe et de la sensualité. Les amateurs, accoutumés à se payer de vains noms, boivent souvent avec délices un vin de Constance imaginaire, qui n'a rien de commun avec le véritable, que le nom. Il faut donc bien prendre garde, même au Cap, de payer pour véritable *Constance*, dont on vous donne en effet un échantillon à goûter, un autre vin rouge composé qui ne doit coûter que la moitié du prix. Quand ces vins factices ont été améliorés par un long voyage, et baptisés du nom pompeux de vin de Constance, dont à la vérité ils ont un peu le parfum, il est aisé de les vendre pour tels en Europe.

Pendant le même automne, j'allai aussi visiter Houtbay : le chemin direct pour y aller, traverse une vallée étroite qui fournit le port d'eau fraîche ; elle y est portée par une petite rivière ou ruisseau couvert de *Palmites*, espèce d'*Acorus* à grosse tige et à grandes feuilles qui sortent du sommet de l'arbre, comme dans les palmiers, ce qui les a fait nommer *Palmites*. On les trouve en grand nombre dans la plupart des rivières et des ruisseaux, qu'ils resserrent plus ou moins étroitement de leurs tiges

1772.
Avril.

et de leurs racines entrelacées. D'ailleurs, *Hout-bay* est assez improprement appelé de ce nom ; car, par une contradiction directe du fait avec le mot (*), il y a, et il paroît qu'il y a toujours eu une grande disette de bois de construction et de fagot. Considérée comme havre, cette baie paroît être extrêmement étroite, et en même tems trop ouverte au vent de sud. Le mouillage y est cependant bon, au moins suivant le rapport de deux pêcheurs que j'y trouvai. La mer amoncelle dans le fond de la baie une grande quantité de sable, et paroît y former un banc d'une étendue considérable ; ce qui ne contribue pas peu à gêner le cours de la rivière. Ce sable étoit alors très-mouvant dans plusieurs endroits, et l'on ne pouvoit y marcher sans danger de se noyer dans l'eau qu'il couvre. Avec le tems, les ouvertures seront peut-être entièrement comblées ; et il deviendra une masse solide. Un enfoncement dans une montagne, sur le côté de l'ouest du fond de la baie, est entièrement couvert de sable, porté sans doute du rivage par la violence des vents de mer : le pied d'une autre montagne escarpée forme le rivage du côté de l'est ; la côte à l'ouest est couverte de larges granits détachés et mobiles. Il y a cependant des atterrages fort bons pour les bateaux. Sous d'autres rapports, le havre est incommode, tant à cause des coups de vent qui viennent des montagnes, que par la difficulté d'y faire de l'eau et

---

(*) *Hout*, en Hollandois, signifie *bois*.

le défaut de vents favorables pour regagner la pleine mer.

1772.
Avril.

Une ferme, avec des plantations de vignes, étoit située à quelques portées de fusil plus haut, dans la vallée : un Européen en étoit le propriétaire, et c'étoit le seul en Afrique qui eût assez de sens pour employer des ânes, n'ignorant pas que dans des pays montueux ces animaux sont plus utiles comme bêtes de somme, et que d'ailleurs étant plus aisés à nourrir, et se contentant de brouter quelques buissons et quelques herbes grossières, ils convenoient mieux à cette partie du monde que les chevaux. J'entrevis en cet endroit un petit quadrupède noir, de la forme à peu près d'une loutre, qui courut se cacher dans un monceau de pierres.

Toute la chasse ne consiste ici, et dans tout le pays autour de Constance, qu'en petites gazelles comme à Falsebay, c'est-à-dire, des *steenbocks* (*l'antilope grimmia* de Pallas), des *klipspringers*, que je n'ai cependant point eu occasion d'examiner de près ; et des *boucs plongeurs*, ainsi nommés d'une manière qu'ils ont de sauter et de plonger, pour ainsi dire, sous les buissons. La manière de chasser ces petites gazelles, c'est de les forcer à sortir de leurs gîtes entre les broussailles ; ce qui se fait mieux avec des chiens de chasse : alors le chasseur doit se tenir sur ses gardes. On les prend aussi avec des piéges qu'on place aux entrées des vignes

Tome I. G

1772.
Avril.

et des jardins. Ces piéges sont attachés au bout d'une branche d'arbre élastique, dont l'autre bout est fortement fiché en terre. Cette branche pliée en bas, n'est que légèrement arrêtée en terre à une planche posée sur la surface du champ, et couverte d'un peu de terre; ensuite on arrange le tout de manière que, lorsque l'animal vient à marcher sur la planche, il lui donne une petite secousse; la branche élastique se détend, attire le piége sur une ou deux jambes de l'animal, et l'enlève avec lui en l'air, où il demeure suspendu. Entre autres animaux, j'ai vu des ichneumons (*viverra ichneumon*) et des civettes (*viverra genetta*) pris à ces pièces près des fermes. Ils sont un peu plus gros que le chat ordinaire, et sont en mauvais renom parmi les ménagères, par le dégât horrible qu'ils font de la volaille et des œufs; quoique, d'un autre côté, ils rendent des services essentiels en détruisant la plus grosse espèce de rats. Dans l'économie générale de la nature, ces animaux ont encore une plus grande utilité; mais les habitans du Cap sont incapables de discerner leurs propriétés, et plus encore de les tourner à leur avantage. Le Nil et l'Egypte même, par exemple, seroient pleins de crocodiles, si le *viverra ichneumon* n'avoit soin de détruire la plus grande partie de leurs œufs. Dans les Indes orientales, cet animal est renommé pour diminuer le nombre des lézards et des serpens venimeux. Les diverses espèces de *viverra* rendent indubitablement le même service en Afrique : elles contribuent certainement aussi à limiter le nombre des taupes. On apprivoise aussi l'ichneumon dans les Indes orientales; il suit son maître; il devient traitable comme le chien, et c'est par son moyen qu'on a découvert que l'*ophiorizaz* est un excellent antidote contre la morsure des serpens. On feroit probablement au Cap une découverte également utile, si l'on réussissoit à y apprivoiser l'ichneumon; il ne faudroit que laisser à dessein quelques-uns de ces animaux à portée d'être mordus par diverses espèces de serpens, et observer à quels antidotes ils auroient recours; car la nature qui a donné et même imposé à l'ichneumon le même office en Afrique qu'en Asie, celui de limiter la propagation de la race des serpens, les a munis, dans ces deux contrées, des mêmes armes, et d'un préservatif également sûr. L'expérience mérite bien d'être faite aussi sur le *viverra genetta* et sur les autres espèces de ce genre. Le follicule ce ce dernier animal contient une sorte de musc, et ce n'est pas sans quelque intention particulière de la sagesse suprême, ni sans quelque utilité pour l'animal, ou même pour l'homme, lorsqu'il voudra se donner la peine d'en faire la découverte.

Je parlerai ici d'une troisième espèce de *viverra* qui se trouve dans ces cantons, quoique je n'en aie vu qu'après mon retour de la mer du Sud : c'est le *viverra putorius*. Une personne de ma connoissance en prit un dans la ferme de M. Dreijer à *Rondebosch*, située plus près du Cap que d'Alphen. Cet animal ne se trouve point, qu'on sache, ailleurs qu'ici et dans l'Amérique septentrionale, en un mot, dans les parties nord du nouveau monde, et dans le promontoire le plus sud de l'ancien. Ce fait contredit l'opinion de M. de Buffon. Ce grand historien de la nature, au lieu de se borner à la contempler, a quelquefois voulu lui prescrire des lois universelles : sans doute il peut y avoir d'autres animaux communs à l'ancien monde et au nouveau, que ceux qui auroient pu passer aisément par terre d'Asie en Amérique.

Dans une de mes excursions entre Alphen et *Rondebosch*, près d'un endroit marécageux dans un vallon, je me trouvai, sans y songer, tout près d'un animal dont la structure m'étoit totalement inconnue ; mais quoiqu'il ne fût éloigné de moi que de 70 à 80 pas, les buissons qui se trouvoient entre deux et la prompte fuite de l'animal m'empêchèrent de le bien voir. Il paroissoit cependant n'avoir pas plus de trois pieds et demi de haut : sa couleur gris de cendre et son allure pesante en courant, me firent croire que ce ne pouvoit être qu'un jeune *hippopotame*, ou, comme on l'appelle ici, *vache marine*. On n'en voit, à la vérité, jamais dans cette partie de la contrée ; mais ils rodent quelquefois fort loin de leur repaire, et celui-ci pouvoit s'être écarté la nuit précédente de la vallée de *Zeekoe* près de Falsebay, où il s'en réfugie fréquemment. Quoi qu'il en soit, je ne fus point du tout fâché de n'avoir pas vu de plus près une curiosité si dangereuse, d'autant plus que, suivant ma coutume, je n'avois sur moi d'autres armes que mon couteau et quelques ciseaux d'insectes.

1772
Avril.

Le lecteur aura peine à s'imaginer que la *faune* et la *flore* du Cap pussent me laisser, pendant cet automne, quelques momens pour la mélancolie ou les vapeurs. Je dois cependant avouer que quelques heures oisives et solitaires, jointes à d'autres circonstances, excitoient en moi, de tems en tems, des accès de déplaisance et de dégoût. Le Cap étant plus voisin de l'équateur, les jours y sont plus courts en automne que dans nos climats. Pressé par un zèle ardent pour l'histoire naturelle, je murmurois malgré moi de voir que, dans un lieu où j'avois les plus belles occasions de satisfaire mes goûts, je me trouvois tout le jour les mains liées, en quelque sorte, par d'autres occupations, et que dans les longues soirées, je manquois de livres et de plusieurs autres secours nécessaires : mais ce que je sentis plus vivement encore, c'est le défaut d'amis et de la société de quelque personne qui sût attacher une juste valeur à l'étude, et sur-tout à celle de la nature. J'en vais donner un exemple.

Un médecin du Cap, qui avoit étudié quelque tems en Hollande, me fit une visite à la maison de campagne où je résidois, et me demanda, je ne sais à quelle occasion, à voir mon herbier. J'avois de mon côté le plus grand desir de me procurer ce plaisir aussi bien qu'à lui, ne doutant pas qu'il ne m'instruisît et ne m'apprît les vertus médicales de diverses plantes : mais je me vis bientôt déchu de cette espérance. L'Esculape Africain connoissoit à peine les noms, et beaucoup moins encore l'usage de quelques-uns de ces simples. Les habitans de la campagne m'avoient déjà donné, quoiqu'en gros, quelques lumières de ce genre, mais peu étendues. De quelques centaines de plantes que je lui présentai collées dans mon livre, à peine avions-nous parcouru le tiers, qu'il se mit à bâiller fréquemment : je crus qu'il étoit grand tems de donner un autre tour à la conversation, et je cessai de l'importuner de mes questions. Je tâchai de l'éveiller en lui communiquant ce que je pensois des vertus de telles ou telles herbes. Je lui indiquai à quelles maladies on pouvoit, à mon avis, appliquer avec sureté et espérance de succès, telle plante particulière, et cela d'après son affinité et sa ressemblance avec d'autres plantes déja connues, et dont les vertus ont soutenu l'épreuve de l'expérience, ou, s'il est permis de tirer des inductions de ce principe, d'après la place qu'elle tient dans les ordres naturels, etc. Pendant tout ce tems, mon visiteur n'eut, ni assez de politesse, ni assez de bon sens pour approuver mon idée ; il continua à bâiller et à dormir. Je laissai donc plus de la moitié des plantes sans en parler, et je fis tomber la conversation sur le commerce et la navigation ; ce qui la ranima en un instant. Cette aventure ne me surprit point du tout : les revenus de ce digne médecin étoient plutôt fondés sur le trafic, que sur Apollon et ses Muses : il en est à-peu-près de même de tout le reste de la *faculté* du Cap, au grand détriment des malades en particulier, de l'histoire naturelle, et de l'art de la médecine en général.

Si ce journal vient jamais à tomber dans les mains du médecin qui a bien voulu et bâiller et dormir sur une collection de simples utiles que j'eus l'honneur d'exposer sous ses yeux, il voudra bien, j'espère, m'excuser d'avoir emprunté de lui quelques traits originaux et caractéristiques, pour donner à mes lecteurs une idée plus frappante de l'estime et du grand crédit dont jouit la botanique parmi le corps des fils d'Esculape en Afrique. Je lui dois cependant la justice d'avouer qu'il étoit réellement, à mon avis, le plus habile de toute la faculté de cette contrée. Je reconnois avec gratitude toutes les civilités que j'ai reçues de lui par la suite ; mais il doit me pardonner l'impossibilité où je me sens de cacher une vérité qui dévoile la raison du peu de progrès que font les sciences en Afrique, et peut-être dans quelques autres parties du globe.

SECTION IV.

Paarl et ses environs.

1772.
Octobre.

MON dessein étant, comme je l'ai déja dit, de donner à mes lecteurs la description de cette contrée et de ses habitans, dans l'ordre et de la manière que je les ai connus moi-même, j'insère ici la relation d'une excursion que je fis à Paarl et dans ses environs, telle que je la traçai, à mon retour, dans une lettre à un de mes amis, autrefois capitaine de navire : elle est écrite en vrai style marin, et largement semée de termes et phrases usitées parmi les braves enfans de Neptune.

J'ARRIVE chez moi, Monsieur, harassé d'un voyage à pied, à travers les plaines brûlées et brûlantes d'Afrique, où j'ai eu occasion de visiter plusieurs paysans Africains : on appelle ainsi une troupe de bons et honnêtes vivans, qui, sans différer, pour le rang, de nos paysans Suédois, sont pour la plupart extrêmement opulens. Le 9 octobre de cette année, je partis pour le Cap, dans l'intention de voir faire l'exercice aux Bourgeois, et de plus, pour examiner les productions animales et végétales du pays ; convention que j'avois antérieurement faite avec un de nos compatriotes, M. O—G. Vous voyez donc, Monsieur, que j'avois l'intention de tuer deux oiseaux d'un seul coup de pierre.

pierre (*). Parlons d'abord des opérations militaires. Le 10, les braves guerriers se tinrent clos et couverts, retenus par un gros vent. Il étoit à la vérité si violent, sur-tout au pied de la *montagne du Lion*, où j'étois allé botaniser, que je fus plusieurs fois obligé de me coucher à plate terre. Le 11, toute la Bourgeoisie se mit en campagne. Les habits uniformes, tant de la cavalerie que de l'infanterie, étoient à la vérité tous bleus, mais de tant de différentes nuances de bleu, que la bigarrure n'eût pas été plus frappante, s'ils eussent été les uns rouges, les autres pourpres ou jaunes : leurs vestes, sur-tout celles de l'infanterie, étoient brunes, bleues et blanches ; enfin de toutes les couleurs de l'arc-en-ciel. Un prêtre françois, vêtu de noir, portant souliers à talons rouges, étoit debout près de moi, et ne pouvoit s'empêcher de me marquer son étonnement de voir une troupe si merveilleusement bariolée : cependant tout cela n'empêcha pas qu'ils ne fissent très-bien l'exercice. La plupart étoient des Européens qui avoient servi dans la dernière guerre d'Allemagne, et qui depuis, après avoir été en garnison au Cap, et y avoir servi l'espace de cinq ans, étoient, suivant la coutume, naturalisés dans le pays. Jaloux de soutenir leur réputation militaire, et orgueilleux en raison de la supériorité de leur fortune, ils s'étoient mis en tête depuis quelques années, qu'il étoit hon-

1772.
Octobre.

(*) Proverbe équivalent au nôtre, *faire d'une pierre deux coups.*

Tome I. H

teux pour eux d'être obligés de se trouver, dans leurs exercices, face à face avec la garnison : celle-ci, de son côté, se sentit si choquée de la comparaison, que l'attaque devint fort sérieuse : entre autres hostilités, ils chargèrent de part et d'autre leurs armes avec des boutons d'habit, des pièces de monnoie et autres mitrailles. Depuis cet accident, ces deux corps ne font jamais l'exercice sur une même place, ni dans le même tems.

Lorsque tout fut fini, je songeai, moi, à mon expédition ; mais notre compatriote que j'attendois ne vint point ; je fus obligé de louer un mulâtre, un quart de rixdalle par jour, pour me conduire, et je partis. Sur son épaule il portoit un bâton. A l'un des bouts pendoit tout l'attirail propre à la conservation de mes herbes; et à l'autre, pour contrepoids, un bissac plein de provisions et de quelques linges. Mon guide, tout fier de son origine bâtarde, me donna bientôt à entendre qu'il n'étoit point esclave, comme la plupart des noirs, mais né libre du côté maternel; car sa mère étoit Hottentote, et son père un Européen, qu'il supposoit d'une fort bonne famille : enfin je quittai la ville, me résignant aveuglément à la destinée et à la conduite de mon pilote basané. Nous gouvernâmes nord-ouest, et après plusieurs allées et venues dans les plaines, nous arrivâmes près des gibets, à midi. *Heus viator!* Ici nous nous arrêtâmes un instant à contempler l'inconstance des choses humaines : plus de dix roues, placées tout autour, nous fournirent de terribles sujets de réflexion, en nous présentant les suites inévitables et les preuves notoires de l'esclavage et de la tyrannie, deux monstres qui ne manquent jamais de s'engendrer l'un l'autre, et avec eux les crimes, les malversations de toute espèce, dès que l'un ou l'autre s'est introduit dans une contrée. Les potences seules, les plus grandes que j'aie jamais vues, étoient en vérité une assez grande porte d'entrée à l'éternité; mais elle n'étoit pas trop spacieuse encore pour les vues d'un gouvernement tyrannique, qui, dans une ville aussi petite que le Cap, pouvoit trouver sept victimes à la fois à suspendre à ses poteaux.

1772.
Octobre.

Passons vîte au-delà. Dans un lieu où le sable endurci par la pluie, formoit une masse solide, je trouvai un grand nombre de cicindelles d'une espèce inconnue. Mon compagnon, qui n'avoit jamais vu chasser aux insectes, se mit à rire comme un fou, et resta confondu d'étonnement.

On ne trouve pas un seul pont dans toute l'Afrique; nous fûmes donc obligés de traverser à gué quelques ruisseaux assez profonds, et même des rivières. Il faut avouer qu'herboriser en ce pays est une affaire pénible et fort embarrassante; mais aussi la moisson est abondante et riche. Aussitôt que je fus assis par terre, je découvris un *rumex*, ou sorte d'*oseille* sauvage, fort

H ij

curieuse, et singulièrement épineuse, et un *tribulus terrestris*. Nous errâmes de côté et d'autre, recrutant continuellement mon régiment d'insectes et ma collection de plantes, occupation qui, à mesure qu'elle animoit mon esprit, rafraîchissoit mon corps, et fortifioit tous mes membres. Une rencontre que nous fîmes me procura cependant l'occasion de me reposer autrement. Entre plusieurs chariots qui nous rattrapèrent, nous en vîmes un traîné par six paires de bœufs, suivant la mode du pays : dans celui-ci étoit un esclave endormi, aussi ivre que la truie du roi David ; ce qui est aussi la mode du pays : un autre, un peu plus sobre, étoit assis près de lui, au timon, tenant un fouet, dont le manche étoit trois fois long comme la hauteur d'un homme, et la mèche à proportion. Dans ce pays, ils ne se servent jamais de rênes pour leurs bœufs, d'où il arrive que, quoique le conducteur fasse claquer avec beaucoup de dextérité son fouet à droite et à gauche, les animaux, assez mal disciplinés, virent continuellement de stribord à bas-bord, tantôt croisant le chemin, tantôt le rangeant de côté, ensorte que le timonnier est souvent obligé de sauter à bas du chariot, pour imprimer ses idées plus énergiquement sur les épaules de l'indocile attelage. Ces chariots sont si larges qu'ils ne versent pas facilement, et l'on a soin de conduire les bœufs à la main, lorsque les chemins sont difficiles.

Dans ce chariot étoit assis un Hollandois, qui, choqué de me voir à pied, m'obligea fort poliment à monter avec lui, moi, mon domestique et le bagage. A-peu-près par la même latitude nous rencontrâmes un fermier : nous nous *hélâmes* l'un l'autre, c'est-à-dire que nous nous saluâmes comme font les navires en mer. Il nous apprit qu'il étoit natif de la *Mere-Contrée* (c'est ainsi qu'ils appellent l'Europe), et qu'il avoit une femme et sa famille près des *vingt-quatre rivières*, à la distance de quarante *uurs* (*) du lieu où nous étions, dans un des plus jolis endroits, à son avis, de toute la contrée. Mais alors je commençai à me rappeler que ni TOURNEFORT dans le levant, ni LINNÉ dans la Laponie, ni aucun autre Botaniste, n'avoient herborisé dans un chariot à six couples de bœufs, et qu'un équipage de ce genre ne pouvoit avancer mes études ni mes collections; de plus, que si mes jambes y trouvoient passablement leur compte, les autres parties de mon corps auroient à souffrir des cahots de la voiture. Je revins donc à mon état de piéton, et après quelque tems de marche j'arrivai à la ferme de la Compagnie. L'Intendant de la maison, ou, comme on dit ici, le *Baas* me présenta un verre de gros vin fort, peu propre à appaiser ma soif; mais l'eau du lieu étoit saumâtre : ils n'avoient ni lait, ni vaches, quoiqu'il y eût sur la ferme un grand nombre

1772.
Octobre.

(*) Un *uur* (une heure), quand il est employé pour désigner un espace donné, correspond à six milles anglois. Un *skoft*, ou quatre *uurs*, équivaut-à-peu-près à vingt-quatre milles.

1772.
Octobre.

de chevaux et d'autre bétail : c'est que dans cet endroit il y a habituellement une garnison de soldats, qui font beaucoup plus de cas du vin que du lait ; et de plus, le pâturage n'est pas favorable aux vaches, dont il dessèche les mamelles. Je pris donc congé du *Baas*, nom qu'on donne ici à tous les Chrétiens, mais sur-tout aux gens d'affaires et fermiers.

La ferme où nous allâmes en sortant de celle-ci, appartenoit à un paysan natif d'Afrique. Il me vint à l'esprit de mettre à l'épreuve cette hospitalité si vantée des Africains ; mais malheureusement le maître étoit allé à la revue au Cap, et n'avoit laissé à la maison qu'un petit nombre d'esclaves, sous les ordres d'une vieille, qui nous dit que tous les linges de lit étoient sous clef. Je m'apperçus aisément qu'elle n'avoit pas autant d'envie de m'héberger que j'en avois de rester avec elle. Il commençoit à se faire nuit ; mais malgré la nuit, malgré la roideur et la lassitude de mes jambes, je pris le parti de gagner une autre ferme, dont nous appercevions la maison : nous prîmes notre route à travers un vallon, et rôdâmes assez long-tems parmi les halliers et les buissons. Les *jackals*, ou renards africains commençoient alors leurs sérénades nocturnes, à-peu-près sur les mêmes notes que nos renards d'Europe. Les grenouilles et les oiseaux remplissoient les vides de ce concert, de leur accompagnement effrayant et plaintif. Nous arrivâmes à la fin à un lieu un peu

AU CAP DE BONNE-ESPÉRANCE. 63

élevé, d'où nous découvrîmes encore la ferme et notre chemin. Une garde de dogues, qui en Afrique ont le privilège illimité d'assaillir la nuit tous les passans à pied, espèce de voyageurs la plus suspecte, vinrent sur nous et nous effrayèrent, non sans raison : il étoit alors huit heures et demie. Cependant, comme les gens du logis n'étoient point encore au lit, ils vinrent à notre secours, et nous en fûmes quittes pour la peur et pour quelques morceaux de nos habits. Nous fûmes conduits à la cuisine, où nous apprîmes la foudroyante nouvelle que le *Baas* étoit à la revue, et que tout l'attirail du ménage étoit enfermé sous clef; mais ce fut le lendemain, au point du jour, que je sentis le plus vivement toute l'étendue de ce malheur. L'esclave, avec toutes les marques du respect et d'un excellent naturel, me pria de vouloir bien faire usage d'un peu de thé et de pain à lui appartenant. Mon serviteur, bientôt lié avec cet esclave et un autre qui gardoit le bétail, tomba sur un morceau de pain grossier et un morceau de lard ; régal délicieux pour eux. Après quelque tems de délibération, à laquelle ils procédèrent en langue portugaise, je fus placé dans la chambre même du *Baas* absent : le lit étoit passable, le plancher étoit de terre, les murs étoient nus, et tout l'ameublement consistoit en un cabaret à thé à demi brisé, quelques bouteilles vides et deux chaises.

COMME la porte ne vouloit pas se fermer, je plaçai

1772.
Octobre.

1772.
Octobre.

les deux chaises derrière, afin que dans le cas de quelque entreprise sur ma vie, le bruit me réveillât : je posai un couteau ouvert sur mon oreiller, et me mis à dormir. Les meurtres fréquens, qui, à ma connoissance, avoient été commis dans cette contrée, rendoient ces précautions fort nécessaires. Le lendemain, je demandai mon déjeûner : il consistoit en un peu de vieux *smalt*, sorte de lard préparé et gardé dans un vase de bois, et qui sert de beurre. Je me saisis aussi d'un morceau de gibier qu'ils m'assaisonnèrent avec force poivre. La faim me rendit poli ; je ne laissai paroître aucun mépris pour le régal de mon hôte noir ; mais je ne restai pas long-tems à table. Une querelle inattendue, mais fort vive, en langue portugaise que je n'entendois point, s'éleva entre le domestique esclave et le gardeur de bestiaux : leurs deux faces noires devinrent comme des charbons ardens ; enfin le dernier tira son couteau, et l'autre fut forcé d'acheter la paix par une grosse tranche de viande. Alors le vainqueur alluma sa pipe, et s'en alla à ses affaires, après qu'ils eurent tous deux renouvelé amitié avec l'air de la plus grande cordialité ; mais malgré cette réconciliation apparente, l'esclave domestique se vengea cruellement sur le chien de son antagoniste, qui se trouva par hasard resté derrière dans la cuisine ; et cependant cet homme, capable d'une action si basse, étoit tellement pénétré du généreux sentiment de l'hospitalité africaine, que j'eus beaucoup de peine à lui faire accepter

une

une bagatelle, en reconnoissance de ses services. Un peu après le point du jour, je me remis en route.

1772.
Octobre.

J'EUS, pour la première fois depuis mon arrivée dans ce pays, le plaisir de voir de vastes champs de blé, alors en pleine verdure, et leurs tiges élevées à un pied au dessus de terre; car dans le quartier de la *montagne du Tygre*, où je me trouvois alors, la culture du blé est la principale occupation des fermiers; cependant le froment et l'orge sont les seules espèces de blé qu'on trouve dans toute la Colonie. On ne se sert du premier que pour faire du pain, et du second, que pour nourrir les chevaux; ce qui se fait de deux manières, ou en le coupant en herbe, une fois ou plusieurs, selon qu'il croît plus ou moins vite, ou en le broyant, dès qu'il a atteint sa pleine croissance, comme on le pratique dans nos contrées, et le donnant à leurs chevaux, mêlé avec de la paille coupée. Sur les dix heures j'entrai, pour me mettre à l'abri de la pluie, dans la maison d'une ferme où je trouvai des esclaves femelles qui chantoient des speaumes en travaillant à l'aiguille. Leur maître, animé d'un zèle religieux fort peu commun dans ce pays, leur avoit fait adopter cette sainte coutume : mais, par cet esprit d'économie dont tous les Colons sont prédominés, il n'avoit pas permis qu'elles fussent initiées par le baptême à la confraternité du christianisme. D'après les lois du pays, cette initiation leur auroit procuré leur liberté, et lui, auroit perdu leurs services.

Tome I. I

Ce bon et pieux *Boor* (ou paysan) étoit né à Berlin, et avoit été contre-maître sur un vaisseau dans les Indes orientales. Ce fut une occasion d'entrer avec lui en conversation sur les victoires de son cher monarque, et une heure après, sur tous les objets qui nous vinrent à l'esprit. Je sentois toujours mon gosier brûlé par le poivre, et mon estomac tourmenté par la faim ; j'appaisai la soif par deux verres de vin ; mais la honte m'empêchant de me plaindre de la faim, je me résignai à ma destinée, espérant que vers le midi quelque bonne ame pourroit m'inviter à dîner, et je repris mes occupations au milieu des arbustes et des buissons dont cette contrée est presque entièrement couverte. Excepté les terres qui sont cultivées, à peine voit-on ici un pied d'arbre, même d'arbre sauvage. Le sol d'alentour, c'est-à-dire, aux environs de Tyger-berg et de Koe-berg, n'est, suivant toute apparence, qu'un sable stérile et sec, ou du gravier. Cependant dans ce canton si plein de monticules, on trouve certaines vallées couvertes de terreau, et qui rendent d'abondantes récoltes à quelques paysans qui y cultivent des limons, des oranges et des grenades.

A trois heures après midi, j'arrivai à la maison d'un fermier nommé *Vander Spoei*, qui étoit veuf, né Africain, et frère de celui que vous connoissez pour le propriétaire du Constance rouge ou vieux Constance. Sans faire semblant de m'appercevoir, il demeura immobile dans le passage qui conduisoit à la maison. Lorsque je fus près de lui, il ne fit pas un seul pas pour venir à ma rencontre ; mais me prenant par la main, il me salua de ces mots : « Bonjour ! soyez le bien-venu ! « Comment vous portez-vous ? Qui êtes-vous ? Un verre « de vin ? Une pipe de tabac ? Voulez-vous manger « quelque chose ? » Je répondis à ses questions avec le même laconisme, et j'acceptai ses offres à mesure qu'il les faisoit. Sa fille, jeune, bien faite et d'une humeur agréable, âgée de douze à quatorze ans, mit sur table une magnifique poitrine d'agneau en étuvée et garnie de carottes : après le dîner, elle m'offrit le thé de si bonne grace, que je savois à peine que préférer ou du dîner ou de ma jeune hôtesse. La discrétion et la bonté du cœur étoient lisiblement peintes dans les traits et dans le maintien du père et de la fille. J'adressai plusieurs fois la parole à mon hôte, pour l'engager à rompre le silence. Ses réponses furent courtes et discrètes ; mais je remarquai sur-tout qu'il ne commença jamais de lui-même la conversation, excepté pour m'engager à rester avec eux jusqu'au lendemain. Cependant je pris congé de lui, non sans être vivement touché d'une bienveillance aussi rare que peu méritée de ma part.

Dans mon ardeur pour la botanique, je ne fis plus la moindre attention à ma fatigue et à la roideur de mes jarrets. Je me traînois du mieux que je pouvois sur les montagnes arides et brûlantes, et je marchai tout le jour comme sur des échasses. Sur le soir, je me sentis moins fatigué: à force de marcher et de sauter, mes membres s'étoient assouplis Non loin de la ferme, nous eûmes un ruisseau à traverser : nous y rencontrâmes un esclave femelle, qui fort obligeamment nous montra les fonds où il y avoit le moins d'eau. Elle avoit l'air de compter sur quelque rétribution amoureuse, mais elle ne pouvoit qu'être trompée dans son attente, ayant le malheur d'avoir affaire à un philosophe aussi délicat que fatigué. J'arrivai de bonne heure, dans la soirée, à une ferme où nous trouvâmes le père et la mère sortis. Malgré cela, *Maître-Jean* et Mlle. *Susette* me firent entrer dans la maison, qui étoit un assez joli bâtiment, et, comme toutes les autres sur cette route, faite, partie de brique, partie d'argile bien apprêtée, mais sans autre plancher que le sol même. J'avois intention d'aller plus loin : mais quand j'apperçus une large baratte, et que j'entendis de la bouche même de Susette, qu'elle avoit trente vaches à lait, vous pouvez croire que je ne songeai plus à partir, moi qui depuis mon arrivée en Afrique n'avois jamais rencontré une aussi grande abondance de lait. La ferme produisoit, dit-on, environ trois mille deux cents boisseau de blé par année, ou de dix à quinze fois la semence. Un bon pain de froment, léger et bien cuit, d'environ deux pieds de diamètre, fut placé sur la table, et avec du lait et du beurre frais, je fis un délicieux repas. Ils parurent prendre un grand plaisir à converser avec moi; et quoiqu'ils fissent tous leurs efforts pour ne pas rire, ils avoient l'air de s'amuser beaucoup de mon mauvais hollandois et de tout mon attirail pour attraper et conserver mes insectes. Ma collection d'herbes leur plut beaucoup; eux-mêmes savoient préparer une espèce d'emplâtre avec des herbes et de la cire. Le lendemain matin, ils m'apportèrent du café, auquel je ne touchai point, le trouvant plein de grumeaux, et, suivant la coutume du pays, aussi foible que de la petite bière.

1772.
Octobre.

APRÈS ce copieux régal, je repris mon chemin, gai et dispos. Ma boîte d'insectes se trouvant déja toute pleine, je fus obligé de placer tout un régiment de mouches et d'autres insectes autour du bord de mon chapeau. Sur la route, nous rencontrâmes un vacher: il faisoit rôtir une petite tortue, dont la chair avoit le même goût que la chair de poulet. Deux ou trois milles plus loin, nous trouvâmes un berger qui se régaloit, aux dépens de son maître, d'un quartier d'agneau rôti. Mon compagnon, qui sentoit tout le prix de sa liberté, montra sa joie de voir que de pauvres esclaves ont quelquefois l'occasion de se venger de leurs tyrans, en abusant de leur confiance. Il m'apprit que c'est l'usage parmi les bergers qui ont des maîtres durs et avares, lorsqu'une brebis met bas deux agneaux, d'en garder toujours un, et quelquefois l'autre aussi, lorsqu'ils espèrent pouvoir cacher le larcin. A trois heures, nous arrivâmes à une ferme : j'eus quelques instans d'entretien avec la vieille dame du logis, sur la goutte qu'elle avoit aux mains et aux pieds, et sur le rhumatisme de son honnête mari, qui, croyant s'en délivrer par les sueurs, étoit allé aux bains chauds. Une maison dont les murs étoient malproprement enduits d'argile, une troupe d'enfans sales et galeux, une esclave traînant à un de ses pieds une lourde chaîne, les traits de la vieille femme elle-même, son nez affilé, sa criaillerie perpétuelle contre ses domestiques, enfin l'eau pure dont elle me régala, m'indiquèrent que la pauvreté logeoit dans cette maison, et en même tems que la goutte avoit bon gîte, et de quoi bien s'entretenir dans l'humeur colérique de l'hôtesse. Elle me conseilla de descendre jusqu'à Paarl, canton peu éloigné de là, planté de vignes, et habité par des vignerons, où je ferois, disoit-elle, ma fortune à vendre de l'orviétan. Elle m'apprit qu'il étoit déja venu dans ce pays un Médecin, mais qu'il n'avoit point eu de pratiques, attendu qu'il prenoit trop cher. Elle me dit qu'on n'avoit jamais pu, et qu'on ne pourroit jamais l'engager à être saignée, ou à prendre aucun des remèdes de la médecine : cependant elle croyoit que c'étoit une grande consolation d'avoir à sa portée un Médecin, en cas de maladie.

Vous retrouvez, Monsieur, dans une chaumière d'Afrique, l'homme des palais d'Europe, où les grands appellent, à la vérité, des Médecins à leur secours ;

mais manquent rarement de se gouverner, en grande partie, suivant leur propre caprice.

1772.
Octobre.

D'APRÈS les informations que je reçus en cet endroit, je pris le chemin le plus droit, qui devoit me conduire à la maison d'une veuve riche et infirme, âgée de cinquante-deux ans. Mon serviteur, qui connoissoit le local, m'avertit de prendre garde d'effrayer l'ombrageuse bonne-femme avec mes insectes rangés autour du bord de mon chapeau. J'y arrivai sur les cinq heures, et je fus bien reçu de la veuve : j'eus grand soin de tenir le fond de mon chapeau tourné vers moi, et je le cachai ensuite dans un coin obscur de l'appartement. Ma bouche aussitôt se remplit de pain, de beurre, de fromage, de vin et de thé, tout en prononçant de savantes dissertations sur la goutte, l'apoplexie, les violens saignemens de nez, la toux, et sur l'hydropisie de son pauvre défunt mari. La bonne dame étoit fort attentive à écouter, et moi à manger, au milieu de mes leçons médicales. Pendant ce tems-là, une insigne rapporteuse, esclave favorite de la maîtresse, avoit fait jaser mon domestique dans la cuisine : elle vint dire à l'oreille de sa maîtresse, que mon chapeau étoit plein de petites bêtes (*kleine besijes*). La vieille dame quitte à l'instant les belles instructions que je lui donnois sur la diète, pour courir à la curiosité : mais ce qui l'étonna le plus, fut de voir tous les petits animaux percés d'outre en outre avec des épingles qui les tenoient attachés au

1772.
Octobre.

chapeau : une explication me fut demandée à l'instant. Je fus bien obligé cette fois de cesser de manger, dans la crainte de me sentir étouffé par quelques-uns des gros mots et des longues phrases hollandoises qu'il me fallut forger sur le lieu, pour la convaincre qu'il étoit de la plus grande importance de connoître ces petits animaux, tant pour la médecine et pour les autres usages de la vie, que pour la gloire du souverain auteur. Heureusement pour moi, je dissertai sur ce sujet avec beaucoup de succès, mais non sans quelque inquiétude ; car si j'avois échoué, j'eusse été bien certainement chassé de cette maison, comme magicien (*Hex-mester*). Le contraire arriva heureusement : la bonne-femme me pressa de passer la nuit chez elle, et je me promis un bon repos dans une maison aussi élégante et aussi bien meublée. Bientôt après, j'y vis arriver une compagnie dans un chariot léger : elle étoit composée, 1°. de la fille de mon hôtesse ; 2°. d'un gros et gras écuyer de campagne ou riche paysan, nommé M. M***, en état, à ce qu'on dit, de donner à chacune de ses filles quatre mille guinées en mariage ; une d'elles avoit déja eu la mortification d'accoucher d'un enfant noir, dont le père, en récompense de ce service, d'esclave qu'il étoit, avoit été fait prisonnier à perpétuité dans une des îles Robben, et la jeune demoiselle avoit été mariée à l'économe ou *boor* de son père : 3°. du beau-frère du père, encore plus replet que lui. Le père de ces honnêtes gens étoit de Livonie, et avoit été soldat au service

service de Suède. Ils avoient déja vu un chasseur aux insectes ; mais lorsqu'ils apperçurent ma collection d'herbes, et qu'elle contenoit, non seulement des fleurs, mais aussi du gazon, de petites branches d'arbrisseaux et d'arbres, ils ne purent s'empêcher de rire à gorge déployée. Je donnai à la jeune demoiselle les meilleurs avis que je connusse pour les taches de rousseur et les boutons, et en revanche je lui fis plusieurs questions relativement à des remèdes domestiques et aux bains chauds, dont elle avoit fait usage pendant trois semaines. Elle me conseilla fort, ainsi que sa mère, d'exercer la médecine à Paarl : mais c'est une grande pitié, ajoutèrent-elles, qu'un homme qui paroît connoître si bien nos maladies, parle si mal notre langue.

Il n'y avoit point de lait dans cet endroit, mais j'en fus bien consolé par un excellent souper. Le vin coula par rasades à la santé les uns des autres, et à la continuation de notre connoissance et de notre amitié. La conversation roula sur divers sujets, entre autres sur la corpulence et sur la coutume de dormir après le dîner. Ces deux sujets, ainsi que la cause qui les produit, c'est-à-dire, l'usage des bains chauds que contractent dans ce climat-ci les gentilshommes Livoniens, furent fort exactement discutés. Nous nous souhaitâmes la bonne nuit, mais je reposai fort mal; car le gros poussif de beau-frère, qui m'échut en partage, ronfla continuellement, sans pitié pour mes fatigues.

Tome I. K

C'étoit à la vérité un homme de fort bonne humeur, aussi bien que son joyeux et agréable frère; mais il ne pouvoit tenir long-tems la conversation : il souffloit si fort en parlant, que je n'entendois pas la moitié de ce qu'il disoit. Il étoit plus essoufflé, pour avoir mis ses bas et ses souliers, que moi, lorsque j'eus monté sur le haut de la montagne de la Table. Le matin, je dis adieu à ces bonnes gens, et pris la route de la rivière de la Montagne, dans Paarl.

L'ENDROIT où l'on passe cette rivière étoit assez éloigné de mon chemin, et je n'avois point d'affaires à l'autre rive qui m'obligeassent à la traverser : ayant observé une petite île inculte, à trois ou quatre brasses du bord, où les brebis et les chèvres n'avoient pu moissonner avant moi les fleurs et l'herbe fraîche, je m'aventurai sur quelques liasses de ces *palmites* dont j'ai parlé ci-devant (*acorus palmita*). Ces liasses étoient si glissantes et si fragiles, que s'il me fût arrivé d'y faire le moindre faux pas, c'eût été le dernier de ma vie; car j'aurois été inévitablement noyé entre ou sous ces touffes. Hors mon chapeau et mon ruban de queue, j'allai botaniser sur cette île dans le costume d'Adam dans son état d'innocence : mais rôti et desséché par le soleil, j'appris, aux dépens de ma peau, que j'avois dans mon petit paradis, perdu mon empire sur les taons et les moucherons. Ces voraces petits animaux me forcèrent bientôt à venir reprendre mes habits; et après avoir encore botanisé en suivant le cours de la rivière, et traversé plusieurs fermes, j'arrivai à Paarl, à la maison d'un meûnier que je trouvai assis et faisant sa méridienne. Je ne vis jamais, dans toute ma vie, une figure plus rechignée et plus sérieuse : il plaça devant moi une vieille chaise brisée, et sans demander qui j'étois : « Qu'aimez-vous le mieux avoir ? me dit il. » (*Wat zal ye bruiken ?*) Je vois, lui répondis-je, que vous avez là du thé; ayez la bonté d'y joindre un peu de pain ; car j'ai autant faim que soif : j'ai passé tout le jour à cueillir des simples. « Quoi ! vous n'avez rien « mangé d'aujourd'hui ? Fille, apporte quelque chose « à manger ; du pain et une bouteille de vin, » dit le vieux meûnier, sans que son front se déridât. Je mangeai de grand appétit, et bus à sa santé. Durant tout ce tems, il fumoit sa pipe en silence, et avoit les yeux attachés sur un almanach astrologique du dernier siècle. Il ne m'adressa pas la parole une seule fois ; et à une ou deux questions que je lui fis, il répondit si laconiquement, que je crus que ma visite lui étoit fort désagréable. Je crus devoir le presser d'accepter une récompense pécuniaire pour son dîner : il me répondit positivement et d'un air inflexible : « Non, non, très-certainement je n'en veux point ; « c'est notre devoir d'assister les voyageurs. » Il eut soin de faire donner à mon domestique un bon morceau de pain et de viande, à mon insçu ; mais il ne fit pas quatre pas sur son plancher glissant de terre grasse, pour me reconduire, lorsque je pris congé de lui. Plein d'un sentiment intérieur de gratitude, je souhaitai en moi-même que le ciel pût pardonner à ce digne meûnier, les transgressions que peut-être il avoit quelquefois commises sur le blé de son voisin.

Un peu plus loin résidoit un *koster*, c'est-à-dire *sacristain*, ordre de gens plus connu et plus respecté chez les calvinistes que chez nous. Il étoit d'extraction nègre du côté de sa mère. J'entrai chez lui, m'assis et bus une tasse de misérable thé sans sucre. La femme du *koster*, qui étoit plus âgée, étoit alors malade dans son lit : je m'informai de la nature de sa maladie; mais lorsqu'on m'eut dit qu'après avoir fait pendant trois semaines usage des bains chauds, elle étoit encore restée à-peu-près percluse de tous ses membres, et que toutes ses articulations étoient remplies de pierres calcaires, je me contentai de lever les épaules, en disant que la goutte est une terrible affliction, et je demandai mon chemin. En mettant le pied sur la porte, j'apperçus un *Cataputia*; je demandai à l'homme si ses graines lui étoient de quelque utilité, et si je pouvois en cueillir quelques-unes : il me répondit que pour lui il n'en faisoit aucun usage, mais qu'il les donnoit à ses amis. « Cueillez-en ce que vous voudrez, conti-
« nua-t-il; mais personne avant vous ne m'a demandé
» ces graines ; qu'en voulez-vous faire ? » Elles me serviront, lui dis-je, à quelques usages de médecine.

Je venois, comme on dit, d'abattre la maison sur ma tête. Il me fallut rentrer, et entendre toute l'histoire de la maladie de la vieille femme, et leur en expliquer les causes. Cependant je jugeai à propos de lui déclarer, sans détour, que son séjour dans ce malheureux monde seroit vraisemblablement de courte durée. Elle fut enchantée de s'entendre annoncer la fin de ses maux; et son mari, d'apprendre qu'il seroit bientôt débarrassé d'une femme malade. L'un et l'autre parurent recevoir avec plaisir mon fatal pronostic, et me firent boire deux verres de vin pour ma peine : ils m'offrirent aussi de me montrer l'église, qui n'étoit pas éloignée. Je pus voir par cet édifice, que ces *boors* ne se donnent pas plus de peine pour la maison de Dieu, que pour la leur. Cette église étoit à la vérité aussi grande qu'une de nos plus vastes granges, et proprement couverte, comme les autres maisons, de roseaux de couleur rembrunie, mais sans voûte ni plafond, ensorte que les poutres et solives, vues en dedans, formoient un aspect choquant et misérable. Les autels et tables d'autels ne sont, je crois, nulle part en usage dans l'église réformée. Il y avoit dans celle-ci des bancs, sur les côtés, pour les hommes, et dans la nef, des chaises ou tabourets pour les femmes. La chaire étoit simple à l'excès, et mal propre.

1772.
Octobre.

DELA, nous commençâmes à revenir vers le lieu de ma résidence, par des chemins de détour, aussi inconnus à mon guide qu'à moi-même. Dix-huit oranges de la Chine, que j'avois achetées à Paarl, me furent alors d'un grand secours, et un gros rouleau de tabac dont mon serviteur s'étoit muni, fut pour lui un *veni mecum* plus précieux. Il portoit un fardeau réellement pesant, quoiqu'il lui parût léger. Il faut cependant considérer qu'il alloit toujours en ligne directe, tandis que moi, je courois continuellement de côté et d'autre, furetant entre les buissons. Il faisoit déja sombre, lorsque nous arrivâmes à une ferme dont le *boor* étoit sorti. Je liai conversation avec sa femme sur leurs affaires domestiques, et je fus étonné d'apprendre que dans une maison aussi opulente ils avoient rarement du lait en abondance, et cela à cause des montagnes sèches et arides situées près de la ferme, et par d'autres causes qui ne méritent pas d'être rapportées; mais en compensation, ils avoient une bonne quantité de moutons, quelques terres labourables, et des vignes qu'on pouvoit rendre fertiles au moyen d'aqueducs. La femme étoit une des meilleures créatures qu'on puisse voir; mais j'eus le malheur qu'elle m'offrit justement toutes choses dont je n'avois pas besoin, du vin, de l'eau-de-vie, du tabac. Son mari, vieux et joyeux compère, rentra à la fin, et but aussitôt à ma santé, en me disant : « Vous croyez peut-être qu'il n'y a que vous qui « sachiez quelque chose, avec vos herbes et vos « mouches; mais vous allez voir que nous autres « paysans Africains, ne sommes pas tous aussi sots

» que vous vous l'imaginez. » Aussitôt il étala sous mes yeux un petit nombre de bons livres perdus dans un tas de bouquins, qui traitoient presque de toutes les sciences. Je ne pus que louer la collection en général; car il couroit continuellement çà et là entre moi et la bibliothèque, lisant les titres de chaque livre, sans oublier le nom de l'Imprimeur et du Libraire. « Vous voyez, dit-il, que je ne passe pas tout mon « tems à suivre la charrue. » Comme il étoit Livonien, et moi Suédois, nous nous appellâmes presque cousins-germains.

Lorsque le soir vint, je n'eus pas à craindre en ce logis de mourir de faim faute de vivres. « Vous « devez manger de bon cœur avec nous autres fer- « miers, dit la bonne dame. Mangez, ne l'épargnez « pas; ne craignez pas que nous y ayons regret. » Ils tiroient leur beurre, leur fromage et leur bœuf salé, ou plutôt leur chair de buffle, de leurs fermes à pâturages, situées près de six cents milles dans les terres. Sur l'apparence de la soupe et des pois verts, je vis bien que mon docte Africain n'avoit jamais étudié dans aucun livre de cuisine, art dont en Afrique il eût eu bien plus d'occasions de faire usage que de la poésie et des langues mortes. La bonne dame du logis fut obligée d'aller se mettre au lit seule, tandis que son mari, fort occupé de l'histoire de *Joseph*, s'efforçoit de me convaincre de son merveilleux attachement à l'étude. Comme il est d'usage parmi les habitans de ce pays, de donner à leurs esclaves les noms du mois, et à d'autres les noms des jours de la semaine dans laquelle ils sont nés, je fus réveillé de bonne heure par les cris horribles de Janvier et de Février, qui subissoient le châtiment du fouet infligé par la main de leur maître, parce qu'ils n'avoient pu trouver les chevaux le soir précédent. Bientôt après la famille se prépara à aller à l'église ; mais elle fut retenue par un grain de pluie : nous déjeûnâmes cependant, et bûmes à la santé les uns des autres ; après quoi je leur fis mes remercimens, et pris congé d'eux, emportant un morceau de beurre enfermé dans deux morceaux de pain, dont mon hôte et mon hôtesse eurent soin de garnir ma poche, comme d'un (*weegkost*) ou viatique. Je fus intérieurement touché de recevoir tant de marques de bonne volonté, de gens à qui j'étois tout-à-fait étranger.

La femme étoit la bonté même ; mais cette bonté étoit enveloppée dans un corps extrêmement flegmatique. Les phrases du bon-homme, aussi bien que sa bibliothèque, m'indiquèrent qu'il avoit comme moi attrapé sa science en courant le pays. J'appris ensuite qu'il avoit été Chirurgien, et envoyé en Afrique en qualité de soldat, par les *enleveurs d'enfans* ; et l'on me dit aussi que la plupart de ses livres provenoient de son mariage avec la fille d'un ministre, sa femme actuelle.

actuelle. Cette brave femme ne pouvoit choisir un mari dont l'humeur contrastât plus heureusement avec son flegme. Celui-ci, avec un caractère naturellement bon, étoit devenu très-colère, et avoit, dit-on, pour des fautes légères, battu jusqu'à mort plusieurs de ses esclaves. Je pourrois, Monsieur, vous démontrer, par plusieurs exemples, qu'un usage criminel entraîne mille autres crimes de diverses espèces, et qu'en particulier, le commerce d'esclaves, le trafic de la liberté des hommes, ne manque jamais de nous plonger dans une infinité de désordres et de forfaits.

Sur les terres appartenantes à cette ferme est située la tour de Babel : c'est ainsi qu'ils nomment une montagne, dont Kolbe parle sous cette dénomination, comme étant d'une grandeur remarquable, et elle sera un monument éternel de l'inexactitude de cet auteur. Je passe sous silence mes petites aventures avec les serpens, scorpions, caméléons et autres animaux du genre des lézards, sachant bien que vous n'ayez pas assez de goût pour être sensible aux beautés de ces reptiles, dont abonde ce Canaan d'Afrique ; mais je ne dois pas omettre les embarras et les perplexités que nous eûmes à essuyer avant notre retour. Une fois entre autres, après avoir traversé une vaste plaine, nous rencontrâmes, malheureusement pour nous, sept serviteurs de la Compagnie ou soldats. Ces braves Chrétiens étoient fort ivres du vin qu'ils avoient apporté

1772.
Octobre.

avec eux dans des bouteilles de cuir ou calebasses. Leur ayant demandé notre chemin, chacun d'eux nous indiqua une route presque diamétralement opposée. Bégayant tous ensemble à mes oreilles des jargons haut-hollandois, bas-hollandois, hanovrien, etc., tous s'efforçoient de me faire croire que je trouverois des rivières, des montagnes, des déserts et autres choses semblables, si, pour parler leur langage de mer, je ne gouvernois droit. Un autre me demanda pour quel endroit étoit ma destination, et m'indiqua alors comment il me falloit mettre le cap à stribord ou à basbord. Je les remerciai, et me sauvai d'eux du mieux que je pus; mais ils formèrent un cercle autour de mon domestique, et l'étourdirent de leur babil à lui rompre la tête; enfin ils se prirent eux-mêmes de querelle, toujours relativement à la route, ce qui nous donna le tems de nous échapper l'un et l'autre. Que me restoit-il à faire alors ? Sans carte ni compas, je tâchai de diriger ma course par le soleil.

Je rencontrai enfin un Payen noir, qui gardoit des moutons; et graces aux indications de cet homme sobre et sensé, j'arrivai dans la soirée à une ferme dont l'Intendant Hanovrien me reçut de la manière la plus amicale, avec un coup de main très-cordial, suivant la manière Africaine. Il me régala de lait, et du récit des affaires d'amour et intrigues qu'il avoit eues étant soldat en Angleterre : il me donna aussi une liste qu'il disoit être le résultat de sa propre expérience, et que, pour lui faire plaisir, je consignai dans mes tablettes. Elle régloit, ainsi qu'on va le voir, les prééminences entre les femmes Africaines ; d'abord les femmes de Madagascar qui sont les plus noires et les plus belles ; au second rang, celles de Malabar ; ensuite les Buguinéses ou Malayes ; après elles les Hottentotes ; et les dernières, et les pires de toutes, les femmes blanches Hollandoises. Nous eûmes pour souper un chou fort tendre à l'étuvée, qu'il prétendoit être le meilleur chou qui fût au monde. La frisure de ce chou provenoit disoit-il, de ce que le sol étoit fortement imprégné de salpêtre : dans le fait, la terre étoit en cet endroit basse et sablonneuse, et contenoit probablement beaucoup de sel marin. Nous n'étions que deux Chrétiens, au milieu de douze ou quatorze esclaves ; nous eûmes soin de barricader nos portes, et d'avoir cinq armes à feu chargées, à côté de notre lit. J'avois vu toute la soirée les esclaves de si bonne humeur, et traités avec tant de bonté et de familiarité, qu'ils paroissoient, au moins quant à leur service journalier, de meilleurs serviteurs que la plupart des nôtres en Europe. J'observai à mon hôte que sa douceur et sa bonté étoient les meilleurs garans de leur bonne conduite, et le plus sûr préservatif contre leurs attaques. Cela peut être, répondit-il ; mais malgré ma bonté, plusieurs esclaves rebelles et fugitifs rôdent continuellement dans ce canton, cherchant à

1772.
Octobre.

piller les maisons, à enlever des vivres ou des armes à feu, ou à entraîner d'autres esclaves dans leur parti. Il est arrivé aussi plusieurs fois que les Nègres deviennent furieux dans la nuit, et assassinent de préférence leurs maîtres; s'ils ne peuvent atteindre jusqu'à eux, ils tourneront quelquefois leurs mains contre quelques-uns de leurs camarades, et quelquefois contre eux-mêmes. Je tiens ici la place de leur maître, et suis obligé de les punir toutes les fois qu'ils se conduisent mal envers moi ou envers tout autre. Les Bugunéses sur-tout sont vindicatifs, et souffrent impatiemment la punition la plus juste. Pour éviter la jalousie, les querelles et le meurtre, mon maître ne permet point qu'aucun esclave femelle réside ici; mais je voudrois bien qu'il en fût autrement, comme dans d'autres fermes où j'ai servi. Les esclaves ici sont isolés, et conséquemment lents et paresseux. Le principal revenu de cette ferme provient des chevaux qu'on y élève. Si mon maître vouloit mettre ici des esclaves femelles, il gagneroit encore plus par la propagation de l'espèce humaine; et en vérité, une esclave, lorsqu'elle est prolifique, se vend toujours trois fois autant qu'une esclave stérile.

D'après le beau détail que je viens de vous faire, mon bon ami, vous serez peut-être à portée de conclure avec moi qu'il n'est point de tyrannie, même la plus supportable, qui ne porte avec elle pour sa punition, l'agitation dans le sommeil et le trouble dans la conscience.

1772.
Octobre.

LES esclaves, même sous le plus doux des tyrans, sont dépouillés des droits de la nature ; le souvenir d'une perte si cruelle se réveille plus poignant dans le silence de la nuit, lorsque le tumulte et les travaux de la journée ont cessé de le dissiper. Est-il étonnant qu'alors ceux qui ont commis l'attentat contre leur liberté, scellent souvent de leur sang la violation des droits les plus sacrés ? Mon hôte, malgré sa douceur, n'avoit-il pas lieu de redouter les effets du désespoir de douze hommes vigoureux arrachés de leur pays natal, à leurs parens, à leur liberté? Ne devoit-il pas craindre qu'ainsi privés du commerce avec les femmes, si propre à adoucir les peines de la vie, et à les rendre supportables, leurs passions, extrêmement ardentes, transgressassent à chaque moment les lois de l'humanité ?

DANS le cours de notre conversation sur l'économie rurale, mon hôte m'apprit qu'un esclave né dans le pays, sur-tout un bâtard, auquel on peut confier la conduite d'un chariot, et l'inspection sur d'autres esclaves, reconnu d'ailleurs pour un serviteur habile et fidèle, vaut en ce pays cinq cents rixdalles. Un esclave nouvellement amené de Madagascar, ou qui sous d'autres rapports n'est point aussi habile ni aussi digne de confiance, coûte de cent à cent cinquante rixdalles. Un cheval qui vaudroit en Suède dix rixdalles, se vend au Cap de trente à quarante ; un bœuf de trait, de huit à dix ; mais une vache à lait passablement bonne, de douze à quatorze ; une autre vache amenée de la mère contrée (l'Europe), et d'une certaine espèce qui donne une grande quantité de lait, se vend quarante ou cinquante rixdalles, et l'acheteur croit encore avoir fait un bon marché. Tout cela m'a été confirmé depuis par plusieurs autres personnes.

Le lundi matin je pris congé de mon hôte, et demandai la route d'Alphen. On me répondit qu'il n'y avoit point de route directe. « Il faut, me dit-on, laisser « à droite celle qui conduit au Cap, et passer à tra- « vers les buissons, jusqu'à ce que vous apperceviez la « montagne qui se prolonge entre Constance et le Cap ; « alors vous traverserez tout droit les plaines arides, « jusqu'au recoin que forme la montagne, et qui, « comme vous vous rappelez sans doute, est fort près » de Constance et de votre maison. Vous ne trouverez « plus de fermes sur votre chemin. » Fort bien, dis-je en moi-même, il me paroît qu'il me faudra dîner aujourd'hui de l'herbe des champs. Je fus fort chagrin de n'avoir point déjeûné, et trop timide pour en dire un mot à mon hôte, qui la veille m'avoit reçu avec tant de cordialité. Il n'y avoit pas long-tems que nous appercevions la montagne, lorsque nous vimes s'en élever un nuage qui vint se résoudre en pluie, justement dans la plaine où nous étions. L'ondée fut forte; je fus obligé de me laisser mouiller jusqu'à la peau, pour mettre mon herbier à l'abri. Mais telle est la nature de ce climat, que quelques minutes après que le soleil eut reparu, je fus tout-à-fait séché. Le soir, arrivé à Alphen, j'appris qu'il n'y avoit pas tombé la moindre pluie, mais que le nuage avoit couvert la montagne comme de coutume.

1772.
Octobre.

Je ne dois pas omettre que dans la route, j'entrai plusieurs fois en matière sur la religion, avec mon Payen. Il m'assura que j'étois le premier qui lui eût parlé de ces choses-là ; qu'il étoit si stupide (épithète dont il se gratifioit lui-même), qu'il n'y pouvoit rien comprendre, et que d'ailleurs il croyoit que ce n'étoit pas à lui à s'inquiéter de ces affaires. Cependant il ne paroissoit pas éloigné de croire à tout ce qu'on voudroit lui dire. Ses pensées n'étoient jamais montées jusqu'à un être supérieur, jusqu'à l'origine des choses, et les rapports de la créature avec le créateur lui étoient absolument inconnus. Il savoit bien que les Blancs s'assembloient dans les églises ; mais il n'avoit jamais songé à demander pour quel dessein. *Cela peut être*, étoit sa réponse la plus ordinaire à tout ce que je lui disois. Malgré cela, il paroissoit sentir une sorte d'horreur pour le vice, et de vénération pour ce qui est bon. La personne qui me l'avoit recommandé, m'avoit dit qu'il étoit extrêmement fidèle. Sous d'autres rapports, son esprit étoit assez susceptible d'être éclairé. Mais, comme faire des prosélytes en religion, ne rapporte aux Hollandois ni intérêt, ni capital, cette pauvre ame est demeurée négligée, ainsi que la plupart de ses compatriotes.

Je suis, etc.

Je fus extrêmement satisfait, à plusieurs égards, de l'excursion botanique dont on vient de lire les détails. Les six derniers jours furent une espèce de marche forcée, mêlée de sauts et de bonds, et de montagnes à escalader ; fatigant exercice ! Il me semble pourtant que mon ardeur m'eût soutenu encore long-tems. Le jour qui suivit immédiatement mon départ du Cap, fut le plus pénible pour moi : mes membres et mes articulations s'assouplirent, comme je l'ai dit. Les deux ou trois premiers jours après mon retour à Alphen, je me sentis brisé et endolori par tout le corps ; mais cela se passa par degrés, et graces à l'exercice violent que j'avois pris, quelques atteintes de goutte rhumatismale, assez douloureuses, dont j'avois été importuné quelque tems auparavant, principalement dans les tems pluvieux, s'évanouirent totalement, et ne revinrent qu'après que je fus exposé au froid du cercle polaire antarctique. Cependant de retour à Alphen, j'eus l'attention de faire chaque jour une petite course.

SECTION

SECTION V.

Résidence à Alphen, après mon retour de Paarl.

1772.
Octobre.

Dans une de mes courses, j'eus le bonheur de me rencontrer avec M. Hemming, le sous-Gouverneur, sur sa ferme dans le canton de Constance. Quoiqu'il eût la plus haute idée de la botanique, il fut pourtant étonné que mon enthousiasme eût pu me porter si loin en si peu de jours, c'est-à-dire, du Cap à travers la montagne du Tygre, à travers Paarl et Botlary, faisant ainsi un grand cercle pour revenir à Alphen, et qui certes n'étoit pas le plus court chemin.

Le jardin de M. Hemming étoit un des meilleurs du canton. Il s'étoit procuré, avec de grandes difficultés, des greffes d'orangers et de citronniers, et des rejetons de grenadiers d'Espagne, dont il se promettoit un fruit égal aux grenades espagnoles, et bien supérieur à celles qui croissoient alors au Cap. Il y avoit diverses espèces de cerisiers, qui ne produisoient pas une seule cerise, quoiqu'on eût fait en divers endroits, différens essais sur ces arbres. La meilleure manière qu'il eût pu trouver d'extirper l'*uniola*, dont son jardin potager étoit infecté, étoit d'y semer des choux. Il avoit observé que cette mauvaise herbe ne croissoit jamais dans une terre où l'on en avoit semé. On trouvoit dans ce jardin, le *pisang* d'une grosseur extraordinaire; mais on me dit qu'il ne portoit point un aussi excellent fruit que dans sa contrée naturelle. Il en croît une espèce sauvage dans le pays de Houtniquas, canton un peu à l'est de Muscle-bay, ou baie des Moules, quoique je n'y en aie jamais pu trouver.

Je demeurai à la ferme d'Alphen jusque vers le milieu de novembre. Entièrement occupé des plantes du Cap, je roulois souvent dans ma tête comment je pourrois en poursuivre la recherche pendant les mois et les années suivantes : mais le destin en avoit ordonné autrement. Il voulut que j'échangeasse tout-à-coup le continent d'Afrique, son délicieux climat d'été et ses belles fleurs, contre un froid et morne océan, obstrué de montagnes de glace.

CHAPITRE III.

Voyage à la mer du Sud.

SECTION I.

Circonstances qui ont donné lieu à ce Voyage.

Les navires *la Résolution* et *l'Aventure*, destinés à faire un voyage au pôle antarctique et autour du monde, étoient alors à l'ancre dans la baie de la Table. M^{rs}. Forster les accompagnoient en qualité de naturalistes. La couronne d'Angleterre leur avoit assigné 4000 l. sterling ou 8000 ducats pour toute l'expédition. Ils furent conduits chez moi à Alphen, par le Major Van Prehm. J'eus ainsi le bonheur de jouir de leur compagnie pendant une couple de jours. L'existence d'un continent méridional, déja assez généralement supposée, n'avoit pas laissé de prendre vivement sur mon imagination. Je félicitai M^{rs}. Forster de l'honorable commission dont ils étoient chargés, et de leur bonheur de pouvoir visiter ainsi, comme naturalistes, une partie de notre globe si lointaine et si inconnue. Je les trouvai l'un et l'autre pleins d'ardeur pour exécuter ce que l'univers attendoit et sembloit exiger d'eux. Jaloux de donner à leurs observations de la nature le plus haut degré d'exactitude et de justesse, leur zèle extrême les fit songer à se procurer un co-observateur à leurs propres dépens. Ils m'offrirent

1772. Octobre.

1772.
Octobre.

donc de me défrayer du voyage, et une part dans toutes les curiosités naturelles qu'ils pourroient recueillir, à condition que je les seconderois de mes foibles talens. Cette réponse inattendue à mes félicitations, m'ôta presque l'usage de la parole; mais bientôt inspiré par mon cœur, je leur fis les plus vifs remercimens de la confiance dont ils m'honoroient. Avant de donner une réponse décisive à une proposition si avantageuse et si agréable, la chose sembloit demander quelques réflexions. Tout honorable qu'elle étoit pour moi, j'y entrevoyois cependant les difficultés, les dangers et l'ennui d'un long voyage. Si je l'accepte, dis-je en moi-même, et que l'évènement soit heureux, j'aurai bientôt oublié mes fatigues, et je me rappellerai avec plaisir les peines que j'aurai essuyées : si je néglige cette occasion, je me le reprocherai peut-être long-tems. Je me rappelai d'avoir ouï dire souvent au grand Linné, que ce qu'il avoit le plus regretté en sa vie, c'étoit de n'avoir pas accepté l'offre qui lui fut faite lorsqu'il résidoit en Hollande, de faire un voyage au Cap de Bonne-Espérance.

Déja deux Suédois, le docteur Solander et M. Spoe-ring, avoient entrepris un voyage si honorable pour eux, si utile aux sciences : l'un et l'autre avoient visité la nouvelle Hollande, etc., et fait le tour du monde. Je ne pouvois m'empêcher de desirer qu'un autre Suédois pût visiter encore le pôle antarctique, et le continent qu'on suppose existant dans son voisinage. J'avois lieu d'espérer, ainsi que M^rs. Forster, que le secours d'un troisième naturaliste, si j'ose prendre ce nom, pourroit contribuer aux découvertes des productions curieuses de la nature, que les deux autres se proposoient de faire, spécialement dans des lieux que nous allions visiter les premiers, et probablement les derniers. De plus, si nous trouvions dans le sud quelques-unes de ces plantes d'un usage si précieux dans les contrées froides du nord, quel autre étoit plus capable qu'un Suédois, de les recueillir avec soin, ou d'en conserver les graines ? Si mon voyage étoit malheureux, j'avois l'espoir que mes peines, ma vie et tout le cortège de maux qui l'accompagnent, finiroient promptement. Occupé de ces réflexions, je passai la nuit dans une agitation qu'il n'est pas aisé d'imaginer. Le lendemain, au point du jour, le trouble de mes pensées me conduisit à la fenêtre de ma chambre. J'attachai mes yeux sur la prairie voisine, comme pour interroger les plantes et les fleurs qui la couvroient, si je devois les quitter si précipitamment. Elles seules avoient fait long-tems presque toute ma joie : elles étoient mes amies, mes compagnes; et c'étoit à cause d'elles sur-tout, que j'hésitois sur l'entreprise de ce voyage. Enfin je surmontai tout, et pris la résolution de partir, cependant avec la ferme détermination, si j'avois le bonheur de revenir au Cap, de reprendre dans le même lieu, la plus délicieuse de toutes les occupations, l'étude de la nature.

1772.
Octobre.

1772.
Octobre.

Je commençai donc mes préparatifs. J'envoyai à M. Charles Linné, et à d'autres amateurs, les échantillons d'insectes et de plantes que j'avois recueillis. Je laissai au Cap le reste de mes collections, dans la maison du Président, le priant de les envoyer en Suède, s'il recevoit quelque avis certain de la perte de notre vaisseau, ou si une trop longue absence lui donnoit lieu de douter de mon retour. Le danger du voyage étoit cependant le moindre objet de mes soins ; son inévitable longueur, l'ignorance où j'étois de la langue angloise, et du caractère des personnes avec lesquelles j'aurois à converser tant qu'il dureroit, m'inquiétoient beaucoup plus. Les lettres d'adieu que j'écrivis à quelques-uns de mes parens, me faisoient partager leur chagrin et leurs inquiétudes sur le sort qui m'attendoit. Je jugeai donc à propos de leur représenter mon voyage aussi facile et aussi commode qu'il me fut possible, sans trop blesser la vraisemblance.

Dans les sept mois qui s'étoient écoulés depuis mon départ de mon pays natal, je n'en avois reçu aucunes nouvelles. Il devoit se passer encore au moins quatre fois sept mois avant qu'il me fût donné de recevoir d'Europe un mot d'écrit consolant. Si dans cette situation il dut m'en coûter pour monter à bord, c'est ce que je laisse à imaginer à quiconque n'a pas perdu la faculté de sentir.

Je ne donnerai point au récit de ce voyage remarquable, la forme d'un journal : elle entraîneroit d'ennuyeuses répétitions, et par le retour fréquent d'évènemens à-peu-près semblables, et parce que plusieurs de ces îles ont été visitées différentes fois. Je remets donc à une autre occasion le détail plus circonstancié de ce voyage. Néanmoins, pour conserver l'ordre et la connexion des tems, il me semble à propos de donner ici un précis succinct des différentes régions que nous avons vues durant les vingt-huit mois écoulés depuis mon départ jusqu'à mon heureux retour au Cap.

1772.
Octobre.

SECTION II.

Voyage du Cap de Bonne-Espérance à la nouvelle Zélande.

LE 22 novembre 1772, à quatre heures après midi, nous mîmes à la voile sur le navire *la Résolution*, Capitaine Cook. Ce jour même, un vent impétueux et le terrible mal de mer firent souhaiter à plusieurs d'entre nous d'être encore sur le rivage du Cap. Dix-huit jours après avoir quitté ses prés fleuris, nous nous trouvâmes fort près d'une grande île flottante de glace. Le thermomètre étoit à quelques degrés au dessus de glace, notre latitude n'étant que de 50 deg. S. Nous passâmes, comme on le peut croire, un reste d'été fort désagréable dans cet hémisphère, faisant route continuellement à travers des montagnes de glace quelquefois énormes,

Novemb.

jusqu'à la latitude de 67 degrés 10 min. Ainsi nous sommes jusqu'ici les seuls mortels qui puissent se vanter de l'honneur *glacial* d'avoir passé le cercle polaire antarctique. Cent vingt-deux jours, qui forment un peu plus de dix-sept semaines, s'étoient écoulés sans que nous eussions vu terre; mais non pas sans avoir vu d'affreux dangers, pour ne rien dire des fatigues et des souffrances de plus d'un genre.

Nous vîmes alors, plusieurs fois dans le mois de mars, l'aurore australe (qui est la même chose dans le sud, que les lueurs boréales dans notre hémisphère); spectacle qui n'avoit jamais été vu par un Européen. Le 26 de ce mois, nous mîmes à l'ancre dans la baie Noire, située près du promontoire le plus méridional de la nouvelle Zélande : delà nous allâmes au détroit de Cook, où nous apperçûmes une de ces jonctions singulières des eaux avec les nuages, appelées trombes ou jets-d'eau, et le lendemain 18 avril, nous mîmes à l'ancre dans le détroit de la Reine Charlotte. L'autre navire, *l'Aventure*, avoit été séparé de nous, dès le 8 janvier, par un brouillard. Il avoit alors cherché la côte occidentale de la terre de *Van diemen*, dans la nouvelle Hollande, et une partie de la côte, par laquelle on la croit jointe, avec celle de *South-wales*, récemment découverte dans le premier voyage du Capitaine Cook. Ce fut pour nous un grand plaisir de trouver ce navire, arrivé le premier au rendez-vous.

LES plantes et les arbres de ce pays, à l'exception de quelques fougères et mousses, sont presque totalement inconnus, et absolument différens des plantes et des arbres qui croissent dans les autres parties du globe. Elles me fournirent une agréable occupation, ainsi que les nouvelles espèces d'oiseaux et de poissons qui s'y trouvent. Les habitans, peuple de Cannibales, vivent dans une condition misérable; ils ont des mœurs et des coutumes qu'on ne peut voir sans se sentir pénétré de pitié pour toute l'espèce humaine. Cependant, comme on trouve parmi les nations civilisées des êtres nés pour la honte de l'humanité; de même, parmi ces voraces destructeurs de leur propre espèce, on trouve quelques traces de bon naturel, quelques semences de candeur qui, nourries et développées par l'instruction et la science, pourroient faire de ces malheureux, plongés aujourd'hui dans les ténèbres, un peuple vertueux et florissant.

1772.
Novemb.

CETTE nation n'a guère que la pêche pour vivre. Elle n'a ni penchant pour l'agriculture, ni arts mécaniques : l'ordre et la règle, qui seuls mettent un frein à la barbarie, lui sont inconnus. Tandis qu'ils cherchent leur nourriture dans l'eau, ils laissent leurs terres infectées par une espèce d'ortie très-piquante et extraordinairement large, par d'autres herbes et des plantes épineuses, ensorte qu'ils sont fréquemment obligés de transporter leurs huttes sur un rivage désert, incertains et errans, comme les animaux qu'ils poursuivent dans le vaste élément. Malgré cela, le sol, naturellement fécond, est susceptible d'être converti en vignobles ou en terres labourables, suffisantes pour nourrir un grand nombre d'habitans qui, unis ensemble, composeroient une république puissante, et seroient en état d'étendre leur commerce et leurs conquêtes sur tout l'océan pacifique (*).

SECTION III.

Premier voyage de la nouvelle Zélande à Otahiti, et retour à la nouvelle Zélande.

LE 7 juin, nous mîmes à la voile de la nouvelle Zélande, dans l'intention de prendre des rafraîchissemens dans quelques îles moins froides, vu que l'hiver étoit déja établi dans cette partie du monde. Après avoir resté quelques jours en mer, nous résolûmes de tuer un dogue hollandois fort laid, mais fort gras, avant que le scorbut et la disette de vivres dans le vaisseau lui fissent perdre son embonpoint, et le missent hors d'état d'être mangé. Déjà accoutumés, dans notre traversée du Cap à la nouvelle Zélande, à nous accommoder de mouton mort du scorbut ou d'autres maux, de poules et d'oies malades, nous n'étions pas alors dans une condition assez florissante pour dédaigner un

---

(*) L'Auteur renvoie à ce qu'il a dit sur ce sujet, dans son discours, lorsqu'il déposa l'office de Président de l'Académie royale des Sciences.

chien rôti, réellement gras et d'un goût délicat. Lorsque nous eûmes passé le tropique, nous apperçûmes différentes îles, dont quelques-unes étoient déja découvertes, et les autres encore inconnues. Le 16 août nous arrivâmes à la fameuse et peut-être trop célèbre île d'Otaheite ou Otahiti. Nous courûmes le plus grand danger de faire naufrage sur cette île consacrée à l'Amour; car la quille de notre navire toucha plusieurs fois fort rudement contre les bancs de corail, avant que nous pussions mettre à l'ancre. Après y avoir resté quatorze jours, nous visitâmes les îles de Huaheine, Uliatea et Otaha, et en découvrimes ensuite une nouvelle, mais probablement inhabitée. Nous cherchâmes les îles de la nouvelle Amsterdam et de la nouvelle Middlebourg, découvertes depuis environ cent ans, par Tasman; nous les trouvâmes, nous y prîmes des rafraîchissemens, et nous revînmes au détroit de la Reine Charlotte dans la nouvelle Zélande, environ six mois après en être partis.

1773.
Juin.

Août.

Nous étions alors en hiver, suivant le cours des saisons; mais d'après la chaleur que nous éprouvâmes dans cette route, c'étoit vraiment l'été. Nous vîmes aussi une infinité de choses remarquables, les productions des différentes contrées, les nations qui les habitent, leurs mœurs et leurs coutumes particulières, mais dont le détail excéderoit trop les bornes que nous nous sommes prescrites. Je ne puis cependant m'empêcher de rapporter ici quelques-uns des principaux évènemens de ce voyage.

Un soir, que les deux vaisseaux, poussés par un vent frais, avoient besoin de se parler, ils s'approchèrent de si près, par un effet de la grosse mer, et par la manœuvre trop lente de ceux qui étoient au timon d'un des navires, que, malgré que l'officier de quart criât d'un ton d'épouvante, *stribord* et *bas-bord*, il ne s'en fallut que de l'épaisseur de la main qu'ils ne se heurtassent l'un l'autre; accident qui les auroit indubitablement brisés ou coulés à fond tous les deux : comme il ne se trouvoit guère que moi sur le pont en ce moment, et que les officiers même de ce quart n'y étoient point, ce fait n'a point été consigné dans le Journal du navire, ni dans aucun des Journaux publiés jusqu'à présent. Il sembloit d'abord que les deux vaisseaux alloient se heurter des flancs; mais à l'instant *l'Aventure* passa droit par derrière notre poupe, et le bout de son beaupré entra de la longueur de huit ou neuf pieds au moins dans nos haubans d'artimon, et nous mit à deux doigts de notre perte. Un officier d'un autre quart observa que c'étoit le comble de l'imprudence et de la déraison, de venir l'un sur l'autre avec autant de vent et de si fortes lames. L'officier de quart ne répondit à cela qu'en répétant plusieurs fois, la joie peinte sur le visage : « A présent, tout est passé. » Mais ils avouèrent l'un et l'autre que nous avions couru grand risque de faire naufrage au milieu de l'océan. L'autre accident que je vais rapporter, ne regarde que moi. Un jour, dans une de mes excursions botaniques à Huaheine, quelques Indiens fondirent sur moi, me pillèrent, me mirent nu de la tête à la ceinture, et me laissèrent sur la tête et sur la poitrine des traces de leur violence. Les causes de cette malencontre furent d'abord un goût vif que les Indiens avoient pris pour mes habits, ensuite un desir de vengeance : le capitaine Cook avoit été obligé, quelques jours auparavant, de chasser un impudent Indien, et de lui ôter ses armes.

Nous fûmes séparés de *l'Aventure* sur les côtes de la nouvelle Zélande, et depuis nous ne la revîmes plus. Elle avoit mis à l'ancre dans le détroit de la Reine Charlotte, avant que nous en fussions sortis. Là elle eut le malheur de perdre tout son équipage de canot, composé de dix hommes, qui furent tous tués, rôtis et mangés par les Cannibales. Après ce désastre, elle reprit directement la route de l'Europe, et y arriva une année avant le vaisseau commandé par le capitaine Cook.

SECTION IV.

Second voyage de la nouvelle Zélande à Otahiti, et retour.

Le 25 novembre 1773, nous mîmes à la voile de la nouvelle Zélande, dans l'intention d'aller encore, durant un autre été, visiter les latitudes glaciales du pôle an-

tarctique. Du 13 au 21 décembre, nous passâmes pour la première fois cette partie du globe qui forme les antipodes directes de la Suède, ensorte que je me vis alors sur le point de la terre le plus éloigné de mon pays natal ; car la route la plus courte, en supposant qu'on pût traverser le globe par le centre, c'est-à-dire, le diamètre entier de la terre, étoit d'environ six mille huit cents vingt et un milles. Cette énorme distance n'empêcha pas mes pensées rapides de visiter souvent, à cette époque, mes chers parens et mes compatriotes, tandis que mes pieds étoient directement opposés aux leurs. Nous poursuivîmes notre route, ensorte que le 20 décembre nous passâmes une seconde fois le cercle antarctique, et ne le repassâmes que le 25. Ainsi, nous fîmes notre Christmas (ou *veille de Noël*) sous la zone glaciale : ce fut, il faut vous l'avouer, un chétif régal que le nôtre. Le 26 du mois suivant, nous passâmes pour la troisième fois le cercle polaire : alors nous pénétrâmes, aussi loin qu'il nous fut possible, dans les régions australes. Lorsque nous eûmes atteint les 71 deg. 14 minutes, nous fûmes arrêtés par les glaces, et il nous fallut renoncer au projet formé avec tant d'ardeur, d'arborer le pavillon Anglois dans une sixième partie du monde, où sur le pôle antarctique lui-même. Le retour de la saison froide approchoit ; nous reprîmes donc notre route vers le nord, pour aller prendre des rafraîchissemens dans un climat plus chaud.

AU CAP DE BONNE-ESPÉRANCE.

Le 14 mars, nous mîmes à l'ancre devant l'île de Pâques, située par les 27 degrés lat. S. et 199 degrés 46 min. long. O. Nous n'y trouvâmes point de bonne eau, et fort peu d'autres rafraîchissemens. La lave et autres productions volcaniques, qui s'offrirent à nos yeux, jointes à quelques figures gigantesques en pierre, élevées de terre à une certaine hauteur, nous annoncèrent évidemment que quelque grande et violente révolution avoit renversé une contrée jadis plus florissante, et réduit une nation puissante à l'état déplorable dans lequel nous trouvions ce triste pays.

1774.
Mars.

Nous en partîmes le 16 mars, et le 7 avril nous mîmes à l'ancre à la hauteur d'une des îles Marquises. Elles sont situées vers les 10 deg. de lat. S. La plupart de ces îles furent découvertes par les Espagnols, il y a environ cent ans. Les habitans nous donnèrent plusieurs preuves de leur disposition aux hostilités et au brigandage; ensorte que nous fûmes obligés de leur laisser quelques marques sanglantes de la force de nos armes à feu. Après quelques jours de repos, nous mîmes à la voile, et après une courte traversée, nous abordâmes à Teokea, à 14 minutes de latit. S. Nous eûmes à essuyer quelques hostilités de la part des habitans; mais nous nous contentâmes de leur inspirer de la terreur, en faisant jouer nos canons par dessus leurs têtes. Nous découvrîmes ensuite plusieurs petites îles; et enfin le 22 avril nous vînmes,

Avril.

1774.
Avril.

Juin.

pour la seconde et dernière fois, jeter l'ancre devant Otahiti, où nous demeurâmes jusqu'au 14 mai. Différentes circonstances contribuèrent à y rendre notre séjour plus agréable qu'auparavant. Nous nous procurâmes des informations sur ce pays et ses habitans, beaucoup plus intéressantes que celles qu'on avoit eues jusqu'alors. Le 2 juin, quelques habitans nous apprirent que deux vaisseaux, dont un plus grand que les nôtres, avoient abordé à Huaheine ou Ovaheine. Des nouvelles subséquentes d'Espagne nous firent connoître que ce vaisseau appartenoit aux colonies Espagnoles d'Amérique, et que l'année précédente, durant notre séjour à Otahiti, quelques hommes de l'équipage de ce vaisseau avoient été laissés dans l'île. En effet, un d'eux ayant été reconnu par un matelot Anglois pour un Européen, quoiqu'il fût habillé comme les Indiens, et s'entendant parler en françois, avoit eu soin de se cacher précipitamment dans une foule de peuple. D'après cette circonstance et plusieurs autres, il est très-probable que les vaisseaux Espagnols furent envoyés, ces deux années, pour nous épier et en représailles des visites que nous étions venus faire dans une partie du monde dont ils sont si jaloux, et dont ils se regardent comme les seuls propriétaires. Cette conjecture paroît encore plus vraisemblable, si l'on considère qu'avant cette époque ils ont condamné plusieurs Anglois aux travaux les plus durs de leurs mines, sous le prétexte

qu'ils

AU CAP DE BONNE-ESPÉRANCE.

qu'ils faisoient dans ces contrées un commerce illicite (*).

1774.
Juin.

APRÈS avoir quitté Otahiti, nous visitâmes aussi, pour la seconde et dernière fois Huaheine et Ulitea. Nous laissâmes dans cette dernière île, un jeune homme de bons sens, qui huit mois auparavant avoit eu le courage de venir à bord de nous. Son nom étoit Œdide, quoiqu'il s'appelât aussi Maheine.

LE 4 juin, nous mîmes à la voile de Ulitea, et passâmes le 6 par l'île de Hove. Le 16, nous découvrîmes l'île de Palmerston; et le 20, l'île Sauvage, que nous nommâmes ainsi à cause de la réception que nous y firent les Sauvages. Ils me frappèrent d'une grosse pierre au bras, et lancèrent une javeline parmi nous. Nous ne jetâmes point l'ancre en cet endroit; mais nous allâmes à Namocka ou nouvelle Rotterdam, une des îles amies dont nous avons parlé. Nous vîmes dans le voisinage plusieurs îles, outre celles découvertes par Tasman, sur une desquelles nous apperçûmes un volcan. Le 2 juillet, nous fîmes la découverte d'une petite île inhabitée, que nous appelâmes îles de la Tor●●; le lendemain nous y abordâmes, et en repartîmes aussitôt. Nous arrivâmes aux îles découvertes par Quiros, que M. de Bougainville a ob-

Juillet.

(*) Voy. le *Magasin de Gottingen*, pour 1780, n°. 1, p. 75.

Tome 1.   O

1774.
Juillet.

servées de plus près, et nommées les Cyclades; mais le capitaine Cook, qui en découvrit alors un plus grand nombre, donna à tout cet archipel le nom de nouvelles Hébrides. Nous jetâmes l'ancre le 22 juillet, devant une de ces îles, que nous nommâmes Mallicola. Nous y trouvâmes une race d'habitans nains, qui parloient une langue qui leur étoit particulière, et se servoient d'armes empoisonnées. Ils nous reçurent d'une manière amicale; ce qui n'empêcha pas qu'il n'arrivât une escarmouche entre eux et nous : mais après y avoir séjourné une couple de jours, nous nous séparâmes amis.

Août.

Le 3 août, nous mîmes à l'ancre pour quelques heures devant Irromanga, île nouvellement découverte, dont les habitans voulurent détenir notre capitaine et notre canot, attentat que plusieurs d'entre eux payèrent de leur vie. Il n'y eut que deux hommes de notre équipage de blessés. Le 4, nous mîmes à l'ancre devant l'île de Tanna, à la hauteur de 19 deg. 30 min. lat. S. Près du havre, étoit un volcan qui chaque jour nous couvroit de cendres : la fumée, la flamme et le tonnerre bruyant, qui sortoient de la bouche de cette montagne, formoient un magnifique et imposant spectacle. Les habitans parloient un langage particulier, que nous n'entendions nullement. Ils nous montrèrent beaucoup d'amitié, mais non sans commettre quelques hostilités, qui nous forcèrent à souiller du sang de quelques habitans, ce rivage, d'ailleurs hospitalier. Le 20, nous gouvernâmes encore vers les parties nord de cet archipel, mais nous le quittâmes enfin, après avoir employé à la recherche de ces îles, quarante-six jours, pendant lesquels nous eûmes du plaisir, du dégoût, et des dangers à courir. Plus d'une fois nous fûmes exposés aux armes empoisonnées des naturels du pays, dont la plus légère blessure étoit, nous avions lieu de le craindre, une mort douloureuse accompagnée de frénésie. Quelques hommes de l'équipage du capitaine Carteret, blessés de ces armes sur la côte de la nouvelle Guinée, avoient ainsi péri. Tantôt notre vaisseau étoit sur le point d'échouer, tantôt il étoit en danger de se briser contre des rochers, une autre fois, le 1er. août, d'être consumé par le feu en pleine mer; cruelle position, qui ne nous eût laissé que l'alternative ou de sauter en l'air, ou de chercher la mort dans l'onde amère !

1774.
Août.

LE 4 septembre, après trois jours de navigation, nous découvrîmes la plus grande île, après la nouvelle Zélande, de tout l'océan Pacifique. Le capitaine Cook la nomma nouvelle Calédonie. Elle paroît ressembler, par la qualité de son sol et de ses végétaux, à la nouvelle Hollande. Nous en trouvâmes les habitans civils et hospitaliers, mais pauvres. Ils parloient aussi un langage qui leur étoit particulier. Dans cet endroit, je fus assez heureux pour n'avoir point mangé

Septemb.

O ij

du foie d'un poisson empoisonné, dont M^rs. Cook et Forster furent extrêmement malades pendant quelques jours. Le 15, le vent nous manquant, nous fûmes sur le point d'être entraînés sur les rochers. Le 28, vers la nuit, nous nous trouvâmes très-dangereusement entourés d'un banc de corail; et lorsque j'allai ce soir me mettre au lit, il étoit très-probable que je ne me réveillerois qu'après avoir rendu mon dernier soupir. Cependant je fus assez heureux pour m'endormir aussitôt; je dormis très-profondément, et le lendemain matin je vis que nous étions échappés au plus inévitable et au plus terrible de tous les dangers.

Octobre. Le 10 octobre, nous vîmes l'île de Norforlk par les 29 deg. 2 min. lat. S., la première découverte que les Anglois aient faite au-delà des tropiques : nous y abordâmes, et la trouvâmes inhabitée. Le 18, nous vînmes, pour la troisième fois, jeter l'ancre dans le détroit de la Reine Charlotte dans la nouvelle Zélande.

SECTION V.

Voyage de la nouvelle Zélande à la terre de Feu, et de là plus loin encore vers le pôle antarctique.

Novemb. Le 10 novembre, nous mîmes à la voile de la nouvelle Zélande. Nous nous apperçûmes alors d'une voie d'eau dans notre navire, mais qui n'étoit pas considérable. Dans l'espace de six semaines nous parcourûmes tout l'océan entre la nouvelle Zélande et la partie sud de l'Amérique; et le 20 décembre nous mîmes à l'ancre au sud de la terre de Feu, où nous vîmes une race d'hommes, la plus misérable qui soit au monde. Le 29, nous passâmes le Cap Horn, et le 31, la veille du nouvel an, nous mouillâmes devant une petite île près de *Staaten-Land*, dans les détroits de Lemaire. Là nous nous amusâmes beaucoup à chasser une quantité innombrable de lions marins, de veaux marins et d'oiseaux de mer.

1774.
Novemb.

Le 23 janvier 1775, nous portâmes au sud-est, et le 14 nous découvrîmes l'île de *South-Georgia*, dans la lat. de 54 deg. 38 min. Nous nous empressâmes d'y aborder; et quoique ce fût alors la saison de l'été, nous trouvâmes tout le pays couvert d'une neige éternelle, excepté quelques-unes des côtes, où il ne croît qu'une seule espèce de gazon, avec une sorte de *sangui-sorba*. Cette horrible contrée nous fournit cependant quelques provisions fraîches, c'est-à-dire, de la chair de lions et veaux marins ; nourriture dont nous avions appris à nous contenter. Nous trouvâmes ensuite successivement plusieurs petites îles et rochers, sur un desquels, un brouillard qui vint à s'élever, nous mit à deux doigts du naufrage.

1775.
Janvier.

Le 28 janvier, dans la lat. de 60 degrés, le vaisseau ne pouvoit faire route à cause des glaces. Le 31,

1775.
Janvier.

nous fûmes enveloppés d'un brouillard, et nous nous trouvâmes fort près d'une haute terre couverte de neige et de frimats. L'approche de l'hiver nous empêcha de pousser plus loin nos recherches dans ces tristes parages. Nous appelâmes ce point de terre que nous vîmes, la *Thulé du sud*, comme étant la terre la plus lointaine qu'on eût vue dans cet hémisphère.

SECTION VI.

Retour au Cap de Bonne-Espérance.

Mars.

ENFIN nous tournâmes le dos à ces latitudes froides. Alors le climat sensiblement plus doux de jour en jour, l'approche des contrées septentrionales, du monde civilisé, de nos amis, de notre patrie, ranimèrent dans nos cœurs l'espérance d'une prompte et heureuse conclusion de notre long et dangereux voyage. Nous avions eu beaucoup plus de peines que n'en avoient essuyé Byron, Wallis et Cook dans leurs premières expéditions autour du monde. C'est ce qu'attestoient la plupart de nos officiers, aussi bien que ceux de l'équipage qui avoient fait un ou plusieurs de ces voyages. L'objet du nôtre, qui étoit particulièrement d'approcher du pôle le plus près qu'il seroit possible, nous imposoit la nécessité de faire bien d'autres tentatives, de courir bien d'autres périls. Le reste de notre course ne fut donc, comme le commencement, qu'un enchaînement de dangers et de difficultés.

Le 17 mars, nous vîmes terre : c'étoit la côte d'Afrique. Je laisse à imaginer au lecteur, si ce fut pour nous une vue délicieuse. Mais, ignorant absolument les affaires d'Europe, lorsque nous vînmes à la vue du port même, nous ne pouvions nous assurer si nous n'allions pas nous jeter entre les mains de quelque ennemi inconnu, qui nous eût emportés prisonniers, peut-être dans la partie la plus reculée des Indes orientales. Le lendemain, nous rencontrâmes un vaisseau Hollandois, qui nous donna la joyeuse nouvelle d'une paix générale. Avant la nuit, nous vîmes encore plusieurs autres voiles, qui sembloient ne faire que passer à la vue du Cap, et voguer avec toute la vitesse possible vers l'Europe ; et ce fut un grand plaisir, pour moi sur-tout, de voir flotter sur deux de ces navires le pavillon Suédois. L'océan, durant tout le voyage, n'avoit été réellement pour nous qu'un théatre de désolation et de solitude. Fatigués comme nous l'étions de son uniformité, nous devions naturellement être vivement affectés de cette vue. Il n'est pas non plus étonnant que dans un si long espace de tems, nous fussions en quelque sorte las de la compagnie les uns des autres : car ceux, par exemple, qui avoient coutume d'amuser la société par des anecdotes, étoient obligés d'avoir recours deux ou trois fois aux mêmes histoires, pour fournir leur quote-part dans la conversation.

Le matin suivant, nous rencontrâmes un navire

Anglois nommé le *vrai Breton*, commandé par le capitaine *Broadly*, qui nous envoya quelques anciens *papiers-nouvelles*. Plein d'amour pour mon pays natal, je parcourus avidement tous les articles qui concernoient la Suède; mais je n'y trouvai qu'une couple de lignes, qui me donnèrent à entendre qu'il étoit arrivé dans ce royaume une grande révolution, sans dire quand, ni comment. Ce peu de mots firent naître parmi nous diverses conjectures, et ce fut, pour moi surtout, matière à rêveries très-inquiétantes. D'après ce que me dit l'Anglois, et d'après ce que mes propres idées me suggérèrent, je fus convaincu que des commotions violentes avoient désolé le royaume de Suède, mais aussi que ces nouvelles, suivant toute probabilité, étoient les avant-coureurs d'un état plus heureux. Cette considération ne contribua pas peu à me consoler, jusqu'à ce que le tems m'eût fait connoître combien nous avions été justes dans nos conjectures.

Enfin, le mercredi suivant 22 mars 1775, après un voyage de 60,000 milles, et une absence de deux ans et trois mois du monde chrétien et civilisé, nous revînmes mettre à l'ancre dans la baie de *la Table*. Ceux qui avant nous avoient navigué autour du monde, avoient toujours porté à l'ouest, et avoient perdu un jour dans leur calcul; mais comme nous avions fait notre voyage, en allant vers l'est, et qu'ainsi nous avions continuellement anticipé sur le lever du soleil, nous

AU CAP DE BONNE-ESPÉRANCE. 113

nous fûmes les premiers, et jusqu'alors les seuls navigateurs qui eussent gagné un jour, ou qui eussent trouvé sur leurs journaux un jour surnuméraire. Ainsi, suivant les almanachs hollandois du Cap, c'étoit le mardi 21 mars que nous y abordâmes. Par cette singulière combinaison, nous eûmes deux mardis dans une seule semaine.

1775.
Mars.

Ce fut pour nous le comble de nos desirs de nous voir entrés dans le port, et il étoit grand tems. La plupart des hommes de notre équipage étoient attaqués du scorbut. Notre incomparable préservatif de *sourcroûte* et d'autres herbes, nous avoient, il faut l'avouer, merveilleusement garantis des ravages de cette maladie destructive. Depuis notre départ du Cap, nous ne perdîmes qu'un homme par maladie, et qui depuis long-tems étoit attaqué du poumon. Mais notre sang et nos humeurs étoient, comme notre drèche et nos autres provisions, gâtés et corrompus par la longueur du voyage. Pendant long-tems nous avions mangé notre pain moisi, et fourmillant de deux différentes espèces de petits vers noirâtres (le *curculio granarius* et le *dermestes paniceus*), qui dans leur état de ver ou dans celui de larves, s'étoient nichés dans notre pain. Ils se faisoient sentir ordinairement à notre palais, les premiers, par une amertume, les autres, par un goût froid et désagréable. Nous trouvions des quantités si prodigieuses de ces larves dans nos soupes aux pois,

Tome I.   P

qu'on eût dit que nos assiettes en avoient été parsemées à dessein. Ainsi nous ne pouvions éviter d'en avaler quelques-uns dans chaque cuillerée que nous portions à notre bouche. Les pois dont nous usions, avoient été un peu moulus en Angleterre, afin qu'ils pussent cuire plus aisément ; mais cette préparation n'avoit fait qu'ouvrir un passage plus aisé à ces dégoûtans insectes.

Mais ce qui étoit d'une conséquence encore plus grande, c'est que nous n'avions plus à bord de ce pain, tout mauvais qu'il étoit, que la ration de deux jours. Quant à l'eau-de-vie, article fort important pour l'équipage, nous avions commencé à en manquer la veille même du jour où nous arrivâmes dans le port. Poivre, vinaigre, café, sucre, toutes choses qui, prises tour-à-tour, auroient empêché les nuisibles effets des provisions salées, étoient depuis long-tems totalement disparues. Notre viande salée, dont le sel avoit eu le tems, depuis trois ans qu'elle étoit à bord, d'absorber l'humidité et les sucs, étoit toute desséchée et racornie. Ce furent toutes ces circonstances qui, réunies, excitèrent dans tous nos cœurs une joie aussi universelle, lorsque nous eûmes atteint le port où nous allions reprendre, pour ainsi dire, une nouvelle vie. C'étoit aussi un grand plaisir pour nous, de recevoir nos lettres d'Europe, quoiqu'il fût accompagné d'une inquiétude bien naturelle et de la crainte d'y apprendre la perte de nos parens et de nos amis les plus chers. Après environ cinq semaines de séjour au Cap, la *Résolution* fit voile pour l'Angleterre, emportant avec elle mes vœux les plus sincères. Les honnêtetés que j'ai reçues de presque tout le monde à bord de ce vaisseau, les dangers que nous avions courus ensemble, les liaisons d'amitié que, durant ce long espace de tems, j'avois eu occasion d'y former, étoient autant de motifs bien propres à exciter mes regrets. Pour moi, fidèle au dessein que j'avois antérieurement formé, je restai en Afrique, résolu d'y continuer mes recherches, dont je vais reprendre le récit.

1775.
Mars.

CHAPITRE IV.

Voyage du Cap au pays des Caffres.

SECTION I.

Résidence au Cap avant mon expédition dans l'intérieur de l'Afrique.

1775.
Mai.

MES desirs et mes pensées rouloient continuellement sur le projet de pénétrer dans les parties intérieures de cette contrée, et d'en visiter les habitans : je fus cependant obligé de rester encore au Cap, et d'attendre les premières apparences du printems.

J'AI observé ci-devant que le *quaade mousson*, ou l'hiver, se compte du 14 mai au 14 août, et que durant ce tems les vaisseaux se hasardent rarement à entrer dans la baie de *la Table*. Un navire hollandois, qui cependant y étoit resté pour quelques affaires particulières, et qui, la nuit du 14 au 15, avoit jeté toutes ses ancres à cause de la violence du vent de nord-ouest, fut sur le point d'être entraîné sur les rochers qui bordent le fort. Le jour suivant, ou le 15, la baie fut si fort agitée par la tempête, qu'aucune chaloupe ni canot ne purent aller au navire, ni en venir. Le soir le vent s'augmenta encore avec la nuit, et les pauvres matelots avoient tout lieu de craindre que chaque instant ne fût le dernier de leur vie. L'extrême obscurité rendoit encore le danger et la mort même plus terribles. Je demeurois tout au haut d'une maison en pierre dans la partie la plus élevée de la ville, où l'ouragan ébranloit les vitres, le toit et presque toute la maison. Ma position et la situation dangereuse de ce vaisseau hollandois réveillèrent en moi de vifs souvenirs des glaces antarctiques et des diverses tempêtes que nous avions essuyées. Elles me firent sentir pleinement toute la douceur d'un bon lit, bien chaud, sur la terre ferme; mais elles me pénétrèrent de la plus tendre compassion pour le navire en détresse. Cependant, contre toute espérance, ses ancres et ses cables résistèrent à la tempête de cette nuit; et le calme qui succéda le lendemain fit évanouir le danger et renaître la joie sur tous les visages. Un autre évènement de ce genre, quoiqu'il soit arrivé durant mon absence et pendant mon voyage dans la mer du sud, mérite d'avoir ici sa place, comme une nouvelle preuve du peu de sureté de cette rade en hiver. Le récit qu'on va lire m'a été confirmé par plusieurs témoins oculaires.

1775.
Mai.

LE navire *le Jong Thomas*, qui étoit demeuré dans la baie de la *Table* jusqu'après le commencement de la saison des tempêtes, fut chassé sur le rivage par un ouragan près des terres voisines de *Zout-Rivier*, vers le nord du fort. Dès le matin, aussitôt après cet évènement, le gouvernement fit publier des défenses à toutes personnes, sous peine de mort, d'approcher même de loin de ce malheureux rivage. Pour donner plus de poids et d'efficacité à leurs défenses, ils avoient, avec une égale promptitude, fait élever des gibets et posté des troupes de tous les côtés. Toutes ces précautions tendoient à empêcher que les marchandises naufragées qui pourroient être jetées sur le rivage, ne fussent volées; mais aucune n'avoit pour but de sauver l'équipage. La mer étoit, il est vrai, impraticable; et quoique le vaisseau fût naufragé fort près du bord, et qu'on entendît très-distinctement leurs cris de détresse, les lames étoient si grosses et se brisoient contre le navire et contre le rivage avec tant de violence, qu'il étoit impossible aux hommes de se sauver dans leurs canots, et plus dangereux encore de chercher à se sauver à la nage. Quelques-uns des malheureux qui prirent ce dernier parti, furent lancés et froissés contre les rochers. D'autres, ayant atteint le rivage et près du salut, furent rentraînés et submergés par une autre vague. Un des gardes de la ménagerie de la compagnie, qui dès la pointe du jour, avant que les défenses fussent publiées, alloit à cheval hors la ville, porter le déjeûner de son fils, caporal dans la garnison, se trouva spectateur du désastre de ces infortunés. A cette vue il fut touché d'une pitié si noble et si active, que se tenant ferme sur son cheval plein de cœur et de feu, il s'élance avec lui à la nage, parvient jusqu'au navire, encourage quelques-uns d'eux à tenir ferme un bout de corde qu'il leur jette, quelques-autres, à s'attacher à la queue du cheval, revient ensuite à la nage, et les amène tous vivans au rivage. L'animal étoit excellent nageur. Sa haute stature, la force et la fermeté de ses muscles, triomphèrent de la violence des coups de mer.

1775.
Mai.

Mais le brave et héroïque vétéran devint lui-même la malheureuse victime de sa générosité. Il avoit déja sauvé quatorze jeunes gens : après le septième tour, pendant qu'il restoit à terre un peu plus de tems, pour respirer et reposer son cheval, les malheureux qui étoient encore sur le navire, crurent qu'il n'avoit plus l'intention de revenir. Impatiens de le revoir, ils redoublèrent leurs prières et leurs cris : son ame sensible fut émue ; il repart, et retourne à leur secours avant que son cheval fût suffisamment reposé. Alors un trop grand nombre de personnes voulurent se sauver à la fois, et l'un d'eux, à ce qu'on croit, s'étant attaché à la bride du cheval, lui attiroit la tête sous l'eau : le pauvre animal déja épuisé, succomba sous la charge.

Ce philantrope intrépide mérite d'autant plus notre estime et notre admiration, qu'il ne savoit nullement nager lui-même. J'ai donc pensé qu'il étoit de mon devoir, devoir qui fait mon plaisir, de consigner dans cet ouvrage le nom et l'action de cet homme, qui se nommoit *Voltemad*. Frappés du même sentiment d'admiration, les directeurs de la Compagnie des Indes orientales en Hollande, à la première nouvelle de ce fait, érigèrent à sa mémoire un monument digne d'eux et de lui, en donnant son nom à un de leurs vaisseaux nouvellement bâti, et ordonnant que toute l'histoire fût peinte sur la poupe. Ces ordres furent accompagnés de lettres pour la régence du Cap, dont le contenu étoit, « qu'en cas que *Voltemad* eût laissé quelque « postérité dans le département civil ou militaire, on « eût soin de les pourvoir, et de faire leur fortune « aussi promptement et aussi avantageusement qu'il « seroit possible. » Mais malheureusement, dans l'hémisphère du Sud, tout le monde ne partageoit pas ces sentimens généreux. Le jeune caporal *Voltemad*, qui avoit été témoin oculaire du dévouement de son père pour le service de la Compagnie et de l'humanité, n'avoit pu même obtenir de succéder à la place de son père, quoique ce grade fût à peine au dessus de celui qu'il occupoit déja. Le chagrin dans le cœur, il avoit quitté cette ingrate contrée, et étoit allé à *Batavia*, où il mourut avant que les nouvelles d'une recommandation si puissante et si inattendue, pussent arriver jusqu'à lui.

Plusieurs habitans du Cap, qui ne parloient qu'avec une louable émotion du destin malheureux de

Voltemad et de son fils, assuroient qu'il eût été possible de faire porter par quelque bon nageur, ou par *Voltemad* lui-même, du rivage au navire, un grelin, par le moyen duquel on eût pu tendre, entre le navire et le rivage, une ou plusieurs grosses cordes, pour sauver l'équipage. On croyoit aussi que ces précautions sévères et ces sentinelles postées ne furent pas aussi utiles à la Compagnie que les chefs l'avoient imaginé ; car, sans parler des autres marchandises qui furent volées, on trouva moyen de soustraire des débris du naufrage, du fer même, qui, lorsque la tempête se fut calmée, et que la mer, qui avoit monté considérablement, fut retirée, se trouva presque à sec.

Sous prétexte d'empêcher que les hommes de l'équipage ne fussent pillés, ils furent mis aussitôt sous la garde de quelques soldats : on ne leur fit prendre aucuns rafraîchissemens, quoiqu'ils fussent mouillés, affamés, et harassés des travaux de la nuit précédente. Plusieurs jours après, on les voyoit errans çà et là dans les rues, mendier des vêtemens et leur subsistance. L'un d'eux subit, dit-on, un traitement encore plus rude : c'étoit un matelot qui, pour mieux nager, s'étoit jeté à la mer presque nu. Ayant gagné heureusement le rivage avec son coffre, il l'ouvroit pour y prendre une veste, et de quoi couvrir sa nudité; il en fut non-seulement empêché par un bas-officier qui le vit, mais il remboursa encore quelques coups de canne par-

Tome I. Q

1775.
Mai.

dessus le marché. On lui signifia qu'il étoit dans le cas d'être pendu sans délai, à une des potences nouvellement élevées, pour avoir osé, contre les défenses expresses du gouvernement, porter la main sur les effets sauvés du naufrage. Le matelot s'excusa, en disant qu'il étoit impossible qu'il n'ignorât pas ces prohibitions, et qu'il pouvoit prouver clairement qu'il étoit le véritable possesseur du coffre, par la clef de ce même coffre que, suivant l'usage des matelots, il portoit attachée à sa ceinture, et par un livre de prières qu'on y devoit trouver, et sur lequel son nom étoit écrit. Malgré toutes ces raisons, ce fut avec beaucoup de peine qu'il sauva son cou du lacet. Il fut forcé, mouillé comme il étoit, de rester jusqu'au soir en pleine campagne, sans autre couverture que la peau de son corps. Transi de froid, il obtint enfin, à force d'instances, la permission de chercher dans son coffre, et d'y prendre ce dont il avoit besoin; mais alors il le trouva forcé, ouvert et pillé. Pour conclusion, on le conduisit à la ville, et on le laissa là près des portes, nu, et dans l'état où il avoit été tout le jour. Heureusement il fut rencontré par un citoyen compatissant, qui lui donna aussitôt l'habit qu'il portoit, et l'emmena avec lui dans sa maison.

Je tiens cette anecdote d'une personne dont le caractère et la véracité sont généralement établis; cependant, pour l'honneur de notre espèce, je desire que mon auteur ait chargé ses couleurs dans cette noire peinture. Puisse, au contraire, la loi compatissante qui subsiste en Chine en faveur de ceux qui ont eu le malheur de faire naufrage, s'établir aussi en Europe et dans ses colonies ! Sur les côtes de la Chine, tous navigateurs, assez malheureux pour y échouer, soit naturels du pays, soit étrangers des contrées les plus éloignées, non seulement y trouvent une parfaite sureté pour leurs personnes et leurs effets, mais de plus y sont fournis de tout, jusqu'à ce qu'ils soient rendus dans leur pays, où ils sont renvoyés aux frais du gouvernement. Quelques personnes de l'équipage du *Frédéric Adolphe*, vaisseau Suédois, naufragé sur le banc de Plata, le 3 septembre 1761, abordèrent dans un canot devant la ville de *Katsie* en Chine. Ils éprouvèrent dans toute son étendue la faveur d'un établissement qui fait tant d'honneur à l'humanité. Le subrecargue, M. *Maule*, qui étoit de ce nombre, m'a assuré qu'ils furent tous reçus avec beaucoup d'humanité, entretenus aux frais de l'Empereur, transportés sur un de leurs plus grands vaisseaux, et remis aux autres Européens à Canton.

Après avoir parlé des hivers tempêtueux du Cap, il ne sera peut-être pas inutile de donner ici (*) un

---

(*) Jusqu'à la mi-mai, le thermomètre resta variable entre 53 et 63 degrés; et durant l'autre moitié, entre 50 et 58, excepté le 27 du même mois, où il descendit à 49 et demi, quoique le tems fût clair et qu'il

1775.
Juillet.

résumé succinct de mes observations météorologiques pendant les mois de mai, juin et juillet. Par rapport à la température de l'air, je dois prévenir le lecteur, que j'ai fait usage d'un thermomètre de Farenheit, qui me fut donné par un des M^{rs}. Forster, lorsque nous nous quittâmes. Mes observations ont été faites à l'ombre, en plein air, entre huit et neuf heures du matin, tems auquel la température de l'air approche le plus de celle des nuits. Il faut remarquer encore que les hivers, au Cap, ne sont jamais rigoureux, et que celui-ci étoit un des plus doux.

---

fit du soleil. Les jours pluvieux dans ce mois, furent les 11, 12, 15, 16, 30; et les trois premiers furent les pires de tous, et accompagnés de vents de nord-ouest tempétueux; ensorte que lorsque je passai *Zout-rivier*, le 11, l'eau n'alloit qu'aux genoux de mon cheval; mais lorsque je la repassai le 15, grossie par les pluies et la marée, l'eau étoit montée jusqu'à la hauteur de ma selle.

Dans le mois de juin, le thermomètre fut entre 54 et 60. Il tomba de la pluie ou de la neige, les 1, 2, 3, 4, 14, 27, jusqu'au 31 inclusivement. Il y eut, outre cela, un petit nombre de jours nébuleux, avec un grand vent; mais les autres ressembloient à nos plus beaux jours d'été en Suède. Le 3, il plut violemment : alors une grande quantité d'eau qui s'étoit amassée dans les montagnes, se précipita dans la ville, en remplit les canaux, et déborda dans quelques rues. Dans l'espace de quelques minutes, elle crut à la hauteur de deux ou trois pieds contre les maisons. Elle renversa aussi un petit mur d'une maison de pierre, et inonda les caves.

En juillet, quelques affaires m'étant survenues, je ne pus observer l'état de l'atmosphère que jusqu'au 19. Durant ce tems, le thermomètre resta entre 54 et 59 degrés. Les jours pluvieux furent les 6, 7, 8, 11, 12; les jours couverts sans pluie, les 3, 9, 10, 13 et 14.

SECTION II.

Préparatifs pour mon voyage dans l'intérieur de l'Afrique.

PENDANT presque tout l'hiver, je résidai à la ville, et m'occupai des préparatifs de mon voyage. J'y exerçai alors la médecine et la chirurgie, et ce fut pour moi une utile ressource qui aida beaucoup à fournir aux frais considérables, mais nécessaires, de mon équipage. Ma bourse de voyage fut de plus grossie par une heureuse spéculation dans le commerce, et par une soixantaine de ducats, dont j'eus droit de tirer une lettre de change, pour ma traduction en anglois, du *Traité sur les maladies des enfans*, de notre savant médecin Suédois *Van-Rosentein*. Je commençai et finis cet ouvrage sous le climat le plus rude, la dernière année de notre croisière dans la mer du Sud, n'ayant guère d'autre occupation alors, que celle d'écrire ; mais j'étois obligé souvent par le gros tems d'accrocher mes jambes au pied de la table, et de me tenir ferme d'une main, pour pouvoir écrire de l'autre (*).

1775.
Juillet.

POUR rendre mon voyage plus agréable et plus

(*) Je profite de cette occasion de remercier M^{rs}. Forster des différens changemens qu'ils ont bien voulu faire dans cette traduction ; changemens que ma connoissance trop imparfaite de la langue Angloise rendoit extrêmement nécessaires ; et des soins qu'ils ont bien voulu donner à l'impression de cet ouvrage, à Londres, en 1779.

1775.
Juillet.

commode, je pris des informations dans tous les lieux d'où je crus pouvoir tirer des lumières. Mais au lieu de me procurer quelques renseignemens utiles, toutes mes recherches n'aboutirent qu'à m'envelopper d'obscurité et d'incertitudes. Souvent les récits se contredisoient, et plus souvent encore ils choquoient toute vraisemblance. Pour me dissuader de ce projet, on me répétoit que l'entreprise étoit absurde et dangereuse. J'étois un étranger, connoissant trop peu l'Afrique, sans opulence et sans moyens étendus : c'étoit m'exposer de gaieté de cœur à toute sorte d'accidens funestes. Moi, qui ne voyois point d'impossibilité dans l'entreprise, au moins dans l'essai, je poursuivis mon dessein. Je formai, dans cette vue, une liaison de connoissance et d'amitié avec M. Daniel Ferdinand *Immelman*, jeune Africain qui, précédemment et purement pour son plaisir, avoit déja fait un tour dans les terres. Il y avoit été porté par cette réflexion, qu'il étoit peu honorable pour lui et pour les autres colons Africains, d'avoir négligé la connoissance de leur propre pays, et d'être obligés d'avoir recours à moi et à d'autres étrangers, pour obtenir des lumières sur eux-mêmes et sur leur séjour. Il ne fut pas difficile de faire entrer ce jeune homme dans tous mes desseins, et de l'engager à m'accompagner; mais il fallut nous seconder fortement l'un l'autre, pour obtenir la permission de ses parens. Sa mère, dame européenne et femme de bon sens, donna à la fin son consentement, ainsi que son aimable sœur. Elles cédèrent principalement à la considération que le jeune Immelman avoit les poumons attaqués ; qu'un long voyage à cheval, sur-tout en la compagnie d'un médecin, étoit le meilleur remède qu'on pût apporter à cette maladie ; et que d'ailleurs la mort certaine qui le menaçoit dans le sein du repos, lui offroit une perspective mille fois plus triste que tout ce qu'on pouvoit redouter des Hottentots vagabonds et des bêtes féroces. Son père, vieux militaire expérimenté, qui avoit servi en Europe et dans les Indes orientales, lieutenant de la garnison du Cap, se détermina, lui, sur ce principe, qu'un jeune homme ne doit jamais être paresseux ni indolent, dès qu'il se présente quelque danger à courir. M. Immelman se pourvut donc d'un excellent petit bidet, qu'il acheta cinquante rixdalles ; j'avois déja acheté pour moi un cheval ordinaire de trente-quatre rixdalles, et un chariot neuf pour porter le bagage, de la grandeur de nos chariots de munitions en Suède, mais couvert d'une banne de toile à voiles, et fait à-peu-près de la même forme que ceux dans lesquels les paysans de cette colonie voyagent communément. Il me coûta le prix ordinaire de ces sortes de chariots, c'est-à-dire, environ deux cents rixdalles, dont soixante-quatorze pour le bois de charronage, et quatre-vingt pour les ferrures. Le joug, les chaînes de derrière, celles des traits, la couverture, et une boîte pour la poussière de charbon formoient le reste de la somme. Un chariot de cette espèce demande ordinairement cinq paires de bœufs, que j'achetai huit rixdalles pièce. Outre cela, je pris avec moi des médicamens de plusieurs espèces, tant pour notre usage, que pour celui des paysans qui pourroient en avoir besoin ; et, pour nous obtenir d'eux un accueil plus favorable, je me munis aussi d'une provision de grains et chapelets de verre, de boites de cuivre à mettre l'amadou, de briquets, de couteaux et d'une certaine quantité de tabac ; toutes choses fort agréables aux Hottentots. Nous prîmes encore avec nous une caisse de chêne faite exprès pour conserver, dans l'eau-de-vie, des serpens et d'autres animaux ; plusieurs rames de papier pour sécher les plantes ; des plombs et des aiguilles pour les insectes, et quelques vêtemens et linge de rechange. Nous n'oubliâmes pas une bonne provision de thé, de café, de chocolat et de sucre, tant pour notre usage, que pour nous insinuer dans les bonnes graces des habitans, qui, par la grande distance où ils sont du Cap, manquent souvent de ces denrées nécessaires. On m'avoit dit que des liqueurs seroient encore plus propres à remplir nos vues ; mais la place qu'elles auroient prise, la pesanteur et la cherté de ces denrées m'y firent renoncer. Nous avions une riche provision d'aiguilles de toutes espèces, et ces petits cadeaux, assaisonnés de douces paroles, nous promettoient l'affection des filles de fermiers, et leurs complaisans secours pour recueillir des insectes. J'achetai trente livres, et plus, de poudre à tirer, dont nous

nous remplîmes plusieurs cornes que nous plaçâmes sous notre main, et du reste un grand sac de cuir que j'enfermai dans mon coffre, pour le mettre à couvert des pipes allumées des Hottentots. Nous emportâmes un assortiment de mousquets, pesant environ soixante-dix livres, avec un assez bon nombre de balles, du plomb et des moules pour en fondre de nouvelles. Nous avions beaucoup plus de ces munitions qu'on ne nous avoit conseillé d'en prendre, et que je ne croyois moi-même nécessaire. Cependant, à notre retour au Cap, après un voyage de huit mois, elles étoient presque toutes consommées. Je conseille donc à quiconque entreprendra par la suite une expédition de ce genre, de se munir sur-tout de poudre et d'artillerie; car tous les coups de feu ne portent pas: on en dépense à tirer de petits oiseaux; il en faut aussi quelquefois pour tirer au blanc. On peut d'ailleurs se trouver dans le cas, comme il est arrivé à mon compagnon et à moi, de n'avoir pour subsister, pendant plusieurs semaines, que ce qui tombe au bout d'un fusil; et de plus, il est prudent d'être incessamment en garde contre les hostilités des Boshis (hommes des bois) et des Caffres.

1775. Juillet.

COMME il est enjoint par les lois à tous colons d'arrêter et de conduire au Cap tous les voyageurs qui ne peuvent produire une permission écrite, je sollicitai et obtins un passe-port du gouverneur, ordonnant qu'on me laissât passer par-tout sans m'inquiéter, invitant en même tems les habitans à m'aider de tout leur pouvoir, moyennant une récompense raisonnable. Dans une autre lettre, il enjoignit aux personnes qui avoient la direction des bains chauds de *Hottentot-holland*, de m'y donner un logement, attendu que je voulois essayer de ce remède contre les douleurs rhumatismales que j'éprouvois à la suite des froids excessifs auxquels j'avois été exposé sous le cercle polaire antarctique.

SECTION III.

Voyage du Cap aux bains chauds.

Le matin du 25 juillet, je partis du Cap, à cheval, sans M. Immelman qui devoit dans quelque tems venir me rejoindre aux bains chauds. Mon chariot étoit conduit par le *Boor* qui m'avoit vendu les cinq paires de bœufs dont j'ai parlé; mais je ne devois les avoir que lorsque nous serions arrivés à la ferme de cet homme, située près de *Bott-rivier*, et sur le chemin des bains chauds où nous allions. On ne trouve aucune auberge dans l'intérieur du pays. Chacun est obligé de voyager avec ses chevaux et attelages, et de vivre de ses provisions. Notre route étoit à travers un pays plat, sur des sables arides et des bruyères. Vers le midi, pendant la plus grande chaleur du jour, nous laissions, suivant l'usage du pays, nos bœufs aller se désaltérer, et chercher leur pâture à leur gré.

1775.
Juillet.

CES animaux se contentent volontiers des arbrisseaux et herbes desséchées qu'ils trouvent aux environs du Cap ; mais les chevaux sont plus difficiles : il leur faut un fourrage plus substantiel. C'est pour cette raison qu'en Afrique la plupart des bêtes de somme sont des bœufs ; et c'est peut-être aussi pour cela que les chevaux y sont visiblement moins forts et moins durs à la fatigue qu'en Europe.

AUSSITÔT que nous sentîmes la fraîcheur du soir, nous continuâmes notre route à travers *Eerste-rivier*, jusqu'au pied d'une haute montagne (*) appelée *Hottentot-holland-kloof*. Les environs étoient plus élevés et moins rôtis que le pays que nous avions parcouru le matin, et quelques fermes agréables ornoient la perspective. Il faisoit nuit comme dans un four, lorsque nous mîmes pied à terre. Nous fîmes un peu de feu, près duquel, après un modique souper, nous nous couchâmes pour dormir.

JE n'eus plus dès-lors, comme pendant tout le reste

(*) Nous conservons les noms Hollandois, parce que ce seroit les défigurer pour les voyageurs, que de les traduire dans notre langue, et qu'on n'en rendroit d'ailleurs le sens et l'étendue qu'imparfaitement ; car *Eerste-rivier*, par exemple, ne signifie pas seulement la rivière *Eerste*, mais le pays qu'arrose cette rivière, et auquel elle appartient.

du voyage, d'autre lit que la terre nue; pour oreiller, qu'une selle, et un manteau pour couverture. Nous choisissions ordinairement notre coucher à côté du buisson qui nous offroit le meilleur abri contre les vents de sud-est et les autres qui pouvoient venir à souffler dans cette saison. Lorsqu'il pleuvoit, nous nous couchions sous la tente même qui couvroit le chariot; mais nous nous y trouvions encore plus mal à l'aise, au milieu de tout le bagage dont il étoit chargé. La meilleure place que je pus trouver pour moi, étoit sur mon coffre, quoique la partie supérieure présentât une surface arrondie. M. Immelman, plus mince que moi, trouvoit le moyen de se fourrer avec beaucoup de peine entre mon coffre et les côtés du chariot, où il dormoit sur des paquets de papier; mais il n'y avoit pas de quoi se vanter d'avoir un lit beaucoup plus commode que le mien. Nous nous installions quelquefois sous le chariot même. Nous y étions à la vérité à couvert de la pluie et du serein; mais d'un autre côté, nous avions de désagréables voisins dans nos bœufs, qui étoient attachés aux roues, au timon, même aux ridelles du chariot : quelquefois ils étoient si remuans et si tumultueux que nous n'osions nous glisser qu'entre les plus doux d'entre eux. C'étoit bien un autre tapage encore, lorsque quelque bête féroce se faisoit sentir dans le voisinage.

QUAND nous avions occasion de loger dans la maison

de quelque paysan, nous étions le plus souvent moins bien encore que sous notre tente. La plupart de leurs maisons ne sont composées que de deux pièces, avec un plancher de terre: l'une est la chambre à coucher du fermier, de sa femme et des enfans; l'autre sert de cuisine; et c'étoit dans un coin de celle-ci qu'ils étendoient pour nous une natte sur le plancher. C'est à-peu-près toutes les aisances que ces bonnes gens pouvoient nous procurer. Au reste, nous étions obligés de nous faire des lits avec nos selles et nos manteaux, et avec une couverture que nous portions avec nous. Les Hottentots de l'un et de l'autre sexe, jeunes et vieux, qui étoient au service du fermier, dormoient de préférence dans la cheminée; cette cheminée prenoit presque tout un côté de la maison, et n'avoit d'autre âtre que le plancher; ainsi il nous falloit coucher pêle-mêle avec eux. Une légion de puces et mille autres incommodités nous faisoient ordinairement préférer de coucher en plein air, toutes les fois que les vents ou la pluie ne nous forçoient pas d'entrer sous des toits. Ce récit de nos premières couchées donne au lecteur une idée générale de la manière dont nous passions les nuits pendant tout le cours de notre voyage.

1775.
Juillet.

Le lendemain 26, nous nous levâmes dès le point du jour, pour continuer notre route et traverser la montagne *Hottentot-holland* pendant le frais du matin.

Le chemin qui conduisoit au haut étoit fort escarpé, raboteux, tortueux et très-incommode. Le côté droit de la route étoit tranché par un précipice à pic, dans lequel, si l'on en croit la tradition, plusieurs chariots et attelages ont fait la culbute, et se sont brisés en mille pièces : on dit aussi que pour monter avec un chariot ces montagnes et autres semblables, fût-il attelé des plus forts bœufs du pays, il faut que le conducteur ait, non-seulement beaucoup de dextérité et la connoissance pratique de ces animaux, mais encore qu'il sache user habilement du fouet des charretiers africains. Ces fouets, comme je l'ai déja observé, sont longs de quinze pieds, avec une courroie un peu plus longue et une mêche de cuir blanc, longue de trois pieds. Le conducteur tient ce redoutable instrument des deux mains, et assis sur le siége du chariot, il peut en atteindre la cinquième paire de bœufs, faire claquer le fouet au besoin, distribuer sans relâche ses coups à chaque bœuf. Il ne manque jamais de les frapper à l'endroit où il veut, et d'appliquer, lorsqu'il le faut, ses coups, de manière que les poils de l'animal suivent la mêche. Son fouet lui donne un si grand ascendant sur eux, qu'il les oblige à réunir toutes leurs forces, à tirer le chariot des trous profonds, à l'enlever au dessus des pierres énormes et des précipices qui se rencontrent sur la route : mais il faut apporter une grande attention à ne les laisser ni tirer, ni se reposer trop long-tems à la fois. Dans le premier cas, ils s'affoiblissent, se fatiguent, et deviennent conséquemment rétifs; dans le second, ils perdent leur premier feu, et souvent le chariot reste alors immobile. Lorsqu'ils montent quelques montagnes un peu rapides, les conducteurs ont donc coutume de les laisser respirer un peu toutes les demi-minutes, ou une minute ou deux, selon que le cas le demande. Lorsqu'ils descendent, même par un chemin peu escarpé, sur-tout avec une charge, il est à craindre que le chariot ne se précipite sur les bœufs : alors avec des chaînes, comme en Europe, ils enraient une roue de derrière, quelquefois les deux, et même une de celles de devant, surtout quand la pluie a rendu le chemin glissant. Mais afin que les jantes les plus basses de la roue enrayée et les ferrures ne soient point usées par le frottement, ils y adaptent une espèce de traîneau creusé en dedans, qu'ils appellent *lockshoe*. Ce traîneau est long d'un pied et demi, fait de bois dur, ordinairement ferré en dessous, à-peu-près semblable à une auge alongée et ouverte à une des extrémités, pour laisser entrer la roue : au-devant du traîneau tient une forte courroie qui s'attache à la partie postérieure de la chaîne.

Mais pour revenir à la montagne *Hottentot-holland* (*), elle étoit encore fort dénuée de plantes ; ce-

---

(*) Sous la dénomination générale de montagne, l'Auteur comprend ici, non-seulement les hauts monts, ou pics de rochers, mais encore toutes les éminences considérables, soit en terre, soit en mer, et les chaînes qu'elles forment.

pendant j'eus le plaisir d'y trouver un superbe *protea* en fleurs, dont j'ai donné la description et la figure dans les transactions philosophiques de Suède, pour 1777, page 53, sous le nom de sceptre de Gustave (*).

Le chemin au nord de la montagne *Hottentot-holland* n'étoit pas à beaucoup près si rapide. Cependant nous fûmes obligés d'enrayer quelquefois une des roues. Toute cette partie de pays située de l'un et de l'autre côté de la montagne, est communément appelée par les habitans *Agter de Berg* ou *Over de Berg*. A midi nous arrivâmes à *Palmit-rivier*, qui coule à travers une petite plaine agréable. Nous nous y arrêtâmes, comme de coutume, pendant la chaleur du jour; et comme il n'y a pas un seul pont dans toute l'Afrique,

---

(*) En consacrant cette belle plante à un nom si glorieux et si auguste, *Flore* perpétuera le souvenir honorable pour notre pays de la faveur et de l'encouragement dont la botanique a joui sous les plus grands rois de la famille des Gustaves; et la dédicace que j'en ai faite, exprime le desir de mes compatriotes et le mien, de voir le sceptre de Suède toujours florissant dans la main de notre gracieux souverain Gustave III.

Ce *protea* est un arbrisseau haut de deux jusqu'à quatre pieds, qui croît quelquefois d'une seule tige indivise, aussi droit qu'une flèche, et quelquefois pousse deux ou trois branches en spirales, qui se terminent en touffe de fleurs d'une couleur d'argent. Ce qu'il y a de plus remarquable dans cette plante, c'est qu'elle produit deux sortes de feuilles, entièrement différentes l'une de l'autre. Celles qui sont au haut de la tige n'ont qu'un ou deux pouces de long, sont de la forme d'un coin à fendre, et indivises: les feuilles inférieures ont plusieurs pouces de long, et sont divisées en plusieurs parties en forme de branches.

et

et qu'il n'y a que deux endroits où il y ait un bac, nous fûmes obligés de traverser cette rivière à gué, ayant l'eau jusqu'à la selle de nos chevaux. Quoique les rivières, dans les endroits où elles croisent les chemins publics, ne soient pas ordinairement très-profondes, cependant le passage en est quelquefois dangereux, ou au moins fort ennuyeux ; car après un ou deux jours de pluie, sur-tout en hiver, vous êtes souvent obligé d'attendre huit à quinze jours que les eaux se soient écoulées, avant qu'on puisse se hasarder à passer, et cela, dans des endroits que dans l'été on traverse presque à pied sec. Lors même que les eaux ont considérablement baissé, on ne les passe point encore sans risque ; car il reste toujours à craindre que le courant n'ait formé quelques inégalités, ou qu'il n'ait creusé le lit plus profondément. Quelques paysans téméraires, impatiens d'attendre si long-tems la décroissance des eaux, ou qui faute de provisions ne peuvent s'arrêter plus long-tems, osent quelquefois les passer à la nage, eux, leurs chariots, leur bagage, leurs femmes et leurs enfans ; comme ils ne font point usage de rênes, il faut que l'esclave ou Hottentot chargé de conduire la première paire de bœufs dans les endroits les plus dangereux, nage en même tems qu'il les dirige d'une de ses mains ; et c'est un grand bonheur pour le maître, lorsqu'il ne prend pas fantaisie aux animaux de suivre le courant, ou de virer de bord, ou de leur jouer quelque autre mauvais tour.

CEPENDANT lorsque les bœufs sont bien rompus à cet exercice, ils s'arrêtent tous à-la-fois, selon que le conducteur leur crie *ho*, *ha*; et de même chaque bœuf en particulier est attentif, et va à droite ou à gauche, suivant qu'il entend prononcer son nom, accompagné d'un *hote*, ou d'un *haar*. Le voyageur doit donc s'attendre à être continuellement régalé de cet amusant langage de bœufs, mêlé des noms propres de chaque animal, et des claquemens bruyans du fouet, sur-tout dans certaines parties de la route, où tout ce jargon est nécessaire pour faire avancer les bœufs. Si l'on ajoute à cela l'attention scrupuleuse qu'exige le maniement du fouet, dont il faut frapper souvent et à propos, on sentira que la conduite d'un chariot est une occupation aussi fatigante et aussi difficile, que cette manière de voyager est étourdissante, incommode et dangereuse.

Nous arrivâmes fort tard à la ferme de notre conducteur, agréablement située sur le bord de *Bott-rivier*. Cette rivière étoit bordée, près de son lit, de montagnes assez hautes, dont les dos et les cimes varioient agréablement la perspective. Sur le penchant de quelques-unes, on voyoit des cavernes et des grottes qui, très-certainement, n'existoient pas depuis le commencement du monde, mais qui s'étoient formées par les vicissitudes auxquelles tous les objets de la nature sont assujettis. Les précipices même les plus escarpés,

formés des rochers les plus durs, qu'on croiroit destinés par le Créateur à une éternelle nudité, le long
de leurs murs noirâtres et montrant la mine de fer
que leur sein produit, sont ornés de plusieurs plantes
rampantes, dont les rejetons et branches sont étendus
et supportés sur les angles prominens du rocher. Dans
les crevasses de ces collines, j'observai que les plantes
nées dans ces serres élevées et chaudes, étoient déja
en fleurs, et sembloient défier dans leur fière beauté,
l'homme d'en approcher. A quelques portées de fusil
de cette ferme étoit une fontaine minérale très-abon-
dante, dont personne dans ce canton n'avoit eu le
sens de faire usage. Les pierres et les rochers des environs contenoient une grande quantité de fer.

1775.
Juillet.

On voyoit le long de cette rivière plusieurs fermes
et maisons de paysans, dont le produit consiste principalement en bêtes à laine, et en blé. Le vin qu'on
y fait n'est qu'un lavage sur, qu'on ne peut vendre à
la ville, s'il n'est converti en vinaigre ou en eau-de-vie.
Cependant les paysans le buvoient fort bien tel qu'il
étoit. L'infériorité de ce vin et de la plupart de ceux
qu'on fait à *Agter de berg*, provient sans doute de la
froideur du sol, et de ce qu'il est trop éloigné de la
mer pour recevoir les influences fertilisantes de cet
élément; mais sur-tout de sa trop grande élévation
au dessus de sa surface. Après être resté un jour dans
cet endroit, je partis pour les bains chauds, laissant

S ij

1775.
Juillet.

mon chariot chez le fermier, jusqu'à ce que j'eusse occasion de le faire venir, et je suivis à cheval un autre chariot, qui alloit aux bains chauds ainsi que moi. Pour prendre le plus court, nous ne suivîmes aucun chemin frayé, mais nous dirigeâmes notre route à travers des plaines, des montagnes et des vallées. Toute cette étendue de pays étoit restée inculte et inhabitée, faute d'eau. Un grand nombre de bêtes fauves et d'autre gibier s'y étoit réfugié. J'eus alors pour la première fois le plaisir de voir des troupeaux composés des deux plus grandes espèces d'*antilopes* ou *gazelles*, appelés par les Hollandois *hartbeests* et *bunteboks*. Le premier nom, qui signifie *cerf*, a été donné à ces animaux, sans doute à cause de quelque ressemblance dans la couleur avec nos cerfs d'Europe; le second qui signifie *bouc peint*, ou plutôt *bouc bariolé*, convient mieux à ces derniers animaux, dont les parties de derrière, de couleur jaune-orange ou brun pâle, sont marquetées d'un grand nombre de taches et de raies blanches (*).

(*) Le Buntebock, un peu moins grand, mais plus gros à proportion que le *hart-beest*, est l'*antilope scripta* de *Pallas*, et le *guib* de M. de *Buffon*, page 305—327, pl. XL. Suivant *Adanson*, il est fort commun au Sénégal. J'ajouterai que les femelles de cette espèce n'ont point de cornes.

J'ai donné la description du *hart-beest*, dans les mémoires de l'Académie des Sciences de Suède pour 1779, page 151, sous le nom d'*antilope dorcas*.

AU CAP DE BONNE-ESPÉRANCE. 141

1775.
Juillet.

Le même jour, je vis aussi pour la première fois des troupes de zèbres sauvages, appelés par les colons *wilde-paarden* ou chevaux sauvages. On les voit par grandes hardes, et la bigarrure de leur livrée rayée de noir et de blanc, forme un beau coup-d'œil. Ce sont les peaux de ces animaux qu'on vend chez nos fourreurs sous l'absurde dénomination de peaux de *cheval-marin*.

Je vis aussi des autruches, ces oiseaux dont notre luxe va chercher les plumes jusques dans les plaines les plus éloignées d'Afrique ; je les vis dans leur état sauvage, quelquefois à deux portées de fusil de moi. Je me mis en tête de les poursuivre, mais toujours sans succès. Avec leurs longues jambes et leurs vastes enjambées, ils détalent avec tant de vitesse, que le cheval de chasse le plus impétueux pourroit à peine les suivre. Ils courent les ailes étendues, probablement pour garder l'équilibre ; car leurs corps sont trop pesans pour qu'ils puissent s'élever de terre. On m'a dit depuis qu'un homme monté sur le meilleur chasseur ne peut jamais les atteindre lorsqu'ils partent, mais le chasseur doit cependant continuer sa course, ayant soin de ménager son cheval, et l'empêchant de galoper trop vite, jusqu'à ce qu'ils puissent appercevoir encore l'autruche du sommet de quelque montagne. Alors l'oiseau qui l'a descendue en courant, se refroidit lorsqu'il est au bas, ses articulations se roidissent, et il manque rarement, au moins à la troisième course, de se laisser prendre en vie, ou de rester sous le fusil du chasseur. J'ai ainsi chassé et tiré, mais toujours sans succès, les antilopes dont j'ai parlé. Ils s'arrêtent aussi de tems en tems pour regarder un moment les chasseurs, et voir s'ils viennent sur eux; mais cette coutume n'est point, comme quelques-uns l'imaginent, particulière au genre des antilopes, ni commune à toutes les espèces de ce genre : car j'ai vu plusieurs fois des buffles et des ânes sauvages (*quaggas*) s'arrêter court de la même manière, et quelques antilopes de la plus petite espèce, tels que ceux qu'ils appellent dans le pays *Steen boks*, *Klip-springers*, *Riet-reebocks* et *Bosch-bocks*, courir sans s'arrêter jusqu'à ce qu'ils fussent loin de la vue du chasseur. Les élans du Cap (*antilope orix*) dont j'ai également donné la description dans les transactions de Suède, sont tellement recherchés, tant pour leur chair que pour leurs peaux, que la race en est, dit-on, détruite dans le pays, et lorsqu'il en vient quelques-uns de l'intérieur de la contrée, on ne leur donne pas le tems de s'y reproduire.

Sur le soir je trouvai une route qui me conduisit près de deux petites fermes, et enfin vers la nuit, aux *bains chauds*. Avant d'y arriver, je laissai sur la gauche un chemin qui, me dit-on, conduisoit à *Roode-zand*, *Roggeveld Bockveld* et *Sneeberg*. L'espace de pays que j'avois parcouru, suivant mon calcul, étoit de quatre *uurs*, qui équivalent à-peu-près à quatre milles suédois ou un peu moins de vingt-quatre milles anglois : j'avois été environ sept heures à faire ce chemin, en allant toujours d'un pas égal.

1775.
Juillet.

CETTE méthode de compter le chemin par le tems est toujours incertaine et variable, et ne peut guère se comparer avec la nôtre. Un *uur* sur une route montueuse, doit nécessairement être plus court qu'un autre *uur* sur un terrein uni. Le lecteur ne doit donc pas s'attendre à trouver dans ma carte du pays une exactitude parfaitement géométrique, l'ayant tracée moi-même avec un compas, d'après mes propres observations, et d'après les récits d'autrui. Mais elle est encore la seule qui existe, et je crois qu'elle sera d'un grand secours à ceux qui par la suite voudront en faire de plus exactes. L'*uur* en général est, comme je l'ai déja observé, le chemin qu'un homme à cheval parcourt en trottant rondement, ou d'un galop modéré, dans l'espace d'une heure, ou celui qu'un homme fait ordinairement en conduisant un chariot avec des bœufs, dans l'espace de deux heures ; quoique quelquefois sur un terrain uni, et avec une charge moins pesante, les bœufs n'aillent guère moins vîte que le trot d'un cheval. Quatre de ces *uurs* font un *skoft*. Les paysans qui habitent plus avant dans la contrée, et qui ont une longue route à faire, ont en réserve un attelage ou deux de rechange, dont ils se servent tour-à-tour. Ils peuvent ainsi aller jour et nuit, et faire deux *skofts* en vingt-quatre heures ordinaires, tout en prenant le tems nécessaire pour faire rafraîchir leurs animaux. Ceux qui sont les plus éloignés de la ville, mettent quinze ou vingt jours, sans compter un jour ou deux de repos, pour s'y rendre avec leurs marchandises, et toujours un peu moins de tems pour en revenir. On rencontre assez souvent de ces attelages de bœufs suans, essoufflés, la langue pendante, et il est aisé de voir qu'on ne laisse à ces malheureux animaux que très-peu de tems pour se reposer et moins encore pour chercher leur nourriture. Ils trouvent à la vérité çà et là assez abondamment de l'herbe, des arbrisseaux et de l'eau; mais on leur laisse rarement le loisir de ruminer. C'est pour cela que, presque suffoqués de graisse au commencement du voyage, ils sont devenus étiques avant qu'il soit fini; mais une fois de retour, ils sont moins excédés d'ouvrage, et peuvent, en attendant le voyage de la prochaine année, reprendre de la santé et de l'embonpoint dans leurs pâturages accoutumés.

PUISQUE nous sommes sur cet article, j'ajouterai encore que dans toute la colonie les bœufs ne sont jamais attelés pour tirer avec les cornes, mais seulement des épaules. Chaque paire de bœufs a un joug, qui, dans les mortaises avec lesquelles il est attaché

autour

autour de leur cou, a des crans pour mettre et ôter le harnois de leur tête. Le joug qui porte sur la dernière paire de bœufs est attaché par le milieu au timon du chariot, et les jougs des autres sont traversés par une corde, une courroie ou une chaîne, qui se soutient par ce moyen, et se tend également entre tous les animaux. Cette manière d'enharnacher leurs bœufs, qui leur laisse toute liberté de se mouvoir, sans les obliger à faire usage de la force de leurs cornes, servira peut-être à expliquer comment les bœufs en Afrique peuvent faire si promptement de si longs voyages, et pourquoi l'on est obligé d'employer dix ou douze animaux sur un seul chariot ou sur une seule charrue. M. *Arthur-Young*, dans son *voyage en Irlande* dans les années 1776, 77, 78, parle d'une expérience relative à ce sujet. Comme c'est son observation qui a fait naître la mienne, j'ai cru nécessaire de transcrire ici ce passage.

« LORD Shannon, étant allé présider au labourage de ses terres, trouva que la dépense des chevaux étoit si grande, qu'elle absorboit tout le bénéfice de la ferme; ce qui le détermina à se servir de bœufs. Il les attela avec des jougs à la manière ordinaire; mais ils travailloient si lentement et avec un mal-aise si évident, qu'il prit le parti d'adopter la manière françoise, de les faire tirer des cornes. Il écrivit dans cette intention à une personne de Bordeaux, de lui envoyer un homme qui fût au fait de cette méthode. L'homme auquel le correspondant s'adressa, ayant déja été en Allemagne pour le même sujet, représenta quelques difficultés, que lord Shannon leva, en ordonnant qu'on achetât tout ce que le laboureur jugeroit à propos d'emporter avec lui. Il acheta donc un taureau de la meilleure espèce, qui avoit déja travaillé trois ans, un chariot à foin, une charrue et tout l'attirail nécessaire pour enharnacher les bœufs par les cornes. —— En ma présence lord Shannon ordonna au charretier françois d'aller charger le chariot à la distance d'un demi-mille de la grange ; on plaça dessus mille vingt gerbes, et deux bœufs le traînèrent sans difficulté. Nous pesâmes alors quarante gerbes, dont nous trouvâmes que le poids étoit de deux cents cinquante et une livres, d'où il résulte que les mille vingt gerbes pesoient six mille trois cents soixante quinze livres, poids énorme pour deux animaux. Je doute fort qu'attelés avec des jougs, ils eussent pu faire mouvoir le quart de cette charge. » (Tome I, page 409. —— Voyez aussi page 380.)

SECTION V.

Résidence aux bains chauds.

Les bains chauds, où nous arrivâmes, sont appelés bains *hottentot-holland*, du nom de ce canton, ou *bains derrière la montagne*, et quelquefois *yzer-baad*, à cause du fer qu'on croit qu'ils contiennent plus abondamment que tous les autres bains de la colonie. Ils passent aussi pour être mieux fournis de toutes les choses nécessaires. On y a bâti, par ordre du gouvernement, une maison en pierre pour l'usage de la compagnie qui se baigne. Elle est composée d'une salle, deux grandes chambres, une cuisine et une petite chambre, le tout plancheyé en terre. La petite chambre est habitée par le *post-master*, comme ils l'appellent, ou l'inspecteur du bain, ensorte qu'il ne reste proprement que les deux grandes chambres pour les hôtes, qui quelquefois arrivent en trop grand nombre pour pouvoir se loger tous dans un si petit espace. Ils sont obligés alors de s'arranger comme ils peuvent, dans la salle, dans le grenier, ou sous des tentes et des bannes de chariot, qu'ils apportent exprès.

1775.
Juillet.

La maison est adossée à une montagne, sans aucune espèce d'égout ou de canal intermédiaire, d'où il arrive que l'eau qui s'écoule de la montagne pénètre dans une des chambres, et la rend humide et malsaine, et encore plus lorsqu'on est obligé d'y mettre plusieurs lits pour des malades. Par la liste que l'inspecteur tenoit depuis plusieurs années, je vis qu'il y venoit annuellement, de cent cinquante à deux cents personnes, prendre les bains; mais dans la saison froide et incommode pendant laquelle nous y étions, il n'y eut que huit personnes qui vinrent se baigner, encore furent-elles assez mal servies. Les misérables bancs et la table que nous y trouvâmes, appartenoient au vieil inspecteur du bain, et nous fûmes obligés de les prendre à louage de lui.

A-PEU-PRÈS à cent pas de cette habitation, est la maison de bain. C'est une chaumière dont les deux côtés sont presque entièrement sous terre, et dans laquelle la lumière n'entre que par quelques petites lucarnes. La longueur de cette baraque est de trois brasses et demie ou quatre brasses, et sa largeur d'une brasse et demie. A l'un des bouts est une fosse ou citerne, d'une brasse et demie en carré, et de deux pieds de profondeur. L'eau chaude est conduite sous terre un petit espace de chemin en partant de sa source, jusqu'à ce qu'elle sorte d'en-haut par un des côtés du toit de la maison : là elle est reçue dans un canal à-peu-près d'une brasse de long, d'où elle coule dans la citerne, en un ruisseau de la grosseur d'un pouce. Par cette invention on a ménagé la dépense d'un ouvrage en pierre ou en brique; mais il est très-probable qu'ainsi transvasées, les parcelles les plus subtiles et les plus efficaces de l'eau se perdent en chemin.

LA manière de s'y baigner, est de s'asseoir dans la citerne, ou de s'y coucher jusqu'à ce qu'on ait l'eau au menton : alors vous sentez sa chaleur, sans qu'elle vous brûle, et on observe qu'il se fait une transsudation de l'intérieur aux parties externes du corps. Les battemens du pouls et du cœur deviennent plus vifs. En huit ou dix minutes, et quelquefois moins, il semble qu'il va se faire une dissolution dans toute la machine. Si l'on s'y baigne seul, on court risque de s'y évanouir et d'être noyé. Quand vous êtes sorti de l'eau, vous allez vous placer à l'autre bout de la maison, et suer, en vous enveloppant des linges que vous avez eu soin d'apporter. Si vous buvez alors un peu de cette eau chaude, elle vous fait transpirer plus aisément.

1775.
Juillet.

Quand la sueur est passée ou au moins ralentie, vous vous lavez dans le bain, avant de remettre vos habits. Quelques personnes se baignent et suent deux fois tout de suite, sans qu'il en résulte aucun accident fâcheux. La citerne se vide, si on le veut, par le moyen d'un robinet, toutes les fois qu'une personne s'est baignée, et qu'une autre veut prendre la place.

A un mille et demi de là, est une ferme où des compagnies vont quelquefois loger ; mais la distance leur déplaît toujours, et ce n'est pour eux qu'une incommodité de plus. On se baigne ordinairement une fois ou deux par jour, rarement trois fois, au moins si l'on a dessein de suivre un certain tems ce traitement.

A quelques pas du bain il y en a deux autres, qui ne sont autre chose que des trous entourés de claies et couverts de chaume, dans lesquels coule l'eau chaude. De ces deux bains, l'un est plus froid et l'autre plus chaud que celui que j'ai décrit. Tous les deux ne servent qu'aux esclaves ou aux Hottentots. Il y a dans ce pays deux autres fontaines non couvertes; mais on ne s'en sert point, quoique l'une des deux ait une source plus abondante que toutes les autres, et qu'elle soit plus proche de la maison principale (*). A la distance

---

(*) Je ne puis déterminer bien exactement la température du bain chaud, ni ce que ces eaux contiennent : mon thermomètre ne se trouva point gradué assez haut, et de plus, je manquois des drogues et vases nécessaires. Excepté le verre à eau-de-vie de l'Inspecteur, je n'avois avec moi que mes deux verres à boire; et les personnes qui viennent aux bains, ont coutume d'en boire l'eau dans de grandes cuillers.

Voici donc les seules expériences que je pus faire.

Une *solution de blanc-de-plomb* sembla précipiter une matière impure et visqueuse.

Une *solution d'argent* teignit l'eau d'une couleur d'opale, et à la fin précipita au fond une poudre un peu blanche.

L'*huile de tartre* par défaillance ne précipita presque rien.

La *litharge*, le *sel ammoniac*, le *lacmus* et le *sirop de violettes*, chacun digéré séparément avec l'eau, ne donnèrent aucun changement dans sa couleur.

La poudre de *noix de Galles*, digérée avec l'eau tandis qu'elle conserve encore sa chaleur naturelle, produisit une couleur brune, comme celle de nos eaux minérales de Suède, et cette couleur fut durable. — Digérée avec l'eau refroidie dans un verre, elle ne lui donna presque aucune teinte. — Digérée avec l'eau bouillie, elle ne la teignit presque point.

L'eau avoit déposé de l'*ocre* en grande quantité dans la citerne et dans les conduits.

L'eau secouée dans des bouteilles dont le cou étoit étroit, produisit un grand nombre de bulles d'air.

d'environ cinquante pas, et au dessous des fontaines chaudes, il y a dans la vallée que j'ai décrite, une fontaine d'eau froide, d'un goût très-pur.

1775.
Juillet.

On prétend généralement que cette eau a le goût de soufre; mais on n'y découvre la présence de ce minéral, ni au goût, ni à l'odorat. Son goût dominant est sensiblement vitriolique et non sulfureux. Malgré cela, l'eau est de facile digestion, et les estomacs passablement bons, ne se plaignent point de sa pesanteur. Comme on trouve rarement en ce pays l'occasion de consulter un médecin, on fait usage de ce bain sans aucune autre méthode ou indication que le caprice ou la commodité du malade, et conséquemment sans aucun régime, sans s'astreindre à la diète, sans faire la moindre distinction dans les maladies : j'en vais rapporter un exemple. Un esclave avoit tellement pris le dessus d'une maladie épidémique dont il avoit été attaqué, que la nature achevoit d'elle-même la cure, en faisant sortir la bile par toute la surface de son

---

L'eau de chaux ne produisit aucun air hépatique, mais forma plusieurs petits nuages, qui bientôt se réunirent en un, sans tomber au fond. Il faut cependant observer que je n'étois pas très-sûr de la bonté de l'*eau de chaux* dont je fis usage. Je fus obligé de la préparer moi-même avec de la chaux qui avoit un peu perdu de sa force, et un peu d'eau, que faute d'un meilleur appareil, je distillai au moyen de plusieurs théières jointes ensemble.

L'argent, après avoir séjourné long-tems dans l'eau, n'annonçoit par aucune marque la présence du soufre.

corps. Malgré ces symptômes de guérison, il fut envoyé de *Zwellendam*, par le lieutenant de ce canton, aux bains chauds, comme au remède infaillible. Ce fut en vain que je lui conseillai de s'abstenir du bain; mon conseil n'étoit pas fait pour balancer l'ordonnance du plus puissant seigneur du pays, qui lui avoit commandé d'en faire usage; le premier qu'il prit le délivra en peu d'heures, et de sa bile et de l'esclavage.

TOUTE la société se baignoit fort indifféremment à toutes les heures du jour, et même immédiatement après les repas. Quoiqu'il n'en résultât aucun effet malheureux, cependant il étoit fort à craindre que la nourriture, prise à l'instant, ne passât trop subitement dans la masse du sang. D'après tous les récits que je pus réunir, il n'étoit point extraordinaire de voir des malades se débarrasser de rhumatismes ou de contractions dans les membres, en trois ou quatre jours de ces bains; mais pour la goutte, ils ne sont pas un remède merveilleux. On en fait quelquefois un heureux usage pour les éruptions et les ulcères invétérés; quelquefois aussi ils ne les guérissent point (*).

(*) Une fille qui les prenoit alors, et qui les avoit déja pris l'année précédente, pour une jambe extrêmement enflée et couverte d'ulcères profonds, faisant en même tems usage des cataplasmes de feuilles de mauves pilées et d'autres herbes, n'avoit obtenu aucun soulagement. Je lui conseillai de laisser là et le bain et le cataplasme, comme étant l'un et l'autre trop irritans, et lui ordonnai un onguent de cire et de

AU CAP DE BONNE-ESPÉRANCE. 153

1775.
Juillet.

UN jeune esclave de Madagascar, qui avoit depuis trois ans un ulcère invétéré à la jambe, large de deux pouces, fut envoyé aux bains chauds, et recommandé à mes soins, à condition qu'il me serviroit. Un chirurgien du Cap qui l'avoit vu, l'avoit déclaré incurable. Curieux d'examiner la maladie de ce nègre, j'avois observé son ulcère pendant quelques semaines, avant de partir. Il jetoit fort peu, la chair vive paroissoit exactement de la même couleur que celle d'un Européen. Lorsque les chairs fongueuses se furent abaissées, l'ulcère commença à se guérir en poussant de nouvelles fibres, comme font nos ulcères, avec quelque chose de blanchâtre sur le côté de la peau, qui d'ailleurs étoit noire. Cependant le progrès de la

miel; médicament qu'elle pouvoit aisément se procurer, et que je savois par expérience qui pouvoit faire beaucoup de bien et jamais de mal. Le succès surpassa mon attente; les ulcères furent guéris très-promptement, et l'enflure diminua par degrés. Un autre homme s'y baignoit pour un ulcère invétéré à la jambe, sans aucun effet; mais il faut observer en passant qu'il s'enivroit à-peu-près tous les jours. Une femme avoit au sein une tumeur plus grosse que le poing. Comme les bains seuls ne produisoient rien, je lui ordonnai de la frotter avec un peu d'onguent mercuriel. En effet l'enflure diminua de moitié dans l'espace de deux jours; mais le reste résista aux bains et à l'onguent. Il se trouva que cette femme étoit grosse sans le savoir, et elle accoucha quelques mois après. L'enfant vint au monde plein de vie et de santé, sans paroître se ressentir des bains de la mère. Un boucher se baignoit alors depuis trois mois, pour un ulcère invétéré à la jambe, mais sans succès; et j'ai connu un magistrat qui en très-peu de tems s'est, avec les bains, guéri d'un ulcère, en apparence semblable, et contre lequel tout autre remède avoit échoué.

Tome I.   V

guérison étoit lent; mais avec le bain chaud, l'ulcère devint plus large et plus profond. Je laissai cependant l'esclave se baigner encore, dans l'espérance que la blessure se guériroit d'elle-même, lorsque son corps auroit été bien nettoyé par un certain nombre de bains; mais la suite fit voir que je m'étois trompé. L'esclave m'apprit qu'étant encore libre et dans son pays natal, il avoit déja été attaqué du même mal; que l'ulcère s'étoit formé de lui-même, comme cette seconde fois; mais qu'alors il avoit été guéri en peu de jours, par le moyen de l'écorce d'un certain arbre, broyée entre deux pierres et appliquée sur la partie. Il me dit qu'il connoissoit bien l'arbre, et qu'il avoit vu plusieurs de ses compatriotes faire usage de cette écorce avec un égal succès; mais que depuis son arrivée en Afrique il l'avoit inutilement cherché.

Les Chrétiens, qui arment les naturels de Madagascar les uns contre les autres, et se rangeant ensuite dans le parti des vainqueurs, savent peupler leurs colonies d'un troupeau de malheureux esclaves, doivent me permettre ici de leur rappeler que, si ce n'est pas pour le bien de l'humanité, au moins pour leurs propres intérêts, motif si puissant sur leurs ames, ils devroient bien s'occuper quelquefois des moyens de faire d'utiles recherches, et consacrer à cette vue quelque légère portion de leurs gains. N'est-ce pas de ces hommes que nous nommons sauvages, que nous avons appris les vertus du kina, du Senega, de l'ophiorhiza, de la salsepareille, de la casse, et d'autres médicamens conservateurs de plusieurs millions d'hommes ? Et peut-être eussions-nous appris d'eux bien d'autres secrets encore, si notre tyrannie ne les eût déja presque totalement détruits, eux et les fruits de leur utile expérience.

1775.
Juillet.

L'EFFET des bains chauds et les cures qui s'opèrent par leur moyen, ne proviennent guère, à mon avis, du minéral que l'eau contient dans un état de solution : car il est rechassé trop promptement par tous les pores, et autres issues, pour pouvoir produire quelque bien de cette manière. La chaleur elle-même, au degré où elle est, empêche le fer d'agir comme tonique. Elle empêche aussi qu'aucune portion de l'eau, dont le corps est entouré, ne soit pompée dans les vaisseaux, ne délaie les humeurs, etc., puisque les humeurs se portent visiblement à la surface du corps. Ainsi les cures qui s'y opèrent, ne sont que l'effet des mutations répétées des humeurs par les sueurs. Il est donc de la plus grande importance d'observer un régime et une diette plus exacte, afin que les humeurs régénérées puissent être d'une meilleure qualité que celles qui se sont évaporées par les pores. Mais s'il est vrai que les cures faites par les bains soient principalement l'effet des sueurs, en ce cas, ce bain n'a donc aucun avantage particulier sur nos bains domestiques, excepté d'en épargner le chauffage. Il est bien connu en Afrique, en Europe et même parmi les sauvages d'Amérique, que toutes les diverses manières d'exciter la transpiration sont employées avec le plus grand succès dans certaines occasions; mais peut-être obtiendroit-on encore de meilleurs effets des bains naturels du Cap, si on y ajoutoit certaines herbes du pays, comme le *bucku* (diosma) et le *dacka sauvage* (phlomis leonurus), dont l'efficacité est aussi connue des Colons et des Hottentots, que la plante est commune, et dont j'ai vu moi-même la vertu pour les douleurs et contractions dans les membres, lorsqu'on les emploie sous la forme de bains. Mais en supposant que des solutions de minéraux dans l'eau chaude soient des agens puissans, soit dans tous les cas, soit dans des circonstances particulières, on peut très-bien préparer un bain à-peu-près semblable à ces bains naturels (*).

EST-CE un grand avantage pour une contrée, de posséder ces eaux chaudes? Sans prétendre soutenir la négative, je crois à propos de faire quelques observations sur leur origine. Tout le monde sait que l'eau, lorsqu'elle vient à rencontrer des couches de

---

(*) Voyez J. *CAROLI SCHROTERII disputatio sub præsidio FRID. HOFF-MANI de balneorum artificialium ex scoriis metallicis usu medico. Halæ Magdeburgi*, 1772. — Voy. aussi *die kunst natürlichen brunnen nachzumachen* (l'art d'imiter les eaux minérales naturelles, par M. Charles le Roi). Voyez aussi *BERGMAN opuscula*, tome I.

soufre mêlé de fer, produit la chaleur, les tremblemens de terre, et même le feu. Le feu, ou chaleur
souterraine, produite par cette cause ou par d'autres,
est ce qui force l'eau existante dans les entrailles de
la terre, d'en sortir sous la forme de vapeurs. Un amas
de ces vapeurs imprégnées de substances qu'elles auront dissoutes en chemin, compose ce que nous appelons eaux minérales : il paroît à craindre que, par
tant et tant de distillations, l'eau ne vienne à monter
et à se répandre à force de bouillir ; et l'expérience
montre en effet que c'est de là que résultent le plus
ordinairement les ruisseaux d'eaux enflammées, et les
volcans. Il est donc très-probable, d'après le nombre
de ces bains qu'on trouve au Cap, et leur degré considérable de chaleur, que cette terre recèle dans son
sein un grand amas de feu. Ce qui fortifie encore cette
conjecture, c'est un petit rocher, ou monticule pier-
reux, situé à quinze ou vingt pas au dessus du bain :
il est formé d'une lave solide, qui paroît évidemment avoir été jadis dans un état de fluidité. Elle ressemble parfaitement à la lave que j'ai trouvée en abondance, quelque tems avant, dans l'île de l'Ascension.
Elle est pareillement d'une couleur rembrunie, et contient du fer. Un petit bout de chemin qui passe en cet
endroit, est très-remarquable par une poudre noirâtre,
semblable à la poussière de charbon, et qui n'est
autre chose sans doute, que la lave ou mine de fer
écrasée et détachée par les roues des chariots. Mais

1775.
Juillet.

1775.
Juillet.

s'il existe ici autour, dans les entrailles de la terre, quelque feu volcanique qui s'étende au loin, n'est-il pas possible qu'il se porte jusqu'à la coque ou croûte extérieure de la terre, qu'il en fasse évaporer l'humidité, et la dessèche par les fentes et crevasses dont sa surface est ici couverte ? Ce qui me confirme dans cette conjecture, c'est que, malgré les déluges de pluie qui tombent dans cette partie de l'Afrique, et font dans la saison déborder les rivières, presque tout est desséché quand l'été vient : on n'y voit point alors de fontaine, et fort peu de ruisseaux, mais force plaines couvertes de sables et de bruyères, des montagnes nues, qui offrent à l'œil l'aspect le plus triste et le plus aride que j'aie jamais rencontré sur la surface du globe. La chaleur du climat n'est point assez forte pour servir à expliquer une si grande aridité.

Comme j'étois dans l'île de *Tanna*, si fertilisée sous d'autres rapports par les cendres d'un volcan, j'ai observé deux terrains arides et secs, quoiqu'il n'y eût sur chacun d'eux qu'une très-petite place qui fût sensiblement échauffée par le feu souterrain. Il me paroît donc raisonnable d'attribuer à cette cause l'extrême aridité des plaines d'Afrique.

Près des bains de *Hottentot-holland*, il croît en abondance des herbes et des arbrisseaux le long des ruisseaux tièdes ; leurs eaux en baignent les racines et les rejetons, sans les endommager.

C'est au pied de *Zwarteberg* (ou montagne noire) que le bain est situé. Au dessous de cette chaîne de montagnes est une vaste plaine couverte de petites collines et de vallées, et séparée de la mer par d'autres montagnes de granit, nues et affreuses. Ces vues bornées, si communes en Afrique, ne pouvoient guère m'être agréables, à moi qui étois accoutumé en Suède à voir un horizon toujours vert, et peuplé de forêts de pins et de sapins.

1775.
Juillet.

Pendant mon séjour aux bains chauds, le mois d'août ramena le printems, accompagné de son riche cortège de belles plantes bulbeuses, qui disparurent aux approches du brûlant été. Dans le nombre de ces plantes, je distinguai plusieurs variétés de l'*iris*. On est ici dans l'usage d'en rôtir les racines, ou plutôt les bulbes, sous la cendre, et de les manger : on les appelle *oenkjes*. Elles ont à peu-près le même goût que les patates. Les Hottentots, plus avisés en cela que les autres sauvages, emploient le mot d'*oenkjes* dans le même sens que Virgile emploie celui d'*aristæ*, c'est-à-dire, pour compter les années : la nouvelle recommence toujours au tems où les *oenkjes* sortent de terre. Il compte ainsi leur âge et la date des autres évènemens, par le nombre de fois qu'ils ont vu reparoître ce végétal.

J'étois trop affoibli par les bains, pour être en état d'entreprendre de longues excursions, ou des chasses sur les montagnes voisines ; cependant le 12 août, un esclave boiteux étant monté sur des rochers pour ramasser des copeaux et branches d'arbres, et ayant emmené avec lui plusieurs chiens, je les entendis chasser avec beaucoup d'activité. J'y courus avec un petit fusil, espérant y trouver quelque *Steenbock*. Mais je vis, à mon grand étonnement, que les chiens avoient forcé le gibier à monter dans un arbre, et mis le siége tout autour du pied. L'esclave que je rencontrai avec son fardeau, me dit que c'étoit un tigre ou un léopard, et me conseilla de me bien assurer de mon coup; qu'autrement l'animal pourroit sauter des branches, et prendre sur moi une cruelle vengeance. Je me rappelai d'avoir entendu dire que, pour éviter un pareil accident ils avoient soin dans le Bengale de tenir sur leur tête une petite lance. J'apprêtai un grand couteau, et mettant à la hâte une balle dans mon fusil, sur une assez bonne charge de plomb, persuadé d'ailleurs que je pouvois me reposer sur les chiens du soin de me secourir, je fis feu : il n'y eut que le plomb qui porta; cependant l'animal tomba, et se trouva n'être qu'un chat sauvage. Il étoit d'une couleur grise, et, autant que je pus voir, exactement de la même espèce que nos chats domestiques, quoiqu'il pesât trois fois davantage (*).

(*) Je mesurai cet animal avec un pied anglois : le pouce anglois est plus long que le pouce suédois.

Du bout du nez au haut de la tête	5 pouces.
De l'oreille à l'épaule	2 ¾
Des épaules à l'anus	14

Un

AU CAP DE BONNE-ESPÉRANCE. 161

Un bâtard Hottentot qui avoit bâti une petite chaumière près du bain, pour lui, sa femme et sa petite fille, prétendoit que la chair des chats sauvages, des lions, des tigres et autres bêtes carnassières, étoit médicinale, et beaucoup plus saine que celle des autres animaux. La plupart des personnes qui prenoient les bains furent jalouses d'en avoir de la graisse pour la conserver. Ils étoient persuadés qu'elle étoit bonne pour guérir des ulcères ; et de plus, d'un grand secours contre la goutte. Ils attribuoient des vertus pareilles à la graisse des autres animaux sauvages (*).

1775.
Août.

Toute sa longueur étoit de . . . . 21 $^{\text{pouc.}}$ $\frac{3}{4}$
La queue de 13
    Les pieds mesurés du ventre.
Pieds de devant 12
Pieds de derrière 13
La hauteur du chat étoit environ d'un pied et demi.
Les intestins avoient deux fois la longueur de l'animal tête et queue, ou à-peu-près cinquante pouces. Ils étoient remplis de taupes et de souris.

(*) Il y a en Afrique une autre espèce de chat appelé *roode-kat*. Ils attribuent à sa peau une grande vertu pour guérir les douleurs de reins, celles dans les articulations, la goutte aux pieds et aux mains, etc., si on l'applique du côté du poil, sur la partie souffrante. J'ai entendu attester la même chose par des personnes à qui ce remède avoit réussi ; mais comme il coûtoit fort cher, je me contentai, pour ma part, d'examiner cette peau, et je fus convaincu que c'est le même animal dont M. *Pennant*, dans sa *synopsis* et *histoire des quadrupèdes*, a donné la description et la figure sous le nom de *chat de Perse* ; et M. de *Buffon*, tome IX, pl. 24, sous le nom de *caracal*. Le poil de cette peau est, il faut l'avouer, très-doux et fort beau ; mais il y a beaucoup d'autres peaux qui, avec

Tome I.   X

1775.
Août.

L'*HYSTRIX cristata* de LINNÉ, appelé ici par les Colons *yzter-varken* (porc-de-fer), est le même animal que celui que les Allemands viennent montrer dans notre pays, sous le nom de *porc-épic*. Il fait ici de grands ravages dans les choux et autres plantes potagères : le jour, il se tient dans des trous sous terre ; et la nuit, il cherche sa nourriture qui consiste en racines et en feuilles. Le *calla æthiopica* est la plante qu'on croit être la plus aimée de cet animal ; ce qui la fait nommer *yzter-varkens wortel*. Cette plante est cependant si âcre, que la racine ou la feuille appliquée sur quelque partie du corps, y élève aussitôt des ampoules (*).

---

la même foi, produiroient probablement les mêmes effets. La couleur de ce chat est, à la partie supérieure, d'un rouge fort clair, tacheté de gris. Il est d'une couleur claire sous le ventre ; la partie supérieure des oreilles, à chaque extrémité desquelles on voit une touffe de poil, est d'un brun foncé, tacheté de gris. Cet animal a le corps long et le nez pointu. Il a environ deux pieds de haut. On voit encore en Afrique une troisième espèce de chat, qui dans ses mouvemens et ses attitudes ressemble à notre chat ordinaire : on l'appelle, au Cap, *tygre-chat* ou *tyger-bosh-kat*. D'après les deux peaux que j'en ai rapportées, et que j'aurai peut-être occasion de décrire plus exactement, il me paroît certain que le tygre-chat est le même animal que celui appelé par M. de *Buffon*, *chat-serval*. Quant à l'animal auquel M. *Vosmaer* donne le nom de *chat-civette d'Afrique*, je doute qu'on le trouve au Cap de Bonne-Espérance.

(*) Voici de quelle manière on prend l'*hystrix cristata*. On se glisse doucement dans la nuit, avec une lanterne sourde, vers l'endroit où l'animal a coutume de se retirer ; alors les chiens commencent à donner l'alarme, et font sortir l'animal de sa retraite souterraine, jusqu'à ce

Je trouvai ici deux nouvelles espèces d'oiseaux du genre du *tetrao*, dont l'un est appelé *perdrix*, et l'autre *faisan*. L'un et l'autre sont à-peu-près de la grosseur de nos perdrix ordinaires : ils vont par volées, et ne sont pas difficiles à approcher, sur-tout le matin et le soir. C'est principalement à ces heures qu'ils manifestent leurs présences par un cri glapissant, *kurrinn, kurrinn*, fort désagréable en lui-même, et cependant qu'on entend volontiers, parce qu'il vous distrait un peu du sentiment de désolation et d'effroi dont l'aspect de tant de terres incultes attriste nécessairement votre imagination ; et particulièrement, parce qu'au point du jour il annonce, avec les premières nuances du crépuscule, l'approche du grand astre qui vivifie toute la nature. On entend sur le soir des volées de *keuvitts*, dont le cri fort désagréable est exprimé dans le

1775.
Août.

---

que ceux qui le guettent puissent l'atteindre et le frapper à la tête. Il arrive souvent que quelques chiens ardens et sans expérience, se blessent au nez, à la gueule, etc. sur les pointes aiguës de l'animal ; mais il n'y a nulle raison de croire, comme quelques-uns l'ont prétendu, qu'il ait la faculté d'alonger ces armes à volonté, et de les diriger contre ses ennemis. Il est dans un état de belle défense contre les chiens et autres animaux, lorsque, s'amoncelant sur lui-même comme les hérissons, il leur présente ses piquans, dont plusieurs ont un pied et demi de long. Je n'ai point entendu dire au Cap que cet animal produise aucun *bezoar* ou pierre qui se forme dans le ventre de quelques animaux. Sa chair ressemble beaucoup à celle d'un porc ; et c'est sans doute la raison du nom qu'il porte. On s'en sert principalement comme de lard, après qu'il a été fumé et séché à la cheminée ; et il n'a point du tout mauvais goût, quoique le préjugé empêche plusieurs habitans d'en manger.

nom qu'ils portent. Ceux-ci sont une espèce de bécassine, désignée dans le système de la nature sous le nom de *scolopax Capensis*. *Knorrhane* est le nom d'une certaine espèce *d'otis*, qui a l'art de se cacher parfaitement jusqu'à ce qu'on vienne tout près de lui ; alors il s'élève tout-à-coup presque perpendiculairement, en poussant un cri aigu, précipité et tremblant, ou faisant retentir au loin ses *koor*, *koor*, répétés, qui sont un cri d'alarme pour tous les animaux du voisinage, et leur découvrent l'approche du chasseur ou de tout autre ennemi.

L'OISEAU des *secretaires*, quoiqu'on en ait déja apporté de vivans en Europe, et que M. *Vosmaer* en ait donné une figure peinte avec ses couleurs naturelles, est trop remarquable pour le passer ici sous silence. C'est dans cette contrée que je l'ai vu pour la première fois dans son état sauvage. Cet oiseau n'est pas fort attentif à se tenir sur ses gardes ; mais lorsqu'il est effrayé, il se sauve en sautant et gagnant pied avec beaucoup de vîtesse, et ensuite il prend son vol. Il ressemble à l'extérieur en partie à l'aigle, et en partie à la grue, deux oiseaux bien différens l'un de l'autre ; et cependant il ne doit, à mon avis, être rapporté ni à l'un ni à l'autre de ces deux genres. Les Hottentots lui donnent un nom bien plus analogue à sa nature, *slangen-vraater*, qui signifie en hollandois, mangeur de serpens. En effet, c'est à contenir dans de justes bornes la race des serpens, trop féconde en Afrique, que la nature a principalement destiné cet oiseau (*).

Il a une manière particulière de se saisir des serpens : lorsqu'il les approche, il a toujours soin de tenir en avant la pointe d'une de ses ailes, pour parer à leurs morsures : quelquefois il trouve moyen de frapper et de fouler du pied son antagoniste, ou de l'enlever sur ses ailerons, et de le jeter en l'air. Après avoir ainsi fatigué son adversaire, et lui avoir presque ôté le sentiment, il le tue alors, et le dévore à loisir. Quoique j'aie vu souvent *l'oiseau des secrétaires*, tant sauvage qu'apprivoisé, je n'ai jamais eu occasion de le voir combattre ainsi les serpens : cependant ce fait

---

(*) Il est beaucoup plus grand que notre grue. Il a des jambes de deux pieds et demi de long, et le corps moins gros à proportion que la grue. Son bec, ses griffes, ses jarrets robustes, couverts de longues plumes, et son cou court, ressemblent à ceux de l'aigle et à ceux du genre des faucons : sa tête, son cou, son bec, les petites plumes de ses ailes, la plus grande partie de sa queue, sont d'un gris plombé : les longues plumes de la queue sont marquées, près des pointes, d'une tache noire; mais les deux plumes du milieu sont les plus longues de toutes, et les pointes en sont blanches : sa gorge est d'un blanc jaunâtre ou sale (*sordidè albidum*). Les plumes du croupion, celles des ailes, ses cuisses, ses griffes, les prunelles et les plumes de revers sous les yeux, sont noires; ses cuisses sont de couleur de chair; ses yeux sont larges et prominens; l'iris, d'un jaune orange; le *céré* et la région des yeux, nus et jaunes : une touffe ou crête d'environ douze plumes, placées en deux rangs, orne la tête de cet oiseau, et est ordinairement couchée sur le derrière de son cou.

m'a été confirmé par tant de témoins, Hottentots et Chrétiens, que je ne puis le révoquer en doute. D'ailleurs on a vu dans la ménagerie de la Haye, cet oiseau s'amuser et s'exercer de la même manière avec un serpent empaillé. Enfin si cette espèce doit être rapportée au genre des éperviers ou faucons, le nom de *falco-serpentarius* paroît le plus propre à la distinguer dans le système de la nature. On a remarqué que ces oiseaux, lorsqu'ils sont apprivoisés, ne dédaignent pas de manger, de tems à autre, un bon poulet gras.

Je ne mettrai pas la patience du lecteur à l'épreuve, par de plus longs récits des oiseaux africains, au moins de ceux qui sont d'une petite espèce. Cependant j'observerai en passant, qu'il y en a un grand nombre, la plupart absolument différens de ceux qu'on trouve dans les autres parties du monde, et dont plusieurs sont encore inconnus aux naturalistes. Ils l'emportent en général sur nos oiseaux européens, par le brillant de leur plumage; mais quant à l'autre présent du ciel, celui qui donne à la nature une nouvelle vie, le plus fait pour nous charmer et pour agir puissamment sur nos sens, je veux dire le ramage et le chant mélodieux, il y en a fort peu qui à cet égard méritent notre attention.

Au reste, un de mes principaux passe-tems pendant mon séjour aux bains, fut de visiter un riche fermier qui étoit malade, et qui demeuroit à la distance d'environ deux milles et demi. J'eus alors une raison de plus de me féliciter de mes connoissances en médecine, quoique ma récompense se bornât à quelques épaules de mouton qu'on m'envoyoit de tems en tems, et quelques pièces de gibier, quelquefois fort abondant en cet endroit; de plus, une cruche de lait qu'ils me donnoient à chaque visite, et que j'apportois chez moi suspendue au pommeau de ma selle. Comme on n'en vendoit jamais à cette maison, et que la provision des bains étoit assez irrégulièrement fournie, il me falloit répéter fréquemment mes visites chez mon malade. Je perdois d'ailleurs beaucoup par la transpiration; et réparer les pertes par une nourriture abondante, étoit une maxime qu'un vigoureux appétit, produit par les bains, ne permettoit pas d'oublier. Je fus obligé, par les mêmes motifs, d'aller une fois jusqu'à *Bott-rivier* chercher de la viande et des légumes que j'apportai avec moi sur mon cheval; et j'eus alors le plaisir de voir, dans le long espace de terres qui sépare les bains et cette rivière, quelques chiens dans leur état sauvage.

1775.
Août.

CES chiens sauvages sont, sur-tout pour les moutons et les chèvres, les animaux les plus destructeurs auxquels soient exposés les troupeaux, tant des Colons africains que des Hottentots. Ils ne se contentent pas, dit-on, d'assouvir leur faim; ils blessent et tuent tout ce qu'ils trouvent : ils marchent toujours par troupes, et rodent nuit et jour autour de leur proie. La voix qu'ils font entendre en chassant, ressemble aux aboiemens de nos chiens ordinaires ; elle est seulement un peu plus douce. On assure qu'ils ont quelquefois le courage de se mesurer avec des chiens beaucoup plus forts qu'eux, tant domestiques que sauvages, et qu'ils eurent une fois la hardiesse de se retourner contre un chasseur qui les poursuivoit à cheval. On a observé qu'ils chassent eux-mêmes avec beaucoup de sagacité, qu'ils se secondent l'un l'autre, et agissent parfaitement de concert ; en même tems chacun d'eux en particulier fait de son mieux pour rencontrer ou attraper le gibier, qui devient à la fin une curée commune. Maigres comme des squelettes, avec des places pelées sur le corps, ils sont toujours hideux. Il y en a, dit-on, de deux espèces ; les uns plus grands, d'une couleur rougeâtre avec des taches noires ; les autres moins grands et plus bruns. Ceux que je vis alors à la distance de deux cents pas, étoient probablement de la plus grande espèce. Ils avoient deux pieds de haut, le poil court et roussâtre. Personne n'a encore essayé de les apprivoiser. On pourroit cependant éprouver à quel degré ces hideux et féroces animaux peuvent être alliés avec les épagneuls civilisés et mignons, que le beau sexe honore de sa faveur et de ses soins (*).

(*) Il est possible qu'il y ait encore en Afrique une autre espèce de chiens sauvages ; car un paysan nommé *Potrgieter* me dit que dans *Mossel-bay* il avoit vu un animal de la grandeur et de la forme d'un dogue ordinaire,

Le

LE *tygre-loup* ou *l'hyène* est un animal de proie beaucoup plus commun, et qui dès le commencement et dans tout le cours de mon voyage, me causa tant d'inquiétudes et de craintes pour mes bœufs, que je ne puis différer plus long-temps à en donner la description (*).

1775.
Août.

LA nuit, ou le commencement de la nuit, est le seul tems où ils cherchent leur proie : ils rodent alors deux à deux, ou en troupes ; mais un des défauts de cet animal, et qui lui est fatal, est de ne pouvoir cacher ses desseins. Il n'est pas aisé de peindre son langage sur le papier ; cependant, pour faire mieux connoître cette espèce de loup, qu'elle ne l'a été jusqu'à présent, j'observerai que son hurlement est à-peu-près, *aauae*, et quelquefois *ooao*, *ooao*, poussé sur un ton de désespoir, avec un intervalle de quelques minutes entre chaque hurlement. Ainsi la nature oblige cet animal, le plus vorace qui soit en Afrique, à se trahir lui-même, comme elle oblige le plus venimeux des serpens d'A-

---

mais avec de plus grandes oreilles, marqué de blanc sous le ventre, et brunâtre par tout le reste du corps. Son compagnon le tira, et manqua son coup.

(*) Les Colons le nomment *tygre-loup*. C'est cet animal, jusqu'alors inconnu, que M. *Pennant*, dans sa *Synopsis* des quadrupèdes, page 162, n°. 119, et *histoire des quadrupèdes*, page 250, n°. 149, a brièvement décrit, et dont il a donné un dessin, sous le nom de *hyène tachetée*, espèce différente du *canis hyæna* de LINNÉ.

Tome I. Y

mérique d'avertir, par le bruit retentissant de sa queue, tous les animaux d'éviter sa morsure incurable. Le serpent à sonnettes, qui se décèle ainsi lui-même, et qui d'ailleurs est lent et sans activité, sembleroit être l'enfant rebuté de la nature, s'il n'avoit, comme l'attestent plusieurs relations dignes de foi, la propriété merveilleuse de charmer sa proie en fixant les yeux sur elle. On assure la même chose du tygre-loup. Cet animal, il est vrai, se décèle par ses hurlemens; mais il a pour lui un grand avantage, la faculté d'imiter les cris des autres animaux. L'imposteur est quelquefois assez heureux pour décevoir et attirer des veaux, des poulains, des agneaux, etc. Quant à ses hurlemens, ils semblent être les effets naturels de la faim, comme le bâillement est l'effet d'une disposition au sommeil, comme l'écoulement de la salive, ou l'eau venant à la bouche, est l'effet d'un coup d'œil sur quelque friandise qui excite notre appétit. Il existe sans doute quelque cause physique de cette singularité; mais le son creux et profond de leur voix, une certaine qualité de son que je ne puis bien décrire, me portent à croire qu'il provient du vide de leur estomac. Il est cependant indubitable que ce cri pitoyable est naturel à l'animal; car j'ai vu au Cap un jeune tygre-loup qui, quoiqu'il eût été apprivoisé jeune par un Chinois demeurant au Cap, et qu'il fût alors enchaîné, étoit silencieux dans le jour, mais fort souvent dans la nuit poussoit les mêmes hurlemens. Il y a telles grandes fermes, de celles sur-tout qui nourrissent une grande quantité de bétail, autour desquelles on en trouveroit presque toutes les nuits. D'une heure à l'autre leurs cris les annoncent et donnent l'alarme aux chiens.

1775.
Août.

Les paysans m'ont assuré, en ajoutant qu'eux-mêmes avoient été dupes de la ruse, que par fois quelques-uns de ces loups, à demi fuyant, se défendant à demi, avoient attiré sur leurs traces toute la meute de chiens, à la distance d'une ou deux portées de fusil de la ferme, pour donner occasion aux autres loups de sortir de leur embuscade, et ne trouvant plus de résistance, d'emporter avec eux assez de butin pour eux et pour leurs confrères fugitifs. Une preuve évidente de la poltronnerie de cet animal, c'est qu'il ne se hasarde jamais qu'à la dernière extrémité, à mesurer ses forces avec un chien ordinaire. Tout vorace qu'il est, il n'ose attaquer ouvertement ni les bœufs, ni les vaches, ni les chevaux, ni aucun autre gros animal, tant qu'ils ont l'air de vouloir se défendre, et qu'ils ne lui laissent voir aucuns signes de crainte ; mais d'un autre côté, il a l'art de fondre sur eux à l'improviste, poussant en même tems un cri étrange et horrible. Les animaux épouvantés prennent la fuite ; alors il peut en sûreté les suivre à la piste, jusqu'à ce qu'il trouve l'occasion de leur ouvrir le ventre d'un coup de dent, fussent-ils gros comme un bœuf, ou de leur faire quelque autre morsure dangereuse, et de s'en rendre ainsi le maître

Y ij

d'un seul coup. C'est ce qui oblige les paysans de faire rentrer tout leur bétail avant la nuit, à l'exception des troupeaux de bœufs les plus nombreux, qu'ils laissent errer jour et nuit sans gardien, et chercher leur nourriture à leur gré, parce qu'ils sont accoutumés et au climat et aux artifices de ces loups, et peuvent conséquemment se soutenir et se défendre réciproquement.

Les voyageurs qui sont obligés d'avancer dans leur route, perdent souvent de leurs animaux, s'il les lâchent pendant la nuit, sur-tout si ce sont de jeunes bêtes, qui prennent plus aisément l'épouvante. Moi qui n'avois qu'un seul attelage de bœufs, et qui encore étoient, à mon grand déplaisir, de cette espèce dégénérée qui sont les plus sujets à s'échapper et à se perdre, je hasardois rarement de les laisser paître la nuit, quoique j'y fusse quelquefois nécessité : car mes courses botaniques me permettoient rarement de voyager la nuit, et de laisser reposer mes chevaux dans le jour, comme font les habitans du pays. Je ne pouvois donc marcher que les matins et les soirs, et la chaleur du jour n'étoit ni un tems propre, ni suffisant pour les rafraîchir. Il arrivoit d'ailleurs assez fréquemment que le conducteur de mon chariot, dont le devoir étoit de les accompagner au pâturage, négligeoit sans scrupule ses fonctions, et qu'il me falloit passer plusieurs heures et quelquefois des jours entiers dans une attente inquiétante, jusqu'à ce qu'il eût pu rattraper les animaux perdus. J'étois quelquefois obligé de courir moi-même les chercher, à cheval, à pied, par monts et par vaux.

1775.
Août.

Tandis que j'étois aux bains chauds, mon cheval de selle, avec quelques autres, fut effrayé par des tygres-loups, au point qu'ils déracinèrent les arbustes auxquels ils étoient attachés, et s'enfuirent à toutes jambes ; mais heureusement ils furent retrouvés sans accident, le lendemain au soir, dans une petite vallée, où les avoit peut-être arrêtés une côte trop rapide à monter.

Il est possible que ces loups n'aient du courage qu'en rase campagne, de même que nos loups ordinaires, qui, craignant quelque surprise, n'osent, dit-on, poursuivre une proie, lorsqu'elle se sauve dans les bois. Le danger que je courus alors de perdre mon cheval de selle, me rendit fort soigneux par la suite, et j'eus le bonheur de faire tout mon voyage sans avoir payé aucun tribut à la voracité et à l'adresse de ce vigilant ennemi. J'en fus quitte pour une pièce du harnois de mon chariot, longue de six pieds, de deux doigts d'épaisseur, et faite de plusieurs courroies de bœufs non apprêtées et unies ensemble. Une nuit (à *tyger-hoek*), un tygre-loup pénétra jusque dans mon logement, où ce harnois étoit pendu à la porte, le rongea par pièces et le mangea. Les Hottentots m'ont dit que leurs anciens se souvenoient encore, que le tygre-loup avoit autrefois la hardiesse de les surprendre jusque dans leurs huttes, de leur causer beaucoup de dommage, et sur-tout d'en enlever leurs enfans. Ces accidens n'arrivent peut-être plus, depuis que les armes à feu ont été introduites dans la contrée, circonstance qui a imprimé à ces loups, aussi bien qu'à toutes les autres bêtes féroces, beaucoup plus de respect pour l'homme, qu'ils n'en avoient auparavant. On m'a raconté l'histoire suivante d'un tygre-loup, rapportée dans un certain *Essai sur le Cap*, dont je ne me rappelle pas le titre. Si le conte n'est pas fort avéré, au moins il est plaisant.

« DANS une fête de nuit, près du Cap, un joueur
« de trompette avoit bu du vin un peu plus que de
« raison ; on le mit à la porte pour le rafraîchir et lui
« apprendre à être une autre fois plus sobre. Un tygre-
« loup, attiré par l'odeur, vint à lui, et croyant trouver
« un cadavre, excellente capture, le chargea sur son
« dos, et le traîna jusqu'au haut de la montagne de
« *la Table*. Notre musicien, peu accoutumé à cette
« manière de voyager, s'éveilla, et assez revenu à lui-
« même pour connoître le danger de sa situation, il
« prit sa trompette, qu'il portoit attachée à son côté,
« et se mit à sonner l'alarme : alors la bête effrayée
« à son tour, lâcha sa prise sans se faire prier. On a
« vu rarement un plus heureux effet de la musique ;

« et il est probable que tout autre qu'un joueur de
« trompette eût fait dans cette circonstance, le fonds
« d'un excellent repas pour le famélique animal. »

CEPENDANT une vérité reconnue de tout le monde, c'est qu'on trouve des tygres-loups dans les nuits obscures, autour des boucheries du Cap, où ils dévorent les os, les peaux et tout ce qu'on y jette, emportant avec eux ce qu'ils ne peuvent manger. Les habitans, en récompense de ce service, leur accordent le privilège d'entrer et de sortir dans la nuit. Les chiens des environs, accoutumés à leur compagnie, n'y mettent, dit-on, aucun obstacle. Ainsi ces animaux voraces viennent se nourrir, se régaler dans le cœur de la ville ; et l'on a rarement entendu parler qu'ils aient fait quelque mal aux hommes. Il est aussi bien attesté que les loups montrent différens degrés de courage, dans les différentes parties de l'Afrique ; peut-être sont-ils de différentes espèces.

MAIS cette gloutonnerie même de l'hyène, et sa disposition à consumer tout ce qu'elle rencontre, n'est-elle pas un trait frappant de la prudente économie de la nature ? Les campagnes fleuries du Cap deviendroient bientôt hideuses et hérissées des carcasses de tant d'animaux qu'on y voit pâturer et mourir dans une succession rapide, si la nature n'eût pas visiblement chargé le tygre-loup, de balayer son théatre.

J'aurois pu dire le tygre-loup seul : car les lions et les tygres, par exemple, ne mangent jamais les os, et sont peu amateurs des carcasses. Les loups sont encore utiles d'une autre manière : ils rendent les animaux vigilans et attentifs aux fonctions pour lesquelles la nature les a désignés. De concert avec les hommes, ils servent à tenir dans un juste équilibre la propagation du règne animal, ensorte qu'il n'excède jamais la masse générale des végétaux ; qu'il ne puisse empêcher la reproduction nécessaire, en absorbant jusqu'aux semences ; qu'enfin les animaux ne soient pas réduits à se détruire eux-mêmes, après avoir dévasté la partie végétale de la création, et à mourir victimes malheureuses du besoin et de la famine. Ainsi, malgré l'innombrable quantité de gibier et d'animaux de proie dont l'Afrique est peuplée, on en trouve rarement les os dans les repaires qu'ils ont habités, et jamais dans ceux du tygre, du lion, du jackal, du chat et du chien sauvage : ces derniers ne sortent jamais de leur caverne lorsqu'ils se sentent malades ; mais cédant à la douleur et à la faim, ils attendent sans résistance le moment où il leur faut payer le dernier tribut à la nature.

AJOUTONS encore à ces observations, que le tygre-loup, malgré son étonnante voracité, est, dit-on, capable de soutenir très-long-tems la faim. La lâcheté avec laquelle il attaque les animaux vivans, annonce encore

encore qu'il est destiné à hâter la fin de tout animal usé par l'âge, ou malade, ou estropié ; à consumer les autres débris et rebuts du règne animal ; mais qu'il n'est pas né pour détruire les êtres nécessaires à la propagation de leur espèce.

1775.
Août.

On trouve en Afrique deux autres animaux voraces du même genre, qui sont distingués par les noms de *loups de montagnes* et *loups de rivage* ; mais les gens du pays ne purent m'indiquer d'autres signes pour les distinguer, sinon que le *loup de montagnes* est d'un poil grisâtre, et que le *loup de rivage* est noirâtre, avec une tête grise. En attendant d'autres éclaircissemens, ce que j'ai dit du tygre-loup, qui est l'espèce la plus commune, est peut-être applicable en grande partie aux deux autres (*).

(*) L'une de ces espèces est probablement le *canis hyæna* de Linné, *Syst. Nat.* ; car j'ai apporté avec moi du Cap une peau qui paroît se rapporter assez bien avec les descriptions que nous avons de cet animal. Les pieds et les dents s'étoient perdus, ou avoient été mutilés ; cependant je vais la décrire le plus exactement qu'il me sera possible.

Elle avoit cinq pieds de long et deux de large, et les jambes, à juger par ce qu'il en restoit, avoient plus d'un pied de long : la queue étoit longue de quinze pouces, assez droite. Du bout du nez aux yeux, il y avoit six pouces ; et des yeux aux oreilles, cinq : les oreilles avoient six pouces de long, étoient un peu arrondies aux extrémités, et presque entièrement nues à l'extérieur : le nez étoit pointu, la tête couverte d'un poil court, et par-tout d'une couleur cendrée : le poil du reste du corps étoit épais et rude. A la partie supérieure du derrière, les poils avoient plus d'un pied de long, sur-tout près de la queue, et sur la queue même

Tome I.   Z

J'AI déja parlé de la propriété qu'ont les tygres-loups, d'imiter la voix des autres animaux. Tous les habitans des endroits par où j'ai passé, se sont accordés sur ce point. J'ai moi-même entendu, ainsi que mon compagnon de voyage, mes Hottentots, un fermier de *Gaurits-rivier*, et sa famille, un loup contrefaire la brebis et les agneaux. Nous ne pûmes douter que ce ne fût un vrai loup; car la voix partoit du même endroit où nous l'avions entendu hurler quelques momens auparavant; les moutons de la ferme étoient déja retirés dans le parc, et avoient été exactement comptés; d'ailleurs le bêlement étoit poussé

---

ils avoient six pouces : ils n'en avoient que quatre ou cinq aux côtés et au ventre.

Les poils des moustaches étoient fort rudes; quelques-uns étoient trois fois gros comme ceux de la poitrine, et avoient cinq pouces de long : un assez grand nombre de poils rudes et droits, de trois ou quatre pouces de long, formoient les sourcils. Les yeux étoient à deux pouces de distance l'un de l'autre. L'espace qui étoit entre eux, la partie supérieure du derrière et de la queue, les jambes et les cuisses, étoient d'un brun foncé; mais les côtés et le dessous du ventre étoient d'un noir de souris. On découvroit, mais avec peine, quelques raies d'une couleur plus obscure, qui descendoient de l'épine du dos le long des côtés.

Ainsi, la description de l'*hyæna canina* de M. Pennant, et celle du *canis hyæna* de LINNÉ, correspondent assez bien, quant à la grandeur de l'animal et à la nature de ses poils, avec la peau que j'ai apportée, et que je viens de décrire, les petites différences dans la couleur n'étant pas de conséquence. J'ai d'ailleurs une autre raison qui vient à l'appui de cette conjecture; c'est qu'un fermier demeurant près de *Bott-rivier*, voulut faire avec moi une gageure considérable qu'il me montreroit des loups *herma-*

dans un ton un peu trop aigu, et quelquefois si peu ressemblant à la nature, que les chiens même du fermier s'appercevant de la tromperie, coururent en aboyant vers le faux agneau ; mais de quelle espèce étoit ce loup, c'est ce que personne n'a pu m'apprendre avec quelque certitude.

1775.
Août.

J'AURAI bientôt occasion de raconter combien nous fûmes alarmés, dans un désert, par une troupe innombrable de loups, dont le concert infernal eût glacé d'effroi les bergers superstitieux de l'ancien tems, et leur eût fait adopter comme autant de réalités toutes

---

phrodites. Il avoit le projet de préparer, pour les prendre, une amorce empoisonnée, composée de l'extrait d'une herbe qu'il avoit achetée d'un homme qui demeuroit fort avant dans l'intérieur du pays. Cependant je n'acceptai point la gageure, parce que je n'avois pas le tems d'en attendre la solution, et parce que je craignois de m'engager dans quelque dispute désagréable, lorsqu'il seroit question de décider ; car il étoit possible que cet animal, ainsi que le *viverra genetta*, et d'autres que j'avois déjà examinés, eût en cet endroit une poche ou vase séminal, qu'on a pu prendre, à tort, pour les organes femelles de la génération. Je ne me rappelai pas alors que M. Pennant avoit remarqué une ouverture au-dessus de l'anus, dans la femelle du *canis hyæna* ; mais j'ai pu observer sur une femelle qu'on gardoit vivante au Cap, que le *tygre-loup* n'a rien de semblable. C'est probablement cette ouverture qui, dans les premiers tems, a donné lieu à l'assertion que l'hyène avoit le pouvoir de changer de sexe. On trouvera aussi dans cette relation quelque fondement aux récits exagérés de nos pères, qui lui attribuoient la propriété d'imiter les voix humaines, de charmer les bergers, et de les tenir immobiles sur la place.

Z ij

1775.
Août.

les chimériques idées que la terreur auroit pu faire naître dans leur esprit (*).

Quoiqu'on entende des loups presque toutes les nuits, il est très-difficile de les tirer, et encore plus de les prendre vivans. Il y a cependant des paysans qui bâtissent exprès de petites huttes, où ils mettent pour appât des carcasses infectes; le loup s'y glisse, et lorsqu'il vient à marcher sur le piége, une trape tombe et l'enferme prisonnier.

Je ne puis m'empêcher de répéter encore, que la peau décrite en note ci-devant, étoit couverte de poils, dont un grand nombre avoient plus d'un pied de long. On a pu remarquer que dans les pays chauds les animaux en sont généralement dégarnis. C'est dans les climats froids seulement, dans ceux où règne un hiver perpétuel, qu'on trouve ces animaux protégés contre la rigueur de la saison par d'épaisses fourrures,

---

(*) Dans *Lange-kloof*, près de *Gantze-craal-rivier*, on me montra une petite peau qui étoit, me dit-on, celle d'un loup. Sa couleur approchoit de celle de nos loups de Suède; mais le poil étoit plus fort et plus dur, et il me parut différent encore du poil des deux autres espèces dont je viens de parler. J'achetai l'autre peau, lorsque je partis du Cap, du lieutenant (ou *land-rost*) de Zwellendam, qui me dit qu'elle lui avoit été présentée par un paysan de la partie la plus nord de son district. Le paysan prétendoit, me dit le *land-rost*, que cette peau étoit celle d'un animal fort rare et fort extraordinaire. Peut-être vouloit-il rehausser le prix de son présent; peut-être aussi étoit-ce une rareté pour lui.

et des poils longs et rudes : d'un autre côté, la nature ne fait rien sans dessein, rien sans les plus sages intentions ; je me suis donc demandé à moi-même, pour quelle raison le *canis hyæna*, dans le climat brûlant qu'il habite, est couvert d'un habit si épais et si chaud. Ce vêtement peut lui être nécessaire dans les cavernes froides, dans les trous souterrains qui lui sont assignés pour demeure. Il doit lui servir également dans les nuits sombres et pluvieuses, qu'il choisit de préférence pour sa chasse, et qui sont probablement le tems le plus critique pour toutes les gazelles, et antilopes malades et surannées ; mais n'est-il pas possible aussi que cette fourrure serve encore à affoiblir la faim aiguë et dévorante de l'animal ? Un bon couvert, dit-on communément, est pour un cheval la moitié de sa nourriture. Il est nécessaire que le règne animal soit maintenu dans des bornes convenables, et dans un juste équilibre. La nature a donc donné à l'hyène la vigilance et plusieurs autres moyens de remplir ses vues dans toute leur étendue ; mais trop généreuse pour prodiguer à l'appétit carnassier de cette bête féroce, la portion la plus innocente des animaux, elle sait trouver d'autres moyens de calmer et de ralentir sa voracité. Elle a de plus donné au loup la faculté de dormir plus de la moitié de sa vie, ce qui fait qu'il mange moins. Sous ce rapport, la fourrure chaude dont il est revêtu, remplit bien les intentions de la nature.

1775.
Août.

Le lion est presque totalement détruit dans cette partie de la contrée ; mais il en vient quelquefois un ou deux du nord. On nous rapporta qu'un de ces animaux avoit fait beaucoup de mal, à la distance d'environ douze milles du bain, dans le tems que j'y étois.

CHAPITRE V.

Voyage du bain chaud à Zwellendam.

Le tems arriva de quitter les *bains chauds*, et d'entreprendre mon long voyage. M. Immelman vint du Cap me rejoindre, pour m'accompagner, suivant sa promesse. A l'instant de partir, nous fûmes arrêtés par un obstacle imprévu et bien important.

1775.
Août.

Le paysan qui s'étoit chargé de fournir à tout mon équipage, m'avoit trompé, et dans l'attelage de méchans bœufs qu'il m'avoit vendus, et dans le conducteur qu'il m'avoit procuré, quoiqu'il l'eût loué, pour moi, sept rixdalles par mois, outre sa nourriture et son tabac. Notre honnête guide connoissoit la route encore moins que nous. Il avoit négligé, quoiqu'il se fût chargé de ce soin, de nous procurer un Hottentot pour mener les bœufs. J'eus raison de croire que cette omission étoit faite à dessein, afin de nous empêcher de pénétrer fort avant dans la contrée ; car alors il eût eu moins de dangers à courir, moins de travail à essuyer, et mon chariot se seroit trouvé moins usé au retour. Je vis clairement que le fermier qui avoit traité avec lui pour moi, s'étoit flatté de l'espérance d'acheter alors mon chariot à fort bon marché. Je fis donc une convention avec un autre, généralement reconnu pour un homme sûr et expérimenté. Mais aussitôt que nous lui eûmes fait part de nos intentions de visiter les parties les plus éloignées du pays, non-seulement il nous demanda en grace de l'exempter de ce voyage, mais il nous conseilla bien sincèrement et du fond de son cœur de rester à la maison. Nous nous trouvâmes ainsi dénués de toute ressource de ce côté, et ne sachant comment avancer d'un pas. Nous envoyâmes à deux *craals* (villages hottentots), à la distance d'onze milles des bains. Ils refusèrent nos propositions, s'excusant sur ce que beaucoup de leurs jeunes hommes venoient de mourir, et que quelques-uns étoient encore malades. Ils étoient en effet attaqués d'une fièvre bilieuse, maladie assez rare au Cap, et qui n'est ordinairement fatale qu'aux esclaves; mais elle étoit alors très-commune, même parmi les Colons, et tout le monde en étoit alarmé, sans excepter mon compagnon de voyage. Quant à moi, médecin européen, et familiarisé avec les plus dangereuses épidémies, je n'avois d'autre inquiétude que la mortification et la honte de voir mon voyage sur le point de finir, faute d'un conducteur. Je desirai en vérité en moi-même de pouvoir faire l'échange d'une ou deux des sept sciences, contre l'art de mener des bœufs. A la fin cependant le bâtard Hottentot, qui demeuroit près du bain, dans une hutte de claies, et qui par parenthèse étoit un pauvre sire, voyant que sa femme et son enfant commençoient à se rétablir de leur fièvre putride, se chargea, en considération

dération de quelques médicamens que je lui avois donnés, mais sur-tout en considération de mon argent comptant, de conduire mon chariot, mais à Zwellendam seulement. M. Immelman espéroit que nous pourrions trouver là plus aisément des conducteurs ; mais nous n'avions personne pour mener nos bœufs. Nous fûmes obligés d'en faire nous-mêmes l'office à cheval, au moyen d'une longue corde ; emploi qu'on regarde en Afrique comme le plus abject de tous. Pour donner une meilleure couleur à cette désagréable affaire, nous tâchions de persuader à ceux qui nous voyoient, que c'étoit la meilleure manière de voyager, et la moins embarrassante, en ce qu'elle nous dispensoit de faire de basses soumissions à des inférieurs, pour obtenir leur assistance ; et que d'ailleurs, en faisant la besogne nous-mêmes, nous n'étions obligés d'importuner personne. Les bonnes gens nous savoient fort bon gré de cette façon de penser, et nous louoient beaucoup de ce que nous ne faisions que par pure nécessité ; mais avec ces belles raisons, nous n'en étions pas moins de vrais charretiers.

1775.
Août.

Nous partîmes des bains le 26 août, et arrivâmes de bonne heure à *Steenbock-rivier*, où demeuroit le fermier qui m'avoit payé mes visites en lait et en épaules de mouton, pendant ma résidence aux bains. Il étoit alors presque entièrement guéri. Par reconnoissance, il me vendit, à un prix fort raisonnable, de

1775.
Août.

l'eau-de-vie dont j'avois besoin pour conserver des serpens et autres animaux, et me pressa de passer la nuit chez lui. Mais ce fut pour mon compagnon de voyage un grand sujet d'inquiétude et de craintes, de voir qu'il ne pouvoit nous loger que dans un appartement où son fils avoit été très-malade d'une fièvre putride. Il nous donna ensuite quelques provisions de voyage, et voulut absolument nous prêter une marmite, que je regardai alors comme une superfluité embarrassante, mais qui dans la suite devint pour nous un meuble fort essentiel.

Le 27, nous nous remîmes en route. Le chemin étoit beau, et mon Hottentot m'assura qu'il pouvoit très-bien mener le chariot sans conducteur. Nous le laissâmes aller devant, et nous allâmes, M. Immelman et moi, à une ferme près de la route, où l'on nous servit un plat délicat et rare. C'étoit un salmi d'une espèce de passereaux ou rouges-gorges (*loxia Capensis*), oiseau qui fait beaucoup de ravages dans les champs de blé, mais dont le plumage noir et jaune est fort agréable à l'œil. J'ai observé que le jaune de ce petit oiseau, aux approches de l'été, se change en une couleur rouge comme du sang.

Notre conducteur n'avoit pas beaucoup d'avance sur nous; cependant, quoique nous fissions beaucoup de diligence, il étoit déja nuit que nous ne l'avions pas encore rencontré. Nous commencions à craindre de nous être écartés de notre chemin, lorsque nous trouvâmes sur la route un ivrogne européen qui, après avoir avoué qu'il s'étoit enivré avec mon Hottentot, aux dépens de mon baril d'eau-de-vie, n'eut pas honte de s'offrir pour être mon domestique. A la fin nous rejoignîmes le Hottentot; il n'étoit pas aussi ivre que son compagnon : il eut l'impudence de nier le fait, quoique la serrure du baril fût forcée. Nous dételâmes les bœufs, et dessellâmes les chevaux, lorsque nous fûmes arrivés à la ferme appelée *Gantze-craal*. Là, je m'apperçus qu'il avoit encore rempli plusieurs bouteilles, pour se régaler, lui et deux autres coquins de sa trempe, un bâtard et un esclave, venus en cet endroit avec un chariot.

1775.
Août.

COMME les dispositions malfaisantes de ces sauvages montent jusqu'à la folie, lorsqu'ils sont surchargés de liqueur, je voulus leur ôter l'eau-de-vie ; mais ils en avoient déja bu. Ils eurent la hardiesse de me donner à entendre que, si on les séparoit de leur chère liqueur, ils ne rêveroient plus que meurtre et vengeance. Comme nous leur voyions un Chrétien pour complice, nous nous conduisimes avec eux, jusqu'au lendemain matin, avec toute la prudence et le sang-froid qu'exigeoit l'état actuel de nos affaires.

JE pris donc le parti de me coucher cette nuit auprès

A a ij

de mon eau-de-vie, et j'y attrappai un bon rhume, causé sans doute par la fraîcheur de la rivière *Zonder End*, sur le bord de laquelle la ferme de *Gantze-craal* est située.

Le lendemain matin, nous forçâmes nos vaillans champions de la bouteille, alors plus rassis, à nous demander pardon. A midi, ayant trouvé un serpent, nous le mîmes vivant dans le baril d'eau-de-vie, en leur présence. Alors mon compagnon leur dit qu'ils pouvoient en boire autant qu'ils le trouveroient bon, que toute permission leur en étoit donnée, ajoutant d'un air tranquille, qu'il espéroit avoir bientôt le plaisir de les voir tous crever. Aucun d'eux n'osa souscrire à ces conditions; mais il étoit facile d'appercevoir qu'ils envioient à l'animal venimeux le bonheur d'être noyé dans un si délicieux élément. Cependant je m'assurai du mieux que je pus de la serrure de mon baril.

On m'a dit depuis, que les Hottentots ne craignoient nullement d'avaler le poison des serpens, même sans être délayé dans une autre liqueur. Ils le regardent au contraire comme médicinal, et comme un préservatif contre les suites dangereuses de la morsure des serpens mêmes. Comment les Hottentots incultes et grossiers ont-ils pu arriver à ces connoissances ? C'est un problème qu'il n'est pas aisé de résoudre; mais il me paroît probable que les Européens et les Asiatiques

ont appris ce fait de tous ceux qui avoient inutilement
tenté de se détruire, ou eux-mêmes, ou d'autres
hommes, par le moyen du poison des serpens (*).
Ainsi, j'avois tout lieu de craindre les Hottentots, pour
mon eau-de-vie, malgré le serpent qui y nageoit. J'ai
vu à *Bott-rivier*, un esclave s'enivrer d'eau-de-vie dans
laquelle j'avois conservé un crapaud et le fœtus d'un
hystrix. Je ne crus mon baril à l'abri des déprédations
de mes importuns visiteurs, que lorsque nous y eûmes
mis encore plusieurs autres animaux, qui furent bientôt
froissés par les cahots du chariot. Alors la vapeur la plus
enivrante de l'eau-de-vie, qu'échauffoient les rayons
du soleil, et qui contenoit des particules animales,
se changea en une évaporation fort dégoûtante.

1775.
Août.

Il étoit décidé que mille petits accidens mettroient,

(*) Noxia serpentum est admixto sanguine pestis.
Morsu virus habent, et fatum dente minantur;
Pocula morte carent.
   Lucan. L. IX. v. 614--616.

Ainsi, l'observation que le poison des serpens ne produit aucun effet, s'il n'est mêlé avec le sang, est au moins aussi ancienne que Lucain; et les *Psylli* sont des preuves incontestables que cette propriété des serpens a été connue en Afrique de tems immémorial. Ils suçoient le poison des blessures causées par la morsure de ces animaux. Ils manioient et caressoient des serpens, comme font encore aujourd'hui les Egyptiens modernes, sans craindre d'en être blessés.

— Super incumbens, pallentia vulnera lambit
Ore venena trahens.
   ibid. 933.

1775.
Août.

dès les premiers pas du voyage, notre patience à l'épreuve. Je fus obligé de rester deux jours en cet endroit pour chercher, inutilement, un des meilleurs animaux de mon attelage; c'étoit un taureau, quoiqu'on s'en serve rarement en Afrique pour tirer des fardeaux. Il est vrai qu'ils sont durs à la fatigue, et moins sujets à s'effrayer des bêtes féroces; mais ils sont aussi trop fougueux. Outre cela, le fermier m'avoit vendu deux bœufs si rétifs, que mes Hottentots et moi ne pouvions les atteler ni les dételer sans danger et sans les plus grandes précautions. Ils étoient tous trop vieux et trop maigres, pour un voyage aussi long que celui que nous avions entrepris, et chacun d'eux avoit son vice particulier. Enfin l'honnête paysan m'avoit vendu tout le rebut de son étable. Quant à mon taureau, les autres, par jalousie, le chassèrent à coups de cornes hors du pré, et comme en le poursuivant ils lui firent traverser une rivière, nous supposâmes qu'il avoit repris le chemin de sa demeure accoutumée. Nous ne pûmes nous empêcher de soupçonner que le fermier avoit eu ce retour en vue, lorsqu'il me le vendit, tant on a de penchant à penser toujours mal de ceux qui nous ont une fois trompés! Ne pouvant trouver à acheter dans ce canton un autre animal pour le remplacer, je fus obligé d'atteler à huit bœufs seulement, et d'emmener l'autre à vide; ce qui nous donna beaucoup d'embarras.

Le 30, nous arrivâmes à *Tyger-hoek*, où nous fîmes halte; c'est une ferme que le gouvernement fait valoir par ses mains. La grande distance où elle est du Cap, fait que la compagnie ne retire pas un grand usufruit de la vente de ses blés; mais son revenu le plus considérable, consiste en bois de construction, qu'elle tire d'une forêt située à l'autre côté de la rivière *Zonder-end*. La compagnie y tient toujours un certain nombre de bûcherons, sous l'inspection d'un caporal, mieux payé qu'aucun caporal en garnison. Il est chargé aussi de la surintendance de la ferme, de la manutention des pâturages et de la laiterie, et de rendre compte à la compagnie de tous les profits.

1775.
Août.

La rivière avoit alors surmonté ses bords, et étoit très-difficile à passer, ce qui m'empêcha de visiter ce bois : d'ailleurs ce n'étoit pas encore le tems où l'on coupe les arbres, et j'avois le dessein d'aller voir d'autres forêts bien plus grandes, je veux dire celles qu'on nomme *Groot vaders-bosh* et *Houtniquas*. Il y a, dit-on, sur les bords de la rivière un *craal*, ou société de Hottentots, composée d'environ trente personnes, qui résident en cet endroit avec leurs troupeaux. On croit que les Chrétiens auroient bien voulu les chasser de ce poste, si le gouvernement n'eût trouvé quelque intérêt à leur permettre de résider à côté de ses territoires.

Les hommes de ce *craal*, par exemple, venoient de recevoir l'ordre de conduire au Cap plusieurs chariots appartenans à la compagnie, service, pour lequel ils sont cependant payés. Ainsi je ne pouvois espérer de me procurer un de ceux-là pour conduire le mien. Un ou deux de ces Hottentots travailloient à la ferme, et on me dit que leurs gages annuels, outre leur nourriture et leur tabac, consistoient en une brebis ou deux et leurs agneaux, ou une jeune vache et son veau, ou la valeur en argent; mais plus ordinairement ils reçoivent du bétail pour leurs gages. Lorsqu'ils se sont, comme on dit, un peu poussés dans le monde, lorsqu'ils ont un peu d'avance, ils se mettent en ménage, et sont désormais trop opulens pour se donner à aucun service étranger.

C'est ici le lieu de donner une description plus soignée, de cette race d'hommes, habitans originaires de cette partie méridionale de l'Afrique, connus sous le nom de *Hottentots*.

Ils sont d'une taille aussi haute que le plus grand nombre des Européens ; et s'ils sont en général plus minces, c'est qu'ils sont plus bornés et plus restreints dans leur nourriture, et qu'ils ne s'endurcissent point à de rudes travaux; mais ils ont les mains et les pieds petits en comparaison des autres parties de leur corps, et c'est

ce

ce que personne n'avoit encore observé, et qui peut cependant être regardé comme une marque caractéristique de cette nation.

1775.
Août.

LA plupart ont la racine du nez fort bas, ce qui fait que la distance d'un œil à l'autre, est plus grande que dans les visages européens, et que le bout de leur nez est un peu plat. L'iris de leurs yeux est rarement clair, il est généralement d'un brun foncé, quelquefois approchant du noir.

LA couleur de leur peau est un brun jaunâtre; elle ressemble un peu à celle d'un Européen qui auroit une forte jaunisse; mais cette teinte n'est point du tout remarquable dans le blanc de leurs yeux. On ne trouve point parmi les Hottentots, les lèvres épaisses de leurs voisins les Nègres, les Caffres et les Mozambiques : enfin leurs bouches sont d'une moyenne grandeur, et presque toujours garnies d'une rangée des plus belles dents qu'on puisse voir. A tout prendre, leurs traits, leur forme, leur port, leurs mouvemens, tout leur ensemble, annonce la santé et la joie. Dans leur air sans souci, on découvre des simptômes de vivacité et de résolution, qualités que les Hottentots montrent en effet dans l'occasion.

ON diroit que ce qui couvre leur tête, est une espèce de laine noire frisée sans être fort épaisse, si sa dureté naturelle n'annonçoit pas que ce sont des cheveux plus laineux, s'il est possible, que ceux des Nègres. Si l'on apperçoit quelques traces de barbe sur quelques autres parties de leur corps, comme sur ceux de nos Européens, elle y est en très-petite quantité, et toujours de même nature que leurs cheveux.

Malgré le respect que je porte à la portion la plus délicate de mes lecteurs, la notoriété du fait m'empêche de supprimer quelques observations sur ces parties du corps que nos mœurs, plus scrupuleuses, mais moins naturelles, me défendent de nommer ouvertement. Pour les décrire, on exige qu'un auteur emploie des circonlocutions, des termes latins et d'autres méthodes étranges et inintelligibles pour la plupart des lecteurs; mais ceux qui affectent cette espèce de réserve, doivent me pardonner, si je ne puis voiler mon sujet avec toute l'exactitude que leur modestie exige. Mon devoir m'oblige à montrer combien le monde entier a été induit en erreur, et sous quel faux jour on lui a représenté la nation hottentote. L'on a cru, d'après des descriptions mensongères, que les femmes, dans leurs parties sexuelles, étoient des monstres par nature, et que les hommes le devenoient, par une coutume barbare. On a cru, par exemple, que ces derniers étoient, à l'âge de dix ans, privés par une sorte de castration, d'un de ces organes que la nature donne à tous les mâles pour la propagation de leur espèce, et que les femmes naissoient avec une sorte de voile sur les parties de la génération, particularité inouie chez toutes les femmes de la terre.

1775.
Août.

Je remets à une autre occasion, à faire voir combien la chose en elle-même est absurde et invraisemblable, et le peu de créance que mérite le témoignage de l'auteur de ces relations. Je me bornerai à rapporter ici ce que je suis dans le cas d'affirmer avec certitude, le résultat des observations que j'ai cru devoir faire, tant par égard pour la vérité, qu'à cause de l'importance du sujet.

Les hommes hottentots ne sont nullement *semi-castrati*, quoiqu'ils l'aient peut-être été anciennement. Les femmes n'ont aucune partie du corps différente de celles de toutes les autres femmes ; mais le *clitoris* et les *nymphes* de celles sur-tout qui ont passé l'âge de la jeunesse, sont en général un peu alongés ; c'est probablement l'effet du relâchement nécessairement produit par la coutume qu'elles ont de se barbouiller le corps, par leur inaction, par la chaleur du climat.

Pour achever ce portrait des Hottentots, j'ai maintenant à décrire leur habillement, et la manière dont ils se peignent le corps.

Cette peinture, si l'on peut se servir de ce mot,

consiste à se barbouiller copieusement des pieds à la tête, d'une graisse dans laquelle ils ont mêlé un peu de suie : ils ne l'essuient jamais ; jamais je ne les ai vu nettoyer leur peau, excepté, lorsqu'en graissant les roues de leurs chariots, ils se sont sali les mains de poix, ou de goudron. Alors ils enlèvent fort aisément ces taches, en se frottant les mains avec de la fiente de vaches, et par-dessus le marché, ils s'en frottent les bras jusqu'aux épaules ; mais cette dernière onction n'est pas nécessaire, elle n'est que de pur ornement. Ainsi la poussière et d'autres ordures se mêlant à leur onguent de suie, et à la sueur de leur corps, s'attachent à leur peau, la corrodent continuellement, et ne contribuent pas peu à déguiser sa teinte naturelle, qui est un brun clair, lorsque la malpropreté ne l'a pas changée en un jaune brunâtre.

Ce qui me fait dire que la couleur naturelle des Hottentots est un brun clair, c'est que j'ai vu, chez quelques fermières plus scrupuleuses sur la propreté, une ou deux filles hottentotes, qu'elles obligeoient à se laver le corps, tant pour avoir soin de leurs enfans, que pour d'autres offices ; toutes ces filles avoient la peau brune, et jamais jaune.

Plusieurs Colons sont d'avis que cette couleur, qui paroît plus naturelle, n'est pas plus agréable que l'autre, et qu'un Hottentot qui est dans l'usage de se peindre, a l'air moins nu et plus complet, pour ainsi dire, que celui qui se décrasse ; que la peau d'un Hottentot sans graisse est comme un soulier sans cire. Si cette fantaisie est fondée sur la coutume, ou sur la nature des choses, c'est ce que je n'entreprendrai point de décider.

OUTRE le plaisir que les Hottentots prennent à se frotter le corps des pieds à la tête, ç'en est encore un grand pour eux, de se parfumer avec une poudre composée de certaines herbes. Ils s'en saupoudrent la tête et le corps, lorsqu'ils se sont barbouillés. L'odeur de ce parfum est forte et aromatique (*narcotico seu papaverino spirans*), et approche de celle du pavot mêlé avec des épices. Les plantes dont ils se servent pour le composer, sont différentes espèces de *diosma*, appelé par les Hottentots *bucku*, et auxquelles ils attribuent de grandes vertus médicinales : quelques-unes de ces espèces sont fort communes dans les environs du Cap; mais il y en a sur-tout une, qui croît aux environs de *Goud-rivier*, et à laquelle ils attachent un si grand prix, qu'on n'en donne que ce qu'il en peut tenir dans un dé à coudre, en échange d'un agneau.

LES Hottentots ainsi couverts de graisse, de suie, de poudre de *bucku*, sont garantis de l'influence de l'air, et peuvent en quelque sorte se regarder comme habillés; mais sous un autre rapport, et les hommes et les femmes sont vêtus à la légère, pour ne pas dire absolument nus. Ils n'ont sur le corps, qu'une pièce fort étroite, ordinairement de peau, dont ils couvrent certaines parties de leur corps.

Chez les hommes ce voile n'est autre chose qu'un sac, pendant et ouvert par le bas, qui paroît destiné à couvrir ce que la pudeur nous ordonne de cacher; mais comme cette espèce de sac n'est attaché que par une petite partie de son extrémité supérieure, à un ceinturon fort étroit et assez lâche (voyez le frontispice), il ne cache que fort imparfaitement, ou plutôt il ne cache rien, lorsque le Hottentot marche ou fait quelque mouvement. Ils appellent cette bourse du nom hollandois de *jackal*, animal du genre des renards, commun dans cette contrée: c'est de sa peau qu'ils font ordinairement cette bourse, en tournant le côté velu en dehors.

On doit peut-être regarder encore comme des voiles que la décence exige dans les hommes, les deux bandes de cuir qui pendent du bas de leur échine, sur leurs cuisses : chacune de ces bandes est de la forme d'un triangle isocèle, dont la pointe supérieure est attachée à leur ceinturon, et dont la base a environ trois doigts de largeur. L'une et l'autre pendent négligemment assez bas. Comme ils se servent de ces peaux sans les apprêter, elles font un petit bruit, lorsque le Hottentot court, et probablement font derrière eux l'office d'un éventail rafraîchissant. Cependant l'unique et réelle intention de ces deux lanières est, m'a-t-on dit, de tenir fermé l'orifice de leur sac, quand ils sont assis ; alors ils les attirent en devant chacune de son côté, et s'en couvrent, sur-tout lorsqu'ils prennent leurs repas. J'ai cependant observé qu'ils négligeoient quelquefois cette coutume décente.

1775.
Août.

Il faut avouer que parmi les Hottentots, comme probablement parmi tout le reste de l'espèce humaine dispersée sur la surface du globe, le beau sexe est aussi le plus modeste : les femelles de cette nation se couvrent beaucoup plus scrupuleusement que les hommes : elles se contentent rarement d'une seule pièce de peau ; elles en ont presque toujours deux, et fort souvent trois. Ces peaux sont bien préparées et bien graissées ; elles sont attachées autour de leur corps par une courroie, à-peu-près de la même manière que les tabliers de nos dames : la peau de dessus est toujours la plus large ; elle a ordinairement de six pouces à un pied et plus d'ampleur ; elle est aussi ordinairement la plus brillante et la plus belle, et souvent ornée de grains de verre, taillés en différentes figures ; ce qui prouve, même chez les Hottentots sans culture, les talens supérieurs des femmes en fait de parure, et les facultés inventives dont la nature les a pourvues, pour se montrer sous le jour le plus avantageux à leurs charmes.

Leur tablier de dessus, qui n'est guère que pour

l'ornement, couvre environ la moitié de leurs cuisses : le second est à-peu-près le tiers ou la moitié moins grand ; c'est le tablier de réserve, ou un nouveau retranchement de modestie, lorsqu'elles veulent ôter le grand tablier de cérémonie : le troisième, qui n'est guère plus large que la main, est, dit-on, utile à certaines époques, qui sont bien moins incommodes pour le beau sexe hottentot que pour celui d'Europe. Tous ces tabliers, même ceux qui sont ornés de grains, sont aussi soigneusement graissés que leurs corps.

C'est probablement quelqu'un de ces tabliers et particulièrement le troisième, qui a fait prendre le change au jésuite Tackard qui, à son retour en Europe, répandit toutes ces fables de voiles naturels, ou excroissances des femmes hottentotes. Elles ont grand soin de s'envelopper de ces tabliers, et de les attirer des deux côtés jusque sous leurs jarrets, lorsqu'elles sont assises.

Une autre pièce de l'habillement des Hottentots, est une peau de mouton pour se couvrir, en mettant le côté laineux en dedans. Cette pelisse ou manteau d'une fourrure mince, est attaché par-devant sur leur poitrine. Quand le tems n'est pas froid, ils le laissent pendre négligemment sur leurs épaules ; alors il leur tombe jusqu'au gras de la jambe, laissant à découvert le bas de la poitrine, l'estomac et le devant des jambes

et

et des cuisses : mais dans les tems pluvieux et froids, ils s'en enveloppent de manière qu'ils en sont à-peu-près couverts devant et derrière, jusqu'au dessous des genoux.

Comme une seule peau de mouton n'est pas assez grande, ils sont obligés d'y coudre de chaque côté, vers le haut, ou plutôt d'y attacher avec une lanière, avec un nerf ou boyau, une pièce de chaque côté. Dans les tems chauds, ils portent quelquefois ce manteau le poil en dehors ; plus souvent encore ils le détachent et le portent sous leur bras. En général les Hottentots ne se chargent pas de plusieurs manteaux de rechange ou *kross*, comme ils les nomment en hollandois corrompu ; ils se contentent d'un seul, qui leur sert à la fois de vêtement, de matelas et de couverture. Ils se couchent à plate terre, enveloppés de ce *kross* ou *kaross*, et se ramassent et s'amoncellent, sur-tout lorsqu'il fait froid, ensorte qu'il les couvre entiérement.

Le *kaross* dont se servent les femmes, ne diffère en rien de celui des hommes, excepté qu'elles y adaptent une longue pointe en dessus, qui forme avec le manteau une espèce de capuchon ou poche, ayant le côté laineux en dedans : c'est dans cette poche qu'elles portent leurs petits enfans, auxquels elles donnent le sein maternel par dessus leur épaule, coutume pratiquée chez plusieurs autres nations.

Les hommes ne portent en général aucun vêtement de tête particulier. Je n'en ai guère vu qu'un ou deux, qui portoient un chapeau de peau apprêtée, et dont l'apprêt avoit enlevé la fourrure. Ceux qui habitent les pays voisins des Colons, aiment beaucoup nos chapeaux européens, et les portent rabattus et tout ronds, ou avec un côté relevé.

Les femmes vont aussi le plus souvent tête nue : lorsqu'elles la couvrent, c'est d'un chapeau de la forme d'un cône tronqué ; il est fait sans couture, d'un morceau de l'estomac de quelques animaux, et noirci de graisse et de suie. Les uns sont apprêtés de manière qu'ils paroissent velus ; d'autres sont comme le velours, et les uns et les autres ont une apparence assez agréable. (Voy. le frontispice.)

Elles portent quelquefois sur ce chapeau un autre ornement ; c'est une espèce de guirlande, ou , si l'on veut, de couronne ovale, faite de peau de buffle, avec le poil brun en dehors (voy. pl. I, fig. 5). Cette couronne est environ haute de quatre doigts, et entoure la tête en s'abaissant un peu sur le front, et autant sur le derrière du cou, sans couvrir la partie supérieure du chapeau ; les deux bords, tant supérieurs qu'inférieurs, de cette couronne, sont lisses et polis, et garnis chacun d'un rang de petites coquilles du genre des *cyprea* ; il y en a à-peu-près trente, placées fort près les unes des autres. Leur bel émail blanc et la bouche de la coquille sont tournés en dehors. Entre ces deux rangs de coquilles, il y en a un ou deux autres encore qui courent sur deux lignes parallèles, ou en zigzag, ou en festons de différens dessins. On peut aisément imaginer quel brillant effet produisent toutes ces coquilles, dont la peau brune du buffle fait ressortir la blancheur, et de quels nouveaux charmes une dame hottentote est environnée, lorsque sa tête est ornée de ce merveilleux chapeau, aussi gras et aussi onctueux qu'elle-même.

Les Hottentotes ne portent jamais de pendans, ni à leurs oreilles, ni à leur nez, comme les autres sauvages ; cependant celles du plus haut rang portent, pour marque distinctive, une raie noire au visage, faite avec de la suie, ou, ce qui est plus rare, une grande marque de rouge de plomb, dont elles se mettent aussi un peu sur les joues, dans les grands jours de fête.

Les hommes ont le cou nu ; mais ceux des femmes sont ornés d'une parure, qui passe pour magnifique. C'est une courroie de cuir non apprêté, sur laquelle sont attachées, sur une même ligne, huit ou dix coquilles à-peu-près de la grosseur d'une féve, marquetées de taches noires de diverses grandeurs, sur un fond blanc (*). Ainsi réunies en forme de collier, elles ornent en effet le cou luisant qui les porte. Mais le prix qu'on les leur vend, est exorbitant. Ces coquilles ne leur coûtent jamais moins d'une brebis pièce. On prétend qu'elles ne se trouvent que sur les côtes les plus éloignées de la Cafrerie (voy. pl. I, fig. 2).

La partie inférieure du corps est l'endroit sur lequel les Hottentots, hommes et femmes, paroissent desirer principalement d'attirer les regards par la magnificence des ornemens. Quoiqu'ils aiment beaucoup les grains de verre d'Europe, sur-tout les bleus et les blancs, de la grosseur d'un pois, les femmes en portent rarement, et les hommes jamais, à leur cou : mais les hommes et les femmes se ceignent le milieu du corps d'un rang ou deux de ces grains, près du ceinturon auquel sont attachés les tabliers, ou le sac.

Enfin, un autre ornement en usage parmi les deux sexes, sont les anneaux aux bras et aux jambes. La plupart de ces anneaux sont faits d'un cuir épais, taillé en forme circulaire, et qu'à force de le battre et de le présenter au feu, on rend assez roide pour

---

( ) Comme on ne s'en sert qu'après qu'elles ont été travaillées et polies, je ne puis assurer si elles sont de l'espèce distinguée dans le Système de la Nature, sous le nom de *nerita albicilla*, ou de celle nommée *exuvia*.

retenir la courbure qu'on lui donne. Ce sont ces anneaux qui ont donné lieu à la notion presque universellement reçue, que les Hottentots portent autour de
leurs jambes des boyaux, pour les manger dans l'occasion. Les hommes ont à leurs bras, depuis un jusqu'à six de ces anneaux, précisément au dessus du
poignet ; mais ils en mettent rarement à leurs jambes.
Les matrones ou dames hottentotes du plus haut rang,
en portent en grand nombre, et aux bras et aux jambes.
Elles en sont quelquefois couvertes depuis les pieds
jusqu'aux genoux (voy. le frontispice). Ces anneaux
sont de différentes grosseurs, quelquefois de celle d'une
plume d'oie, quelquefois beaucoup plus gros. Ils sont
le plus souvent faits de plusieurs doubles de cuir,
qui forment ensemble un anneau entier, ensorte qu'il
faut passer dedans ses pieds ou ses mains, lorsqu'on
veut les mettre. On les enfile aux jambes, grands et
petits, sans choix et sans goût. Leur grandeur excède
tellement celle de la jambe, que celui qui les porte les
fait tomber pêle-mêle, lorsqu'il marche ou fait quelque
mouvement.

On s'imaginera aisément quel embarras doivent
donner ces merveilleux ornemens aux bonnes dames
hottentotes, tant pour les apprêter, que pour les porter ; car, sans parler de plusieurs autres incommodités,
ces anneaux sont fort grossiers et fort pesans. Mais
telle est la bizarrerie de l'esprit humain, que depuis

le Hottentot sauvage et sans goût, jusqu'aux nations qui portent les arts et les sciences au plus haut degré de perfection, tous les hommes s'empressent d'adopter des modes, non-seulement ridicules et inutiles, mais même les plus propres à mettre leurs corps à la torture.

Les anneaux de fer ou de cuivre, sur-tout ces derniers, de la grosseur d'une plume d'oie, sont réputés plus beaux et plus précieux que ceux de cuir. On les entremêle cependant quelquefois, sur-tout aux bras. Les filles n'ont la permission d'en porter que lorsqu'elles sont nubiles.

Un voyageur qui traversoit le canton de *Zwellendam*, voulut attenter à la chasteté d'une jeune Hottentote de seize ou dix-sept ans, et parfaitement nubile. On dit qu'elle refusa ses présens et ses offres, alléguant principalement que les vieillards de son *craal* ne lui avoient pas encore accordé le privilège de porter des anneaux. Je ne puis dire si cette loi est également en vigueur dans chaque *craal*; mais j'ai peine à croire que toutes les filles hottentotes obéissent aussi ponctuellement à ces lois.

Les Hottentots ne portent guère de souliers. Ceux qui sont le plus en usage dans cette contrée et beaucoup d'autres, sont de la forme représentée pl. I, fig. 4. La plupart des paysans d'Afrique en portent de pareils, ainsi que les *Esthoniens*, les *Livoniens*, et quelques Finlandois. Ainsi, je ne puis assurer s'ils sont l'invention des Hottentots, ou s'ils leur ont été apportés par les Hollandois. Le côté du poil est en dehors. On ne fait au cuir d'autre apprêt que de le battre et le mouiller. S'il est d'une espèce plus forte et plus épaisse, de peau de buffle par exemple, on le laisse pendant quelques heures dans du fumier de vache, et par ce moyen il devient doux et flexible. On se sert ensuite d'une espèce de graisse qui produit le même effet (*).

(*) Voici comme ils font ces souliers. Ils prennent un morceau de cuir de forme rectangle, un peu plus large et plus long que le pied de la personne qu'on veut chausser. Les deux coins de devant sont joints et cousus ensemble, ensorte que le devant du pied en soit couvert. On peut éviter d'y faire cette couture, et le soulier n'en sera que plus propre et plus juste, en adaptant immédiatement sur les doigts du pied une espèce de calotte tirée de la membrane qu'on trouve dans la jointure des genoux de derrière de quelques animaux. Maintenant, afin de faire ensorte que ce morceau de cuir se relève à la hauteur d'un pouce des deux côtés du pied, et l'enserre exactement, on perce de plusieurs trous, peu éloignés les uns des autres, les bords de ce cuir, tout à l'entour, jusqu'au quartier de derrière. On passe dans ces trous une courroie, qui élève les bords en les plissant. De plus, pour renforcer les quartiers de derrière, on double intérieurement la partie postérieure du morceau de cuir, qui alors se hausse et presse le talon. Les bouts de la courroie ou cordon sont donc enfilés des deux côtés, à travers le bord supérieur des quartiers de derrière, à la hauteur d'environ deux pouces; après quoi, on les ramène en avant, pour pouvoir les tirer à travers deux des trous percés, comme on l'a dit, sur le côté de chaque extrémité : alors on attache ces deux bouts de cordon sur le cou-de-pied; ou, s'il est néces-

Ces souliers ne sont pas sans leur avantage. Ils s'ajustent exactement au pied comme un bas, et conservent toujours leur forme. On les maintient doux et flexibles, en les portant constamment. Si les bords en deviennent quelquefois durs, il est aisé d'y remédier en les battant et les graissant un peu. Ils sont légers et frais, par la raison qu'ils ne couvrent pas autant le pied que les souliers ordinaires. Etant sans couture, ils sont d'un fort bon usé, et les semelles en sont tout-à-la-fois fortes et pliantes. Les souliers de cuir tanné ordinaire, desséchés et brûlés par l'apprêt, sont sujets à glisser dans les sables d'Afrique, et deviennent bientôt durs comme la pierre. Ces souliers de campagne, comme ils les appellent, faits d'un cuir presque cru, sont infiniment plus durables. Ce cuir sans apprêt, leur coûte d'ailleurs beaucoup moins, et un homme peut en faire une paire en une heure ou deux. Il me semble que ce seroit un objet d'économie, si l'on introduisoit parmi nous, sur-tout en été, l'usage de ces souliers. Ils seroient, à ce qu'il semble, particulièrement utiles aux matelots, en ce qu'ils sont très-légers. J'en ai apporté avec moi une paire, que j'ai portés pendant mon voyage, et qui pourront servir de modèle, en cas que quelqu'un fût tenté d'en faire l'essai. Tout ce qui est utile, soit qu'il vienne de Paris, ou du pays

---

saire de serrer davantage le soulier, on les croise, ou on les repasse en dessous, et même autour de la jambe, si celui qui les porte le juge à propos.

des Hottentots, est digne d'exciter notre attention et notre imitation.

1775.
Août.

Les Hottentots qui résident dans les limites des colonies hollandoises, portent rarement aucunes armes. On rencontre quelquefois un homme avec une javeline, qui lui sert de défense contre les loups : ils la nomment *hassagai* (voy. la pl. II, fig. 1 et 2). Nous en donnerons une description plus détaillée, lorsque nous viendrons à parler des nations hottentotes plus reculées.

Leurs habitations sont simples comme leurs habits, et également analogues à la vie pastorale et errante qu'ils mènent. Elles ne méritent guère d'autre dénomination que celle de huttes, quoiqu'elles soient peut-être aussi spacieuses et aussi habitables que les tentes et autres demeures des anciens patriarches; au moins elles suffisent aux besoins et aux desirs des Hottentots, qui sous ce rapport peuvent être regardés comme des êtres fort heureux. La grande simplicité de cette nation est peut-être la cause pour laquelle dans un *craal* ou village hottentot, les huttes sont toutes exactement pareilles, et d'une espèce d'architecture qui ne permet guère à l'envie de se glisser dans leurs tranquilles demeures. L'égalité de fortune et la portion de bonheur dont ils jouissent, et dont ils sentent le prix, sauvent nécessairement leurs cœurs du poison de cette passion fatale.

Tome I.   D d

Voici quelle est la disposition de leurs huttes. Quelques-unes sont d'une forme circulaire, d'autres oblongues : elles ressemblent à des ruches d'abeilles, ou à une voûte. Le plan de l'édifice est de dix-huit à vingt-quatre pieds de diamètre. Leurs plus hautes maisons sont si basses, qu'il est rarement possible à un homme d'une moyenne taille de se tenir droit même au centre de la voûte. Mais le défaut de hauteur de ces maisons et des portes, qui n'ont guère que trois pieds d'élévation, n'est jamais une incommodité pour un Hottentot, qui sait se baisser, ramper à quatre pattes, et qui d'ailleurs se plait mieux couché qu'assis.

L'atre ou foyer est au milieu de chaque hutte : par ce moyen, les murs ne sont pas en danger d'être incendiés. Cette position de leur âtre leur est encore avantageuse, en ce que, lorsqu'ils sont assis ou couchés en cercle autour du feu, toute la compagnie jouit également du plaisir de se chauffer.

La porte, toute basse qu'elle est, est la seule ouverture par où entre le jour et par où sort la fumée. Le Hottentot, accoutumé à la fumée dès son enfance, la voit tourbillonner autour de lui sans sourciller. Couché au fond de sa hutte, et ramassé tout entier sous sa peau de mouton, comme un hérisson sous la sienne, il ne met le nez dehors que pour remuer le feu, ou pour allumer sa pipe, ou pour retourner le morceau de viande qu'il a mis griller sur les charbons.

Ils n'ont pas de peine à se procurer les matériaux dont ces huttes sont construites; mais la manière dont le Hottentot les assemble, avec une sorte de propreté sans art, mérite des éloges, et répond parfaitement à son caractère (*).

1775.
Août.

Quant un Hottentot s'est mis en tête d'abattre sa maison, et de changer de demeure, il charge sur ses animaux ses nattes, ses peaux et ses branches; espèce de déménagement monstrueux ou très-ridicule pour les yeux d'un étranger.

L'ordre ou la distribution de ces huttes dans un

(*) Ces toits arqués, tels que je les viens de décrire, sont composés de petites branches d'arbres. Ils donnent d'abord à ces branches la courbure convenable; ils les placent ou entières, ou par fragmens, les unes parallèles, les autres croisées; ensuite, pour consolider l'ouvrage, ils y attachent avec des osiers d'autres branches qui l'entourent circulairement : ces branches, aussi bien que les osiers, sont prises, autant que je puis me rappeler, du *cliffortia conoïdes*, qui croit en quantité dans cette contrée près des rivières. Alors ils placent fort proprement sur ce treillage de larges nattes, et l'en couvrent tout entier, excepté la petite ouverture qui doit former la porte. Ces nattes sont faites d'une espèce de cannes ou roseaux placés parallèlement, et attachés ensemble avec des nerfs ou boyaux, ou avec quelques autres cordes que leur fournissent les Européens. Ils peuvent ainsi faire des nattes aussi longues qu'ils le desirent, et aussi larges que la longueur du jonc le leur permet, c'est-à-dire, de six à dix pieds. Les Colons se servent aujourd'hui de ces nattes, qu'ils placent immédiatement au dessous des bannes de leurs chariots, pour empêcher que la toile ne s'use par le frottement, et que la pluie ne séjourne dessus.

craal, est le plus souvent la forme d'un cercle dont toutes les portes regardent le centre. Toutes les huttes forment par ce moyen une espèce de cour, où ils enferment leur bétail pendant la nuit.

Ils mêlent leur lait, aussitôt qu'il est trait, avec d'autre lait déja caillé, et le gardent dans un sac de cuir, dont le côté velu, qu'ils regardent comme le plus propre, est tourné en dedans : ainsi ils ne boivent jamais leur lait tandis qu'il est doux. Dans certains cantons au nord, comme à Roggeveld ou Bokveld, où la terre est, comme ils disent, *carrow*, c'est-à-dire desséchée et rôtie, les Hottentots, aussi bien que les Colons, sont tous bergers.

Il y a une autre espèce de Hottentots qu'on appelle hommes-*boshis* (hommes de bois), parce qu'ils habitent les bois et les montagnes. Ces *boshis*, sur-tout ceux de *Camdebo* et de *Sneeberg*, sont ennemis déclarés de la vie pastorale. Une de leurs maximes est de ne vivre que de chasse et de pillage, et de ne jamais garder aucun animal vivant l'espace d'une nuit. Ce caractère les rend odieux au reste des hommes. On les poursuit, et on les extermine comme les bêtes féroces dont ils ont adopté les mœurs. On en garde cependant quelques-uns vivans, dont on fait des esclaves. Leurs armes sont les flèches empoisonnées, qu'ils lancent, avec un petit arc, à deux cents pas, et ils sont assez sûrs de frapper un but à la distance de cinquante ou même de cent. Ainsi, blottis dans une embuscade, ils envoient de loin la mort au gibier qui leur sert de nourriture, à leurs ennemis, au lion même, la plus terrible et la plus grande des bêtes féroces. Ce noble et superbe animal tombe sous le coup d'une arme qu'il méprise, ou dont il ne daigne pas s'appercevoir. Le Hottentot, pendant ce tems, attend en sureté l'effet de son poison, qu'il sait être infaillible ; car il choisit toujours le plus actif, et il n'a besoin, dit-on, que d'attendre quelques minutes pour voir l'animal blessé languir et mourir.

1775.
Août.

J'AI dit que leurs arcs sont petits ; ils ont à peine trois pieds de long et un pouce de grosseur dans le milieu : ils sont fort affilés aux deux bouts. De quelle espèce de bois ils sont faits, c'est ce que je ne puis dire ; mais ce bois ne paroît pas être fort élastique. Les cordes d'arc que j'ai vues, étoient les unes de nerfs d'animaux, d'autres d'une espèce de chanvre, ou de l'écorce intérieure de quelques végétaux, et la plupart fort grossièrement faites ; ce qui prouve que ces archers comptent moins sur la bonté et sur la perfection de leurs armes, que sur le poison dans lequel ils les ont trempées. (Voyez un de ces arcs dessinés planche II, fig. 3.) (*)

(*) Leurs flèches ont un pied et demi de long, et sont grosses proportionnellement comme celle gravée pl. II, fig. 6 et 7. Elles sont faites d'un roseau d'un pied de long, qui, à sa base ou à l'extrémité qui reçoit

Leurs carquois (pl. II, fig. 5) ont deux pieds de long et quatre pouces de diamètre. Ceux que j'ai vus, et deux que j'ai rapportés, étoient faits d'une branche d'arbre creusée, ou plutôt de l'écorce d'une de ces branches détachée du bois, et entière, fermée avec du cuir aux deux bouts. La partie extérieure est teinte d'une matière onctueuse, qui devient dure en séchant. Les deux que j'ai rapportés sont bordés, à l'ouverture,

---

la corde de l'arc, a une coche proportionnée à la grosseur de cette corde. Immédiatement au dessus de cette coche est un nœud, près duquel le roseau est couvert d'une corde de nerfs qui, l'entourant plusieurs fois, le rend plus fort et plus solide : l'autre bout est armé d'un os poli avec soin, de cinq ou six pouces de long. A la distance d'un pouce ou deux de la pointe de cet os, est fortement attaché avec des nerfs, un bout de plume (pl. II, fig. 4 et 7) : ils la garnissent de cette plume, afin que la flèche ne puisse aisément être arrachée, et que le poison dont elle est imbibée, étant épais et d'une nature dense, comme l'extrait des plantes, ait le tems de se dissoudre et d'envenimer la plaie.

Les flèches armées d'un seul os, comme je les viens de décrire, ne sont pas cependant les plus ordinaires : le plus souvent cet os est coupé en quarré au bout, et ils y fixent un morceau de fer affilé et triangulaire, comme on peut le voir pl. II, fig. 4. C'est le ligament qui est couvert et imbibé de poison ; ensuite on le frotte et on le polit tout autour de la flèche, afin qu'elle puisse pénétrer plus avant dans la chair. Comme l'os n'a aucune cavité, je ne puis dire de quel animal il est pris. Dans l'état où il est, faisant partie de la flèche, il est d'un brun foncé, rempli de petites rainures, et ne paroît pas avoir jamais été blanc comme l'ivoire : cependant cet os paroissoit être de véritable ivoire dans une de ces flèches que j'ai apportée avec moi. Nous pouvons conclure que dans toutes les flèches garnies de fer, l'os est employé principalement pour donner un certain poids à cette arme, et que les Hottentots-*boshis* ne font point ces flèches sans beaucoup de travail.

d'une peau de serpent, et même, m'a-t-on dit, de la peau d'un serpent jaune, le plus venimeux qui soit dans cette contrée. Outre une douzaine de flèches, chaque carquois contient une petite pierre à aiguiser, pour affiler les pointes de fer, une brosse ou pinceau pour étendre le poison, avec quelques baguettes de bois de différentes grosseurs, mais toutes de la même longueur que les flèches. J'en ignore absolument l'usage. Leur poison est pris de plusieurs espèces de serpens ; les plus venimeux sont pour eux les meilleurs, soit que leurs flèches soient destinées à leurs ennemis, ou seulement au gibier dont ils vivent. J'ai déja observé que les Hottentots savent très-bien que ce poison, pris intérieurement, n'est point nuisible.

Les demeures de ces anti-pasteurs ne sont pas plus agréables que leurs mœurs et leurs maximes. Comme les bêtes féroces, ils n'ont d'autre asile que les buissons et le creux des rochers ; quelques-uns sont si sauvages, qu'on a trouvé des repaires d'autres animaux tout près de leurs habitations. La plupart vont nus ; mais tous ceux qui peuvent se procurer la peau de quelque animal grand ou petit, s'en couvrent le corps, des épaules jusqu'en bas, et la portent jusqu'à ce qu'elle tombe en lambeaux. Aussi étrangers à l'agriculture que les singes, ils sont obligés, comme eux, de chercher sur les montagnes et les collines, des racines sauvages, des graines et des plantes, qu'ils mangent crues, pour soutenir une vie que cette misérable nourriture auroit bientôt éteinte, s'ils en avoient jamais connu une meilleure.

Quelquefois cependant leur table est garnie de plusiéurs autres mets. Ce sont des larves de certains insectes, ou ces espèces de chenilles dont s'engendrent les papillons, une sorte de fourmis blanches (*le termes*), des sauterelles, des serpens et certaines espèces d'araignées. Au milieu de cette abondance de plats, les hommes-*boshis* manquent souvent du nécessaire : la famine les dessèche au point qu'il n'en reste que le squelette. Ce ne fut pas sans étonnement que je vis pour la première fois un jeune homme *boshi* dans *Langekloof* : sa figure, ses bras, ses jambes et tout son corps, étoient si maigres et si atténués, que je ne doutai point d'abord que ce ne fût une fièvre épidémique qui l'avoit réduit à ce déplorable état ; mais à l'instant je le vis courir avec la rapidité d'un oiseau. Il ne faut que quelques semaines à un de ces affamés pour prendre de l'embonpoint, et pour devenir gras. Leurs estomacs de fer ne se sentent jamais trop gorgés ; ils absorbent out ; et s'il arrive quelquefois qu'ils ne puissent retenir long-tems la trop grande quantité d'alimens qu'ils ont pris, ce petit échec ne les empêche pas de recommencer à l'instant sur nouveaux frais.

La manière dont on en fait des esclaves, n'a rien
de

de difficile, comme on va le voir. Plusieurs fermiers, qui ont besoin de valets, se réunissent, et font un voyage au pays habité par les *boshis*, eux, leurs Hottentots libres, et même quelques Hottentots-*boshis* pris depuis quelque tems, et déja accoutumés à la fidélité. Ils épient ensemble les repaires des *boshis* sauvages, et les découvrent ordinairement à la fumée de leurs feux. On les trouve par bandes depuis dix jusqu'à cinquante et même cent, tant grands que petits. Les fermiers osent assaillir cette multitude pendant la nuit, avec six ou huit hommes, qu'ils ont soin, avant tout, d'aposter tout autour à une certaine distance du *craal* : alors ils donnent l'alarme par quelques coups de feu : ce bruit inattendu répand une si grande consternation parmi toute la bande des sauvages, qu'il n'y a que les plus hardis et les plus intelligens qui osent franchir le cercle et se sauver. Ceux qui sont en sentinelle, fort aises d'être débarrassés à si bon marché des plus mutins, aiment bien mieux ceux qui sont demeurés stupides, tremblans d'étonnement et de frayeur, et qui se livrent sans défense à leur merci.

On a soin cependant de les traiter d'abord avec douceur, c'est-à-dire, que les vainqueurs mêlent les plus belles promesses aux menaces. Ils tâchent de tuer pour leurs prisonniers quelques grosses pièces de gibier, comme buffles, vaches-marines et autres semblables. Amorcés par un appât si séduisant, par un peu de tabac, continuellement choyés et fêtés, ils se laissent assez joyeusement conduire à la demeure du Colon. Là cette chère succulente se change en modiques portions de lait de beurre, et de bouillies de diverses espèces : ce régime suffit cependant, comme je l'ai dit, pour engraisser les *boshis* en quelques semaines. Alors les expressions odieuses de *t'guzeri*, de *t'gaunatzi*, qu'on peut traduire par celles de *petit sorcier* et *diablotin*, sont les douceurs qu'il leur faut savourer : on y ajoute quelques juremens et exécrations, souvent même des coups par-dessus le marché ; et cela pour quelque négligence, quelque oubli, quelques traits de fainéantise ; tous vices, et sur-tout le dernier, qui, s'ils ne les ont pas reçus de la nature, se sont naturalisés chez eux par l'habitude. Alors détestant toute espèce de travail, et devenu plus nonchalant encore par l'embonpoint qui le surcharge, accoutumé d'ailleurs à une vie vagabonde et indépendante, le *boshi* sent plus vivement la perte de sa liberté, et tâche de la recouvrer par la fuite ; mais ce qu'à peine on peut croire, c'est qu'un de ces misérables, lorsqu'il s'affranchit ainsi de son service ou plûtôt de sa servitude, n'emporte jamais avec lui quelque chose qui ne lui appartienne pas.

Cet exemple de modération dans les sauvages envers leurs tirans, est universellement attesté, prôné et admiré par les Colons eux-mêmes. Je ne puis cependant le concilier avec tout ce que je connois du cœur humain. Sont-ils retenus par la crainte d'être repris, et de subir alors un traitement plus rigoureux ? Quoi qu'il en soit, il est certain que les esclaves de cette espèce ne sont ni extrêmement violens, ni extrêmement vindicatifs. Exempts des besoins et des desirs qui tourmentent le reste des hommes, ils sont peu ou point enclins au vol, hors celui d'eau-de-vie, de vivres et de tabac. On peut dire aussi sans invraisemblance, qu'ils dédaignent de commettre un petit vol, lorsqu'ils songent à recouvrer leur liberté, le plus grand de tous les trésors.

1775.
Août.

Il faut observer ici qu'il existe quelques autres Hottentots-*boshis*, qui vivent paisiblement en petites sociétés dans des lieux déserts, où ils se croient à l'abri des invasions des Colons. Ils possèdent quelquefois un petit nombre de vaches. Ceux-ci sont probablement descendus de quelques *boshis* échappés des habitations où ils étoient esclaves.

Il faut avouer que chez quelques agriculteurs, leurs Hottentots sont traités avec beaucoup de douceur ; qu'ils ne s'entendent même jamais adresser une parole dure ; qu'ils sont abondamment nourris, bien vêtus relativement à leur condition, et agréablement logés, en comparaison des huttes où ils sont nés. Leur principal emploi consiste peut-être à garder quelques

E e ij

troupeaux de bêtes à cornes ou de brebis : alors ils ont tout le loisir de s'enivrer avec la fumée du tabac. Cette ivresse excite en eux des sensations aussi agréables que la frénésie causée par les liqueurs spiritueuses, ou par l'opium, en produit dans quelques autres, qui ne sont jamais heureux que lorsqu'ils peuvent se procurer cette jouissance. Cependant, quoiqu'il soit permis à ces Hottentots de passer à fumer et à dormir toutes les heures de leur vie, qui sans cela seroient pour eux fort ennuyeuses, ils sont presque tous tentés de s'évader, et s'évadent en effet. Les Colons s'en étonnent; ce procédé leur paroît dépourvu de raison : ils ne songent pas qu'il est un desir ineffaçable, imprimé par la nature, dans le cœur de l'homme, comme dans celui de la brute, le desir de revoir le lieu de sa naissance, sa famille, et sur-tout le desir de la liberté.

Le droit abusif d'asservir ses semblables, le plus violent outrage fait à l'humanité, toujours un crime en lui-même, et qui mène à toute sorte de forfaits et de scélératesses, les Colons l'exercent envers les hommes *boshis* avec une cruauté qui fait horreur. Je l'ose dire, quoique je sache qu'il en est plusieurs que la vérité irrite. C'est une capture divertissante pour eux, que celle qu'ils font des Hottentots ; ils vont, comme à une partie de plaisir, briser les nœuds que la nature a formés entre les époux, les femmes et les enfans : non contens, par exemple, d'avoir arraché une malheureuse femme des bras de son époux, de son unique protecteur et consolateur, ils font tout ce qu'ils peuvent, et cela dans la nuit, pour la priver aussi de ses enfans; sachant bien que, s'ils réussissent à les emporter avec eux, cette tendre mère les suivra par-tout.

1775.
Août.

La tendresse maternelle, qui peut-être brûle plus vive et plus pure dans le cœur de cette pauvre sauvage, que dans ceux de ses tyrans chrétiens, est l'arme que ses persécuteurs emploient contre elle-même; ils s'en servent pour resserrer autour d'elle les chaînes de l'esclavage. Il y a cependant des mères qui s'en affranchissent, lorsqu'elles ont quelque espoir de sauver avec elles leurs enfans. Quand elles se sont échappées, elles restent quelquefois cachées dans le voisinage, où elles attendent l'occasion; car quel chagrin pour une mère, née et nourrie dans la liberté, de réfléchir que ses enfans ne vivent plus que pour souffrir l'horrible esclavage qu'elle-même n'a pu endurer! Mais ces infortunées mères! tandis que plongées dans ces réflexions, elles errent çà et là, redoutant la rencontre des Colons bien plus que celle des bêtes féroces, elles deviennent peut-être à la fin la proie de quelqu'un de ces animaux, ou plus souvent elles périssent de faim.

Dès qu'elles se sont évadées, on place des hommes en embuscade sur le bord des rivières, et par tous les lieux où l'on soupçonne qu'elles pourront passer. Par ce moyen, elles sont souvent reprises; et il peut arriver aussi, lorsqu'elles sont assez loin pour pouvoir gagner en sûreté leurs habitations, qu'elles soient rencontrées par quelque paysan, et condamnées à un nouvel esclavage.

Les *boshis* sont sans doute depuis long-tems dans cette barbarie. Un grand nombre de ces hommes sont dans une situation plus misérable, depuis que les Chrétiens ont envahi leurs pays, et les ont poursuivis avec des chaînes jusque dans le fond de leurs déserts; mais dans l'état le plus sauvage, ils n'ont point probablement, et n'ont jamais eu des mœurs ni des coutumes bien différentes de celles dont j'ai déja parlé, ou que je décrirai encore dans le cours de cet ouvrage.

Quant à leur religion et à leur langage, les Hottentots-*boshis* diffèrent peu de la partie la plus civilisée de leur nation, les Hottentots proprement dits. Ils n'ont aucune idée de l'existence d'un Etre suprême: lorsqu'on les questionne sur ce sujet, ils répondent qu'ils ne savent rien de cela.

Quelques Hottentots qui parloient bien le hollandois, et avec qui je conversai, soit devant quelques personnes, soit tête-à-tête, me firent toujours à-peu-près cette réponse : « Nous sommes de pauvres et stupides créatures, nous n'avons jamais rien entendu de ce que vous nous dites, et nous ne sommes pas capables d'y rien comprendre. » En effet, je m'apperçus bientôt que des topiques de ce genre ne faisoient qu'inquiéter et fatiguer leur esprit. Plusieurs familles hollandoises qui depuis leur enfance savoient parler le langage des Hottentots aussi bien que le leur, m'ont dit qu'elles avoient trouvé le même degré d'ignorance dans les *boshis*; que cependant, et les *boshis* et les Hottentots, croient fermement au pouvoir de la magie; qu'ils semblent conséquemment reconnoître l'existence de quelque mauvais génie, dont la puissance est très-étendue; mais qu'ils ne l'adorent point, ni lui, ni aucun autre, quoiqu'ils lui attribuent tous les malheurs qui leur arrivent, entre lesquels ils comptent toujours la pluie, le froid et le tonnerre. Plusieurs Colons m'ont assuré que leurs *boshis* de l'un et de l'autre sexe, ont coutume d'apostropher le tonnerre de leurs *t'guzeri*, *t'gaunazi*, et autres mots injurieux, de menacer et défier en furieux, avec leurs souliers ou ce qui leur tombe sous la main, la flamme des éclairs et les éclats du tonnerre qui roule sur leur tête. Inutilement on voudroit leur faire entendre que la partie végétale d'où ils tirent leur subsistance, comme tous les animaux, dépériroit sans la pluie, et sécheroit sur pied : le Hottentot même que je pris dans la suite à mon service à Zwellendam, persista, en dépit de toutes mes objections, à croire obstinément que la pluie étoit toujours un mal, et que ce seroit un grand bonheur s'il ne pleuvoit jamais. Une maxime aussi for-

1775.
Août.

tement enracinée dans des esprits qui réellement, sous d'autres rapports, ne sont point dénués de bon sens, et dans lesquels on remarque même souvent beaucoup de pénétration et de finesse, doit, ce me semble, être regardée plutôt comme une de ces notions superstitieuses et indélébiles de l'enfance, que comme une idée à laquelle ils se soient attachés après un mûr examen, et par la force de la conviction.

Quoiqu'il ne paroisse pas qu'ils soient naturellement frileux, ils aiment cependant la chaleur, et ne laissent pas voir le moindre signe de mal-aise dans les jours les plus brûlans de l'été.

Les plus simples d'entre les diverses races de Hottentots, c'est-à-dire, le gros de ces peuples, et il y en a fort peu qui méritent d'être exceptés de ce nombre, ont une confiance si ferme en tous les imposteurs, hommes ou femmes, qui osent se donner pour magiciens et pour sorciers, qu'ils s'adressent quelquefois à eux, et les sollicitent d'arrêter le tonnerre et la pluie. Pour obtenir de la considération, ces sorciers, d'ailleurs bien payés, sont prêts à tout entreprendre. Mais si, par exemple, il continue de tonner ou de pleuvoir plus long-tems qu'ils ne l'avoient prédit, ils allèguent pour excuse, qu'un autre sorcier, ou plus savant ou mieux payé qu'eux, rend leurs opérations inutiles par une contre-magie. Plusieurs de ces pauvres gens croient
que

que toutes les maladies leur viennent par magie, et ne peuvent être guéries que par les mêmes moyens. Les magiciens, de leur côté, ont grand soin d'entretenir cette idée, et cependant ne négligent pas dans ces occasions d'administrer des remèdes extérieurs et intérieurs. Un de leurs remèdes extérieurs est de faire coucher leur malade sur le ventre; alors ils se mettent sur son dos, et le pincent et le battent à coups de poing; enfin ils lui montrent un os, tantôt grand, tantôt petit, qu'ils font sortir fort adroitement de son nez, de ses oreilles, ou de quelque autre partie de son corps, et que leur conjuration, disent-ils, a été chercher jusqu'au milieu de ses entrailles. Il arrive souvent que le malade guérit par cette opération; sinon, il en subit encore plusieurs autres; et s'il meurt, ses amis déplorent son malheur d'avoir été si fortement ensorcelé, qu'il fût au-dessus du pouvoir de tous les autres sorciers, de le sauver. Il est probable qu'un tour de main fait en cette occasion toute la science des magiciens escamoteurs.

1775.
Août.

Un habitant m'a conté qu'étant encore enfant, il avoit, entre autres joujoux, un os de la jambe d'un bœuf, dont il faisoit un petit chariot; qu'un jour, à son grand étonnement, il vit que cet os avoit été tiré du derrière d'une personne malade, par un magicien; et qu'autant qu'il pouvoit se souvenir, le malade avoit été parfaitement guéri après cette opération.

1775.
Août.

UN magicien qu'une troupe de Hottentots avoient emmené avec eux à une chasse au lion, pour exercer sur le lion son pouvoir magique, fut à l'instant déchiré en pièces par le contre-magique animal. Plusieurs habitans prirent occasion de cet accident pour reprocher aux Hottentots leur crédule attachement à ces imposteurs. Mais ils persistèrent toujours à dire que quelque magicien plus puissant, ennemi du défunt, avoit attiré ce malheur sur sa tête. Ainsi un sorcier, parmi cette nation, sait mettre adroitement à contribution les plus simples d'entre eux, à peu-près comme font les sorciers de notre pays; mais ceux-ci courent plus souvent risque, s'il arrive un malheur, d'être soupçonnés d'en être eux-mêmes les auteurs.

UN prince Caffre déja vieux, avoit un mal d'yeux qu'il ne pouvoit guérir. Il ordonna que toute personne versée dans la magie fût mise à mort, par-tout où l'on en trouveroit, espérant sans doute, comme Hérode lorsqu'il fit massacrer les enfans dans Béthléem, que dans le nombre se trouveroit l'homme qui l'avoit ensorcelé. Ce prince ne vécut, dit-on, que peu de tems après. Son nom étoit Paloo, que la plupart des Colons ont converti en *Pharaoh*. De tous les princes régnans sur les différentes nations de Caffres, tandis que j'étois en Afrique, *Amahoté* ou *Tamus* passoit pour le plus puissant. Un chef de Hottentots, nommé le capitaine *Ruyter*, dont j'aurai bientôt occasion de parler, a, dit-on, persécuté et fait mourir aussi quelques sorciers qu'il soupçonnoit d'avoir jeté sur lui une maladie par sortilège.

1775.
Août.

Quoique les Hottentots soient superstitieux, il me semble que du moins ils n'ont aucune peur dans les ténèbres. Ils paroissent cependant avoir quelque idée des esprits, et croire à quelques notions d'une autre vie. Ils adressent à leurs amis, dès qu'ils sont morts, des reproches de les avoir si tôt quittés. Ils les avertissent en même tems de se comporter à l'avenir comme il convient. Ce qui signifie qu'ils ne doivent pas revenir les lutiner, ni prêter leur ministère aux sorciers, pour faire du mal à ceux qui leur survivent.

Il y a un genre d'insectes (*le mantis*) appelé par les Colons le dieu des *Hottentots*; mais les Hottentots mêmes m'en ont attrapé plus d'une fois, et me les ont donnés pour leur passer, comme aux autres, une aiguille par le milieu du corps; preuve qu'ils ne les adorent point. Il est cependant une espèce diminutive de ce genre, à laquelle, suivant l'opinion de quelques Hottentots, ce seroit un crime fort dangereux d'oser faire du mal. Mais on ne peut en conclure que ces idées bizarres soient l'effet d'un culte religieux, pas plus que certaines notions superstitieuses établies parmi les gens simples de notre pays, qui s'imaginent que trois péchés

F f ij

seront pardonnés à quiconque remettra sur ses pieds un escarbot tombé sur le dos.

La lune, suivant Kolbe, reçoit des Hottentots une sorte de culte. Mais le fait est qu'ils choisissent de préférence le tems où elle luit, et qu'ils prennent occasion de la fraîcheur de la nuit, pour former des danses d'amusement. Ils ne songent pas plus à l'adorer, que les Colons chrétiens qu'on voit quelquefois se promener par troupes dans les rues, ou se montrer en parade sur les degrés de pierres qui entourent ordinairement leurs maisons.

Il est probable que les artificieux magiciens n'ont eux-mêmes ni superstition, ni religion d'aucune espèce. Il se trouve aussi en ce pays plusieurs *esprits-forts*, dans le nombre desquels je compte un Hottentot de *Buffeljagts-rivier*, que je pris, quelque tems après cette époque, à mon service, pour conduire mes bœufs. Il me raconta qu'un magicien étoit venu à son *craal* plusieurs fois ; qu'un soir s'étant assis dans une de leurs huttes, il leur dit, comme par inspiration : « Le loup fait de « grands ravages dans vos parcs à moutons, notam- « ment il a pris telle ou telle brebis ; il en emportera » bien d'autres encore, si vous n'allez au plutôt à leur « secours. » A l'instant tout le *craal* sortit en alarme, et l'on trouva que le devin avoit dit vrai. D'après cette prédiction frappante, on conçut pour lui le plus haut degré de respect, et on le récompensa généreusement. Mais quelque tems après on découvrit que le dégât n'avoit point été fait par des loups, mais par quelques Hottentots du voisinage, qu'on soupçonna avec raison d'être d'intelligence avec le vénérable magicien. Je continuerai dans une autre occasion le récit des remarques générales que j'ai faites sur les Hottentots et sur les *boshis*, et je reprends la suite de mon journal.

1775. Août.

LE 30 août j'arrivai à *Tyger-hoek*. L'on m'apprit qu'on avoit anciennement prêché dans ce canton la foi chrétienne, que les Hottentots avoient reçue avec beaucoup d'avidité et de zèle. Plusieurs habitans, m'a-t-on dit, conservent encore la mémoire d'une vieille femme hottentote, qui fut toute sa vie dans l'usage de faire ses dévotions tous les matins, les genoux nus, sur le bord d'un ruisseau situé près de cet endroit. Elle avoit une bible hollandoise qu'elle lisoit souvent, et pour laquelle elle avoit beaucoup de vénération. Toute la vie de cette femme fut, disoient-ils, décente et paisible. Mes auteurs ajoutoient que le missionnaire qui l'avoit convertie, avoit été banni du pays, parce qu'il vouloit s'ériger en chef parmi les Hottentots de ces cantons, afin de s'enrichir des fruits de leur travail et des présens de bétail qu'ils lui faisoient. Ce missionnaire s'étoit rendu si ouvertement coupable du fait dont on l'accusoit, qu'il fut dès-lors, à ce qu'on suppose, expressément défendu, comme il l'est encore aujourd'hui, sous diverses peines, d'acheter, ou d'acquérir par quelque autre voie, aucun bétail appartenant aux Hottentots (*).

ARRIVÉS, comme je l'ai dit, près de la ferme de *Tyger-hoek*, nous vîmes paroître deux filles hottentotes de quinze ou seize ans, dûment graissées et mises fort coquettement à leur manière. Nous pûmes, sans vanité,

---

(*) A mon retour chez moi, je trouvai dans le *Budingische Samlung einiger in die kirchen-historie*, etc. (imprimé à Leipsic, 1742), que le nom de ce missionnaire étoit *George Smid*, et qu'il étoit *Moravien*. On y trouve, art. 7, page 78-126, quelques particularités sur ce fait, sous le titre de *Jungstes diarium des bruders Georg Smid, zur probe des Wandels dieses knechts des Herrnunter den Hottentoten* (dernier journal du frère George Smid, servant de témoignage de la conduite de ce serviteur de Dieu parmi les Hottentots).

Cette lettre, ou extrait de son journal, comprend depuis le 15 novembre 1739, jusqu'au 18 novembre 1740. Elle est datée de *Serjeant-rivier*, petite branche de la rivière *Zonder-end*, ou celle sur le bord de laquelle demeuroit la Hottentote convertie : dans cette lettre, on voit que le nombre des convertis étoit de trente-deux, et que les nouveaux Chrétiens négligeoient assez souvent leur besogne et leurs exercices de dévotion, pour aller s'amuser dans un jardin, qui probablement étoit commun.

A la page 683 de cette collection, on trouve une autre lettre du même *Smid*, du 15 mai 1742, par laquelle il nous apprend qu'il avoit augmenté par le baptême, la congrégation, de cinq sœurs en J. C., ensorte qu'il ne doutoit pas que les Hottentots ne pussent être aisément convertis à la foi chrétienne, mais qu'il étoit fort douteux que quelqu'un voulût encore prendre la peine de convertir ce peuple franc et honnête, à moins que cette conversion ne parût avoir une plus grande connexion avec les avantages politiques, qu'elle n'en avoit alors.

nous appercevoir clairement que nous seuls étions l'objet de leur visite. Animés par la reconnoissance, autant que par notre goût respectueux pour le beau sexe, nous adressâmes la parole à ces charmantes (ou effroyables) jeunes demoiselles, et leur dîmes les plus jolies choses que la circonstance put nous inspirer. Nous leur présentâmes, à leur requisition, un bout de tabac, dont elles coupèrent un peu, en remplirent leurs pipes, et se mirent à fumer avec toute l'aisance imaginable. Bientôt nos hôtesses prirent de là occasion de nous faire connoitre qu'un peu d'eau-de-vie leur feroit beaucoup plus de plaisir que tous nos complimens. Nous en tirâmes du chariot une couple de verres pour chacune, et nous entrâmes dans la maison : elles firent honneur avec beaucoup d'assiduité à notre cadeau de liqueur, fumant leurs pipes dans les intervalles. Nous eûmes même le plaisir de les voir un peu en gaieté. Elles n'osèrent cependant boire un coup de plus, et ne voulurent pas nous permettre la moindre familiarité. A la fin elles prirent congé de nous d'une manière fort discrète, et je fus charmé de voir tant de modestie et de décence dans deux jeunes filles d'une nation non civilisée. Mais dès qu'elles furent sur la porte, les deux friponnes eurent la hardiesse de nous faire défi de courir après elles et de les attraper. Nous leur donnâmes aussitôt la chasse. Mais comme souvent nous revenions sur nos pas, elles revenoient aussi, et nous défioient de nouveau. A la fin, l'aînée, à force de

1775.
Août.

courir, tomba, et même sembloit nous attendre dans cette attitude. Cette chute inattendue nous causa quelque chagrin, car elle commença à nous faire suspecter la vertu de cette fille. Mais alors elle tira un grand couteau, et menaça de nous en percer le cœur, si nous osions faire un pas de plus.

Comme les circonstances et l'occasion influent souvent sur la nature des choses, et cette observation est vraie sur-tout par rapport au beau sexe, j'ai jugé à propos de rapporter ici toute cette aventure, exactement comme elle est arrivée, sans en tirer aucune conclusion. Je suis cependant convaincu que les Hottentots des deux sexes sont plus froids et plus modérés dans leurs desirs que beaucoup d'autres nations. Cette modération est la suite naturelle de leur caractère apathique, indolent, j'ai presque dit insensible; elle est l'effet du régime affoiblissant qu'ils suivent, et de l'extrême inaction, qui, à un certain degré, vivifie nos facultés morales et physiques, mais dont l'excès les engourdit et les tue.

Le 31, nous trouvâmes en cet endroit un Colon, homme déja âgé, qui m'offrit de conduire mon chariot pour six rixdalles (*) par mois; mais il changea

---

(*) On croit avoir déja averti qu'une rixdalle vaut un peu plus de 4 liv. de France.

d'avis

d'avis dès que nous lui eûmes dit qu'il devoit s'attendre à subir toutes les incommodités, à courir tous les hasards que M. Immelman et moi étions résolus d'affronter. Le lendemain nous partîmes de cet endroit, aussi embarrassés que lorsque nous y étions arrivés. Nous trouvâmes sur notre route un petit *craal* de Hottentots, qui, s'il m'en souvient, étoit composé de cinq huttes, élevées comme celles dont j'ai donné la description, mais couvertes de nattes si vieilles et si misérables, qu'à la place des Hottentots qui les habitoient, j'eusse presque autant aimé coucher en plein air. Le *craal* étoit composé d'environ vingt personnes. Ils avoient élevé un méchant enclos pour leurs troupeaux, qui alors étoient au pâturage, et paroissoient fort nombreux. Je voulus voir s'il ne seroit pas possible d'engager un ou deux Hottentots à notre service : le doyen du *craal* me proposa son fils, jeune Hottentot de dix-neuf ou vingt ans, dont il se passeroit, me dit-il, fort bien dans le *craal*, si je pouvois le déterminer à me suivre. J'entrai en rampant dans la hutte du jeune homme, et le trouvai couché sous son manteau de peau, de la manière que j'ai décrite en parlant de ses compatriotes en général, les genoux remontés jusqu'à son nez, comme un *fœtus* dans le ventre de la mère. Je lui représentai les grands avantages qu'il retireroit d'un voyage fait avec nous, une vache et son veau, par exemple, des couteaux, des boîtes à amadou en cuivre, des grains de verre et autres objets pré-

1775.
Août.

Tome *I*. G g

cieux; enfin je lui offrois, pour une demi-année de service, des présens d'une valeur prodigieuse. Mais faisant réflexion que si c'est une bassesse de tromper un homme quelconque, ç'en eût été une plus grande encore de tromper un pauvre Hottentot, je ne lui dissimulai point que notre voyage seroit peut-être un peu long. La nation Hottentote n'est pas insensible aux plaisirs de la chasse ni à l'appât de l'ambition; je lui représentai qu'une expédition de ce genre lui procureroit des plaisirs sans nombre, et qu'à son retour elle lui donneroit aux yeux de ses compagnons le plus haut degré d'importance. Toute ma rhétorique fut inutile. Je crus réussir un peu mieux en lui mettant sous les yeux le plaisir qu'il auroit à fumer une meilleure sorte de tabac que celui qu'il fumoit ordinairement. J'en avois avec moi une assez bonne provision, et mon intention étoit bien d'en donner en abondance à quiconque voudroit m'accompagner dans mon voyage. Du tabac! un article si coûteux! Il étoit probable qu'il n'auroit ni abondance de tabac ni abondance de vivres, s'il restoit à la maison.

Il fut inébranlable et d'ame et de corps, excepté que de tems en tems il poussoit du côté gauche de sa bouche une bouffée de tabac. Après que je l'eus pressé deux ou trois fois de vouloir bien m'expliquer sa pensée, me dire quelles étoient ses intentions, à la fin il prit sur lui d'ouvrir la bouche, et répondit un seul mot, court, mais décisif : Non. L'indolence extrême de cet original, la réception fort cavalière qu'il me faisoit, les nuages de fumée qui remplissoient sa cabane et qui me faisoient aux yeux un mal horrible ; tout cela joint aux essaims de puces que j'y avois observés dans l'obscurité, excitèrent tout-à-coup en moi l'indignation et le mépris le plus profond pour la nation Hottentote. Lorsque je vins à considérer le fait avec plus d'impartialité, il me parut tout simple qu'un Hottentot, qui naturellement et par habitude, savoit se contenter d'une modique pitance, qui pouvoit jouir et jouissoit en effet de tout ce qui est pour lui un bonheur réel, le repos et le tabac, s'embarrassât fort peu de mon voyage et de mes offres.

1775.
Août.

A la fin cependant je lui fis une proposition d'un autre genre. Je lui offris une modique somme, pour nous aider, pendant quelques jours seulement, à mener nos bœufs jusqu'à Zwellendam, où j'espérois trouver quelqu'un pour le remplacer. A cela il me répondit aussi vîte que la pensée : YA, BAAS (Oui, maître). Aussitôt il se lève, pend sa poche à tabac à son bras, et le voilà prêt à partir. Nous sortîmes de la hutte. Il alla droit à mon chariot, et fit tous les préparatifs nécessaires avec tant de souplesse et d'agilité, que je ne reconnus plus le dormeur indolent dont j'avois eu tant de peine à tirer une parole.

LA principale raison de ce penchant général des

1775.
Août.

Hottentots à l'inaction, c'est peut-être que leurs besoins sont extrêmement bornés, et qu'ils n'ont de ce côté nulle inquiétude : mais si une famine ou quelque autre fléau les prive du nécessaire, on verra bientôt ces corps demi-vivans reprendre de la vigueur, du mouvement, de l'activité, au moins jusqu'à ce qu'ils aient pourvu aux besoins les plus urgens. D'ailleurs, tous les enfans des Hottentots ou des *boshis*, élevés dès le bas âge au service des Colons, et accoutumés au travail, ne le cèdent en vivacité à aucune autre nation. Il me semble donc qu'il n'est en eux aucune disposition naturelle qui puisse les empêcher de sortir de leur état présent de barbarie, et de s'élever au plus haut degré de civilisation.

Quoique le père du Hottentot que je venois de louer n'eût aucune part à la résolution de son fils, cependant, en le quittant, il montra que l'affection paternelle vivoit dans son cœur. Ils paroissoient se dire l'un à l'autre un tendre adieu. A cette occasion, le vieillard nous fatigua de ses prières répétées du ton le plus amical, de traiter son fils avec bonté.

Il souffloit de la mer, qui n'étoit alors qu'à une petite distance de nous, un vent du sud-est très-froid. Mon compagnon fut repris de son ancienne toux, accompagnée d'un crachement de sang qui dura jusqu'à la nuit, que nous arrivâmes à une ferme nommée *Groote vlakte* (la grande plaine); mais nous n'avions point de provisions, et la ferme n'étoit habitée que par des esclaves qui n'avoient à nous offrir que de l'eau froide et un peu de pain grossier et mal cuit : d'ailleurs, le crachement de sang de mon compagnon avoit un peu diminué, au moyen d'un peu de salpêtre que j'avois avec moi, et de la diète involontaire qu'il avoit été obligé de faire : il ne voulut rester en cet endroit que jusqu'à midi, et reprit alors assez de courage pour continuer sa route à cheval, comme auparavant.

1775.
Août.

Nous eûmes le tems d'entrer en conversation avec le principal esclave. Il nous dit qu'il avoit été vendu et acheté plusieurs fois, et qu'en dernier lieu, malgré son âge de cinquante ans, et en considération de sa fidélité connue, il avoit été acheté à l'encan par un fermier avare, qui l'avoit trouvé digne d'être son intendant, et l'avoit payé cent dix rixdalles. Le pauvre esclave m'observa qu'il ne jouissoit pas d'un meilleur sort, avec sa fidélité, que ses autres compagnons qui étoient distingués par la force du corps, puisqu'il se trouvoit, lui, surchargé de soins et de comptabilités, à proportion que les fardeaux des autres étoient devenus plus pesans. La récompense des uns et des autres, comme celle des meilleurs animaux que la vieillesse rend inutiles, étoit d'être négligés et de périr affamés, lorsqu'ils n'avoient pas succombé jeunes sous le poids de l'esclavage. Je lui appris que dans mon pays il n'y avoit point de servitude. Il parut prendre grand plaisir, au milieu de ses infortunes, à penser qu'il est une partie du monde où les droits naturels de l'homme sont plus respectés (*).

Septemb. LE 1ᵉʳ. de septembre, nous passâmes près de deux fermes, dans une vallée nommée *Hessaquas-kloof.* Kolbe parle d'une nation de Hottentots nommée *Hessaquas*, qui probablement demeuroient autrefois dans cette vallée. Delà notre route nous conduisit à *Breede-rivier.* Il y a en cet endroit un bac dans lequel nous passâmes avec nos chevaux de selle et le chariot : les bœufs traversèrent à la nage.

CETTE rivière étoit alors très-large et très-profonde; mais dans l'été, ses eaux baissent si prodigieusement, qu'elle devient guéable pour les chevaux et pour les chariots. Sur l'autre bord étoit une ferme où nous logeâmes cette nuit-là.

LE 2, nous continuâmes notre route jusqu'à *Zwel-*

(*) Voici l'état du ciel pendant le mois d'août. Le 1 et 2, nébuleux; le 7 et 8, grandes pluies et vents de nord-est ; le 9, petite pluie ; le 21, 23 et 29, pluie avec vent de sud-est; tous les autres jours de ce mois, beau tems et soleil.

J'avois perdu, en allant aux bains, le petit thermomètre qui m'avoit été donné par M. Forster. Je me servis dans la suite d'un autre thermomètre de Fahrenheit, que M. Immelan apporta du Cap. Le 22 et le 23, le thermomètre fut à 56-24, 53-29, 56-30, 52-31, 48. Ce mois semble correspondre au mois de mai dans nos climats du nord.

lendam. Cet endroit, que j'ai désigné dans la carte par les lettres O V C enlacées, qui sont la marque de la Compagnie Hollandoise, est la résidence du *Land-rost*, comme ils l'appellent, c'est-à-dire, du Gouverneur de toute la partie de l'est des Colonies Africaines. On y voit un bel et grand édifice bâti pour lui, et deux autres plus petits, pour deux de ses principaux officiers.

1775.
Septemb.

Le *Land-rost* nous fit un fort bon accueil, et nous donna un lit. Il nous procura deux Hottentots d'un *craal* voisin, pour nous aider dans notre voyage, et nous congédiâmes les deux autres, suivant nos conventions, quoique le jeune Hottentot, que j'avois eu tant de peine à déterminer, ne parût pas alors fort pressé de me quitter. Le *Land-rost* voyant que je n'avois à mon chariot qu'un assez mauvais attelage, offrit de m'en vendre un meilleur. Mais, quoiqu'il me dit qu'il me le donneroit à crédit, je n'osai m'exposer à ce trafic de bœufs, sur-tout après le mauvais marché que j'avois fait d'abord. D'ailleurs, étranger dans ce pays, j'avois horriblement peur des usuriers, et je craignois que cette emplette ne me fût pas aussi utile qu'elle seroit dispendieuse, vu que l'année s'annonçoit déja pour être la plus sèche dont on eût jamais ouï parler. Cependant, si mes facultés et les circonstances m'eussent permis d'avoir un meilleur attelage, j'aurois sans doute fait un voyage beaucoup plus long et plus avantageux pour l'histoire naturelle.

Les habitans du lieu prétendoient avoir observé que, lorsque le vent souffloit au Cap, du sud-est, il souffloit toujours du nord pour eux ; et que dès qu'il avoit cessé de pleuvoir au Cap, ils avoient toujours de légers grains de pluie à Zwellendam. Ils me dirent aussi qu'il régnoit tous les hivers, parmi leurs chevaux, une maladie fatale, dont on ne voyoit jamais aucun symptôme à *Slangen-rivier* et à *Potteberg*, quoique ces deux endroits fussent fort peu éloignés de Zwellendam, comme on peut le voir sur la carte. Ils croyoient que c'étoit l'eau salée que les chevaux étoient obligés de boire dans ces deux endroits, qui les garantissoit. Il est cependant probable que les vents de mer purifient l'air dans ces cantons, et qu'au contraire ce sont ceux du nord qui, venant à Zwellendam de l'intérieur du pays, portent des exhalaisons contagieuses ; car on a observé que tous les chevaux qu'on gardoit à l'écurie, étoient rarement attaqués de la maladie. Elle est si pestilentielle, que le cheval est mort presque en un instant, quelquefois sans aucun symptôme visible ; quelquefois il paroît une tumeur aux aines.

Ce fut en cet endroit que je vis, pour la première fois de ma vie, un de ces animaux appelés par les Hottentots et par les Colons, *quagga*. C'est une espèce
de

de cheval sauvage, qui ressemble beaucoup au zèbre ; la seule différence est que le *quagga* a les oreilles plus courtes, et n'a point de raies ni aux jambes de devant, ni sur les reins, ni sur aucune partie de derrière.

C'est d'après cette ressemblance imparfaite que M. Edward a dessiné le *quagga*, sous le nom de *zèbre femelle*. Mais, suivant moi, les *quagga* et les zèbres sont deux espèces séparées, vivans dans des contrées différentes et souvent fort éloignées l'une de l'autre. Les femelles de toutes les espèces sont marquées comme leurs mâles respectifs, excepté que dans ces derniers la couleur est quelquefois plus vive et plus décidée.

On trouve entre les zèbres quelques petites variations, quant à leurs raies, sur-tout au bas des pieds. Je n'ai jamais eu occasion de comparer ensemble des peaux de *quagga*; mais je suis très-persuadé qu'il y a fort peu de différence entre elles (*).

Le *quagga* que je vis en cet endroit avoit été pris fort jeune : il étoit si bien apprivoisé, qu'il approchoit

---

(*) Un fœtus, pleinement formé, d'un *quagga*, que j'ai apporté du Cap, et que j'ai conservé empaillé dans le cabinet d'histoire naturelle de l'Académie royale des Sciences, paroit avoir des couleurs plus vives que celles que j'ai observées dans l'animal adulte. La longueur de ce fœtus, de la tête à la queue, est de trente-un pouces ; et sa hauteur, vers les reins, de vingt-deux pouces.

pour être caressé. Il n'avoit, me dit-on, jamais peur de l'Hiène; il poursuivoit au contraire ce féroce animal toutes les fois qu'il se montroit dans le canton. Ainsi l'on ne pouvoit donner un gardien plus sûr aux chevaux, avec lesquels on le menoit au pâturage passer la nuit.

Je ne doute nullement qu'on ne pût former ces *quagga*, et en faire d'excellens chevaux de selle ou de harnois. Comme j'étois sur le point de retourner en Europe, je vis dans les rues du Cap un *quagga* attelé avec cinq chevaux; mais c'est un essai que personne n'a encore osé faire sur le zèbre. On m'a dit cependant qu'un riche bourgeois des environs du Cap avoit élevé et apprivoisé quelques Zèbres dans cette vue, et qu'une fois il s'étoit mis en tête de les enharnacher tous à sa chaise, quoiqu'ils ne fussent accoutumés ni au harnois, ni au joug. La fin de cette imprudence fut que les animaux retournèrent à leur étable, entraînant et la voiture et leur maître avec une si terrible furie, qu'elle lui ôta, à lui et à tout autre, le desir de recommencer jamais l'expérience. Il est cependant indubitable que les *quagga* et les zèbres, apprivoisés et rompus au travail, seroient, sous plusieurs rapports, d'un bien plus grand service aux Colons que les chevaux. D'abord on auroit plus de facilité à s'en procurer; secondement, accoutumés comme ils sont au pâturage âpre et sec dont l'Afrique abonde, ils semblent être désignés par la nature pour cette contrée; au lieu que les chevaux sont très-difficiles en nourriture. Je crois avoir déja remarqué qu'ils y sont, ainsi que les bœufs, en général beaucoup plus foibles que les nôtres. Le *quagga* que je vis à Zwellendam étoit en si bon état, si potelé autour des reins et à la croupe, qu'un cheval ne peut jamais, je crois, atteindre à ce degré d'embonpoint. Quoique les *quagga* et les zèbres aient les pieds petits, ils ont le sabot dur, et peut-être le pied, de même que les ânes, plus sûr que les chevaux. Il est vrai qu'on est ici dans l'usage de chasser les zèbres avec de bons chevaux, et qu'on y réussit très-bien; mais qui sait si, étant bien montés et exercés, les *quagga* et les zèbres ne deviendroient pas beaucoup plus légers à la course? Si les Colons les avoient apprivoisés, et s'en étoient servis au lieu de chevaux, au moins ils n'auroient pas été en danger de les perdre, ou par les loups, ou par la maladie épidémique à laquelle les chevaux sont sujets à Zwellendam.

1775.
Septemb.

J'y vis de plus une plantation de vignes pour l'usage de la maison : c'est la première que j'eusse apperçue depuis mon départ des bains. Le vin qu'elle produit n'approche pas de celui du Cap; ce qui provient principalement de sa position, ou peut-être du peu de soin qu'on prend de sa culture.

LE 3, nous continuâmes notre route jusqu'à *Riet-*

valley. C'est la dernière ferme du côté de l'est, appartenante au gouvernement : elle est située à peu de distance de Zwellendam. Un caporal a encore l'inspection de cette ferme, et la surintendance de plusieurs travailleurs qui coupent des bois dans une forêt voisine nommée *Groot vadersbosh*, pour le compte de la Compagnie. Nous trouvâmes les directeurs de cette ferme opulens et bien élevés : ils voulurent absolument que nous restassions deux jours avec eux, et firent tous leurs efforts pour nous être agréables et utiles ; ils prirent même la peine de nous donner des leçons de langue Hottentote, et de nous la faire prononcer.

CE langage est, quant à la prononciation, le plus difficile et le plus singulier de tous les langages du monde. Presque chaque mot se prononce avec un claquement de langue contre le palais. Les mots de plusieurs syllabes sont accompagnés de deux claquemens ; mais ce qui rend ce jargon plus difficile encore pour les étrangers, c'est que les coups de langue se donnent, dit-on, de trois manières différentes, plus ou moins en avant, suivant les circonstances. Ce n'est pourtant pas des Hottentots que je tiens ces remarques ; ils sont peut-être trop ignorans pour approfondir jusque là cette matière. Quant à moi, j'avoue que je n'eus point l'oreille assez fine pour en saisir les différences ; je dois avouer aussi que je m'embarrassai peu de prendre cette peine. Cependant, lorsque nous fûmes à

AU CAP DE BONNE-ESPÉRANCE.

Houtniquas, je m'apperçus qu'on y parloit un autre dialecte, différent du premier par les claquemens plus ou moins forts. Je me suis contenté, et pour mon plaisir et pour mon utilité, d'apprendre seulement quelques-uns des mots et phrases les plus ordinaires de la langue Hottentote. On en trouvera à la fin du troisième volume, une courte nomenclature, où j'ai désigné les claquemens de langue par un *ι*'.

1775.
Septemb.

Les Chinois, ou Hottentot-Chinois, ainsi appelés à cause de la couleur de leur peau, plus jaune que celle des autres nations Hottentotes, et plus semblable à celle des Chinois, ont aussi leur langage particulier. Il y a cependant entre ces dialectes une si grande ressemblance, qu'ils peuvent s'entendre tous. Afin qu'on puisse les comparer, j'ai aussi ajouté quelques mots de ce langage et de celui des Caffres, qui n'est point embarrassé, comme celui des Hottentots, de claquemens de langue.

Malgré ce bruit retentissant dans le haut du palais, ce jargon n'est point désagréable, lorsqu'on y est accoutumé. Le Hottentot le prononce avec facilité, comme les autres nations parlent leur langue. A mesure qu'on avance dans l'intérieur du pays, où l'on n'a que des domestiques Hottentots, souvent les enfans des Chrétiens apprennent plus facilement le Hottentot que le Hollandois. Il en est de même, par rapport au

Malaye, dans les lieux où l'on se sert d'esclaves, et sur-tout de nourrices de cette nation. On peut en conclure que toutes les langues sont également aisées pour les enfans, et que l'âge tendre est celui qui pourroit être le plus avantageusement employé à en apprendre plusieurs. J'ai vu souvent au Cap de fort petits enfans parler très-facilement et très-vîte deux ou trois langues différentes.

La connoissance, quoique imparfaite, de la langue Hottentote, me conduisit à celle de leur musique. Un de leurs instrumens est une espèce d'arc, en forme d'archet, d'un pied de long, tendu par une belle corde de fil, à l'une des extrémités de laquelle est fixé, sur la même ligne, un tuyau de plume d'un demi pouce de long. Pour jouer de cet instrument, le musicien applique sa bouche à la plume, et retire fortement son haleine; ce qui fait frémir la plume, et produit un son qui fait grincer les dents. Cet instrument s'appelle *i'goerra*; nom qui semble imiter assez bien l'harmonie de l'instrument.

T'guthe est le nom d'un autre instrument, fait probablement à l'imitation de notre violon. Il est formé d'un seul morceau de bois, sur lequel sont attachées trois ou quatre cordes. Ils en grattent avec un archet.

T'koi t'koi est une sorte de tambour fait d'une peau

tendue sur une calebasse ou sur un billot creusé. On peut se figurer quel effet musical doit produire ce merveilleux instrument. J'ai été assez heureux pour ne l'entendre que rarement; je ne suis pas d'ailleurs assez connoisseur pour avoir pu en écrire les notes. Leur musique vocale consiste à chanter sur quelques notes monotones, sans paroles, au moins sans paroles qui aient un sens. Ces remarques ne regardent que les Hottentots de cette contrée ; car je doute que les *boshis* aient même des *t'guthe* et des *t'goerra*.

IL est si ordinaire de trouver, dans les poëmes et les romans, des bergers et des bergères qui répètent sur leurs chalumeaux de tendres chansonnettes, que mon lecteur s'attend peut-être à voir les Hottentots pasteurs livrés à ce doux amusement. Détrompez-vous, lecteurs; ceux-ci n'ont ni pipeaux, ni chalumeaux, mais de bonnes pipes à fumer, dont ils jouent sans cesse, hommes et femmes. Cet instrument, qui a plus de charmes pour eux que toute la musique du monde, mérite bien une description, et je vais la faire exacte, si je puis.

LES pipes des Hottentots proprement dits, sont à-peu-près semblables aux nôtres. Le fourneau et la tige en sont de bois grossièrement travaillé. Les pipes des *boshis* sont plus remarquables. J'en ai donné la figure pl. I, fig. 3. Elle représente une corne d'élan d'un pied et demi ou deux pieds de long, dont l'ouverture a environ deux pouces de diamètre. Le *Boshi* presse des lèvres l'ouverture (*a*), ensorte que la fumée ne peut s'échapper ni se perdre d'aucun côté, mais passe entière dans son gosier en une colonne proportionnée à la grandeur de la corne, et sort en partie par ses narines. Il ne lui en faut, il est vrai, que cinq ou six gorgées; alors il tousse et crache, et il se fait une sorte de frémissement dans son gosier, qu'il regarde sans doute comme un effet fort agréable de la fumigation. Il passe ensuite cette délicieuse corne à son voisin, afin qu'il puisse avoir aussi le plaisir de s'enfumer les poumons, et la corne circule ainsi entre toute la compagnie, tant hommes que femmes, comme une pipe circule en Suède entre une compagnie de vieilles duègnes assises sous la cheminée, dans une maison de charité. Un *boshis*, que je pris dans la suite à mon service, lorsque je passai le désert pour aller à *Bruntjes-hoogte*, avala une fois le tabac de sa corne avec tant d'avidité, qu'il tomba à l'instant évanoui. Le lecteur peut voir la tige de la pipe (*b*) fixée à angles droits sur le côté de la corne (fig. 3), et le fourneau (*c*) qui est fait de bois ou de quelque caillou creux attaché au bout de la tige.

J'ai vu quelquefois des cornes de boucs employées à cet usage; mais on donne la préférence aux cornes d'élan,

AU CAP DE BONNE-ESPÉRANCE. 249

d'élan, à cause de leur pointe affilée, qui sert au Hottentot à la ficher en terre à côté de lui (*).

1775.
Septemb.

LEURS sacs à tabac sonts faits d'une peau d'agneau ou de la peau entière d'un antilope plus petit, ayant le côté velu en dehors. Le Hottentot a dans ce sac assez de place pour sa pipe, sa boîte à amadou, et le reste de son assortiment pour battre du feu.

OUTRE les informations qu'on me donna à *Rietvalley*, sur la musique, la langue et la manière de fumer des Hottentots, j'eus le soir même, après mon arrivée, occasion de les voir jouer au quadrille. C'est le nom assez absurde que les Colons donnent à un de leurs jeux, qui s'exécute de cette manière. Mes deux Hottentots avec deux autres firent la partie carrée, assis à terre, comme c'est l'usage des nations non polies : la cheminée, qui est toujours pour eux la place favorite, est celle aussi qu'ils préfèrent pour jouer, et l'âtre peut être regardé comme leur table à jeu ; car il arrive souvent que jouant avec trop d'action, ils frappent de grands coups dans le milieu des cendres, et les faisant

---

(*) J'ai rapporté une de ces cornes, et l'ai déposée dans la collection de l'Académie des Sciences. Comme elle ne servoit qu'à une petite femme hottentote, elle est plus petite et plus proprement faite qu'elles ne le sont ordinairement : elle n'a que treize pouces de long, et l'ouverture de la base, à laquelle ils appliquent leur bouche, n'a qu'un pouce et demi de diamètre.

Tome I.   I i

1775.
Septemb.

monter en nuage jusqu'au toit de la maison, en aveuglent les spectateurs. Cet amusement Hottentot ne consiste qu'en un mouvement continuel des bras, en haut et en bas, se croisant quelquefois mutuellement sans se toucher, au moins à dessein; il me paroît que l'intention du jeu, n'est, comme celle de la danse, que de développer les articulations : il est cependant probable qu'ils observent certaines règles, et qu'ils remportent quelque avantage les uns sur les autres; car chacun d'eux tenoit de tems en tems une petite cheville entre l'index et le pouce, et alors ils faisoient des éclats de rire. Je leur en demandai la raison; ils me dirent qu'ils perdoient et gagnoient tour à tour, quoiqu'il n'y eût entre eux aucun enjeu. Après deux heures un des partenaires dit qu'il étoit fatigué, et se mit à dormir. Les autres continuèrent à jouer jusqu'au point du jour, en prononçant, ou plutôt chantant à leur manière, ces paroles, *hei pruah prhanka, hei piruah t'hei, hei pruah ha*; autant de mots dont eux-mêmes ne connoissent point la signification. Tout l'éclaircissement qu'ils purent me donner sur ce sujet, fut qu'ils les avoient appris avec le jeu, de quelques-uns de leurs compagnons qui avoient été visiter les Indiens, fort avant dans le nord : ainsi leur *hei piruah prhanka* n'a probablement pas plus de sens que *lon lan la* en Europe.

CHAPITRE VI.

De Zwellendam à Muscle-bay.

1775. Septemb.

LE 5 au matin, nous prîmes congé de nos aimables hôtes, et nous arrivâmes à une ferme située sur l'autre bras de la rivière de *Buffel jagts*. A une petite distance de la ferme est un petit bois, où nous entendîmes les cris d'une troupe de singes. Notre hôte nous dit qu'ils donnoient ainsi l'alarme, pour s'avertir les uns les autres de l'approche des tygres, qui les poursuivent jusque dans les arbres : alors le seul moyen qu'ont ces ingénieux animaux pour leur échapper, est de sauter sur les branches les plus éloignées du tronc de l'arbre, où les tygres n'osent les suivre. Nous prîmes, M. Immelman et moi, nos fusils, et courûmes dans le bois pour avoir notre part de la chasse; mais nous ne fûmes pas assez heureux pour voir les singes d'aussi près que nous l'aurions desiré ; nous discernâmes seulement qu'ils étoient noirs comme le charbon, et de la grosseur, à-peu-près, d'un chat ordinaire : suivant toute apparence, ceux-là forment une espèce particulière, qui n'est point encore connue. Il y a, nous dit-on, quelques-uns de ces animaux dans *Groot vaders-bosh* et à *Houtniquas*; mais je n'y en ai point vu. Nous nous arrêtâmes si long-tems en cet endroit à chasser et à botaniser, que nous ne pûmes aller plus loin ce jour-là.

Le 16 au matin, nous arrangeâmes si à propos notre route, que nous arrivâmes à l'heure du dîner chez un riche fermier, capitaine dans la milice, composée de paysans qu'ils nomment autrement bourgeois. Tous les paysans de *Roodezand* et de tout le pays situé à l'est, sont sous la jurisdiction de Zwellendam, et obligés de comparoître à certains tems de l'année devant le *Landrost*, et d'y faire l'exercice. C'est une obligation fort onéreuse pour ceux dont les habitations sont éloignées; et il s'en trouve qui ont peut-être cinq cents milles de chemin à faire : aussi prétextent-ils souvent des empêchemens insurmontables, ou bien ils consentent à payer l'amende. Il y a un corps de milice encore plus nombreux, formé des habitans de *Camdebo*, *Sneeuwberg*, *Bockeveld*, *Roggeveld*, *Anamaqua*, etc., qui sont obligés d'aller chaque année à *Stellenbosh*, où le *Landrost* fait sa résidence. La bourgeoisie du Cap et les paysans de *Tyger-berg* sont de la dépendance de la ville même.

Dans le voisinage de cette ferme sont les montagnes *Tradaus*, qui s'étendent au loin vers l'est, et sur une partie desquelles est située la forêt de *Groot vaders-bosh*. Nous couchâmes ce soir-là à la ferme appelée *Kross-rivier*, précisément à côté du bois, afin d'être plus à portée d'y botaniser le lendemain.

Ce bois contenoit un grand nombre d'arbres, grands

et beaux ; mais comme la plupart n'étoient plus en
fleurs, nous ne pûmes nous assurer de quel genre ils
étoient ; plusieurs de ceux que j'examinai, étoient
absolument inconnus aux botanistes, et probablement
la plupart des autres étoient dans la même cathégorie.
Il est donc à desirer que quelque botaniste ait occasion
de s'établir en cet endroit une année entière, pour les
examiner.

1775.
Septemb.

Les fermiers et le gouvernement en tirent des
poutres, des planches et du bois pour la construction
de leurs chariots. Plusieurs espèces d'arbustes remplissent en quelques endroits, et sur-tout sur le côté du
bois, les interstices entre les grands arbres, et rendent
la forêt impénétrable ; entr'autres, on y voit plusieurs
sortes d'*Asperugo* à pointes, dignes d'être remarquées,
de même qu'une nouvelle espèce de *Callophyllum*, qui,
comme l'épine, s'accroche avec ses piquans recourbés
aux vêtemens du voyageur, et l'empêche de poursuivre son chemin, ce qui lui a fait donner ici le nom
de *wakt een betje*, ou *attends un peu*.

Le 10, étant partis de cette ferme, nous eûmes le
malheur de nous égarer avec nos chevaux, jusqu'après
minuit. Trop légèrement vêtus, nous étions transis de
froid, lorsque nous arrivâmes à une ferme près de *Slangen-rivier* ; encore s'en fallut-il peu que nous ne fussions
obligés d'attendre le matin en plein air. La maîtresse

du logis, qui se trouvoit être seule à la maison avec une esclave, n'étoit pas fort jalouse de donner l'hospitalité à des voyageurs qui lui étoient si parfaitement inconnus. Il est vrai que l'aboiement des chiens étoit le seul indice qui nous eût fait découvrir la maison. Le matin nous eûmes le plaisir de voir que nos Hottentots étoient arrivés avec le chariot à la distance de deux portées de fusil de la ferme, et avoient dételé les bœufs dans une plaine près d'un carrefour. Ils nous dirent qu'ils étoient arrivés quelque tems après nous en cet endroit, par des chemins de traverse. Tous les environs étoient secs et arides, et on y voyoit fort rarement une seule fleur printanière : la cause de cette stérilité étoit la sécheresse dont tout le monde se plaignoit ce printems. Quoiqu'il n'eût pas tombé de pluie en cet endroit depuis long-tems, les arbres de *Groot vaders-bosh* avoient attiré, comme attirent toutes les forêts, la vapeur des nuages et une pluie suffisante pour les arroser.

Ce fut un amusement pour moi, de voir ce jour-là des Hottentots équiter sur des bœufs ; ils franchissoient d'une allure assez leste les monts et les vallées. Mon hôtesses me dit que si j'attendois leur retour, je pourrois les voir revenir au galop, au risque de se casser le cou, attendu qu'ils alloient boire le produit de plusieurs gageures chez un fermier voisin qui, dit-elle, avoit assez peu de conscience pour exciter ces pauvres païens, au moyen de quelques verres d'eau-de-vie, à tous les désordres et les excès de l'intempérance. Elle me dit aussi qu'il étoit dans le caractère des Hottentots, de traiter fort cruellement les animaux, et sur-tout les bœufs qui les portent : plusieurs personnes m'ont confirmé cette remarque ; mais j'ai du penchant à croire qu'elle est plutôt applicable aux Hottentots qui se sont écartés de leur simplicité première, par un effet de leur commerce avec les Chrétiens.

1775.
Septemb.

LEURS bœufs de selle doivent être dressés de bonne heure, et lorsqu'ils ne sont encore que veaux. On leur perce le cartilage du nez, d'un trou assez grand pour contenir une cheville de bois, aux deux extrémités de laquelle est attachée la corde qui leur sert de bride. La selle n'est autre chose qu'une peau de mouton mise en double et attachée avec une corde sur le devant du bœuf. Les Colons les appellent *bœufs de charge*, parce qu'ils servent aussi à porter des paquets et des fardeaux. Ce nom leur convient encore sous un autre rapport, c'est que les Hottentots montent souvent plusieurs ensemble sur un seul bœuf.

IL existe un ordre du gouvernement, qui défend à tout Hottentot d'avoir en sa possession un cheval. Un Hottentot qui aimoit passionnément la chasse, accoutuma, m'a-t-on dit, un de ses bœufs à courir avec tant de vîtesse, qu'il chassoit avec lui des élans,

1775.
Septemb.

et les prenoit à la course. Le moyen le plus ordinaire des Hottentots pour éluder la prohibition, c'est de faire passer pour chevaux d'emprunt, ceux qu'ils ont en effet achetés fort cher, ou de prétendre que ce sont des chevaux qu'ils sont chargés de vendre pour le compte de quelques Chrétiens. Une autre loi du gouvernement défend, comme je l'ai déja observé, à tous Chrétiens, sous peine d'être fouettés et marqués, d'acheter ou d'acquérir par quelque autre voie, la possession d'aucun animal appartenant à un Hottentot. La raison de ce réglement, c'est que le gouvernement ayant besoin pour lui-même de ces animaux, trouve bon de se réserver le bénéfice de ce genre de trafic : car un Hottentot, pour une bouteille d'eau-de-vie et un rouleau de tabac, avec quelques grains de cuivre qui vaudront peut-être un quart de rixdalle, va vendre un bœuf qui lui est inutile, valant au moins cinq ou six rixdalles. Ce qui fait qu'ils les donnent à si vil prix, c'est que le facteur pour le gouvernement, qui est ordinairement le Caporal de *Riet-valley*, est leur unique acheteur, et que d'ailleurs il leur fait entendre que c'est une espèce de taxe imposée tous les trois ans sur la nation Hottentote. L'irrésistible attrait de l'eau-de-vie est aussi un stimulant qui ne contribue pas peu à engager le Hottentot obstiné et indocile, à se départir de sa propriété.

Sur le midi nous allâmes faire une visite à une société

société de Hottentots, qui nous reçurent fort amicalement, et nous invitèrent à boire de leur lait. Il falloit être bien altérés, ou, comme nous l'étions, bien curieux, pour oser goûter de ce breuvage. Nous vîmes alors notre luisante et joyeuse hôtesse, ouvrir un large sac fait d'une peau de veau entière et sans apprêt, ayant le poil en dedans, comme je l'ai déja dit, et contenant environ vingt-quatre pintes de Paris. Elle y puisa du lait avec une cuiller de bois, la seule qu'ils eussent : nous osâmes y boire, quoiqu'elle fût assez dégoûtante pour effrayer la plus sale cuisinière de Suède. Ils nous assurèrent que le lait doux étoit mal-sain ; qu'en mêlant ainsi tous les jours dans leur sac, le lait nouveau avec l'ancien, il se maintenoit toujours également bon, sans qu'il fût besoin d'y regarder, ni de nettoyer le sac. Le lait avoit le goût d'un mélange de lait et de vinaigre. Nous donnâmes en reconnoissance à nos hôtes, un rouleau de tabac de six pouces de long, qui fut à leurs yeux un magnifique présent.

1775.
Septemb.

A quelques portées de fusil de cet endroit, on voyoit une hutte d'une forme conique, et plus large que les autres : on nous dit que c'étoit la demeure du Capitaine Hottentot *Rundganger*. Je demandai alors à mon hôte, s'il étoit de la société de ce Capitaine, ou s'il étoit soumis à son commandement : il me répondit en riant, que le commandement d'un capitaine Hot-

Tome I. K k

tentot ne s'étendoit pas au-delà de sa famille; qu'il n'étoit capitaine que de sa femme et de ses enfans, et que dans le fait, il pouvoit aussi bien s'appeler major, ou tout ce qu'il vous plaira. Le nom de capitaine, dit le Hottentot, est un vain titre, dénué de réalité, accordé anciennement par le gouvernement du Cap à quelques princes et patriarches des Hottentots, et particulièrement à ceux qui s'étoient distingués par leur fidélité envers leurs alliés, en trahissant leurs compatriotes, ou par quelque autre important service. On leur donnoit aussi un surnom hollandois, avec un bâton de commandant; et ces deux prérogatives, comme des lettres de noblesse, se sont transmises des pères aux enfans : d'ailleurs on exige du capitaine, qu'il soit un espion parmi les autres Hottentots. Lorsqu'on fait des recherches pour trouver un déserteur, le gouvernement du Cap décerne au capitaine la principale autorité et le principal embarras dans cette affaire.

Après cette information, qui depuis m'a été confirmée, nous nous empressâmes d'aller rendre nos devoirs à cet homme d'une si ancienne et si haute famille, à ce capitaine *Rundganger*. Le patriarche étoit alors assis et se chauffoit au soleil devant la porte de sa tente : il attendit, pour nous recevoir, que nous fussions tout près de lui. Il avoit un peu plus de quarante ans, et un embonpoint tel que je n'en ai jamais vu, ni auparavant ni depuis, à personne de sa nation : cette santé florissante étoit probablement l'effet de la supériorité que lui donnoient ses troupeaux plus nombreux, une meilleure nourriture, et une vie plus indolente encore et plus libre de soins et d'inquiétudes. Au moyen d'un peu de tabac et de quelques autres offrandes du même genre, que nous fîmes voir à propos à cette illustre famille, nous parvînmes bientôt à gagner sa confiance. Le capitaine ne pouvoit s'empêcher, quoique avec beaucoup de réserve, et dans des termes fort doux, de se plaindre des Hollandois, qui envahissoient injustement les territoires des Hottentots ; car aujourd'hui, disoit-il, dénués de force et de puissance, ces derniers ne sont plus en état de s'opposer à leurs usurpations. Presque tous les jours quelque Hottentot est forcé de déménager, lui et son bétail, dès que le pâturage dont il étoit en possession se trouve au gré d'un Colon. Anciennement on laissoit au moins les capitaines Hottentots tranquilles dans leurs possessions ; mais on l'avoit chassé aussi, lui capitaine, d'une place beaucoup meilleure, et l'on commençoit même à lui envier le champ aride et maigre qu'il possédoit encore près du rivage de la mer, quoique l'endroit fût dangereux et mal-sain pour les moutons et le bétail, et qu'il fût ouvert aux incursions des animaux de proie. Il se plaignoit aussi de ses compatriotes, qui, disoit-il, ne pouvoient presque plus s'accorder entre eux, et qui lui portoient particulièrement envie, ensorte qu'il ne pouvoit plus se hasarder à vendre à un fermier un bœuf superflu, sans craindre que ses amis et ceux mêmes de sa famille, n'en allassent faire des rapports au *Landrost* de Zwellendam.

J'AVOIS déja oui dire que parmi les Hottentots, le plus jeune fils étoit le principal, pour ne pas dire le seul héritier. Le capitaine *Rundganger* me confirma l'existence de cette loi singulière, en m'apprenant que tout son bétail et son titre de capitaine, et son bâton de commandement, passeroient après sa mort au plus jeune de ses fils. Je fus curieux de voir ce signe de son autorité, ou plutôt de sa dépendance, son bâton de capitaine; il me montra la canne qu'il tenoit à sa main. C'étoit un bambou de l'Inde, ou, comme on dit plus communément, d'Espagne, court et fort simple, décoré d'une tête en cuivre de nulle valeur, de trois pouces de long. Il étoit obligé de porter toujours cette canne.

J'AI déja dit que la hutte de *Rundganger* étoit d'une grandeur extraordinaire; elle étoit en effet trois ou quatre fois plus large que les huttes communes. L'on y trouvoit même une chambre à coucher et une garderobe séparées avec des nattes. Quant au corps de l'édifice, il étoit composé de perches, qui se joignoient au sommet, et qui, couvertes de paille, formoient ensemble une chaumière conique. Il est probable que le titre de capitaine, héréditaire dans la famille *Rundganger*, lui avoit suggéré l'idée de se construire une hutte d'un meilleur goût et sur un modèle plus élégant que n'étoient celles de ses compatriotes. Il me paroît incontestable que l'ambition, qui, portée à l'excès, perd les nations civilisées et les replonge dans une inaction funeste, est, à un certain degré, un stimulant nécessaire au peuple Hottentot, pour le faire sortir de son apathie, et changer ses *craals* en des sociétés mieux réglées et plus laborieuses.

1775.
Septemb.

CE seroit désormais ennuyer fort inutilement le lecteur, que de s'attacher à donner la relation de chaque jour en particulier, comme je l'ai fait jusqu'à présent. Des remarques peu différentes de celles que j'ai déja exposées, reviendroient à chaque page, et l'on peut juger d'après ce que j'ai dit, que plusieurs de nos journées furent remplies par des plaisirs très-modérés, par des découvertes assez peu importantes, et sur-tout par de très-grands embarras. Je me contenterai donc, dans la suite, de citer certains jours, où je rassemblerai, sans m'astreindre à la régularité des dates, les plus remarquables évènemens de notre voyage.

Nous continuâmes notre route à travers *Duyven-koeks-rivier*, *Kaffer-kuyls-rivier*, par le chemin le plus élevé, et *Gaurit-rivier*; ensuite par une vallée verte appelée *Honing-clip* (roche de miel), *Mosselbay*, *Klein* et *Groot-Brak-riviers*, jusqu'au pays de *Houtniquas*; comme il est indiqué sur la carte par des points. Nous vîmes à

Duyven-koeks-rivier, le *Dorn-boom*, ou arbre appelé *mimosa nilotica*, qui produit la gomme arabique. Cette rivière est profonde, et son courant est rapide. Le professeur Thunberg, en la passant à cheval, ne prit point le bon passage, et manqua d'y être noyé.

Les rivières *Drooge* et *Natte* (sèches et mouillées) étoient alors à sec. *Kaffer-kuyls* ou *Palmit-rivier*, étoit encore assez grosse au gué le moins profond, et toute couverte et embarrassée de palmiers. L'eau étoit, il est vrai, desséchée dans plusieurs endroits ; mais nos bœufs furent obligés de traîner le chariot à travers une masse de limon dans lequel ils enfoncoient jusqu'au ventre. Nous y serions certainement restés, nous et tout notre équipage, si un fermier n'eût envoyé son esclave bâtard nous tirer de ce mauvais pas. Cet esclave avoit l'habitude de fouetter les bœufs sans relâche, et avec tant de dextérité, qu'il ne leur donnoit pas un instant le loisir de se ralentir.

False-rivier est un ruisseau qui ne mérite aucune attention ; mais nous trouvâmes chez le fermier qui demeure sur ses bords, un ruisseau de lait de beurre bien remarquable : le lait couloit dans cette ferme à pleins seaux ; et quoique tout le monde de la maison et cinq ou six gros chiens en fussent déja rassasiés, il en restoit encore beaucoup plus que nous n'en pouvions boire.

Le fermier étoit un des plus considérables de ceux qu'on nomme *pâturagers*, dont tout le revenu provient de leurs pâturages. Toutes les traites de deux ou trois jours étoient versées ensemble, et gardées dans une grande cuve jusqu'au moment de battre le beurre, ce qu'ils avoient coutume de faire de deux ou trois jours l'un, le mettant, ou tout ou en partie, dans un vase qui contenoit entre un et deux muids. Deux hommes, et quelquefois quatre, agitoient la batte à beurre, de la même manière qu'on fait jouer la manivelle d'une pompe ordinaire.

Les habitans de cette colonie sont trop peu soigneux, et ce soin leur seroit en effet assez inutile pour exprimer, comme chez nous, tout le beurre qui pourroit être séparé de leur lait. Aussi leur lait de beurre m'a toujours semblé beaucoup plus fort et plus gras que le nôtre.

Personne ne prend ici la peine d'engraisser des porcs ; c'est pour cette raison qu'ils sont si prodigues de leur lait de beurre. Les fermiers qui ont une honnête portion de terre pâturable et de bétail, font annuellement de 1800 à 3500 livres de beurre ; il est porté au Cap, et vendu de trois à six *styvers* (*) la livre.

(*) Le *stuyver* ou *styver* de Hollande, est un sou commun, qui vaut 16 pennins, lesquels valent un sou de France.

Les marchands de la ville qui l'achètent, le revendent aux vaisseaux, et y bénéficient de vingt à cent pour cent. Les plus riches fermiers retirent encore un autre profit de leurs pâturages : ils peuvent tous les deux ou trois ans, disposer de huit ou dix bœufs. Ils les vendent à des bouchers, à des charretiers, ou à d'autres fermiers qui, n'ayant point assez de terrain pour élever du bétail, trouvant d'ailleurs un débit plus prompt de leur vin et de leur blé, ne s'occupent qu'à cultiver la terre. Les *pâturagers* retirent encore un revenu plus ou moins considérable de la vente des veaux et genisses ; plusieurs d'entre eux peuvent disposer chaque année de vingt à cent veaux, qu'ils vendent de six schelings à une rixdalle pièce, monnoie de Hollande. Pour ce dernier commerce, le vendeur n'a pas besoin de sortir de sa maison ; des garçons bouchers du Cap font des tournées dans le pays, achètent les veaux, et les conduisent par troupeaux de plusieurs centaines, et même de milliers, à la boucherie du Cap, vers le tems où les flottes arrivent. On appelle aussi, dans ces cantons, fermiers *pâturagers*, d'autres paysans qui n'élèvent que des bêtes à laine. Un de ces derniers est quelquefois possesseur d'un, de deux ou de trois mille moutons ; ce qui se voit fréquemment, sur-tout dans les plaines les plus sèches et les plus rôties, comme à *Camdebo*, à *Rogge-veld*, à *Bokk-veld*, aux grands *Carrows*, etc., tout pays qui, collectivement, et en y comprenant plusieurs petits terrains,

terrains, est appelé par les Colons *Carrow-veld* (champ aride).

1775.
Septemb.

Les habitans distinguent dans toute l'enceinte de la colonie, trois espèces de terrain, différentes par la qualité de leur sol : 1°. le terrain *Carrow* (aride); 2°. le terrain *Zuur* (acide); 3°. le terrain *Zoet* (doux).

Le *Carrow-veld*, pris dans sa signification la plus étendue, est, comme je viens de le dire, un pays horriblement grillé durant tout l'été : il y tombe à peine une goutte de pluie. Le sol est nu comme celui d'un grand chemin, et les arbrisseaux y sont, au moins en apparence, desséchés et dans un état de dépérissement. La terre en est, dans cette saison, crevassée, dépouillée de verdure, maigre et altérée. De hautes montagnes de granit, qui ne semblent riches qu'en mines de fer, bornent de tous côtés ces champs misérables. Le soleil y rôtit le voyageur de ses rayons réfléchis du haut des montagnes; la terre le brûle à travers la semelle de ses souliers. Bientôt découragé, affoibli, énervé, il se trouve baigné dans sa sueur, et sent lui-même la soif dont tous les objets qui l'environnent sont dévorés, tandis que son ame est rassasiée jusqu'au dégoût, de voir la désolation du règne végétal, et agitée des réflexions effrayantes dont cet aspect le frappe.

Mais dans l'hiver il tombe dans le *Carrow-veld* des

1775.
Septemb.

déluges de pluie ; et tous les jours, et même à toutes les heures, le tonnerre roule avec un fracas épouvantable dans les montagnes qui l'environnent. Les nuages qui s'y amassent presque en un instant, retombent en ondées pesantes, et inondent et les collines et les plaines. La terre alors rafraîchie, reçoit avidement les semences qui n'attendoient que cet instant pour germer. On voit bientôt verdir et fleurir une multitude de plantes succulentes, le plus bel ornement de ces contrées, et qui, dans le fond de l'hiver, couvrent la terre d'une magnifique et brillante robe d'été.

Ces plantes substantielles, dont se pare la Flore de ce pays, sont principalement des *mesembryanthemum* de plusieurs espèces, qui croissent en touffes, avec des fleurs blanches, rouges, bleues, mais sur-tout jaunes ; des *crassula* avec des fleurs rouges, et diverses espèces de *cotyledon*, de *stapelia* et d'*euphorbia*.

Les moutons se nourrissent de toutes ces herbes, et des têtes mêmes des *euphorbia*. Cette pâture les engraisse extraordinairement ; mais dans l'été, quoiqu'ils ne les aient plus pour se sustenter, et qu'ils soient forcés de brouter, faute de mieux, des arbrisseaux et des buissons, ils ne sont point en mauvais état. Les animaux d'une espèce plus grande, qui ne peuvent s'accommoder d'arbustes pour toute nourriture, sont obligés de chercher dans les rivières, des roseaux et d'autres végétaux verts. Beaucoup de fermiers du *Carrow*, qui habitent les bas-fonds, sont obligés de changer de place, et de se retirer, quand vient la saison chaude, sur le haut des montagnes et des collines, où ils trouvent le climat ordinaire de l'été, de la pluie quelquefois, de l'herbe en abondance, et des brises rafraichissantes.

1775.
Septemb.

Dans l'hiver il tombe, dit-on, de la grêle et de la neige sur plusieurs de ces montagnes. Les Colons les quittent alors, et reviennent chercher une température douce et la verdure dans les basses campagnes du *Carrow*. Jalouses de jouir des mêmes avantages, les gazelles descendent après eux, et sont suivies par les animaux de proie.

Le climat du *Carrow* est absolument défavorable à toute espèce de bled. Si on y sème dans l'hiver, m'ont dit plusieurs habitans qui en avoient fait eux-mêmes l'expérience, les pluies trop abondantes pourrissent la semence : si on la met en terre pendant l'été, la sécheresse l'empêche de lever. Malgré tous ces désavantages naturels, il faut dire cependant, à l'honneur de l'industrie et de l'activité de l'homme civilisé, qu'on voit fréquemment, même dans les plaines brûlées du *Carrow*, des champs de bled, des jardins potagers et des vignobles verdoyans et couverts de fleurs, tandis qu'autour d'eux les plantes sauvages languissent et meurent de sécheresse. Les Colons ont trouvé l'art de faire descendre l'eau des montagnes voisines, et de la conduire à leur gré sur leurs champs et autres plantations.

Les campagnes appelées par les Colons *Zuur-veld* (terres acides), situées un peu plus haut que le niveau du bord de la mer, sont plus fraîches et mieux fournies d'eau que les autres plaines, qui cependant produisent plus de gazon. Les différentes espèces d'herbes qu'on y voit durent toute l'année; elles sont plus dures que dans l'autre espèce de sol, et leurs feuilles sont plus larges, rudes et velues. Dans ces cantons, les bestiaux sont sujets à mâcher des substances mal saines, comme des longes de cuir, de la craie et des os; et lorsqu'ils ne trouvent rien de semblable, ils se rongent mutuellement les cornes. Cette habitude bizarre, qui semble indiquer un acide dans l'estomac des animaux, est probablement ce qui a fait appeler ces champs *Zuur-veld*. Quelques plaines de la Caffrerie possèdent aussi cette qualité acide; et dans la nuit, les bestiaux renfermés dans leurs étables se rongent ainsi les cornes, ensorte qu'elles ont l'air d'avoir été sculptées. Cette particularité ne doit donc nullement être attribuée, comme elle l'a été par quelques voyageurs, à des opérations manuelles des bergers caffres, ou à d'autres causes de pure invention.

Les Colons ont remarqué que dans le *Zuur-veld* il

y a moins de lait à proportion, mais plus de beurre, et qu'il est meilleur que dans le *Zoet-veld*, quoique le bétail devienne plus gras dans ce dernier. Les terrains *doux* sont tous les autres cantons qui ne répondent ni à l'une ni à l'autre des deux descriptions que je viens de faire du *Zuur* et du *Carrow-veld.* Toutes les plaines basses sablonneuses situées près du bord de la mer, sont ce qu'ils appellent *Zoet-velden*; les *Zuur* sont *Honing-klip*, le pays de Houtniquas, et la plus grande partie de *Lange-kloof* et de la Caffrerie.

1775.
Septemb.

Le *Carrow* est regardé comme la meilleure terre pour nourrir les moutons; et le *Zuur* comme la pire. Quant aux bestiaux, on a trouvé qu'ils profitoient davantage, lorsqu'ils étoient changés d'une de ces espèces de terrain à l'autre. Cette expérience constante et avérée des Colons s'accorde avec la coutume qu'ont adoptée les Hottentots, quoique dans le fait elle soit plutôt l'effet du préjugé que de la réflexion. Dès que quelqu'un de leur famille ou quelqu'un de leurs animaux tombe malade et meurt, ou qu'il leur arrive quelque autre infortune, ou même qu'ils s'en croient menacés, ils changent à l'instant de demeure. Aussi voit-on le bétail des Hottentots conserver à un certain degré sa grandeur et sa force primitive, tandis qu'au contraire les bestiaux des Chrétiens dégénèrent en une race plus petite, et cela sur-tout dans les cantons situés près du Cap, qui sont conséquemment habités et cultivés depuis plus long-tems.

On a aussi remarqué que telles places qui produisoient ci-devant à foison de l'herbe, du bled, des légumes, sont aujourd'hui considérablement déchues, et forceront peut-être bientôt de les abandonner.

Le *rhinocéros-stoebe*, espèce d'arbuste sec, qui ne pousse ordinairement que dans les endroits arides, commence aujourd'hui à croître et à se propager dans les terrains jadis fertiles. Lorsque j'en demandai la raison à quelques habitans, ils me répondirent que cet arbuste leur étoit envoyé pour la punition de leurs péchés. Mais un de leurs péchés, qui, s'il n'est pas le plus grand, est au moins celui qui a le plus contribué au mal général dont eux-mêmes se plaignent, c'est de n'avoir pas su ménager à propos leur terrain, et lui adapter la culture qui lui étoit propre. Les terres nouvellement défrichées sont, comme on sait, en tout pays plus fertiles qu'elles ne peuvent l'être après un certain tems : il n'est donc pas étonnant qu'aujourd'hui celles d'Afrique exigent plus de soins, de labeur et d'engrais que les Colons ne leur en donnent ; toutes choses cependant absolument nécessaires pour les maintenir au degré de force et de fécondité qu'elles avoient eu le tems d'acquérir pendant plusieurs siècles de repos.

EN dépit de la coutume et de l'exemple qui leur est donné par les habitans primitifs, les Hottentots, les Colons font paître leurs bestiaux constamment dans les mêmes herbages; ils couvrent leurs champs de troupeaux bien plus nombreux que n'étoient jadis ceux des Hottentots ; car il leur faut des viandes pour leur table ; il leur en faut pour fournir aux tables splendides des nombreux habitans du Cap ; il en faut de fraîches et même de salées, pour avitailler les vaisseaux qui vont aux Indes orientales ou qui en reviennent. Ces champs continuellement tondus, s'épuisent à mesure que le nombre des bestiaux augmente. Les herbes et gazons qu'ils aiment le mieux, ne peuvent plus ni pousser, ni prendre racine. L'arbuste du *rhinocéros*, auquel le bétail ne touche jamais, y croît et s'y perpétue librement. Ainsi les Colons doivent trouver moins étrange que *cette punition de leurs péchés*, accompagnée de plusieurs autres arbustes secs et stériles, se trouve près de leurs fermes en plus grande abondance que par-tout ailleurs. Malgré tous ces inconvéniens, les Colons demeurent inébranlables dans leurs maisons de pierres, et voient inutilement autour d'eux les Hottentots transporter, comme dans les premiers tems, leurs huttes et leur bétail de place en place, à la première terreur panique qui les saisit, et ne laisser jamais le tems à leurs animaux de tondre un champ de trop près.

1775.
Septemb.

Outre cette diminution dans les pâturages, il est encore une autre cause qui ne contribue pas peu à l'abâtardissement des animaux, c'est la trop grande quantité de beurre que font les Colons. Il arrive delà que les veaux boivent beaucoup moins de lait qu'ils n'en buvoient anciennement; abus qui n'a jamais lieu chez les Hottentots. Il est cependant probable que si cette coutume dure encore long-tems, l'on verra s'accomplir le présage des gens du pays, c'est-à-dire, que plusieurs places, aujourd'hui habitées et en culture, seront abandonnées et désertes. Mais il peut arriver aussi que le tems et le repos rendent à la fin au sol la force et la vie dont les Colons l'ont privé; que les bonnes herbes, régénérées à l'abri et sous l'ombre des arbustes, les étouffent et les détruisent à leur tour; et qu'enfin, après avoir subi une sorte de putréfaction, elles se fassent à elles-mêmes un sol plus fertile et plus adapté à leur nature. Il est probable aussi que le gros gibier s'y trouvant moins inquiété par les chasseurs, s'y reproduira; et l'on sait que, moins délicat que le bétail ordinaire, il se nourrit autant d'arbrisseaux que d'herbes. Il peut même arriver que la fiente des gazelles et quelques autres causes accidentelles dont on n'a point encore fait l'essai dans cette contrée, soient propres à extirper totalement l'arbuste du *rhinocéros*. Les animaux naturels d'Afrique, et qui ne se rencontrent que là, sont, il me semble, autant désignés

signés pour les plantes particulières du climat, que les plantes le sont pour eux. Le *renne*, par exemple, animal destiné par la nature pour le climat de la Laponie et pour la mousse (appelée par les botanistes, *lichen rangiferus*) dont ce pays est couvert, y est naturalisé au grand avantage de ceux qui l'habitent, et trouve une abondante subsistance dans des endroits où d'autre bétail languiroit de besoin. L'*élan*, autre présent de la nature pour notre climat, étoit autrefois regardé comme gibier seulement, lorsque la chasse étoit la principale occupation de la plupart des nations. On ne lui connut d'autres propriétés, qu'après que nos sages contemporains, animés d'un zèle vraiment patriotique, les barons *Alstroemmer*, proposèrent des prix, et entreprirent par différentes méthodes, de domestiquer cet animal, grand, fort et agile, utile découverte pour notre contrée.

D'APRÈS ces observations, c'est aux Colons à considérer sérieusement si la destruction totale du gibier ne tend pas directement à faire de leur pays un désert.

ON m'a dit qu'un fermier entreprit de détruire sur sa terre tous les arbustes du *rhinocéros*, en y mettant le feu; mais ils repoussèrent dans la suite plus vigoureux que jamais. Ainsi, je le répète, il est probable que les siècles à venir verront cette partie de l'Afrique entièrement changée et différente de ce qu'elle est, par rapport aux effets de l'industrie humaine, et par rapport aux opérations immédiates de la nature.

Gaurits-rivier est aussi appelée *Goud-rivier*, probablement d'après la ressemblance de ces deux mots, ou peut-être parce que le dernier est plus aisé à prononcer, et non d'après quelque rapport avec *Goud* (de l'or), comme le mot sembleroit l'indiquer. Cette rivière, qui vers le nord est aussi appelée *Oliphants-rivier*, est une des plus considérables de cette partie de l'Afrique, et quoiqu'elle fût alors extrêmement diminuée, il y avoit encore un fort courant. On nous dit qu'il étoit fort dangereux de la traverser à gué. Outre qu'elle est très-large et très-profonde à l'endroit où on la passe, elle y forme un coude ou enfoncement qu'il faut savoir éviter. Nous eussions été fort mal à notre aise, si l'on ne nous eût avertis à tems.

Les bords de cette rivière sont fort hauts, et absolument perpendiculaires, excepté à l'endroit du passage. Elle se gonfle quelquefois si subitement, et fond avec tant d'impétuosité sur les voyageurs qui la traversent, qu'elle les submerge ou les entraîne à la mer. Un paysan qui, quelque tems auparavant, avoit fait halte pendant la nuit près du gué de cette rivière, fut emporté et noyé, lui, sa femme, ses enfans, et le chariot dans lequel ils étoient endormis.

La cause de ces crues soudaines est la fonte des

neiges sur les hautes montagnes qui bordent la rivière, et la chûte des pluies dans les plaines *Carrow* du nord, où l'*Oliphants* ou *Gaurits-rivier* se forme de plusieurs petits bras, comme on peut le voir dans la carte.

1775.
Septembᵣ

Après avoir passé *Gaurits-rivier* et la vallée étroite de *Honing-klip*, nous prîmes sur la droite pour gagner *Mossel-bay*, ensuite les rivières *Brak*, et delà les forêts de *Houtniquas*. On nous avoit fort conseillé de ne point aller encore à *Lange-kloof*, à cause de la sécheresse extrême qui régnoit alors dans ces cantons, si nous ne voulions courir le risque de voir nos animaux périr de faim.

Les rivières *Brak* (salées) tirent leur nom de la qualité saumâtre de leurs eaux, auxquelles se mêlent celles de la mer. Elles occasionnent une diarrhée fort incommode aux animaux qui n'y sont point faits. Comme j'ignorois cette particularité, mes bœufs furent attaqués de la maladie, qui les affoiblit au point que je fus obligé de laisser mon chariot sur une montagne, jusqu'à ce qu'un paysan de *Houtniquas* vînt nous en tirer avec un attelage de ses bœufs.

Au dessous de la ferme située à l'ouest de la petite *Brak-rivier*, dans un endroit nommé *Geelbecks-valley*, on voit un espace de terre d'environ deux tiers d'acre, où ne croît jamais aucune plante, mais en partie cou-

Mm ij

1775.
Septemb.

vert d'une espèce de gelée blanche. Les Colons prenoient cette gelée pour du salpêtre : c'est un véritable et beau sel marin. Lorsqu'on en voit plus que de coutume, les habitans du voisinage attendent des pluies.

J'allai à cheval voir *Mossel-bay*. Ce havre, quoique trop ouvert aux vents d'est, et peu fréquenté par les vaisseaux, excepté dans des cas d'extrême nécessité, pourroit cependant, sous plusieurs rapports, être fort utile, s'il étoit mieux connu.

Sur une pierre des environs est gravée l'inscription suivante : Le capitaine *Swenfinger*, du vaisseau danois la *Kron-prinsess*, 1752. Les habitans nous apprirent que ce vaisseau avoit été chassé dans la baie par une tempête, et y avoit échoué. Quelques-uns des matelots ayant gagné le bord à la nage, et s'étant procuré deux lignes, parvinrent avec elles à tendre une grosse corde du mât du navire au rivage, en lui donnant une direction inclinée. Alors ils passèrent à cette corde un gros anneau de fer, auquel chaque personne de l'équipage étoit fortement attachée, et se laissoit glisser l'une après l'autre jusqu'à terre, d'où, au moyen d'une des lignes, on faisoit promptement remonter l'anneau au navire. Lorsque la tempête se fut appaisée, une partie de la cargaison fut sauvée et transportée au Cap sur des chariots.

Les habitans les plus voisins de ce havre m'ont

assuré qu'on voyoit souvent des vaisseaux manœuvrer à son embouchure, comme s'ils cherchoient le port, et qu'ils ne pussent savoir précisément où le trouver. Ils me dirent qu'un entr'autres avoit tiré plusieurs coups de canon de détresse, avant d'oser y entrer. On croit que la raison de cette incertitude est, qu'on peut aisément se tromper sur la position de ce port, vu que d'après les cartes chacun croit devoir y trouver une île ; et il n'y a dans le fait qu'un rocher peu considérable et bas, qui, à mer haute, est presque entièrement sous l'eau, et doit nécessairement paroître aux navires qui entrent, comme s'il étoit joignant à la terre. Ce fut en partie cette circonstance qui causa le malheur du capitaine *Swenfinger* ; et sur toute la côte, entre *Falsebay* et *Mossel-bay*, on ne trouve, dit-on, aucun mouillage.

DANS le fait, il semble que le gouvernement desire tenir en quelque sorte les navigateurs dans l'obscurité, par rapport à Mossel-bay. Un magasin avec un mât de pavillon, que le capitaine du vaisseau danois y avoit fait élever, fut détruit immédiatement après son départ, et il fut défendu de construire aucun édifice à la vue du port. Cette conduite n'est certainement pas fondée sur la saine politique ; car une connoissance plus exacte de Mossel-bay peut être un moyen de salut pour quelque vaisseau que la violence du vent forcera d'y entrer.

1775.
Septemb.

Comme jusqu'à présent personne n'a donné aucune description, au moins imprimée, de ce havre, je crois qu'il est de mon devoir, en attendant des informations plus exactes, de communiquer au public mes observations sur Mossel-bay, quoiqu'elles soient imparfaites.

On n'y trouve aucun canot ; je ne puis donc en donner les sondes. Au moyen du compas que j'avois apporté avec moi, j'ai marqué de points, dans ma carte, la position du rivage telle qu'elle est, après l'avoir examinée moi-même, partie à pied, partie à cheval. Les Danois qui échouèrent ici, assurèrent aux habitans qu'il y avoit un bon fond sablonneux pour le mouillage, et que dans le petit enfoncement au sudest, ou trouve assez d'eau pour contenir un navire.

Pour donner au lecteur une pleine connoissance de ce port, en supposant qu'il connoît préalablement la latitude, et qu'il l'a comparée avec la petite portion que j'ai pointée sur ma carte, il est peut-être nécessaire de l'informer qu'il n'y a ni rochers ni pierres sur le rivage nord ou nord-ouest ; que ce rivage est formé par des collines vertes couvertes d'arbrisseaux, excepté précisément aux deux endroits où les rivières *Heerte* et *Kleine-brak* se déchargent. Les sables que les vents de mer y ont élevés à une certaine hauteur, ont empiété sur la verdure de la perspective. Le rivage du sud-ouest au contraire, est rocailleux et montueux; il est cependant plat près du bord, excepté dans un seul endroit, où l'on voit, à très-peu de distance de l'eau, une tête de roc, comme ils l'appellent, ou montagne pierreuse, qui du côté de la mer est à pic.

1775.
Septemb.

PROBABLEMENT il n'est pas difficile d'aborder en cet endroit avec des canots, lorsque le tems est beau. On y trouve, nous dit-on, des huitres; mais la mer étoit en ce moment extrêmement agitée, et l'eau continuant d'être haute, même l'après-midi, nous ne pûmes en pêcher. Dans l'état actuel des choses, ce doit être une tâche fort longue et fort pénible que d'y faire de l'eau; car il n'y a qu'un très-petit ruisseau d'eau douce, qui se précipite dans l'enfoncement dont nous avons parlé, où se trouve le mouillage; mais à quelques portées de fusil du rivage, on trouve la source même du ruisseau: elle est si large et si profonde, qu'on pourroit, il m'a semblé, remplir aisément deux muids à la fois d'une eau douce, claire et de bon goût. En purifiant cette eau comme il convient, en lui faisant un canal, on pourroit peut-être la rendre encore meilleure. Il est arrivé plusieurs fois, et je connois divers exemples de ce fait, qu'en creusant près du bord de la mer un trou médiocrement profond, sur-tout si le rivage est sablonneux, l'eau douce s'y est précipitée et a rempli le creux. Ce fait rend croyable le rapport que je tiens de quelques paysans de *Houtniquas*, qu'é-

1775.
Septemb.

tant un jour à la chasse près de l'embouchure de *Brak-rivier*, et se trouvant extrêmement altérés, il leur vint à l'esprit de faire une expérience : ils enfoncèrent un roseau à la profondeur d'un pied et demi dans le sable, qui étoit à-peu-près de niveau avec la mer. Ils furent étonnés peu de tems après, de trouver qu'ils pouvoient pomper à travers leur roseau une eau fraîche et douce.

CHAPITRE

CHAPITRE VII.

Continuation du voyage à travers le pays de Houtniquas.

La terre de *Houtniquas* est couverte de bois. Elle commence à l'est de *Groote-brak-rivier*, et s'étend jusqu'à *Keurebooms-rivier*, qui se décharge dans *Algoa-bay*. Ce canton est séparé de *Lange-kloof* par une longue chaîne de montagnes fort hautes, qui court de l'est à l'ouest. Sur le côté de ces montagnes est un bois. On peut appliquer aux arbres, aux herbes et aux propriétés générales de cette forêt, la description que j'ai donnée de *Groot-vaders-bosh*.

1775.
Septemb.

Sur le côté ouest de *Keerom-rivier*, ou celui qui est le plus proche de *Houtniquas*, entre le bois dont nous venons de parler et le bord de la mer, s'étendent de vastes plaines, dont le gazon est passable. Il y a aussi dans les vallées près du rivage, quelques endroits couverts de bois, et des ruisseaux d'eaux douces. Deux fermiers qui y ont fait un établissement récent, y trouveront aussi facilement leur bien-être, que les anciens, qui se sont établis sur le côté supérieur et plus étendu de la forêt. Ils peuvent y couper du bois de construction, y semer du blé, y élever du bétail, assez pour fournir aux besoins de leurs familles. Tout le pays situé entre *Keerom* et *Keurebooms-rivier*, forme l'intérieur de *Houtniquas*, et est presque entièrement couvert de bois. Je n'ai pu le visiter en entier, et j'ai été obligé de placer sur la carte les fermes et les rivières, sur le rapport, peut-être inexact, d'un fermier qui cependant avoit parcouru presque toute cette contrée.

KEEROM-RIVIER (ou *rivière du retour*), à laquelle se joignent les petites rivières *Swart* et *Traku-diku*, a tiré son nom du premier voyageur qui, après l'avoir traversée, fut forcé de la repasser, à cause des forêts épaisses et presque impénétrables dont elle est bordée de l'autre côté.

KEUREBOOMS-RIVIER a peut-être tiré son nom d'un arbre nommé *Keureboom* (le *sophora Capensis* de LINNÉ). On trouve sur cet arbre une grande quantité de gomme semblable à celle des cerisiers, mais moins visqueuse. Je n'ai guère vu cet arbre ailleurs, excepté quelques-uns à Falsebay et dans le territoire de Constance.

ALGOA-BAY n'a jamais été, m'a-t-on dit, visitée par aucun navire, depuis que le pays de *Houtniquas* est habité et cultivé ; on croit cependant que le port est bon et fort commode. On y trouve en abondance de l'eau et du bois : il est un peu exposé aux vents, de mer, mais ils n'y soufflent point avec autant de violence qu'au Cap. Je n'ai pu me procurer sur ce port, d'autres informations verbales ; mais une description par écrit de la côte, qui m'est tombée entre les mains, dit que la crique à l'ouest, est située par les 33 deg. 55 min. de latitude ; qu'un rescif s'étend de la pointe la plus avancée, environ l'espace d'un mille au large, et qu'à l'endroit où la baie se courbe l'espace de deux lieues vers l'ouest, les vaisseaux peuvent mouiller sur un bon fonds, à l'abri des vents de nord-est, de nord-ouest et de sud. Je trouvai cependant dans cette description une observation erronée ; l'auteur prétendoit qu'on ne pouvoit se procurer à *Mossel-bay*, que de l'eau salée ou saumâtre, et c'est une erreur, comme on l'a vu ci-devant.

1775.
Septemb.

J'AI été obligé de placer sur ma carte *Algoa-bay* suivant les éclaircissemens qui m'ont été donnés par M. Adolphe Burtz, capitaine d'un vaisseau suédois des Indes orientales, sur l'autorité de quelque ancienne carte. La description par écrit dont je viens de parler, dit encore que *Algoa-bay* est un enfoncement profond, rempli de bois et d'eaux douces ; qu'on trouve, pour y entrer, de dix à vingt-quatre brasses d'eau ; qu'il y a un rescif qui s'étend l'espace d'une lieue en mer, mais qu'on peut l'éviter en courant au nord.

COMME ces deux baies (sans parler d'une autre

bateaux à *Krakekamma-bay*, s'épargneroient un voyage par terre de quatre cents *uurs* pour aller et revenir. Chaque paysan emploie pour ces voyages deux ou trois Hottentots, un pour mener les bœufs, et un ou deux autres pour conduire les attelages de relais : ajoutez à cela que sa femme souvent l'accompagne, soit pour faire baptiser ses enfans au Cap, soit dans la crainte d'être attaquée par les Hottentots pendant l'absence de son mari : ainsi, pour mettre les choses au plus bas, en ne comptant que trois personnes et vingt bœufs pour trente jours de voyage, il résulte qu'un fermier, avant de pouvoir faire un tour au marché avec son beurre, doit nécessairement avoir employé quatre-vingt-dix journées d'un homme, et six cents journées d'un bœuf. Il est donc évident qu'il se perd ainsi tous les ans, plusieurs milliers de journées, qui pourroient être bien plus utilement données à la culture des vergers, des vignes, des champs à blé et des pâturages. La navigation une fois établie, l'industrie, le commerce, l'abondance, fleuriroient dans ces ports, aujourd'hui déserts, et les convertiroient en autant de marchés, et peut-être de riches entrepôts.

Le lin ne vient pas bien, dit-on, dans ce climat ; mais le chanvre, que les Hottentots cultivent uniquement pour en remplir leurs pipes au lieu de tabac, réussit fort bien et j'en ai vu de très-beau. S'il se trouvoit quelque industrie dans cette partie du monde, les habitans, tant de la campagne que de la ville, pourroient mettre en œuvre le chanvre, en faire des toiles, des sacs, des voiles, des cordages et autres articles dont le débit seroit évidemment un avantage et pour eux et pour la Compagnie, et enfin une grande épargne pour la nation entière.

1775.
Septemb.

On pourroit établir aussi dans ces ports, et dans d'autres endroits convenables, des manufactures de toute espèce. On y travailleroit, par exemple, les laines du pays, qui sont absolument perdues : on en fabriqueroit au moins de gros draps et des bas, deux articles que la Compagnie achète fort cher, pour l'usage de ses esclaves et de la garnison.

Les habitans de la ville, et les fermiers de la colonie, achètent les marchandises de laine à un peu meilleur marché, des vaisseaux étrangers ; mais aussi, par ce moyen, ils paient en quelque sorte, une taxe plus considérable à l'étranger, qu'à la Compagnie, qui cependant pourroit attirer à elle-même une somme égale et même supérieure, si elle achetoit à son compte la laine du pays, et qu'après l'avoir fait manufacturer, elle vendît les marchandises fabriquées à un prix raisonnable. Je n'ai guère trouvé qu'un fermier qui sût tirer quelque parti de ses laines : c'étoit un Allemand, qui avoit appris à sa femme et à ses esclaves femelles l'art de la filer et d'en faire d'assez bons bas ; mais j'ai

encore, dans Krakekamma), semblent très-propres à la navigation, au moins à celle des petits vaisseaux, il semble qu'il devroit y avoir une grande communication établie entre elles et le Cap; cependant il n'en existe aucune. Malgré l'étendue de la colonie, elle ne peut être regardée à présent que comme un corps assez grand et proportionné, mais foible et languissant, dans lequel la circulation du commerce est lente et sans vigueur. Entre le cœur et les membres les plus éloignés, c'est-à-dire entre les parties intérieures et le Cap, il n'y a qu'une fois par an une circulation de denrées, et qui s'opère par le moyen de chariots. Si l'on donnoit des débouchés à ce grand corps à demi obstrué, qu'on en ouvrît les ports, le commerce, les manufactures et l'agriculture en recevroient indubitablement une nouvelle vie. Un fermier de Mossel-bay, par exemple, ne peut transporter au Cap son bois de construction en moins de cent *uurs*. Ceux de *Houtniquas* sont obligés de faire par terre un trajet beaucoup plus long encore et plus laborieux. Les soixante ou quatre-vingt rixdalles qu'il vend une charretée traînée par dix bœufs, et dans laquelle somme il faut qu'il trouve ses frais de coupe et de transport, ne le paient pas assez de sa peine et de l'emploi de son tems; mais son bois, à ce prix, revient assez cher aux habitans de la ville. Une solive d'environ vingt pieds de long, et d'un pied de diamètre, revient à cinq rixdalles; les planches se vendent à proportion; d'où il est aisé de juger qu'il est extrêmement dispendieux de bâtir au Cap, et que beaucoup de personnes sont obligées de se loger fort à l'étroit, et de se passer de meubles et des autres objets de commodité, quoique le pays fournisse tous les matériaux nécessaires. Le fermier est donc obligé de racheter, et conséquemment à un prix bien plus cher, son propre bois, lorsqu'il est mis en œuvre, en barils, chariots et autres articles de menuiserie qui lui sont nécessaires: s'il est en état de les faire lui-même à la maison, et qu'il ait pour cela les instrumens convenables, il n'est pas moins obligé de les transporter tous à la ville, ne fût-ce que pour y adapter les serrures. La Compagnie elle-même est aussi forcée d'assigner au Cap plusieurs édifices publics, pour magasin, et de faire venir la plus grande partie de son bois de construction, de Batavia, quelquefois même directement d'Europe; et l'on sait que les bois qui viennent d'Europe, se paient toujours en espèces. Ces moyens sont d'autant plus préjudiciables à la nation, qu'il existe actuellement dans le sein de la colonie, à *Sitsikamma*, une forêt épaisse, impénétrable, d'où l'on pourroit facilement, et au grand avantage de la Compagnie, tirer les meilleurs arbres, la plupart même fort rares en Europe.

UNE navigation établie entre ces ports, faciliteroit le transport non-seulement des bois, mais de toutes les autres productions du pays. Les fermiers, qui pourroient embarquer leur blé et leur beurre dans des bateaux à *Krakekamma-bay*, s'épargneroient un voyage par terre de quatre cents *uurs* pour aller et revenir. Chaque paysan emploie pour ces voyages deux ou trois Hottentots, un pour mener les bœufs, et un ou deux autres pour conduire les attelages de relais : ajoutez à cela que sa femme souvent l'accompagne, soit pour faire baptiser ses enfans au Cap, soit dans la crainte d'être attaquée par les Hottentots pendant l'absence de son mari : ainsi, pour mettre les choses au plus bas, en ne comptant que trois personnes et vingt bœufs pour trente jours de voyage, il résulte qu'un fermier, avant de pouvoir faire un tour au marché avec son beurre, doit nécessairement avoir employé quatre-vingt-dix journées d'un homme, et six cents journées d'un bœuf. Il est donc évident qu'il se perd ainsi tous les ans, plusieurs milliers de journées, qui pourroient être bien plus utilement données à la culture des vergers, des vignes, des champs à blé et des pâturages. La navigation une fois établie, l'industrie, le commerce, l'abondance, fleuriroient dans ces ports, aujourd'hui déserts, et les convertiroient en autant de marchés, et peut-être de riches entrepôts.

LE lin ne vient pas bien, dit-on, dans ce climat ; mais le chanvre, que les Hottentots cultivent uniquement pour en remplir leurs pipes au lieu de tabac, réussit fort bien et j'en ai vu de très-beau. S'il se trouvoit quelque industrie dans cette partie du monde, les habi-

AU CAP DE BONNE-ESPÉRANCE. 27

1775.
Septemb.

tans, tant de la campagne que de la ville, pourroient mettre en œuvre le chanvre, en faire des toiles, des sacs, des voiles, des cordages et autres articles dont le débit seroit évidemment un avantage et pour eux et pour la Compagnie, et enfin une grande épargne pour la nation entière.

On pourroit établir aussi dans ces ports, et dans d'autres endroits convenables, des manufactures de toute espèce. On y travailleroit, par exemple, les laines du pays, qui sont absolument perdues : on en fabriqueroit au moins de gros draps et des bas, deux articles que la Compagnie achète fort cher, pour l'usage de ses esclaves et de la garnison.

Les habitans de la ville, et les fermiers de la colonie, achètent les marchandises de laine à un peu meilleur marché, des vaisseaux étrangers ; mais aussi, par ce moyen, ils paient en quelque sorte, une taxe plus considérable à l'étranger, qu'à la Compagnie, qui cependant pourroit attirer à elle-même une somme égale et même supérieure, si elle achetoit à son compte la laine du pays, et qu'après l'avoir fait manufacturer, elle vendît les marchandises fabriquées à un prix raisonnable. Je n'ai guère trouvé qu'un fermier qui sût tirer quelque parti de ses laines : c'étoit un Allemand, qui avoit appris à sa femme et à ses esclaves femelles l'art de la filer et d'en faire d'assez bons bas ; mais j'ai vu plusieurs fermiers éloignés de la ville, aller sans bas et avec des vêtemens percés au coude, quoique possesseurs de plusieurs centaines de moutons. Cette pénurie provient de la cherté de la laine et de leur éloignement de la ville : c'est par la même raison que dans plusieurs endroits de *Roggeveld*, de riches paysans laissent leurs enfans courir, comme les Hottentots, sans linge et sans autre vêtement qu'une peau de mouton attachée sur leurs épaules.

Faute d'ouvriers, plusieurs de ces Colons sont obligés de faire et de réparer eux-mêmes leurs souliers et leurs habits, et de se servir, pour toute vaisselle, de quelques pièces de poterie fêlées, qu'ils ont eu le bonheur d'apporter du Cap, sans être autrement endommagées.

Il n'y a pas le moindre doute que la colonie ne soit en état de soutenir tous les artisans et manufacturiers dont elle a besoin. Les fermiers des environs du Cap, trouvant un débit plus facile de leurs denrées, se sont vus insensiblement en état de cultiver des vignes et des champs de blé, dont la récolte non-seulement suffit à leurs propres besoins et à ceux de la ville, mais de plus est devenue si abondante, qu'ils peuvent en envoyer d'immenses cargaisons en Europe et à l'Ile-de-France. La culture des terres pourroit également se propager, et s'agrandir autour des ports dont

dont nous parlons, ou d'autres places de marché convenablement situées. Mille terrains trop éloignés du Cap pour que personne tente de les défricher, produiroient par ce moyen une quantité suffisante de vin et de blé pour payer par des échanges le travail des gens de métier : de plus, les avantages provenant de la nourriture du bétail, augmenteroient au lieu de diminuer, en supposant qu'on ménageroit avec plus de soin le pâturage dans ces nouveaux terrains, qu'on ne l'a ménagé dans les anciens.

D'APRÈS le plan que je propose, les habitans s'épargneroient de longs voyages au Cap ; ils pourroient conséquemment se dispenser de nourrir un grand nombre de bœufs qui ne leur servent qu'à cet usage ; ils auroient un nombre égal de vaches ; et une plus grande quantité de lait, de beurre et de fromage, fourniroient à la consommation des nouvelles villes.

QUANT à la manière de battre le blé et de labourer les terres, deux opérations qui se font très-mal dans cette contrée, ou qui sont totalement négligées, il seroit nécessaire d'y apporter beaucoup d'attention, pour prévenir cette détérioration de la terre labourable et du pâturage. La plantation des oliviers et des mûriers, avec l'importation des vers à soie et la manière de les élever, seroient aussi, ce me semble, d'utiles acquisitions pour la colonie. Ce seroit un avantage réel et satisfaisant pour la Compagnie, de voir que le peuple, qui porte le fardeau de toutes les taxes, deviendroit par ces institutions, ou d'autres semblables, plus florissant, plus riche, et infiniment plus nombreux. La Compagnie pourroit en quelque sorte tirer du sein même de la colonie, cette force tant militaire que navale, si nécessaire pour la défense de ses riches établissemens dans les Indes, et qui, à la honte de la Compagnie des Indes orientales hollandoise, n'est aujourd'hui maintenue que par de basses tromperies, et par les artifices des racolleurs et voleurs d'enfans de Hollande, abus dont j'aurai par la suite occasion de parler plus au long.

Divers particuliers, dont les intérêts sembleront d'abord s'opposer à ces projets de communication d'une baie à l'autre, trouveront probablement mille raisons spécieuses pour les combattre ; mais elles s'évanouiront aux yeux de tous ceux qui connoissent le pays, et qui sont animés d'un zèle vraiment patriotique pour la Compagnie. Il est possible que plusieurs de ceux qui ont eu la direction et le gouvernement de la colonie, ou n'aient pas imaginé l'avantage de ce plan, ou n'aient pas voulu s'embarrasser la tête de tout ce qui n'avoit pas un rapport direct à leurs émolumens particuliers, ou même qu'ils aient cru prudent de tenir les Colons opprimés et pauvres, pour les empêcher de se révolter : mais il ne faut qu'un instant de réflexion pour voir clairement que c'est en cette occasion porter trop loin la prévoyance. Il est dans les principes de la plus saine politique, que ce n'est jamais la force et la richesse qui font naître parmi les Colons l'idée de la révolte, mais un gouvernement odieux et tyrannique, dont ils aiment à s'affranchir. Laissez tous les membres qui composent un état devenir opulens, et ils emploieront toute leur force à soutenir l'honneur et l'autorité d'un gouvernement d'où dépend leur bien-être. La force et la puissance des Colons n'est donc dangereuse qu'aux tyrans et aux ennemis extérieurs, et leur foiblesse est toute à l'avantage de ces derniers. Mais il est tems de reprendre ma relation du pays de *Houtniquas*.

1775.
Septemb.

Les animaux naturels à cette contrée, sont des éléphans, des lions, des tygres, des chats-tygres, des loups ou hiènes, des singes noirs, une espèce de blaireau, des buffles, des *hart-beests*, *bosh-boks*, *gnometies*, *grys-boks* et lièvres.

On a tant fait la chasse aux éléphans, qu'ils ont presque tous déserté *Houtniquas*, et se sont réfugiés de l'autre côté de *Keurebooms-rivier*, dans les bois de *Sitsikamma*, où l'on n'a presque point encore pénétré.

La race des lions est extirpée de *Houtniquas*; au moins ils n'y font jamais un long séjour, et ceux qui de tems en tems y viennent de *Sitsikamma* ou de l'autre

O o ij

côté des montagnes de *Lange-kloof*, sont bientôt découverts et tués.

Les tygres, ou proprement parlant, les léopards (car il semblent appartenir plutôt à ce genre), n'y ont pas été aussi aisément détruits; mais on entend rarement parler qu'ils aient eu la hardiesse d'attaquer des hommes, quoiqu'on ne soit jamais tout-à-fait à l'abri de leurs déprédations.

Ni les loups, ni les singes noirs, n'y sont fort communs. J'ai dejà dit ce que je sais concernant ces animaux.

L'espèce de blaireau dont je parle, est appelé par les habitans *berg-varken* ou cochon des montagnes; on en trouve aussi, dit-on, près du Cap: leur poil est long, extrêmement dur et noirâtre; ils ont environ un pied et demi de long; ils se cachent dans des trous, sous des pierres, et particulièrement sur le sommet des montagnes, d'où ils ne sortent que la nuit. Je n'en vis point, malgré mon desir. Cet animal ne doit point être confondu avec le *aard-varken* ou *cochon de terre*, qui est probablement une espèce de *manis* (le lézard écailleux de M. de Buffon), et qu'on trouve, dit-on, en grand nombre dans le canton de *Zwartland*.

On y trouvoit, suivant toute apparence, anciennement des *hart-beest* ; car *hart-beest-drift*, petit ruisseau de ce canton, a visiblement tiré son nom de ces animaux.

1775.
Septemb.

LE *bosh-bok* (bouc des bois), (pl. VI, tom. II) est une espèce d'antilope ou gazelle inconnue aux naturalistes anciens et modernes, jusqu'au tems où j'en ai donné la description dans les mémoires de l'Académie de Suède pour l'année 1780, 3e. quartier, sous le nom d'*antilope sylvatica*. Ce qui a fait appeler cet animal du nom qu'il porte, c'est qu'il est le seul des gazelles d'Afrique, qui ne vive que dans les forêts et les bocages, excepté cependant l'antilope royale de M. Pennant ; mais il se peut faire que ce petit animal soit le même que le *gnometie* des Colons, ou appartienne au genre des gazelles.

GROOT *vader-bosh* et *Houtniquas-bosh* sont les seules forêts où j'aie vu et chassé des *bosh-boks*. On n'en trouve guere dans les autres cantons plus éloignés ou plus proches du Cap, si ce n'est dans quelques endroits de *Sitsikamma*. Je crois devoir placer ici, en faveur des Zoologistes, la description de cette espèce rare de gazelles ; et quoique je n'aie pu en dessiner la figure que d'après une couple de peaux de ces animaux, et d'après les observations que j'ai faites lorsque j'en ai vu courir devant moi, je suis intimement persuadé qu'elle est exacte; au moins elle suffira pour aider les Zoologistes dans leurs recherches (*).

(*) Le *bosh-bok* a un peu plus de deux pieds et demi de haut. En le voyant courir, et d'après mes observations sur les deux peaux, il m'a paru que le corps de cet animal, comparé avec toute sa hauteur, ou avec la hauteur de ses jambes, est un peu plus gros que celui des autres gazelles.

Voici les dimensions de la peau apprêtée sur laquelle j'ai fait principalement la description et le dessin. Les cornes longues de dix pouces et demi; distance de l'une à l'autre vers la base, un pouce; distance entre les pointes, de même qu'entre les deux milieux de chaque corne, trois pouces et demi, les oreilles ont la moitié de la longueur des cornes, ou cinq pouces; la largeur du front, d'un œil à l'autre, trois pouces; distance des yeux aux cornes, un pouce; des cornes au nez, six pouces et demi; des cornes au croupion, quatre pieds; de l'échine aux sabots, trente-trois pouces; du pli des genoux aux sabots, un pied; les sabots eux-mêmes, longs d'environ un pouce. La peau apprêtée d'un fœtus, que j'ai mesurée, étoit d'environ deux pieds de long. Une paire de cornes de *bosh-bok*, que j'ai rapportées, ont dix pouces de long; et la base de ces cornes, cinq pouces de large. Mais sur le crâne d'un animal de cette espèce, apporté par le professeur Thunberg, les cornes étoient de treize pouces de long. D'après ces différentes dimensions, on peut juger de celles des autres parties du corps, aussi bien que de la grandeur de l'animal en général.

Cette espèce de gazelle est monogame, ou s'unit par couples. La femelle, d'après toutes les relations, est distinguée de l'autre sexe, en ce qu'elle n'a point de cornes, que ses reins sont d'une couleur plus claire, et qu'elle ne les a pas ombragés de longs poils, et sur-tout des poils blancs dont nous allons parler dans la description suivante.

Les cornes du mâle sont noires, triangulaires et torses en même tems ; ensorte que les arêtes ou angles tournent un peu en spirale : vers le bas, un rang d'anneaux, qui cependant ne forment pas des ondulations fort élevées au dessus de la surface, les rend raboteuses : au bout elles sont coniques et pointues, et douces comme si elles avoient été polies. Dans

On dit communément que les boucs sont de mauvais jardiniers, et le proverbe est vrai sur-tout par celles que j'ai rapportées, les pointes ou extrémités sont légèrement colorées et transparentes. Quant à la position des cornes, elles sont presque sur la même ligne que le front, et forment avec lui une ligne presque horizontale, en s'inclinant un peu en avant : elles sont contournées vers le milieu, et se séparent l'une de l'autre, faisant à cet endroit un petit coude, ensorte que les pointes reviennent en devant. Les trois angles qui séparent les trois côtés, forment une spirale de la maniere suivante.

Le premier est arrondi et cylindrique : il commence en dedans, s'avance insensiblement sur le devant, jusqu'à ce que venant sur le côté, et un peu en dehors, il disparoît et se confond avec la pointe conique de la corne. Le second est un peu élevé, arrondi sur le côté extérieur de la corne, mais il forme au côté intérieur une espèce de sillon, en se joignant avec le premier. Ce second angle prend du devant du front, s'élève droit d'abord, ensuite courant obliquement, il passe en dehors, revient par derrière, et enfin se perd aussi dans la pointe. Le troisième angle est plus aigu : il commence en dehors un peu en arrière ; vers le milieu de la corne, il passe par derrière, puis intérieurement, où il se termine, comme les autres, un peu sur le devant.

Les dents de cet animal sont semblables à celles des autres gazelles : il n'a des dents de devant, ou incisives, qu'à la mâchoire inférieure, où il en a huit. Elles sont plus larges que les autres dents ; petites à la racine, elles s'agrandissent et sont écarries aux extrémités : les côtés intérieurs de celles du milieu, qui se regardent l'une l'autre, sont perpendiculaires ; mais les côtés extérieurs sont obliques : toutes les autres ont une inclinaison proportionnée, et vont en décroissant insensiblement, ensorte que les plus extérieures, à droite comme à gauche, sont les moins hautes.

Cet animal n'a point, comme les autres gazelles, de *porus ceriferus*. Les poils de la tête sont courts et fins ; ils deviennent ensuite plus forts et plus rudes, et ressemblent aux poils des boucs plus qu'à ceux des gazelles ou des cerfs. Sur le devant du cou, au poitrail, aux côtés et au

rapport au *bosh-bok*. L'on se plaint beaucoup à *Groot vaders-bosh*, de leurs ravages dans les vignes et dans

ventre, ils ont un pouce et demi ou deux pouces de long; sur le sommet du cou, de même que sur toute l'épine du dos, ils ont trois ou quatre pouces de long, et y forment une espèce de crinière qui se termine en une queue d'environ un doigt de long; sur le derrière des cuisses et des fesses, les poils ont huit pouces de long; les jambes et les pieds sont menus et couverts de poils courts : les jointures du pâturon sont petites ; le nez et la lèvre inférieure sont décorés de moustaches noires d'environ un pouce de long.

La couleur prédominante dans cet animal est le brun foncé, qui occupe la plus grande partie des côtés, le dos, la partie la plus élevée près de la queue, la partie supérieure du coffre et des premières côtes, et le milieu du ventre. On découvre un brun encore plus foncé, tirant sur le noir, à la partie extérieure des épaules, et à quelques endroits des premières côtes; le devant du nez, depuis les yeux jusqu'au museau, est d'une couleur de suie ; les oreilles sont aussi noires comme la suie à l'extérieur, mais grises en dedans : elles sont couvertes, en dedans et en dehors, d'un poil plus court encore que celui de la tête, excepté sur la moitié de la partie de devant du bord inférieur de l'oreille, où les poils sont blancs et longs d'un demi-pouce.

Les bords de la lèvre supérieure sont blancs, ainsi que toute la lèvre inférieure et la mâchoire, derrière laquelle la couleur blanche se termine en un point vers le haut de la trachée-artère. Sur chaque os de la joue il y a deux grandes taches, blanches et rondes, une à un pouce au dessous et derrière l'œil, l'autre à un pouce au dessous et un peu plus en avant. On voit une autre tache blanche et ronde, large de deux pouces sur le devant du cou, un peu au dessous du point où commence la trachée-artère. Neuf pouces plus bas, précisément au dessus des premières côtes, est encore une autre tache blanche, portant six pouces en travers, et un pouce et demi de hauteur. Cette tache dans le fœtus étoit un peu arquée, et ressembloit au croissant ; mais on n'y voyoit point la tache ronde dans le devant du cou. Entre les jambes de devant, la fourrure du *bosh-bok* est blanche, et un peu sur les côtés des épaules.

les

les potagers : ils évitent avec beaucoup de ruse et d'astuce les pièges qu'on leur tend, et l'embuscade du chasseur. J'ai resté à l'affut une nuit entière à attendre un *bosh-bok*, sans l'entrevoir, quoique, suivant toute apparence, il nous eût rendu sa visite *incognito*, et nous eût fait ses adieux sans se montrer.

1775. Septemb.

Comme le *bosh-bok* court lentement, il est quelquefois pris par des chiens. Lorsqu'il voit qu'il ne lui reste aucune ressource, il se met en défense, et s'agenouille pour frapper de ses cornes. Les Colons n'aiment pas beaucoup à lui donner la chasse de cette manière ; car dans cette occasion, l'animal vend sa vie fort cher,

---

Les jambes de devant, des genoux aux pâturons, sont blanches en dedans, et à l'endroit où commence le brun, le poil tire un peu sur le jaune. A l'extérieur des jambes de devant on voit une longue tache blanche ovale ; et du même côté, précisément au dessus de la jointure du pâturon, une autre petite tache couleur de cannelle.

Les jambes de derrière, du côté intérieur, depuis les pâturons jusques un peu au dessus du pli des genoux, sont marquées d'une raie blanche, plus étroite que celle des jambes de devant. Le derrière du ventre ou les aines sont blanches. On voit sur chaque côté des hanches, diverses petites taches blanches, depuis neuf jusqu'à douze ; une ligne étroite de longs poils blancs s'étend du cou, tout le long du dos, jusqu'à la queue, au milieu de la crinière brune que j'ai décrite. De l'échine aux côtés s'étendent cinq raies blanches parallèles, qui, malgré qu'on ne puisse les découvrir qu'en y regardant de fort près, ne doivent pas être passées sous silence, en cas qu'il se rencontrât quelque individu sur lequel ces marques seroient plus distinctes, et que quelqu'un, induit par elles en erreur, assignât l'animal à une autre espèce.

Tome I. P p

perce et tue toujours quelques-uns de leurs meilleurs chiens.

Les cornes du *bosh-bok*, qui sont sa principale défense, lui sont quelquefois funestes, lorsqu'elles s'embarrassent dans les buissons, dans les branches des arbres, et l'arrêtent ainsi dans sa fuite. Pour éviter ce malheur autant qu'il le peut, il porte toujours le nez horizontalement, en courant, en sorte que ses cornes sont couchées immédiatement sur son cou; cependant elles sont toujours un peu usées et polies vers la pointe. Cette espèce de bouc va plus vîte dans l'épaisseur du bois, que les chiens, qui, dans ces lieux, perdent aussi plus aisément sa trace.

La femelle, qui n'a point de cornes, court plus libre, et sans obstacles; elle ne se laisse pas aussi aisément chasser des bois. Moins pesante et moins volumineuse que le mâle, ses jambes sont pour elle une défense plus sûre, soit dans les forêts, soit en plaine, que les cornes ne le sont pour lui. Sa mamelle est, dit-on, potelée et charnue; mais la chair de l'animal en général n'est pas fort tendre, semblable en cela à celle du *bunte-bok* ou *guib* de M. de Buffon. tom. XII. pl. 40. (*).

(*) A leurs cornes torses, à la forme de leur corps et aux taches blanches, il sembleroit qu'il y a entre ces deux sortes de gazelles quelque affinité; mais elle n'est pas assez grande pour qu'on puisse dire qu'elles

Le cri du *bosh-bok*, que j'ai plusieurs fois entendu dans le *Houtniquas*, sur-tout le soir, ressemble un peu à un aboiement court, interrompu, bas et assez rauque. Cependant, comme le cri du tygre, ou plutôt *léopard*, ressemble, m'a-t-on dit, beaucoup à celui du *bosh-bok*, je ne suis pas bien certain si c'étoit toujours la voix de ce dernier que j'ai entendue. Il paroît sans doute extraordinaire que le cri du tygre et celui d'une gazelle puissent avoir ensemble quelque rapport; mais il est possible que le tygre ait le talent d'imiter la voix des *bosh-boks*, pour les attirer à lui, comme l'hiène a celui d'imiter toute sorte d'animaux. Au reste, il y a aussi quelque ressemblance entre le cri du lion et celui de l'autruche, quoiqu'il y ait encore beaucoup moins d'affinité entre ces deux animaux; et je ne vois rien qui puisse servir à fonder quelque conjecture sur la cause de cette similitude.

Le *gnometie*, appelé aussi *erwetie*, est un petit animal du genre des cerfs ou gazelles, de la grosseur d'un lièvre (*). J'ai souvent apperçu des traces et autres

---

sont des variétés de la même espèce. Outre la différence dans leur couleur et dans leurs taches, trop remarquable pour qu'il soit permis de les regarder comme un seul et même animal, pour ne rien dire de la longueur des cornes du *bosh-bok*, comparées à celles de son corps, je n'ai jamais vu de *bunte-boks* qu'en troupes nombreuses dans les plaines, et ils étoient au moins une fois plus hauts que le *bosh-bok*, ou de la même taille que le *hart-beest*.

(*) C'est peut-être le *cervus Guineensis* de Linné, *l'antilope royale* de Pennant, et *le chevrotain de Guinée* de M. de Buffon.

vestiges de ce petit animal, mais je n'en ai vu qu'un seul à *Sitsikamma*, et encore fort précipitamment, comme il bondissoit au milieu du bois.

QUANT aux lièvres, il y en a au moins deux différentes espèces dans le *Houtniquas* et dans les autres parties de l'Afrique. L'un est à peu près le même que notre lièvre d'Europe ; mais je ne puis affirmer si l'autre est ou non absolument le même que le *lepus capensis* (Syst. Nat.), *caudâ longitudine capitis, pedibus rubris*. Excepté les pieds, les marques caractéristiques sont les mêmes (*).

LE buffle (pl. V, tom. II.), est une espèce différente de toutes celles qui jusqu'à présent sont connues sous ce nom (**) ; je n'ai pas eu, il est vrai, occasion d'en voir ni d'en tirer aucun dans le *Houtniquas* ; mais j'ai souvent trouvé des traces récentes de ces animaux. Il est peu sûr de

---

(*) Les pieds et le corps du lièvre dont je parle, sont de la même couleur que ceux des lièvres ordinaires en été (dans les climats froids de l'Europe, le lièvre ordinaire est blanc en hiver), et la queue est presque d'une longueur égale à tout le corps, comme dans celui du *Syst. nat.* ; de plus, elle est grosse à la base, et, diminuant par degrés, se termine en pointe. En dessous et sur les côtés, la queue est blanche comme la craie ; mais en dessus se prolonge une raie aussi noire que le charbon. J'ai fait cette description sur un jeune levraut de cette espèce, qui fut apporté vivant au Cap, et c'est le seul que j'aie jamais vu.

(**) Cette assertion a été suffisamment démontrée par la description que j'ai insérée dans les Mémoires de l'Académie de Suède pour l'année 1779.

botaniser près de si dangereux voisins ; car quoique les buffles ne cherchent pas précisément à faire leur proie des hommes ni même des animaux, à moins qu'on ne les ait irrités, cependant ils ont des inclinations si perverses, ils sont d'une force de corps si prodigieuse, qu'il est très-dangereux de les rencontrer dans des sentiers étroits appelés *chemin de buffle*, où le bois est souvent si serré, qu'il est impossible d'y pénétrer ni d'un côté ni de l'autre. Dans un voyage que le Docteur Thunberg fit, quelques années avant moi, à *Houtniquas*, une personne de sa compagnie avoit eu l'imprudence d'attacher deux de ses chevaux l'un derrière l'autre, et de les chasser devant lui dans un de ces sentiers : il eut à peine le tems de se sauver ; un buffle qui les rencontra, éventra les chevaux et les foula aux pieds. Mais il me semble plus à propos de différer encore à donner l'histoire et la description de cet animal, en suivant l'ordre des tems, et d'attendre que j'aie fait avec lui une plus ample connoissance. J'ai aussi vu une fois un *chat-tygre* des bois et un *grysbok*, mais je trouverai peut-être une occasion d'en parler aussi plus en détail.

1775.
Septemb.

Dans la famille des oiseaux, je trouvai à *Houtniquas* une nouvelle espèce de tantale, appelée par les Colons *hagedash*, et aussi *hadelde*. Ce dernier nom a le même son à-peu-près que le ramage de l'oiseau. Quoiqu'on prétende qu'il soit confiné dans cette province, j'en ai trouvé en grand nombre près de *Zwart-kops-rivier*. Les Hottentots le nomment, *'ta 'kai 'kene*, nom plus difficile à articuler pour un étranger, que ne seroit le langage de l'oiseau même. Il vit principalement de plantes bulbeuses et de racines qu'il défouit, dit-on, très-facilement et très-vite, avec son bec retors. Il se tient sur ses gardes et se laisse difficilement approcher. J'en ai vu souvent le soir de juchés sur des arbres dans les bois, et un matin, au lever du soleil, j'en tirai et tuai un dans cette position (*).

En mars et avril, il pleut, dit-on, beaucoup dans le *Houtniquas*; et au contraire, dans les mois de mai, juin et juillet, qui, aux environs du Cap et par-tout ailleurs dans la colonie, sont les mois d'hiver, et sont très-pluvieux, le tems y est sec, quoique souvent assez froid. Les vents de nord-ouest y règnent alors aussi

---

(*) Le bec de cet oiseau avoit cinq pouces de long; le bout et le bec inférieur étoient noirs, le bec supérieur rouge: le cou étoit gris cendré; le derrière de même, avec une teinte verte et un peu de jaune; les ailes en dessous, d'une couleur foncée, et en dessus, d'une couleur bleue tirant sur le noir. Les petites plumes et le duvet étoient violets. La queue, en forme de coin, avoit environ deux fois la longueur du bec, et le corps étoit un peu plus gros que celui d'une poule. Les cuisses étoient d'une couleur cendrée; les pieds, les jambes et la membrane entre les griffes, étoient noirâtres. Sous d'autres rapports, cet oiseau a toutes les marques caractéristiques qui appartiennent au tantale. Les Colons m'ont assuré que, lorsqu'on voyoit ces oiseaux s'assembler en grandes volées, et voler contre le vent, c'étoit un signe de pluie.

bien qu'au Cap, et amènent avec eux les chaleurs de
l'été. Ce changement de saison est souvent la cause
que les vaches à lait, à *Houtniquas*, deviennent en-
gourdies dans toutes les articulations. On m'a assuré
qu'il n'y pleuvoit jamais lorsque les vents de nord
souffloient : peut-être que la chaîne de montagnes qui
s'étend de l'est à l'ouest sert alors de barrière contre
les nuages, et les arrête de l'autre côté, ou, qu'en
vertu de leur attraction, elles les retiennent condensés
à leur sommet. Je coupai tout au travers du bois,
dans l'intention d'escalader la montagne, d'où j'aurois
vu *Lange - kloof;* mais j'en trouvai le pied couvert
de toutes parts, d'herbes et de buissons si hauts et si
serrés, qu'il me fut impossible d'y pénétrer.

Houtniquas et *Lange-kloof* se communiquent
cependant par un chemin presque impraticable, qui
passe sur une montagne plus basse que les autres,
près de *Trakudiku*. Je n'allai pas tout-à-fait jusqu'à
cette rivière; mais je vis de *Zwarte-rivier* la fumée
d'une cheminée près de *Trakudiku*, et d'après cet
indice, je crois avoir placé sur ma carte cette rivière
dans sa vraie position.

La difficulté du chemin, le défaut d'un bon guide,
et sur-tout la foiblesse de mes bœufs, m'empêchèrent
d'aller de cet endroit visiter *Algoa-bay*, quoique j'en
eusse grande envie. Nous ne pouvions d'ailleurs quitter

notre chariot et y aller seuls à cheval. Un muid d'eau-de-vie nouvellement apporté avoit mis tout le pays en désordre, sans excepter mes Hottentots. Comme il n'y a point d'alembics dans le canton, un paysan avoit fait venir du Cap une certaine quantité d'eau-de-vie, pour la revendre en détail; mais il la buvoit lui-même en gros, et s'enivroit le jour et la nuit. Ce brave marchand eût dans sa fureur, tiré à bout portant sur mon compagnon, si heureusement je ne me fusse trouvé à portée de l'en empêcher. Dans un autre endroit, un de ces seigneurs fonciers, qui avoit acheté de la même eau-de-vie, mit sa femme à la porte dans le milieu de la nuit, avec un enfant qu'elle tenoit dans ses bras et quelques autres un peu plus âgés. Les lois de l'hospitalité, et peut-être la crainte de trouver une assez vigoureuse résistance, l'empêchèrent de nous inquiéter, mon compagnon et moi. Un autre paysan de ce canton s'étoit chauffé au soleil, et avoit bu en compagnie d'un tas de Hottentots. Après lui avoir vivement reproché de coucher habituellement avec sa ménagère, veuve d'un Hottentot, qu'on croyoit être, sous un autre rapport, sa proche parente, ces philosophes païens l'étrillèrent de la bonne manière. J'ai vu moi-même cet homme portant une blessure terrible sur la tête, dont il avoit honte d'avouer la cause. J'eus le plaisir de voir aussi sa maîtresse dans ses grands atours, chargée d'anneaux de cuir et de cuivre, et de grains, autour de sa taille et de son cou; et la pelisse,

et

et les tabliers, et le plus vaste nez aplati dont jamais dame Hottentote ait pu faire parade. Avec toutes ces perfections, elle parut à mes yeux un vrai remède contre l'amour. Cependant nombre de blancs, sur-tout les hommes, qui sont plus licencieux dans leurs mœurs que l'autre sexe, commettent ce crime. Que les femmes Hottentotes soient particulièrement condescendantes en amour, c'est ce qui est contredit, et par l'indifférence de leur caractère en général, et par cette exactitude scrupuleuse dont j'ai parlé, à observer les lois de leur propre nation. Mais leur régime, lorsqu'elles sont au service des Chrétiens, plus abondant et plus fortifiant que celui des *Craals*, et peut-être l'exemple des blancs, peuvent les aiguillonner, et opérer quelque changement dans la nature de ces femelles. Ajoutons à cela, qu'une fois sorties de la société de leur nation, elles ne se croient plus obligées d'observer cette vertu rigide, cette simplicité de mœurs, qui jadis les contenoit plus que la religion ne contient les Chrétiens. L'on ne peut, à la vérité, demander qu'une semblable créature soit toujours capable de résister à la flatterie, aux promesses, aux présens, et peut-être aux menaces qu'un maître peut employer pour satisfaire ses desirs déréglés. Les gages d'amour qui proviennent de cette union, ont les cheveux presque aussi laineux et aussi frisés que les véritables Hottentots ; mais leur couleur et leurs traits tiennent plus ou moins du père ou de la mère. Il m'a paru qu'ils étoient plus corpulens et

Tome I.   Q q

plus lascifs que les Hottentots en général. Ils sont aussi mieux regardés ; on leur donne plus de confiance ; on les charge de plus importantes fonctions : aussi sont-ils plus orgueilleux et plus vains. Ils ne sont jamais baptisés, ni eux, ni aucun autre enfant illégitime ; les ministres Chrétiens du Cap n'en prennent même aucune connoissance, à moins que l'enfant ne leur soit présenté par le père, et qu'il ne demande le baptême pour cet enfant. Alors il lui donne le droit d'héritage.

J'AI vu dans le voisinage des bains *Hottentot-Holland*, deux frères issus d'un Chrétien et d'une négresse bâtarde de la seconde ou troisième génération. L'un d'eux, alors âgé d'environ trente ans, paroissoit n'être pas dédaigné dans la compagnie des fermiers chrétiens, quoiqu'il n'eût pas encore été baptisé. L'autre, qui étoit l'aîné, voulant se marier et former un établissement, fut obligé d'employer tout son crédit, et probablement même les présens, pour pouvoir être admis, par le baptême, dans le giron de l'église.

QUANT à moi, je ne puis concevoir pour quelle raison les ministres de l'église réformée du Cap, sont si avares d'un sacrement qu'on a souvent voulu administrer de force, avec le fer et le feu, et par mille cruautés. Je ne sache pas que l'église retire aucun bénéfice du baptême des enfans, au moins des enfans illégitimes. Cette conduite ne peut donc être attribuée à aucun motif d'intérêt personnel, ni sans doute à une pure négligence, qui s'accorderoit peu avec cette charité et cette bienfaisance universelle, si spécialement recommandées par les divines leçons du christianisme. D'ailleurs, si le clergé croit diminuer, par ce moyen, le nombre des liaisons illégitimes avec les païennes, il peut s'appercevoir que cette politique porte à faux. Il faut avouer que, de léser ainsi dans leurs intérêts spirituels un si grand nombre d'enfans, nés de parens chrétiens, c'est une étrange et cruelle méthode de prévenir le péché. Il est vrai que plusieurs blancs, par orgueil, empêchent, autant qu'il dépend d'eux, qu'aucun noir ou mulâtre ne se mêle avec leur propre sang. Mais il me semble que les gens d'église doivent être assez pénétrés de l'humilité chrétienne, pour voir sans rougir les pauvres noirs qui les servent, marcher avec eux de compagnie dans le chemin du ciel.

1775.
Septemb.

Je me rappelle, à ce propos, un évènement que j'ai lu quelque part, et que l'auteur rapporte comme étant arrivé anciennement à *Batavia*. Je pris des informations sur la vérité de ce fait, de ceux mêmes qui s'étoient trouvés sur les lieux, et plusieurs personnes s'accordèrent dans le récit, tel que je vais le rapporter.

« Un citoyen de Batavia avoit souvent importuné

« les ministres de son église pour baptiser son enfant « illégitime, mais les avoit toujours trouvés inflexibles. « Hé bien, leur dit le bon homme à la fin, il me paroît « que vous voulez tenir fermées les portes du ciel, « dont vous croyez avoir vous seuls les clefs : mais « les prêtres mahométans du Malaye ne sont pas aussi « avares que vous du don du salut. Ils m'ont déja « promis d'incorporer mon fils, aujourd'hui même, « dans leur église, et vont en faire un franc et bon « musulman. Je veux, et j'y suis résolu, que mon fils « ait une religion quelconque ; car je tiens que dans « une société bien ordonnée, nul homme ne doit être « sans une religion ». Lorsque les prêtres chrétiens virent que tout étoit préparé pour la circoncision, ils se hâtèrent de lui administrer le sacrement de baptême, pour enlever à l'église mahométane cette ame illégitime ; et depuis ce tems ils sont moins tardifs à ouvrir les portes du ciel aux bâtards.

On va voir un autre exemple de la dépravation du goût des blancs, en fait d'amour. Je fis visite à un Européen établi à *Houtniquas* : c'étoit un bon vivant, gai, bien tourné, vers le milieu de l'âge, et je crois, de bonne famille ; il avoit servi sous différens potentats de l'Europe, et leur avoit à tous tourné les talons. Il me raconta une foule de ses aventures ; mais la plus extraordinaire de toutes étoit celle dont j'étois témoin oculaire. Il avoit épousé, depuis environ deux ans,

la plus laide de toutes les mulâtresses, fille d'une
négresse. Elle avoit été maîtresse d'un autre fermier,
qui étoit mort, et dont elle avoit eu une couple de
bâtards : ils étoient l'un et l'autre dans la maison, et
croissoient, sans être baptisés, sous les yeux de la
mère et du beau-père. Ce qui me parut le plus étonnant
dans cette affaire, c'est que cette union avoit été
formée uniquement par l'amour ; car, quoique l'époux
eût gagné quelque bétail en épousant sa rebutante
moitié, la maison qu'il habitoit avec elle étoit plus
rebutante encore. C'étoit une misérable chaumière,
quoique assez agréablement située sur le bord d'une
forêt ; les murs étoient construits de roseaux liés ensemble, soutenus par quelques pilotis, et rapetassés
de quelques planches grossières, telles qu'on les emploie pour des palissades. Cet édifice étoit enduit d'une
couche d'argile mince et raboteuse. La maison consistoit en deux pièces seulement, et la pauvreté sembloit
avoir pris pleine possession de tout le logis. Dans
l'appartement le plus reculé, la dame étoit au lit, malade
d'une fièvre putride. La chambre à coucher de tout
le reste de la famille, qui se portoit bien, avoit environ
six pieds de large sur environ dix-huit de long, éclairée
à l'un des bouts par une petite lucarne, et à l'autre
par une fenêtre cassée, sans parler de plusieurs autres
crevasses, au moyen desquelles plusieurs courans d'air
établis entraînoient librement les vapeurs contagieuses
de la fièvre putride. Nous tentâmes envain, mon

compagnon et moi, d'y tenir une chandelle allumée. La pluie, qui nous avoit percés jusqu'à la peau avant d'entrer, dégouttant du toit, nous poursuivit jusque dans notre lit; et quel lit! la froide et humide terre. Un morceau de toile à voile, débris d'une vieille banne de chariot, nous servoit, à nous et à notre hôte, de matelas et de rideaux; pour oreillers, nous avions nos selles encore trempées. Mais c'est assez parler des amoureuses liaisons des blancs avec les noirs; je vais donner, en peu de mots, une idée générale des maisons de *Houtniquas*, afin que la postérité puisse juger des progrès futurs de la colonie.

Nous ne vîmes, sur les bords de cette forêt, qu'une seule maison de bois; elle étoit faite de plusieurs bûches fendues par le milieu, longue et vaste, mais sans aucune division. Une autre étoit semblable à celle de l'Européen dont je viens de parler, composée de paille et d'argile, mais un peu moins à jour; elle appartenoit à un jeune homme nouvellement établi. Une troisième que nous vîmes, étoit aussi d'argile, spacieuse, mais bien bâtie, et proprement meublée; elle étoit la propriété d'un habitant, homme adroit, industrieux et sensé, nommé *Dirk Yves*, qui s'étoit bâti lui-même un moulin et plusieurs autres objets d'utilité. Les autres étoient presque toutes simplement d'argile, et divisées en deux pièces, comme j'ai décrit les maisons des Colons en général.

On me dit qu'il n'y avoit alors que vingt ans que le pays de *Houtniquas* étoit connu, et douze qu'il avoit commencé d'être habité par les Colons, qui s'y trouvoient encore en très-petit nombre avant les trois ou quatre dernières années.

1775.
Septemb.

J'ai parlé de troubles et de désordres occasionnés par un muid d'eau-de-vie, et qui avoient gagné jusqu'à mes Hottentots : cette circonstance me fit presser, contre ma volonté, mon départ de ce canton. Ils avoient si ardemment sollicité mon compagnon, qu'il avoit eu l'imprudence de leur accorder une gorgée ou deux de cette précieuse liqueur. Dès qu'ils l'eurent bue, ils devinrent furieux, et se répandirent en invectives sur ce que nous ne voulions pas leur en donner davantage. A la fin nous fûmes forcés d'essayer si les coups ne les ramèneroient pas à la raison. Dès la même nuit, pour se venger de nous, et ce fut tout l'effet de notre topique, ils prirent, comme on dit, leurs jambes à leur cou, et décampèrent. De notre côté, nous montâmes à cheval pour les rattraper, et courûmes vers l'un des deux *craals* hottentots, qui étoient à l'extrémité de *Houtniquas*. Dans le premier, nous ne les trouvâmes point, ni personne qui voulût nous en donner quelques nouvelles. Mais quand nous vînmes à l'autre, et que nous eûmes escaladé la palissade qui formoit une enceinte pour leur bétail, ils lâchèrent sur nous tous leurs chiens à-la-fois.

Nous nous mîmes en défense, comme si nous allions tirer indistinctement sur les chiens et sur leurs maîtres. Alors les Hottentots les rappelèrent ; les chiens obéirent, et nous entrâmes sans obstacle dans leurs maisons.

ELLES étoient faites de paille, de forme carrée, avec des toits inclinés, comme les chaumières des esclaves. Dans une de ces huttes, nous trouvâmes sur un petit banc, nos Hottentots profondément endormis. Nous nous contentâmes de leur reprocher avec douceur leur inconduite, leur commandant en même tems, avec un ton d'autorité, de retourner à leur devoir. Eux, de leur côté, sans nous répondre et sans nous contredire en rien, nous suivirent aussi paisiblement que s'ils avoient été nos prisonniers. Ils prirent congé de leurs compatriotes, hommes et femmes, en se frappant dans les mains, à la hollandoise, sans s'incliner, mais avec beaucoup de cordialité, et force babil de part et d'autre. Les femmes paroissoient desirer fort vivement de les retenir, et je ne doute pas que nos amateurs n'eussent facilement cédé, s'ils n'avoient pas vu nos fusils. Je commençai à craindre pour mes Hottentots les charmes de ces tentatrices, plus que les vapeurs enivrantes du brandevin. Je pris donc le parti de sortir promptement de ce dangereux séjour, qui, dans d'autres circonstances, eût pu procurer

curer à un botaniste des années entières d'amusement et d'occupations utiles.

Nous en partîmes dans le commencement d'octobre. (*)

(*) Etat du ciel pendant ce dernier mois de septembre. Les jours pluvieux furent les 8, 9, 16, 20, 21, 24, 25, 29; et le dernier de ces jours fut remarquable par un grand vent de sud-est, et une grande pluie. Le thermomètre fut ordinairement le matin entre 49 et 50; le midi, entre 76 et 80; et le soir, à soleil couchant, entre 50 et 60.

CHAPITRE VIII.

Continuation du voyage à travers Lange-dal.

1775.
Octobre.

Le 9 octobre nous partîmes de *Houtniquas*. Nous repassâmes la grande et la petite rivière de *Brak*, et revînmes vers *Geelbek-rivier*, delà à *Hagel-craal* et *Artaquas-kloof*, où nous arrivâmes le lendemain. Nous y trouvâmes deux routes; l'une mieux frayée, mais tirant plus à l'ouest, par où nous envoyâmes notre chariot; l'autre plus montueuse, qu'on nous conseilla de prendre avec nos chevaux, comme la plus courte. Une petite négligence est souvent la cause d'une grande perte; et nous, pour nous être un peu amusés en chemin, nous fûmes surpris par la nuit et par la pluie, et manquâmes ce soir-là notre gîte. Nous en étions cependant si près, que nous entendions les aboiemens des chiens et le cri des coqs; mais il nous fut impossible d'y arriver. Après plusieurs tentatives inutiles, et après avoir enfilé plusieurs routes qui nous conduisoient dans des pâturages, des chemins de traverse que nous trouvions bornés par des touffes de bois impénétrables, ou par des portions de montagnes taillées en précipice, nous crûmes à la fin avoir retrouvé le grand chemin; mais alors nous rencontrâmes une rivière, la plus profonde que nous eussions encore osé traverser sans la connoître ni la voir. Nous n'avions pas peur, il est vrai, de nous mouiller en la traversant; car la pluie nous avoit déja pénétrés jusqu'à la peau : mais nous ne voulions ni l'un ni l'autre passer le premier, de crainte de trouver quelque trou ou quelque bourbier malencontreux. Nous avions avec nous un vieux cheval que je menois à la main depuis le matin. Il me vint à l'idée de le chasser devant nous, et de lui faire traverser la rivière, comme on envoie à l'attaque les enfans perdus d'une armée. Mais à peine fut-il à l'autre bord, qu'il s'enfuit à toutes jambes, et s'affranchit de l'esclavage où je l'avois tenu tout le jour. Mouillés, mourans de froid et de faim, car nous n'avions fait d'autre repas qu'un mince déjeûné, nous fûmes enfin obligés de passer la nuit au bel air, exposés au vent et à la pluie. Afin de n'être pas attaqués à l'improviste par les tygres, nous nous éloignâmes de la rivière et de la vallée, qui étoit couverte de buissons, et nous réfugiâmes sur la montagne. Là, nous dessellâmes nos chevaux près d'un buisson isolé. Tout près étoit un précipice, qu'heureusement nous apperçûmes assez tôt pour pouvoir l'éviter. Nous attachâmes nos chevaux avec leurs licous, les deux pieds de devant ensemble, méthode fort usitée en Afrique. Nous les laissâmes paître à l'écart de nous, dans la vue que si quelque lion venoit sur nous, il trouvât d'abord de l'occupation avec eux; ou, si c'étoit un loup, ils ne pussent prendre l'effroi et s'enfuir. On se rappelle d'avoir vu plus haut la raison de cette précaution.

1775.
Octobre.

Lorsque nous nous sentions presque transis de froid, nous nous promenions haut et bas, tombant à chaque pas, sur le sommet de la montagne, dont la pluie rendoit le terrain gras et glissant. Au reste, je ne sais si c'étoit une consolation pour nous ou un tourment, d'entendre sans cesse les maudits coqs du fermier.

Dès que le jour commença à paroître, sur les cinq heures, nous sellâmes promptement nos chevaux, et trouvâmes aisément le chemin de la ferme appelée *Hagel-craal*, qui n'étoit éloignée que de quelques portées de fusil. *Dirk Marcus*, qui en étoit le maître, joyeux vivant, déja sur le retour, dès qu'il nous eut abordés, nous fit beaucoup de complimens sur notre adresse et notre habileté à trouver les chemins. Cependant, lorsqu'il fut informé de toutes les difficultés que nous avions essuyées, il eut réellement pitié de nous; mais il nous gronda fort sérieusement de n'être point accoutumés à fumer. Si nous eussions été des fumeurs, nous disoit-il, nous aurions eu au moins les moyens d'allumer du feu. Avec la pipe on appaise la faim, et les heures ennuyeuses passent plus vîte. Il nous fit ensuite le récit de nombre d'aventures qui avoient marqué ses diverses excursions dans l'intérieur du pays, où il s'étoit fait une réputation de grand chasseur d'éléphans. Il nous donna plusieurs informations utiles et agréables.

CE bon fermier envoya ses gens à la recherche de mon cheval égaré; et lorque nous prîmes congé de lui, le 13 à dix heures du matin, il nous prêta plusieurs excellens bœufs pour traîner notre chariot à travers la vallée montueuse nommée *Artaquas-kloof*. A six heures nous arrivâmes à *Paarde-craal*, petite rivière ainsi nommée, où nous restâmes jusqu'au lendemain 14. A midi nous atteignîmes *Zaffraan-craal*, où finit la longue et fatigante vallée d'*Artaquas*. Là, nous renvoyâmes, suivant nos conventions, les bœufs du fermier, qui retournèrent par le même chemin. La vallée dont nous venons de parler est mise au nombre des terrains les plus froids et les plus *acides*; on la regarde même comme inhabitable. Il y croît, dit-on, une herbe qui, d'après la description des Colons, est probablement une espèce d'*Euphorbia*. Il arrive souvent que les jeunes bestiaux, amenés des autres contrées, en mangent; alors ils sont attaqués d'une dysurie ou rétention d'urine, souvent mortelle. On a observé alors dans l'urine et dans l'urèthre de ces animaux une substance semblable à de petits grumeaux de fromage. Le seul moyen qu'on ait trouvé de sauver l'animal attaqué de cette maladie, est de lui donner la chasse et de le faire courir pendant un certain tems sans interruption, afin d'atténuer, de cuire et d'expulser la matière coagulée.

1775.
Octobre.

EN tems de guerre ou de divisions intestines, le

1775.
Octobre.

passage étroit d'*Artaquas-kloof* seroit nécessairement un poste de la plus grande importance ; car il seroit la clé de tout le pays situé à l'est. On pourroit aussi placer à *Lange-kloof* et à *Kromme-rivier* des entraves qu'une armée en marche ne surmonteroit pas sans beaucoup de peine. L'étendue de terre qui environne *Zaffraan-craal* jusqu'à *Lange-kloof* est du genre nommé *Carrow*.

Dans la ferme de *Zaffraan-craal*, nous eûmes à subir une incommodité fort commune, nous dit-on, dans les *Carrows* : c'étoient des légions si nombreuses de mouches ordinaires, que les murs et les plafonds en étoient presque entièrement couverts. En effet, elles ne cessèrent pas un instant de nous molester, bourdonnant et volant par essaims dans nos yeux, notre bouche et à nos oreilles. Pendant quelque tems, il nous fut impossible de tenir dans la maison. Un vieil esclave alors y logeoit seul, et dormoit comme il pouvoit toutes les nuits, dans ce nid à mouches. Dans un canton particulièrement infecté de ces insectes, j'ai vu qu'on les attrapoit fort adroitement, de la manière suivante. Tout le long du plafond, étoient suspendus des paquets d'herbes, sur lesquelles les mouches aiment à se poser. Alors une personne prend un réseau ou sac profond, adapté à un bâton ; elle en entoure chaque paquet d'herbe, qu'elle secoue, ensorte que les mouches tombent au fond du sac. Après avoir réitéré plusieurs fois cette opération, on trouve dans le sac une chopine ou une pinte de mouches à la fois; on les tue en plongeant le tout dans l'eau bouillante.

1775.
Octobre.

Dans certaines parties du *Carrow*, où les mouches sont en plus grand nombre, se trouve un arbuste qui distille une substance à-peu-près de même nature et de même consistance que le goudron. Les mouches aiment à s'y poser, et y restent empêtrées. On trouve aussi dans le *Carrow* un autre arbuste, qui croît dans les terres *arides*, et qu'on nomme *Canna-bosh*. C'est de là que tout le pays des environs se nomme terre de *Canna*, et non de *Canaan*, comme M. *Mason* l'a appelée dans les *Transactions philosophiques*. Dans le fait, d'après l'extrême sécheresse de ce canton, au lieu de l'honorer du beau nom de terre de *promission*, il eût mieux fait de le nommer terre *d'affliction*. Une route entre *Artaquas* et *Lange-kloof*, inclinant un peu plus au sud que celle par laquelle nous vînmes, passe sur une montagne haute et escarpée, qui, de l'arbuste dont je viens de parler, est appelée *Cannas-hoogte*, hauteur de *Canna* (*).

―――――――――――――――――――

(*) Après avoir examiné cet arbuste *canna*, j'ai trouvé qu'il doit être regardé comme formant une espèce nouvelle de *salsola*. C'est par cette raison que dans mes descriptions de plantes manuscrites, je l'ai appelé *salsola caffra, foliis minutis subrotundis, carnosis, concavis, imbricatis*. Les feuilles ont un goût amer et salé; et brûlées avec l'arbrisseau entier,

1775.
Octobre.

C'étoit une chose curieuse que la manière industrieuse avec laquelle le seul esclave qui étoit alors à *Zaffraan-craal*, et qui avoit le maniement absolu de toute la ferme; comment, dis-je, avec le secours de deux autres Hottentots, il avoit su amener l'eau par des canaux et des rigoles, dans le jardin et dans des champs de blés, dont l'épi commençoit dès lors à poindre. Par-tout il avoit fait des écluses, au moyen desquelles tout le terrain pouvoit être en un instant baigné, et demeuroit toujours couvert d'une délicieuse verdure. Dans tous les autres endroits le sol étoit rôti et aride comme le grand chemin, en sorte que, nous étant mis en marche la nuit pour profiter du frais, nous fûmes bientôt obligés de revenir sur nos pas, et d'attendre jusqu'au lendemain matin, que nous pussions distinguer le chemin au milieu des landes et des campagnes.

Nous continuâmes donc notre route le lendemain, et après avoir passé *Morass-rivier*, nous arrivâmes à

---

elles produisent des cendres fortes, très-propres à faire du savon. Aussi les fermiers du *Carrow* donnent à la culture de cette plante une attention particulière. L'arbuste *canna* diffère beaucoup dans sa fleur du caractère générique de la *salsola* dont il est parlé dans la sixième édition du *genera plantarum*; car cette espèce a un *style* petit et flétri, avec deux ou trois *stigmates* bruns. Les autres parties de son caractère distinctif sont, *Stam. fil. breviss. antheræ cordatæ, calix perianth. persistens, capsula 5 valvis, 1 locularis, et semen 1 cochleatum*, comme dans la *salsola*, ou à-peu-près comme un ressort de montre roulé en spirale.

celle

celle de *Canna*, appelée par d'autres *Klein dorn-rivier*, où nous nous arrêtâmes pour rafraîchir. Nos bœufs et nos chevaux n'y trouvèrent d'autre verdure, que quelques roseaux (*arundo phragmites*), dont les attelages des voyageurs, qui avoient avant nous passé par cet endroit, avoient presque dégarni la rivière. Nous fûmes cependant obligés de rester plus long-tems que nous ne l'aurions dû, dans une place si nue, pour nous régaler nous-mêmes d'un plat apprêté par nos mains. C'étoit une espèce de perdrix que je venois de tuer, et depuis trois jours nos estomacs se plaignoient de n'avoir consumé que du pain grossier de nos Hottentots, et un peu de thé. Il m'échut en partage de plumer l'oiseau; M. Immelman se chargea de l'assaisonner, et il se montra, il faut l'avouer, maître passé dans l'art de fricasser. Un peu de graisse de queue de mouton, que nos Hottentots avoient apportée pour leur usage, unie à une quantité suffisante d'eau pure, exhaloit avec la perdrix un parfum dont je ne puis bien décrire la suavité, tant il excitoit dans les deux organes du goût et de l'odorat, de délicieuses sensations. Mais, ô malheur! nous n'avions songé ni l'un ni l'autre à la vider. Lorsque nous vînmes à la partager en deux, la sauce, que nous avions trouvée si délicieuse, devint en un instant dégoûtante et fétide. Nos Hottentots rirent à gorge déployée de notre oubli, et plus encore de notre délicatesse, et dévorèrent à belles dents notre triste ragoût.

Tome I.   S s

1775.
Octobre.

Nous fûmes après cela surpris par la nuit, avant de pouvoir arriver à la ferme prochaine. N'appercevant plus la route, nous nous engageâmes dans des labyrinthes de buissons et de ronces : nous fûmes donc obligés de nous arrêter et de nous préparer, nous et nos animaux, à souffrir jusqu'au lendemain matin, la faim, la soif et de plus le froid, qui nous pénétroit jusqu'aux os; car quoique le jour eût été extrêmement chaud, la nuit n'en fut pas moins glaciale : cependant vers le minuit la lune se leva et nous montra plus distinctement notre route. Nous arrivâmes enfin à une ferme nommée *Zand-plaat* près de *Klein dorn-rivier*.

Le lendemain matin, ce ne fut pas sans étonnement que nous y vîmes d'innombrables troupeaux de moutons, et leur excessif embonpoint, comparé avec la sécheresse horrible et l'aridité du terrain. Lorsqu'on veut tuer un mouton dans ce canton, on cherche toujours le plus maigre du troupeau. Il seroit impossible de manger les autres. Leurs queues sont d'une forme triangulaire, ont d'un pied à un pied et demi de long, et quelquefois plus de six pouces d'épaisseur près de l'anus. Une seule de ses queues pèse ordinairement de huit à douze livres ; elle est principalement formée d'une graisse fort délicate, que quelques personnes mangent avec le pain au lieu de beurre ; on s'en sert pour apprêter des viandes, et quelquefois on en fait de la chandelle.

CE terrain est *carrow* et chaud. On y fait de bon vin ; mais je ne puis en dire mon avis, attendu que le fermier avoit déja vendu et consommé totalement celui qu'il avoit fait. Mais à *Lange-kloof*, qui est un canton acide, on n'y fait pas une seule goutte de vin.

1775.
Octobre.

QUELQUES Hottentots avoient obtenu la permission de bâtir leurs huttes près de cette ferme ; et un des Hottentots esclaves du fermier, y étoit demeuré, depuis plusieurs jours, malade d'une fièvre épidémique, à laquelle la saignée ne pouvoit être que contraire. Cependant, pour tirer ce misérable des griffes de son maître, qui, ayant une confiance sans bornes à ce remède, avoit déja aiguisé son couteau pour le saigner lui-même, je fus forcé d'entreprendre l'opération. Le malade, qui ne pouvoit ou ne vouloit rendre aucun compte de l'état dans lequel il se trouvoit, avoit, avant la saignée, le pouls très-foible ; durant l'opération il fut pris d'un tremblement général, et, après que son bras fut bandé, de tiraillemens convulsifs, quoique je lui eusse tiré fort peu de sang. Nous le laissâmes bien plus foible que nous ne l'avions trouvé. Cependant mon hôte étoit fort satisfait, et très-persuadé que le tremblement alloit bientôt cesser. Il ordonna à sa femme de me donner, en récompense de ma peine, de tout ce qu'il avoit de meilleur dans sa maison. Cependant, demi-heure après, on vint nous dire que le pauvre Hottentot étoit sur le point d'expirer. J'avoue que je me reprochai intérieurement d'avoir été en quelque sorte l'instrument de sa mort. Mais pour soulager ma conscience, je ne manquai pas de reprocher amèrement à mon hôte, que son obstination avoit été la principale cause de ce malheur. Le bon homme sembloit aussi touché que moi. Il me parut si profondément affligé, que j'allois essayer de le consoler, lorsque, rompant le silence avec un profond soupir, il me répondit avec chaleur : « Au diable le chien de Hotten-« tot ! Où trouverai-je un autre conducteur de bœufs, « pour porter mon beurre au Cap ? »

Nous allâmes voir les cérémonies pratiquées sur l'agonisant. Voici en quoi elles consistoient : les autres Hottentots remuent, secouent, battent à coups de poing leur compatriote mourant, ou même mort. Ils lui crient aux oreilles, et lui glissent souvent un mot de reproche de ce qu'il veut mourir. Ils n'oublient ni les paroles consolantes, ni les promesses, pour l'engager à ne pas quitter ce monde, comme s'il dépendoit de sa volonté de mourir ou de vivre encore. J'ai vu cette cérémonie accomplie à la lettre sur le jeune homme que j'avois saigné, par deux vieilles Hottentotes. Je craignis à la vérité qu'à force de se livrer à ce pieux exercice, ils n'éteignissent la légère étincelle de vie que nous appercevions encore en lui; mais au contraire, le patient revint peu-à-peu à lui-même; il sembloit qu'à force de le secouer et de le battre, les vieilles femmes avoient ranimé la circulation languissante, et remis les esprits vitaux en mouvement. Cependant nous ne négligeâmes pas, mon hôte et moi, de nous faire apporter promptement de l'eau-de-vie, et d'en humecter ses lèvres et son nez. Cette défaillance avoit été une suite de l'imprudence des gardes, qui l'avoient laissé courir hors de la maison durant le transport de la fièvre. On me dit, à mon retour, que tout foible et fatigué qu'il étoit, en dix ou douze jours il fut parfaitement rétabli, devint si courageux et si fort, qu'il s'étoit évadé de chez son maître pendant le prochain voyage qu'il fit au Cap.

Le fermier avoit une loutre bien empaillée, que j'ai déposée depuis dans le cabinet de curiosités de l'Académie des sciences. Comme c'étoit une rareté pour le pays, il avoit intention d'en faire présent au gouverneur ; mais il fut si reconnoissant et si charmé de la saignée que j'avois faite à son Hottentot, qu'il me donna la loutre (*).

(*) Cet animal sembloit être de la même espèce que nos loutres d'Europe, et n'en différer que par la grosseur et par une couleur plus claire : la longueur de son corps, du nez à la racine de la queue, étoit de deux pieds et demi, et la queue même avoit plus de dix-huit pouces de long. Il est probable que cet animal vit principalement d'une espèce de crabe rond ; car dans les eaux douces de toutes les rivières que j'ai marquées sur ma carte, on n'y trouve pas, que je sache, plus de deux sortes de poissons, encore y sont-ils en petite quantité : une petite dorade dont j'ai oublié de décrire l'espèce, et le *cyprinus gonorynchus*, à-peu-près de la grosseur d'un hareng ordinaire.

1775.
Octobre.

LE 17, nous quittâmes le *Carrow*, et entrâmes dans le district de *Lange-kloof* (ou longue vallée), qui commence à *Brak-rivier*. Je fus obligé d'ajouter à mon attelage une autre paire de bœufs, que j'achetai huit rixdalles pièce; la femme du fermier qui me les vendit, et qui paroissoit avoir la direction de toute la maison, me les garantit sans le moindre défaut. Peu de tems après que nous fûmes sortis de la ferme, nous nous apperçûmes que l'un d'eux étoit à-peu-près estropié d'une jambe, ce qui nous fit naître quelques soupçons sur la probité de notre belle vendeuse. Mais ses voisins nous assurèrent, à l'honneur de sa bonne foi, que le bœuf eût pu être estropié des quatre pieds, sans que nous eussions eu à nous plaindre d'autre chose que de notre crédulité. Elle et son mari nous firent également dupes dans le marché d'un cheval que nous laissâmes en chemin. Peu de tems après cette époque, ils allèrent l'un et l'autre s'établir au Cap, dans l'intention d'y monter un commerce. Ils n'en exercèrent pas moins envers nous l'hospitalité dans toute l'étendue du mot, le tems que nous restâmes à leur ferme, et ils mangeoient eux-mêmes avec un appétit qui faisoit notre étonnement. Si l'hospitalité est ici une vertu généralement pratiquée, et forme vraiment un trait caractéristique et dominant dans la physionomie de cette nation, il me paroît, d'après plusieurs expériences, que l'astuce et la fraude dans les marchés et le commerce sont aussi dans la colonie un penchant dominant et général, et qu'elles ne sont point à leurs yeux un vice honteux, comme elles le sont aux nôtres, et méritent en effet de l'être.

Dans le voisinage de *Brak-rivier*, de même que dans plusieurs autres endroits de *Lange-kloof*, ils se plaignent beaucoup de cette herbe *dysurétique*, qui croît aussi à *Artaquas-kloof*; mais personne n'a jamais pu m'indiquer ni me montrer cette herbe (*).

Près de la source de *Keurebooms-rivier*, étoit une ferme, d'où l'on pouvoit, par un sentier fort difficile, aller à pied en un jour à *Algoa-bay* dans le *Houtniquas*. *Pott-rivier* est aussi nommée *Chamyka*. N'ayant pu, faute de place, la désigner par ce nom dans ma carte, je crois à propos d'en prévenir ici les voyageurs futurs.

Étant allés, M. Immelman et moi, sur nos chevaux, errer çà et là, insensiblement nous devançâmes de beaucoup le chariot, et quand la nuit vint, nous nous égarâmes : nous eûmes cependant le bonheur d'arriver enfin à une ferme, non loin de *Pott-rivier*. Nous la trouvâmes habitée par quelques Hotten-

---

(*) Je fus consulté dans ce canton par une femme mariée qui, autant par ignorance que par impatience, avoit arraché, morceau à morceau, son uterus, qui étoit dans un état de relâchement et de descente, sans qu'il en fût résulté aucune suite funeste.

tots, que le Colon y avoit laissés pour la garder. M. Immelman leur demanda la route en hollandois et en portugais; mais quoiqu'il leur promît pour boire, et quoiqu'ils entendissent parfaitement ces deux langues, comme on nous l'a assuré par la suite, ils ne voulurent jamais lui répondre; en revanche, ils nous rompirent la tête de leur jargon, dont nous n'entendions pas une syllabe. Je ne sais à quoi attribuer ce bizarre procédé, s'il venoit d'une malignité dont il faut chercher la source dans la dépravation de la nature humaine, ou plutôt d'une rancune bien fondée, invétérée dans le cœur de cette nation, contre les Colons chrétiens. D'autres Chrétiens, nous a-t-on dit depuis, ont été accueillis de la même manière par des Hottentots; mais quelques-uns, pour jouer pièce à ces pauvres esclaves, ont feint d'ignorer la langue hottentote, et écouté, sans exciter de soupçon, toutes leurs réponses : leur babil, dans ce moment, n'étoit que des injures, des railleries piquantes qu'ils lançoient avec un plaisir indicible, et, croyoient-ils, avec impunité contre le Chrétien présent; jusqu'à ce qu'enfin celui-ci levant le masque, leur fit durement sentir qu'il avoit tout entendu.

NE pouvant obtenir aucune lumière de ces Hottentots, nous cherchâmes le chemin nous-mêmes. Mais comme je croyois l'avoir retrouvé, et que je traversois la rivière sur mon cheval, il s'enfonça tout-à-coup dans la vase jusqu'à la selle. Je m'en dépêtrai, moi, comme

je

je pus, et je gagnai le bord ; mais j'eus beaucoup de peine à retirer mon cheval de la fondrière. Nous fûmes obligés d'attendre, avec notre chariot, qui nous suivoit, le point du jour, pour trouver le véritable gué de la rivière. Le lendemain 22, nous avançâmes vers la rivière *Ku-Koi*, qu'ils prononcent *t'Ku-t'Koi*.

CE nom, qui signifie *chef* ou *maître*, a probablement été donné à cette rivière, à cause qu'elle est le premier bras, ou plutôt la source de la grande rivière *t'Cam-t'Nasi*, qui se décharge encore dans celle de *t'Camtour*. La ferme près de la rivière *Ku-Koi*, est appelée *l'Aventure*. Des montagnes voisines, nous vîmes la mer, mais d'autres montagnes intermédiaires nous ôtoient totalement la vue de *Houtniquas*. Et l'on n'a jamais tenté d'aller à *Houtniquas* en traversant ces montagnes.

NOUS restâmes à *Lange-kloof* jusqu'au 31, et nous y achevâmes le mois d'octobre.

A *Apies-rivier*, je vis un vieux *boshi* avec sa femme, qui, à ce que me dit le fermier nommé *P. Vereira*, régnoit encore quelques mois auparavant, sur plus de cent boshis. Mais le fermier les avoit transférés de cette principauté ou dignité patriarchale, à l'état de bergers, en leur confiant la garde de quelques centaines de moutons. Au reste, il en faisoit les plus grands éloges. Ils ne ressembloient, disoit-il, en rien aux autres

Tome *I.*   T t

Hottentots. Actifs et soigneux dans leur besogne, ils se contentoient du lot qui leur étoit échu, et savoient accommoder leurs inclinations à leur fortune. Il est possible, en effet, que ce couple de vieillards, par une suite de leur expérience et de leur bon sens, trouvassent un bonheur plus réel et plus grand à se voir à la tête d'un troupeau de moutons, qu'à s'asseoir sur un trône environné de sujets. J'admets même que le fermier ait eu raison de dire que son troupeau profitoit davantage sous les yeux de ces illustres personnages, plus éclairés sans doute que les autres. Il n'en est pas moins vrai que c'est une violence qui crie vengeance au ciel, d'oser arracher à une société entière le chef qui la gouverne, parce qu'il peut en résulter quelque avantage pour un troupeau de moutons, la propriété d'un vil paysan.

En nous promenant à cheval, nous vîmes sur-tout dans *Lange-kloof*, un grand nombre de Hottentots fugitifs des deux sexes, qu'on ne poursuivoit point, soit qu'ils fussent âgés et infirmes, soit que quelques autres Colons n'eussent pas voulu se donner la peine de les arrêter, pour être obligés peut-être de les rendre à leurs premiers maîtres. Un de ceux que je rencontrai sur la route, un homme fort vieux, mourut, m'a-t-on dit, le lendemain, de foiblesse et de fatigue. La plupart de ces fugitifs portent un gros bâton, au bout duquel est ordinairement adaptée une grosse pierre arrondie, formant la tête, et percée par le milieu. Cette tête ou pomme, du poids de deux livres ou plus, donne au bâton plus de force, lorsqu'ils veulent déterrer des racines ou des plantes bulbeuses, ou percer les monticules d'argile épaisse et durcie, élevées à la hauteur de plus de trois ou quatre pieds par une espèce de fourmis (*termes* *) qui fait une grande partie de la nourriture de ces *boshis*. Souvent j'ai vu avec peine quelques-uns de ces pauvres vieillards fugitifs épuiser, sur ces monticules endurcis, le reste de leur force, pour n'y trouver, lorsqu'ils sont enfin brisés, qu'un autre animal usurpateur, qui, après s'être glissé dans le nid, a mangé les fourmis et consumé toutes leurs provisions.

Dans une ferme où j'étois, à *Lange-kloof*, plusieurs Hottentots fugitifs vinrent mendier en suppliant un peu de tabac. Ils avouèrent qu'ils étoient venus de *Houniquas*, par dessus les montagnes; qu'ils y avoient eu à la vérité un fort bon maitre; mais qu'ils aimoient mieux retourner dans leur pays, sur-tout depuis que la mort d'un de leurs compagnons leur faisoit une loi de changer de demeure.

Nous trouvâmes à *Krakkeel-rivier* un terrain rocailleux et plusieurs monceaux de cailloux, qui étoient là depuis un tems immémorial. Nous ne pûmes conjec-

---

(*) On trouvera dans le cours de cet ouvrage une description détaillée de ce merveilleux insecte.

turer pour quel but et à quelle occasion ces amas avoient été formés.

Dans une vallée voisine, je vis plusieurs larges trous, au milieu desquels étoit un pieu affilé ; c'étoient des pièges pour attraper de gros gibier. Je vis le moment ou nous étions pris dans un de ces pièges, moi et mon cheval.

Les montagnes près de *Klippen-drift* sont, nous dit-on, habitées par une race de Hottentots, nommés, d'après le lieu de leur résidence, *Hottentots des montagnes*. Ils sont sans doute des *boshis*, de l'espèce de ceux dont j'ai parlé, vivans du bétail qu'ils volent, de gibier et de végétaux. Les fermiers des environs ont soin d'empêcher que leur bétail ne s'écarte jamais de la ferme.

A *Zwarte-kloof*, ferme située entre *Krakkeel* et *Wagen-booms-rivier*, on me montra une petite Hottentote âgée d'environ dix ans, qui, quoique née et élevée au service de cette ferme, annonçoit les inclinations hottentotes, et savoit déjà la manière de s'évader. Elle étoit une fois disparue, et n'avoit vécu pendant quinze jours, que des productions sauvages des champs et des bois : elle avoit cependant conservé son embonpoint, et étoit enfin revenue à la ferme, saine et en bon état. La raison qu'elle-même donna de son retour, fut qu'après s'être égarée à une grande distance, elle avoit un jour apperçu une bête énorme, qui, d'après sa description, paroissoit être un lion : elle en avoit été si épouvantée, qu'elle avoit pris à l'instant le parti de revenir à la maison.

1775.
Octobre.

Tous les habitans des environs de *Wagen-booms-rivier* disent qu'on trouve en cet endroit, un lézard noir comme le charbon, d'environ un pied de long, et qu'on croit fort venimeux. Les Hottentots montrent à sa vue la plus grande frayeur ; cependant cet animal est, dit-on, fort rare. Les monceaux de pierres élevés près de cette rivière, servent aussi de refuge à un grand nombre de ces petits animaux, que Pallas décrit sous le nom de *cavia Capensis* (*), et que les Colons nomment *dasses* ou blaireaux. Ils ont quelque affinité avec les marmottes ordinaires, et sont à-peu-près de la même grosseur. Beaucoup de gens les mangent, et les regardent comme un mets fort délicat. On les apprivoise fort aisément, et on en trouve dans plusieurs autres endroits des montagnes d'Afrique. Les îles *Dassen*, situées sur la côte occidentale d'Afrique, ont tiré leur nom de ces petits animaux (**).

(*) Cet animal est du même genre que le *cochon de Guinée* ou *cavia cobaya*.

(**) On trouve dans les montagnes habitées par ces animaux, une substance qu'on appelle ici *dassen-piss*. Elle ressemble au *petroleum* ; et plusieurs personnes qui l'ont examinée, l'ont en effet regardée comme

La rivière de *Drie Fonteins* (des Trois Fontaines), la dernière de *Lange-kloof*, est la source de quelque grande rivière, qui coule dans le *Sitsikamma*.

une véritable huile de pétrole. On l'emploie aussi en médecine, et on lui suppose des vertus qui passent toute vraisemblance ; mais comme cette substance ne soutient point les mêmes épreuves que le *petroleum*, et que d'ailleurs elle ne se trouve que dans les lieux fréquentés par les *dasses*, j'ai de fortes raisons de croire qu'elle provient de cet animal même, et qu'elle n'est autre chose que son excrétion menstruelle. Des observations faites sur une femelle de cette espèce, ont donné lieu à cette conjecture. On a remarqué d'ailleurs qu'on trouve souvent dans cette substance les excrémens des *dasses*, et rarement autre part.

La température de l'air pendant ce mois d'octobre, fut, à peu de chose près, la même que dans le mois précédent. Les jours pluvieux furent les 9, 10, 19, 20, 22, 23, 26, 27 et 28.

CHAPITRE IX.

Suite du voyage, de Lange-dal à Sitsikamma, et de là à la rivière de Zee-koe.

Le 1er. novembre, nous nous mîmes en marche pour *Kromme-rivier*, ou *rivière tortueuse*, ainsi nommée de ce qu'elle suit les sinuosités sans fin, d'une vallée fort étroite. Cette rivière est fort bourbeuse, et nous en trouvâmes le passage d'autant plus incommode, qu'il nous fallut la traverser huit fois avant de gagner *Essen-bosh*, où nous arrivâmes cependant le lendemain 2 novembre.

1775.
Novemb.

Le nom d'*Essen-bosh* est donné à une étendue de pays couvert de bois le long d'*Essen-rivier;* et le bois et la rivière ont reçu leur nom d'un arbre appelé *Esse* (frêne). Je transcris ici en note la description que j'ai donnée de cet arbre dans les transactions de l'Académie royale de Suède (*).

(*) Ce végétal est un arbre très-élevé, qui paroît propre à la construction. Je l'ai trouvé à environ 180 lieues N. E. du Cap de Bonne-Espérance. Les Colons Hollandois appellent cet endroit *Essen-bosh*, forêt de frêne, et l'arbre même porte le nom de frêne. Il a été jusqu'ici absolument inconnu aux botanistes, et il doit être rangé dans la dixième classe, pour y former un genre à part.

Quant au nom d'*ekebergia Capensis*, que j'ai donné à cet arbre, j'ai été

336 VOYAGE

1775.
Novemb.

Le sol de ce canton est regardé comme acide. Un fermier avoit tout récemment choisi cet endroit pour le

bien aise de saisir cette occasion de témoigner ma juste reconnoissance à celui qui, jaloux de l'avancement de l'histoire naturelle, m'a procuré la facilité de botaniser parmi les rares productions de cette contrée. En cela d'ailleurs, je n'ai fait que suivre la louable coutume de plusieurs savans, à qui la botanique doit tant, et qui ont mis leur nom en sûreté sous la dénomination d'une fleur. Ainsi, j'ai donné à ce végétal le nom d'un membre de l'Académie royale, M. *Charles-Gustave Ekeberg*, qui non-seulement a le premier apporté de Chine en Suède et en Europe le thé vivant, mais encore a rassemblé, dans différens voyages aux Indes orientales, des plantes tout-à-fait inconnues, sans compter nombre d'autres curiosités naturelles dont il a enrichi les collections de l'Académie des Sciences, celles du feu docteur *de Linné*, et d'autres naturalistes.

Pour plus de clarté et de briéveté, je vais donner en langage botanique la description et les signes reconnoissables de cet arbre.

Caulis arbor procera, cortice cinerascente, ramulis ex casu foliorum nodosis.

Folia pinnata sæpiùs absque impari foliola 4—6 paria, palmaria, integra lanceolata, subacuminata, venulis satis reticulata, sessilia, margine altero angustiore.

Petiolus universalis à bipalmari ad pedalem magnitudinem, subtriqueter, suprà planinsculus.

Paniculæ axillares, rameæque, palmares. Pedunculus universalis compressinsculus, levis pedicelli lanati.

Calix perianthium 4 : partitum, foliolis ovatis, parvis, intùs extùsque villoso-lanatis.

Corolla petala 4, calice paulò majora, lineari circiter magnitudine, subrotunda, colore ac pubescentia feré ac in calice.

Nectarium annulus basin germinis cingens.

Stamina filamenta sunt corpuscula 10, latiuscula, subcohærentia, pubescentia.

Antheræ erectæ, acutæ, filamentis angustiores.

Pistillum stylus cylindraceus, brevis. Stigma capitatum, perforatum.

cultiver

cultiver et y vivre. Quant à présent, ils n'avoient point d'autre maison qu'une hutte composée de feuilles et de chaume. Je trouvai et décrivis en cet endroit plusieurs autres arbres et arbustes que je n'avois point encore vus. J'y vis, en plus grand nombre qu'ailleurs, cette espèce particulière d'insectes, décrite par le professeur *Thunberg*, sous le nom de *pneumora* (*).

Le 3, nous rafraîchîmes à la ferme voisine, qui étoit sur l'autre côté de *Diep-rivier*. Plusieurs Hotten-

---

Germen superum.

Bacca 5 sperma globulosa, diametro circiter semiunciali. Recens sapore erat farinoso amaricanti. Semina nuclei 5 figurâ et magnitudine seminum citri.

(Trans. philos. de Suède pour l'année 1779, IVe. quart. page 282).

(*) Voy. les trans. de Suède, tome XXXVI, page 254. Cette espèce, à laquelle doit être aussi rapporté le gr. *papillos* FABR., est composée de, 1°. pn. *immac.* (grill. *unicol.* LINN.); 2°. pn. *mac.* (gr. *variolos* LINN. et FABR.); 3°. pn. *sex gutt.* (gr. *inan.* FABR.).

Ces insectes sont longs de deux à trois pouces. On trouve toujours leur abdomen vide, excepté un seul petit intestin, tout-à-fait transparent, soufflé et tendu. Les Colons les nomment, pour cette raison, *blaazops*, et on dit qu'ils ne vivent que de vent. Dans le jour, ils sont ordinairement silencieux ; mais dans les endroits qu'ils fréquentent, on entend quelquefois le soir le bruit qu'ils font de tous côtés : c'est un son tremblottant et assez fort. Ils sont aisément attirés la nuit par quelque grande lueur, et attrapés plus aisément encore. Mais ils sortent rarement d'eux-mêmes durant l'obscurité. Quelqu'un m'a assuré qu'on les déterminoit facilement à quitter leurs trous, en faisant du bruit, en les appelant et allant à leur rencontre ; mais lorsqu'il en voulut faire l'épreuve en ma présence, elle ne réussit pas.

Tome I.   V v

tots de la race des *boshis* étoient au service du fermier, et avoient leurs huttes près de la ferme : ces huttes étoient faites de chaume, mais la plupart étoient alors recouvertes de larges bandes de chair d'éléphant, coupée en zigzag, par tranches de deux, trois et quatre doigts d'épaisseur, et qui pendoient à la longueur de plusieurs brasses. Les unes enveloppoient les huttes, d'autres atteignoient d'une hutte à l'autre ; toutes étoient là pour sécher. Dans cette saison, hommes, femmes et enfans, n'avoient autre chose à faire, que de dormir, fumer et manger de la chair d'éléphant. Quoique j'eusse mangé du chien dans la mer du Sud, la vue et l'odeur du mets offert à mes yeux, m'ôtèrent tout désir d'en goûter ; cette chair étoit d'ailleurs exposée au soleil depuis plusieurs jours, et quand j'en aurois fait l'essai, on ne s'en seroit pas rapporté à mon goût, et j'aurois de plus encouru le mépris des Colons, qui regardent comme une action horrible de manger la chair d'un éléphant, presque aussi horrible que de manger de la chair humaine. L'éléphant est, selon eux, un animal fort intelligent ; il pleure lorsqu'il est blessé, ou quand il voit qu'il ne peut échapper, et les larmes roulent sur ses joues comme sur celles de l'homme dans l'affliction. Je voulois aller à cheval à la plaine où l'éléphant avoit été tué, pour en voir le squelette : on m'assura qu'il seroit trop tard, et que les loups en avoient déjà fait leur proie.

Celui auquel les Hottentots faisoient fête, étoit, à ce qu'ils supposoient, un jeune mâle; car ses défenses n'avoient que trois pieds de long, et ses plus grandes mâchelières, que quatre pouces de large (*). Ses oreilles atteignoient, nous dit-on, des épaules d'un Hottentot de moyenne taille, jusqu'à terre. Il restoit encore à la ferme un de ses pieds de devant, qui n'avoit point été disséqué. La peau n'en étoit pas à beaucoup près si compacte que celle du rhinocéros et de l'hippopotame; mais le tissu en paroissoit composé de plus fortes fibres, et de plus gros vaisseaux sanguins. Sa surface extérieure étoit plus inégale, ridée et noueuse, et l'on n'eût pu s'en servir pour faire des fouets, comme de celle des deux autres animaux. Le pied étoit presque rond, et n'avoit guère plus de diamètre que la jambe, qui en avoit à peine un pied. Les ongles devroient, à ce qu'il semble, être toujours au nombre de cinq; mais cette règle, comme l'a observé M. de Buffon (tome XI, page 68), n'est pas invariable. Celui-ci n'en avoit que quatre, dont les plus grands étoient sur le côté extérieur du pied, et les plus petits n'avoient qu'un pouce

1775.
Novemb.

(*) Une mâchelière d'éléphant que me donnèrent au Cap quelques chasseurs, et que j'ai déposée dans le cabinet de l'Académie royale des Sciences, a neuf pouces de large, et pèse quatre livres et demie, quoiqu'on puisse reconnoître à des marques évidentes, que cette dent étoit une des plus intérieures, et qu'elle n'avoit pas atteint sa pleine grosseur; car elle étoit encore plus des deux tiers couverte par la gencive. La distance de la racine au sommet de la dent, ou son élévation au dessus de l'alvéole, paroissoit avoir été de trois pouces.

de diamètre chaque. La peau sous le pied ne paroissoit pas d'une contexture plus épaisse, ni plus ferme que celle des autres parties du corps.

Ils supposoient que cet éléphant avoit été forcé de quitter le troupeau, et chassé par d'autres mâles plus forts, de Sitsikamma, où les éléphans trouvent, dans les forêts épaisses, un asile ou plutôt une place fortifiée contre les attaques de leurs ennemis. Quant à *Lange-kloof*, et aux autres endroits que les Chrétiens ont commencé d'habiter, ces animaux ont été obligés d'en sortir. Voici, d'après le récit des chasseurs mêmes, deux fermiers de ce canton, la manière dont ils prirent cet éléphant.

Le soir même qu'ils apperçurent l'animal, ils prirent aussitôt la résolution de le poursuivre à cheval : ils étoient loin d'être habiles à cette chasse; car ils n'avoient jamais vu d'éléphans. D'après leur description, celui-ci devoit avoir onze ou douze pieds de haut; les plus gros de cette espèce en ont, dit-on, quinze ou seize (*). Leurs chevaux, quoiqu'aussi peu accoutumés

---

(*) Si cette assertion des habitans du pays est vraie, les éléphans d'Asie sont bien inférieurs en grosseur à ceux d'Afrique. M. Wolf, qui a été dix-neuf ans à Ceylan, où sont les plus grands éléphans, et qui a été à portée de se procurer les meilleures informations sur ces animaux, parle de douze pieds ou six aunes d'Allemagne, comme d'une très-grande hauteur, et cite un éléphant haut de douze pieds et un pouce, comme une grande curiosité. Voy. *Wolf's voyage to Ceylan*, récemment publié.

que les écuyers à la vue de ce colosse, ne tergiversèrent nullement. L'animal ne fit aussi nulle attention à leur approche, que lorsqu'ils furent à la distance de soixante ou soixante-dix pas. Alors l'un d'eux descendit de cheval, comme c'est l'usage des chasseurs du Cap, ayant soin de s'assurer de la bride : ensuite fléchissant un genou, et fixant à terre, de la main gauche, l'appui adapté pour poser le mousquet, il visa et fit feu sur l'éléphant, qui s'étoit éloigné d'environ quarante ou cinquante pas de plus.

1775.
Novemb.

Lorsqu'ils chassent au gros gibier dans ce pays, ils aiment mieux attendre, pour tirer, que la bête soit à cent cinquante pas, parce qu'ils chargent leurs mousquets de manière que la balle a, suivant eux, plus d'effet à cette distance, et parce qu'ils ont plus de tems pour remonter à cheval et s'enfuir, si l'animal blessé revient sur eux.

Notre chasseur eut à peine le tems de se remettre en selle et de retourner son cheval, qu'il s'apperçut que l'éléphant étoit à ses trousses. A l'instant même l'animal fit un cri aigu et plaintif, dont le chasseur se sentit comme percé jusqu'à la moëlle des os, et qui fit faire à son cheval plusieurs bonds précipités, après lesquels il se mit à galoper avec une vîtesse incroyable ; le chasseur eut la présence d'esprit de le diriger et le conduire sur une hauteur, sachant bien que les éléphans et autres grands animaux, s'ils descendent fort vîte, montent fort lentement, à raison de leur lourde masse. Tandis qu'il galopoit, son compagnon eut ainsi le tems d'avancer avec toute sécurité vers l'animal qui lui présentoit le flanc, et de viser au cœur et aux grosses artères des poumons. Il mit donc pied à terre comme le premier; mais il ne toucha l'animal dans aucune partie dangereuse, parce que son cheval étant indocile, et tirant avec force sur la bride qu'il tenoit passée à son bras droit, dérangea son coup. Alors l'éléphant se retourna vers ce dernier; mais obligé de gravir une colline encore plus roide, il fut bientôt fatigué de le poursuivre. Après ce mauvais succès, les deux chasseurs trouvèrent plus à propos de se tenir réciproquement leurs chevaux, tandis que l'un d'eux tiroit. A la troisième balle l'éléphant menaçoit encore vengeance : la quatrième ralentit totalement son feu; mais il ne tomba qu'après avoir reçu la huitième. Cependant plusieurs chasseurs expérimentés d'éléphans m'ont assuré qu'une seule balle étoit suffisante pour coucher un de ces animaux par terre; mais pour cela il faut,

1°. QUE le calibre du mousquet soit assez large pour admettre une balle pesant trois onces, ou au moins plus de deux.

2°. QUE l'arme soit forte et bien montée, afin qu'elle puisse porter une bonne charge (*).

(*) Les fermiers qui chassent à l'éléphant, à l'hippopotame, au rhinocéros, et même au buffle, aiment de préférence, et paient un bon

3°. Que la balle soit composée d'environ un tiers d'étain sur deux tiers de plomb: une balle de plomb seul est sujette à s'aplatir contre la peau épaisse et fort dure des grands animaux, et ne produit alors aucun effet, ce que j'ai vu moi-même arriver sur le rhinocéros : d'un autre côté, si l'on mêle trop d'étain avec le plomb, la balle sera cassante et trop légère, et elle se fendra dans la graisse, ce que j'ai aussi éprouvé, lorsqu'elle rencontrera les parties osseuses d'un de ces gros animaux (*).

4°. Il est nécessaire sur-tout de frapper l'éléphant au

---

prix, les mousquets Suédois et Danois de vieille fabrique, dont on ne se sert plus à présent, à cause de leur poids et de leur grosseur. Mais ordinairement ils y mettent une autre monture plus solide, afin qu'ils puissent porter une charge encore plus forte, sans refouler. C'est à raison du poids de ces mousquets, que le chasseur tire rarement sans poser l'arme sur son appui : plus rarement encore il se hasarde à tirer assis en selle, par la difficulté d'ajuster au milieu du tremblement qui agite le cheval et le cavalier, après un rapide galop.

(*) Plusieurs personnes m'ont assuré qu'avec des mousquets de cette espèce fortement chargés, on perceroit un soc de charrue d'une épaisseur ordinaire. Je n'ai jamais vu faire cette expérience ; mais la chose ne me paroît pas incroyable. Lorsque j'ai paru douter du fait, plusieurs personnes m'ont offert d'en faire la gageure. D'ailleurs, il est arrivé quelquefois qu'une balle de pistolet ordinaire a percé une cuirasse. J'ai souvent ouï dire à des chasseurs, comme un fait bien connu parmi leurs confrères, que lorsqu'ils avoient eu occasion de tirer, avec ces grosses armes, au milieu d'une harde de zèbres et de quagga, serrés les uns près des autres, la même balle, lorsqu'elle ne donnoit pas sur quelque partie osseuse, avoit traversé de suite quatre ou cinq de ces animaux.

cœur, ou dans quelques parties voisines, où il est rare que la balle ne rencontre pas quelque gros vaisseau ; alors l'animal perd bientôt la vie avec son sang. Il est donc absolument indispensable d'avoir un gros mousquet ; car la blessure faite par une petite balle pourroit aisément être refermée par la graisse ou par le sang figé, sans compter l'élasticité de la peau et des fibres musculaires, qui dans l'éléphant, le rhinocéros, et autres, est proportionnellement plus grande que dans le petit gibier, et au moyen de laquelle la blessure se resserre et ne laisse rien sortir.

Un fameux chasseur d'éléphans me dit, à la vérité, que le meilleur moyen pour frapper l'animal au cœur, étoit d'ajuster le coup précisément à l'endroit du flanc où touche la pointe de ses oreilles ; mais si l'on en juge d'après la belle figure de cet animal qu'a donnée M. de Buffon dans son ouvrage, les oreilles semblent trop courtes pour que les indications du chasseur puissent se trouver justes; à moins que les éléphans d'Afrique n'aient les oreilles un peu plus longues que celui qui a servi de modèle à M. de Buffon, ou que les oreilles des éléphans gros et vieux ne soient proportionnellement beaucoup plus alongées que dans le jeune éléphant dont il a donné la figure.

C'est sans doute l'expérience qui a appris aux chasseurs du Cap à ne jamais viser à la tête de l'éléphant,
attendu

attendu que le cerveau tient trop peu de place pour être aisément frappé, et de plus, qu'il est fortement défendu par un crâne épais et dur. Cette observation se rapporte avec ce qu'on connoît déja relativement à cet animal ; mais d'après ce qu'on vient de lire, il est évident que deux ou trois cents hommes n'auroient pas grand'peine à faire tomber un éléphant (*). Il faudroit, en vérité, que les armes à feu fussent bien misérables, et les chasseurs bien mal-adroits ; on peut encore moins supposer qu'il faut une armée entière pour attaquer une troupe d'éléphans. En Afrique, souvent un seul chasseur ose le faire, lorsqu'il est pourvu d'un bon cheval, accoutumé à chasser, et qu'il trouve les éléphans en plaine : il n'est guère plus dangereux pour lui d'attaquer toute la troupe, que d'en attaquer un seul ; car dans le premier cas, les plus jeunes éléphans ont coutume de fuir les premiers ; alors un ou deux des vieux, qui ont les plus fortes dents (et ce sont ceux-là même avec lesquels le chasseur desire sur-tout d'avoir affaire), courront après lui ; mais comme ils sont bientôt fatigués, et qu'ils retournent sur leurs pas, le chasseur revient à son tour sur eux, et trouve toujours l'occasion de tirer sur l'un ou sur l'autre.

Lorsqu'un éléphant n'a été frappé qu'à la hanche,

(*) Ce fait est rapporté par M. de Buffon, page 11, d'après le voyage de Bosman en *Guinée*, page 254.

on dit communément qu'il a reçu les arrhes du chasseur : cette blessure le rend boiteux, et il doit conséquemment s'attendre à en recevoir bientôt une plus dangereuse. Plus les dents des éléphans sont larges, plus ils sont vieux, et plus aussi, dit-on, ils sont pesans et lents à la course, et trouvent de difficulté à s'échapper. Quand le soleil a été brûlant, on les trouve ordinairement affoiblis et fatigués : quelques personnes ont alors osé les attaquer à pied ; certains Hottentots surtout, accoutumés à tirer, que les fermiers emmènent souvent avec eux, sont d'une hardiesse étonnante. Plus légers que nous à la course, ils croient aussi, non sans raison, que leur couleur donne moins de soupçon à l'éléphant et aux autres bêtes : il est possible que l'odeur rance, un peu semblable à celle de venaison, qu'exhale autour d'eux leur manteau de peau, leur graisse et leur poudre de *bucku*, trompe l'odorat de l'animal, et lui fasse perdre plus aisément leur trace.

QUAND l'éléphant se sent grièvement blessé, il ne cherche pas, m'a-t-on dit, à se défendre de ses ennemis, quelquefois même il ne cherche pas à les fuir ; mais sans se mouvoir, il se rafraîchit et s'arrose avec l'eau qu'il tient ordinairement en réserve dans sa trompe. Toutes les fois qu'il rencontre une pièce d'eau, et qu'il se trouve échauffé, il en pompe une certaine quantité, dont il s'arrose lui-même. C'est un fait connu depuis long-tems des naturalistes, que les éléphans aiment le voisinage des rivières : on sait aussi avec quel soin et quelle régularité ceux qui sont apprivoisés en Asie sont conduits, à des heures réglées, à l'eau pour s'y laver. Il ne me paroît donc pas invraisemblable qu'on trouve quelquefois dans les plaines brûlantes de l'Afrique, et l'on m'a dit qu'on en trouvoit en effet, des éléphans tombés en défaillance, et mourans de soif. Une personne m'a assuré que dans un endroit marécageux, ou plutôt rempli de *sourcins* (*fontein-grund*), elle avoit observé des traces distinctes d'éléphans, qui s'y étoient couchés. Tous les récits que j'ai pu rassembler s'accordent à dire que ces animaux, lorsqu'on les chasse, évitent avec soin les rivières fangeuses, dont probablement ils ont peine à se dépêtrer ; mais qu'ils cherchent toujours les plus profondes, sur lesquelles ils nagent avec beaucoup de facilité.

QUOIQUE l'éléphant, par la forme de son pied, par la structure et la position de ses membres, ne paroisse pas fait pour nager, quoique son corps et sa tête, lorsqu'il a perdu pied, soient entièrement sous l'eau, il est cependant moins en danger de se noyer que tous les autres animaux de terre : il élève sa longue trompe au dessus de la surface de l'eau ; elle lui sert à respirer, et à diriger sa course. Elle est aussi pour lui l'organe de l'odorat, que l'éléphant a très-subtil. On a observé que lorsque plusieurs éléphans passoient en même tems une rivière à la nage, ils savoient tous très-bien trouver le chemin, et en même tems éviter de se heurter l'un l'autre, quoique leur tête et leurs yeux soient entièrement submergés.

Les Colons ne chassent les éléphans que pour en avoir les dents; ils ont cependant imaginé d'en faire sécher la chair, pour nourrir leurs serviteurs, c'est-à-dire leurs esclaves. Les dents des plus gros pèsent de cent à cent cinquante livres hollandoises. D'après le taux auquel le gouvernement les paie, un homme peut quelquefois gagner d'un seul coup de fusil trois cents *gilders*. Il n'est donc pas étonnant que les chasseurs d'éléphans s'exposent souvent avec tant de hardiesse. Un paysan, mort aujourd'hui, avoit chassé un gros éléphant près de l'embouchure de *Zondags-rivier*, qui en cet endroit est très-large et très-profonde; il eut l'audace de le poursuivre à cheval, et de traverser la rivière, quoiqu'il portât son pesant mousquet sur son épaule, et qu'il ne sût nullement nager: mais il ne retira, dit-on, aucun avantage de cet acte de témérité; l'éléphant se glissa dans une touffe de halliers serrés et épineux, où le chasseur ne put ou n'osa le suivre.

Ce n'est qu'en plaine qu'ils peuvent réussir à attaquer les éléphans: dans les bois, où l'attaque ne peut se faire qu'à pied, la chasse est toujours plus dangereuse. Le chasseur doit avoir grand soin de se poster au vent de l'éléphant; car si une fois l'animal l'a éventé, il fond directement sur lui, sur-tout lorsqu'il a été déja chassé, et qu'il a eu occasion de connoître par expérience combien ces tireurs de profession sont dangereux et hardis. Plus d'une fois ces intrépides chasseurs, faute de cette précaution, se sont trouvés dans le plus grand danger.

1775.
Novemb.

Dirk-marcus, le fermier de *Hagel-craal* dont je viens de parler, me raconta l'aventure suivante, comme étant arrivée à lui-même.

« Un jour, dit-il, qu'étant encore jeune, je m'effor-
« çois, du haut d'une colline couverte de buissons, près
« d'un bois, de passer à l'opposite d'un éléphant que
« j'avois sous le vent; j'entendis tout-à-coup un cri
« effrayant, qui partoit du côté où j'avois vu l'animal.
« Quoique je fusse alors un des plus hardis chasseurs
« de la contrée, j'avoue que j'éprouvai en ce moment
« une transe si terrible, que je crus sentir mes cheveux
« se dresser sur ma tête. Il me sembla qu'on me versoit
« plusieurs seaux d'eau froide sur le corps, sans qu'il
« me fût possible d'avancer d'un pas. Mais bientôt
« j'apperçus l'énorme animal si près de moi, qu'il étoit
« sur le point de m'atteindre avec sa trompe. Fort heu-
« reusement la faculté de fuir me revint en ce moment,
« et à mon grand étonnement, je me trouvai si agile,
« qu'on eût dit que mes pieds ne touchoient pas la
« terre. Cependant l'animal me serroit de près ; mais

1775.
Novemb.

« à la fin je gagnai le bois, et me glissai entre les
« arbres, où l'éléphant ne put me suivre. Je suis cer-
« tain que dans l'endroit où j'étois d'abord, l'animal
« n'avoit pu me voir : c'étoit donc à l'odeur qu'il étoit
« venu droit à moi. On dira peut-être qu'en revanche
« de la frayeur qu'il m'avoit causée, j'aurois au moins
« dû lâcher mon coup de feu à cet insolent visiteur ;
« mais dans le fait, il m'apparut si inopinément, que
« dans mon premier effroi je n'y songeai pas ; après,
« ma vie dépendoit de chaque pas que je faisois ; et
« lorsque je me vis en sûreté, j'étois trop essoufflé, et
« trop charmé d'en être quitte à si bon marché, pour
« renouveler aucune tentative dangereuse. D'ailleurs,
« de la manière dont l'animal se présentoit, je doute fort
« qu'une balle eût pu, à travers la plèvre, pénétrer jus-
« qu'au cœur. La méthode la plus sûre est de la diriger
« entre les côtes, obliquement, à travers les poumons
« ou le coffre «.

Un autre de ces combattans forestiers, nommé *Claas volk*, au rapport de tous les Colons, ne fut pas aussi heureux. Un jour, étant dans une plaine, caché par quelques arbres touffus et épineux (*le mimosa nilotica*), il crut pouvoir surprendre un éléphant qui n'étoit pas loin de lui ; mais l'animal le découvrit, le poursuivit, l'atteignit avec sa trompe, et le froissa jusqu'à mort. C'est cependant le seul chasseur qui, de mémoire d'homme, ait été malheureux dans l'exercice de sa profession, excepté cependant un autre paysan nommé *Ruloph Champher*. Comme il étoit endormi, un éléphant passant par dessus lui, sans le voir, lui fit, d'un de ses ongles, un trou profond dans le côté. J'ai vu moi-même la cicatrice que cette blessure avoit laissée. Quatre côtes avoient été profondément foulées, et étoient encore fracturées, et le paysan s'en plaignoit beaucoup lorsque le tems devoit changer. Il y avoit déja plusieurs années que ce malheur lui étoit arrivé, près de *Zwart-Kops-rivier*, où, avec deux de ses compagnons, il s'étoit couché et endormi en plein air, près d'un feu presque éteint. Les autres, fort heureusement pour eux, s'éveillèrent un moment avant l'arrivée de l'éléphant, et s'esquivèrent à travers les buissons; mais leurs trois chevaux de selle, qu'ils avoient attachés à un arbre, furent déchirés en plusieurs endroits de leur corps.

1775.
Novemb.

D'APRÈS ce qu'on vient de lire, il est évident que la chasse à l'éléphant, décrite d'une manière si circonstanciée par M. de la Caille (*), et que les Colons entreprennent, à ce qu'il prétend, avec des lances, n'est qu'une fable dont quelqu'un a trompé sa crédulité. Tandis que j'étois au Cap, j'ai vu des gens qui, un peu plus au fait du pays, étoient assez pervers pour

---

(*) Voy. Journal historique du voyage fait au Cap de Bonne-Espérance, par M. de la Caille, pag. 158—162.

en faire des plaisanteries. Il n'y a pas plus de vraisemblance dans la relation donnée par cet auteur, d'un malheur arrivé à un chasseur en Afrique. Voici l'histoire. « Trois frères, nés en Europe, qui avoient déja
« amassé une fortune assez honnête à chasser des élé-
« phans, étant un jour à cheval, armés tous trois
« d'une lance, attaquèrent tour à tour un éléphant. Un
« des chevaux vint à faire un faux pas ; l'éléphant irrité
« l'atteignit, et jeta en l'air cheval et cavalier à la dis-
« tance de cent pas ; ensuite saisissant l'homme une
« seconde fois, il lui passa à travers le corps une de
« ses larges défenses, sur laquelle l'animal le portoit,
« pour ainsi dire, en triomphe, empalé, et poussant
« des cris horribles vers les deux autres cavaliers, ses
« malheureux frères ».

On a peine à concevoir qu'un éléphant ait jeté un cheval à cent pas de lui, et plus encore comment un homme a pu se lamenter et crier, étant percé d'outre en outre, et embroché sur la large dent d'un éléphant. Mais on doit aussi à M. de la Caille la justice d'observer que cet habile astronome n'avoit point intention d'imprimer aucune relation historique sur le Cap; les courtes remarques qu'il a faites sur cette contrée n'ont été publiées qu'après sa mort.

C'est depuis long-tems un point fort contesté, que la manière dont s'accouplent les éléphans : quoiqu'on

en

en voie un grand nombre dans l'Inde, et que plusieurs soient sujets à entrer si violemment en rut, qu'ils en deviennent fous, personne n'a encore pu venir à bout de les accoupler. Divers auteurs ont cru donner la raison de cette singularité, en disant que les éléphans (quoique enfermés le mâle et la femelle dans une étable obscure) sont trop modestes pour souffrir aucun témoin de leur union; témoin dont ils ont toujours raison de craindre l'indiscrète curiosité. D'autres ont dit que, par pudeur, ils ne souffrent pas même dans ce moment la présence d'autres éléphans. Plusieurs auteurs ont encore entrepris d'expliquer la continence de ces animaux dans l'état de domesticité, par leur magnanimité et leur orgueil, en leur supposant trop de sens et de grandeur d'ame pour vouloir multiplier et avilir leur race, en engendrant des esclaves pour le service de l'homme. Mais on sait que les éléphans se laissent eux-mêmes réduire à l'obéissance, et même qu'il n'est guère d'animaux qu'on puisse asservir plus complétement. Il n'est donc guère possible de donner l'approbation de la raison à ce dernier système.

1775. Novemb.

SUIVANT toute probabilité, cette répugnance de l'éléphant pour un acte auquel la nature encourage tous les êtres, provient de sa structure même, et des difficultés qu'il éprouve dans l'accomplissement de cet acte mystérieux, difficultés que la nature peut-être a jugé à propos d'opposer à la propagation trop nombreuse de ce gigantesque animal, qui, trop répandu dans les climat chauds, en auroit bientôt dévoré la subsistance, et eût été forcé de détruire lui-même sa propre espèce. Ne pourroit-on pas dire encore que la continence de l'éléphant, soit qu'il l'ait reçue en naissant, soit qu'elle provienne uniquement de sa forme ou de quelque autre circonstance accidentelle, est un moyen employé par la nature, auquel il doit la plénitude de sa croissance et de sa force si supérieure à celle des autres animaux? Les éléphans vont toujours par troupeaux, à l'exception de quelques mâles; qui, trop vieux ou trop jeunes, sont mis en fuite par des rivaux plus puissans. Ainsi, tandis que quelques-uns des plus jeunes sont empêchés de s'accoupler, et conséquemment de s'énerver, il est probable, comme je l'ai dit, que la structure particulière de leur corps est, à tout prendre, le plus grand obstacle qu'ils aient à surmonter.

Les parties de la génération dans les deux sexes sont placées vers le milieu du corps, précisément sous le ventre, et celles des mâles sont fort courtes à proportion du corps. D'après cette conformation, plusieurs Auteurs ont conclu, peut-être avec trop de confiance, que les femelles ne peuvent recevoir les embrassemens du mâle qu'étant couchées sur le dos. Quoique personne ne puisse dire qu'il ait été témoin du fait, un célèbre naturaliste (*) le regarde comme un point indubitable,

---

(*) M. de Buffon, tome II, page 63.

quand même les voyageurs *de Feynes*, *Tavernier* et *Bussy*, ne seroient pas, comme ils le sont, d'accord avec lui sur ce point. Il rejette l'opinion d'Aristote, qui a décrit la copulation des éléphans comme ne différant en rien de celle des autres quadrupèdes, excepté seulement que, dans cette occasion, la femelle s'abaisse des reins.

1775.
Novemb.

Pour décider cette singulière question avec plus de certitude, je n'ai négligé aucune occasion d'interroger sur ce sujet les chasseurs d'éléphans que j'ai vus; tous m'ont répondu de concert qu'ils étoient plus portés à adopter l'opinion commune, avant que deux de leurs compagnons, *Jacob Kob* et *Marc Potgieter*, ne leur eussent donné des informations différentes. Je ne me suis trouvé qu'avec le premier de ces chasseurs, et voici ce qu'il me dit à ce sujet.

Il avoit été lui-même dans l'opinion que les femelles étoient obligées de se coucher sur le dos lors de l'accouplement; mais un fait dont il avoit été témoin l'avoit, disoit-il, détrompé. Un jour que *Jacob Kob* étoit allé avec *Potgieter* à la chasse aux éléphans, ils virent dans une plaine environ huit éléphans, qu'ils reconnurent à la petitesse de leurs défenses, pour être des femelles, excepté deux plus grands, qui, tournant en cercle autour d'une des femelles, la seule peut-être qui fût en rut, la frappoient de leur trompe comme pour la caresser. A la fin elle s'agenouilla du devant, et tenant l'épine de son dos dans une position roide et tendue, porta ses pieds de derrière tout auprès de ceux de devant, en les rapprochant tous un peu. Ils la virent attendre pendant long-tems, dans cette attitude forcée, les caresses des mâles, qui, en effet cherchoient à accomplir les rites matrimoniaux, mais qui s'en empêchoient mutuellement par jalousie, dès que l'un d'eux commençoit à vouloir monter. Après deux heures ainsi écoulées, la patience de nos chasseurs commença à se lasser. Le terrain étoit, en cet endroit, rocailleux et inégal; ils n'osèrent les chasser, et s'en allèrent.

QUOIQUE je n'aie nullement lieu de douter de la véracité de mon auteur, et que ce qu'il me dit ne me semble nullement impossible, je ne dissimulerai pas qu'il me paroît encore difficile de regarder la question comme résolue d'après ce récit; mais elle ne l'est pas davantage par l'opinion la plus universelle, qui est aussi celle de M. de Buffon. 1°. Elle n'a été confirmée par le témoignage d'aucun témoin oculaire, ni même par l'exemple d'aucun quadrupède proprement dit, c'est-à-dire, d'aucun animal qui ait quelque degré d'affinité avec l'éléphant. 2°. Il n'est pas aisé de concevoir que la position de la femelle sur le dos soit commode pour le mâle : car le vagin, m'a-t-on dit, va de devant en arrière. 3°. Il est bien connu que les vieux éléphans, ceux qui sont les plus massifs, dorment presque toujours debout, pour éviter la peine et l'embarras de se coucher et de se relever après.

TAVERNIER nous dit, il est vrai, dans son troisième volume, que les femelles apprivoisées se font elles-mêmes, lorsqu'elles sont en rut, une espèce de lit, et s'y couchent, et invitent le mâle par un cri particulier. Mais comme l'Auteur ne l'a point vu lui-même, et que d'ailleurs ce fait est entièrement contraire à cette modestie, à ce dégoût pour la copulation qu'on a toujours remarqué dans l'éléphante, le parti le plus sage est, ce me semble, d'abandonner la relation de Tavernier, et les différentes opinions sur ce sujet, à l'épreuve de l'expérience future (*).

QUANT à la durée de la gestation des éléphantes, toutes les informations que j'ai prises ont été sans fruit; mais un fait confirmé par plusieurs observations, c'est

---

(*) On peut comparer avec la relation précédente celle qu'a donnée *Wolf*, sur le même sujet, dans un livre récemment publié, intitulé « Vie « et aventures de Jean-Christophe *Wolf*, avec son voyage à Ceylan. » Cet auteur prétend connoître aussi parfaitement les mœurs des éléphans que les Jockeys en Angleterre connoissent celles des chevaux. Il assure positivement que les femelles se couchent sur le dos pour la copulation, et donne une description circonstanciée de tout le procédé. Dans l'addition à l'histoire des éléphans, que M. de Buffon a donnée dans son supplément, tome III (éd. *in*-4°.) et tome VI, page 165 (éd. *in*-12), un M. *Bles* décrit la copulation des éléphans d'une manière semblable en tout au récit du fermier *Kob*, que je viens de rapporter.

que les petits tettent avec leurs trompes. On a vu des mères suivies de deux ou trois petits en même tems, tous de grandeurs différentes, c'est-à-dire, depuis trois jusqu'à huit ou neuf pieds de haut. Les chasseurs ont remarqué, avec étonnement, que le plus grand, celui qui avoit presque atteint sa pleine croissance, étoit encore allaité par la mère ; et que, s'il arrivoit, comme cela arrive souvent, qu'une mère fût tuée, et qu'un de ses petits se trouvât séparé des autres éléphans, il cherchoit alors à s'associer aux chasseurs et aux chevaux, et les suivoit par-tout, comme il auroit suivi sa mère. Quant à cette particularité, plusieurs fermiers m'ont assuré que si le gouvernement leur donnoit quelques encouragemens, ils pourroient se procurer chez les Hottentots, par voie d'échange, quelques vaches à lait, ou même en amener quelques-unes des leurs, pour élever les petits des éléphans, et que même peut-être, à défaut de vaches à lait, qu'il est dans le fait assez difficile de se procurer, ils pourroient élever les jeunes éléphans avec du gruau, des poireaux, ou avec quelques décoctions et autres préparations de ces herbes, dont on a remarqué que ces animaux aiment à se nourrir de préférence.

D'APRÈS les relations des auteurs, et ce que j'ai pu apprendre des Hottentots et des Colons, les éléphans n'ont point de *scrotum*. Il est cependant probable que les jeunes nourrissons pourroient subir une opération au moyen de laquelle ils seroient plus complétement et plus sûrement apprivoisés que ne sont ceux dont on fait usage dans l'Inde. Cette opération, jointe à l'habitude, les rendroit infailliblement moins délicats sur leur nourriture, plus durs à la fatigue, moins mutins, moins indociles, et moins sujets à ces accès de fureur dont ils sont quelquefois saisis dans la saison du rut. Il seroit peut-être moins difficile de les fournir de nourriture au Cap, que dans l'Inde ; je doute cependant que des particuliers de cette colonie trouvassent leur compte à en élever; mais au moins il seroit certainement utile et convenable au gouvernement, de chercher à en apprivoiser quelques-uns, et de les employer pour son service. Dans l'Inde, un éléphant a pour sa pitance journalière cent livres de riz, tant crud que bouilli; et mêlé avec du beurre et du sucre : on lui donne, outre cela, de l'arack et du pisang (*). Mais comme cet animal n'a dans son état sauvage, ni beurre, ni arack, on peut croire que ces ingrédiens sont aussi peu nécessaires à sa subsistance, que la vaisselle d'or dans laquelle ils mangent à Pégu, et les gentilshommes qui les servent. M. de Buffon, pag. 143, fait monter à 150 livres d'herbe et de racines, la consommation faite par un éléphant sauvage; et nous trouvons dans les *mémoires pour servir à l'hist. des animaux*, que dans le siècle dernier, un éléphant, à la ménagerie de Ver-

———————

(*) Voy. M. de Buffon, page 43.

sailles, étoit, dit-on, suffisamment nourri avec quatre-vingts livres de pain, deux baquets de soupe, et douze bouteilles de vin par jour. Cet éléphant mourut âgé de dix-sept ans ; mais il auroit peut-être vécu plus long-tems, si sa nourriture eût été un peu moins abondante ; car on compte que la vie d'un éléphant est ordinairement de 150, 200, et même 300 ans, ou plus. Peut-être qu'un jeune éléphant, élevé au Cap, se contenteroit de lavures de distillateurs, de grain, de choux, et d'autres végétaux mêlés avec de l'orge parbouilli, de la drêche ou du froment. Le vin ne leur est pas fort sain ; on pourroit se dispenser de leur en donner. Mais, comme il est possible que le mélange de cette liqueur excite l'animal à s'évertuer avec plus de courage, il est peut-être à propos de lui en donner de tems en tems quelques bouteilles. Le vin est à si bon marché dans cette colonie, que cette dépense seroit bien peu considérable. On ne peut nier cependant que, même au Cap, l'approvisionnement d'un si gros animal entraîneroit beaucoup de difficultés ; mais d'un autre côté, il ne faut pas perdre de vue les avantages réels qu'on pourroit en retirer. Outre que l'éléphant est extrêmement docile, intelligent, obéissant, sa force est inestimable ; il lève, dit-on, sans effort deux cents livres avec sa trompe, et les porte de terre sur ses épaules. Il peut porter sur son dos, en se jouant, trois mille deux cents livres pesant de marchandises. Il peut déraciner des arbres avec ses défenses, en arracher les branches

avec

avec sa trompe (*). Il peut, avec ce singulier instrument, dénouer très-promptement des nœuds, ouvrir une serrure, et ramasser à terre la plus petite pièce de monnoie.

« Mais pour donner une idée, dit M. de Buffon, des
« services que cet animal peut rendre, il suffira de dire
« que tous les tonneaux, sacs, paquets, qui se trans-
« portent d'un lieu à un autre, dans les Indes, sont
« voiturés par des éléphans; qu'ils peuvent porter des
« fardeaux sur leur corps, sur leur cou, sur leurs dé-
« fenses, et même avec leur gueule, en leur présentant
« le bout d'une corde, qu'ils serrent avec les dents; que,
« joignant l'intelligence à la force, ils ne cassent, ni
« n'endommagent rien de ce qu'on leur confie; qu'ils
« font tourner et passer ces paquets du bord des eaux
« dans un bateau, sans les mouiller, les posant dou-
« cement, et les arrangeant où l'on veut les placer ;
« que, quand ils les ont déposés dans l'endroit qu'on
« leur montre, ils essaient avec leur trompe s'ils sont
« bien situés ; et que, quand c'est un tonneau qui roule,
« ils vont d'eux-mêmes chercher des pierres pour le
« caler et l'établir solidement. «

Il n'est donc pas étonnant qu'un animal d'une si grande utilité se vende dans l'Inde neuf, dix, et quel-

---

(*) Voy. M. de Buffon, page 41, 42.

quefois jusqu'à trente-six mille livres (*). Ils seroient particulièrement utiles pour porter du bois de construction de *Houtniquas* et de *Groot vaders-bosch* au Cap, et transporter des marchandises entre le Cap et *Bay falso*. Un éléphant peut faire fort aisément quinze ou vingt lieues par jour (**), et le double si on le pousse. En allant son pas, il fait autant de chemin qu'un cheval au trot; et lorsqu'il court, il va aussi vite qu'un cheval en galopant. Lorsqu'ils sont inquiétés dans quelque place par les chasseurs du Cap, et qu'ils ne trouvent point de bois où se sauver, ils ne s'arrêtent qu'après avoir mis entre eux et cet endroit plusieurs journées de distance.

Les éléphans sont aujourd'hui plus circonspects qu'ils n'étoient jadis. Ils sont refugiés dans *Sitsikamma*, dans d'autres forêts où il est difficile de les atteindre, dans la contrée située au nord de *Visch-rivier* et dans *Cafferland*, ou pays des Caffres. Les chasseurs les poursuivent aussi avec moins d'ardeur. Ce qui les ralentit surtout, c'est d'être obligés de vendre tout leur ivoire à la Compagnie, qui paie, par livre, les petites défenses moitié moins que les grosses. Aussi les paysans passent-ils souvent en fraude, dans leurs barils pleins de beurre, de petites défenses, qu'ils vendent un meilleur prix à des marchands particuliers.

Plusieurs années avant mon arrivée dans ce pays,

(*) Voy. M. de Buffon, page 42 et 43.
(**) Voy. *id.* page 42.

lorsqu'on trouvoit encore des éléphans près du Cap, neuf ou dix hommes, dont plusieurs vivoient encore lorsque j'y résidois, s'étoient particulièrement distingués par leurs succès dans cette chasse. Ils étoient dans l'usage d'aller, pendant plusieurs mois, courir des dangers, souffrir la faim, la soif et l'horrible chaleur; ensuite ils revenoient au Cap, dépenser avec la même célérité, ou peut-être en moins de tems encore, l'argent qu'ils avoient gagné, et qui pouvoit se monter de cent à trois cents rixdalles pour chaque chasseur. Beaucoup d'éléphans furent détruits par ces chasseurs; mais on convient généralement qu'il en est resté un bien plus grand nombre encore. On les voit quelquefois par troupes de plusieurs cents, et même de milliers, quoiqu'on en puisse rarement tirer plus d'un. Il est probable qu'ils s'attroupent encore en hordes plus nombreuses sur le bord des rivières plus éloignées et moins fréquentées, dans les autres parties de l'Afrique, où, non contens d'y trouver un asile sûr, ils font peut-être, à leur tour, sentir aux hommes mêmes leur domination; car les habitans de ces contrées ne connoissent point la poudre à canon, article d'un usage si varié, invention que tout le monde maudit unanimement, mais dont on peut aisément, ce me semble, quoique je n'aie jamais trouvé personne qui voulût en convenir, appercevoir d'un autre côté l'extrême utilité pour la conservation et la civilisation de notre espèce. La plupart des Nègres, faute de poudre et d'armes à feu, font leur

1775.
Novemb.

Zz ij

demeure sous terre, uniquement par la crainte des éléphans, qui, en dépit de leurs soins, ravagent souvent et dévastent impunément leurs plantations.

Les Hottentots que je pris à mon service près de *Zondags-rivier*, me dirent que quelques hommes de leur connoissance, étant en partie de chasse, furent suivis par un jeune éléphant jusque dans leur *Craal*, où ils le tuèrent, et se régalèrent de sa chair. L'éléphante, qui sans doute avoit retrouvé la trace de son petit, arriva au *Craal*, à la nuit, à travers l'obscurité, et par vengeance mit tout le *Craal* sans dessus dessous.

Les Nègres et les Hottentots leur tendent des pièges, en creusant des fosses habilement recouvertes dans les endroits où les éléphans ont coutume de passer; mais le nombre de ceux qui s'y prennent est fort peu considérable. On m'a dit aussi que les Hottentots sont quelquefois assez hardis pour tirer sur un éléphant avec des flèches empoisonnées, et qu'ils ont ensuite la patience de suivre l'animal pendant plusieurs jours, attendant que le poison ait pu pénétrer dans cette masse énorme, et la faire tomber.

Les Nègres, suivant quelques informations particulières que j'ai reçues, achètent et vendent au poids de l'or les queues d'éléphant, ou les échangent (*) contre

---

(*) Voy. M. de Buffon, page 63.

deux ou trois esclaves. Ils ont la hardiesse de couper ces queues sur l'animal vivant, en conséquence de quelque notion superstitieuse dont ils sont entichés. Les Hottentots cependant n'y attachent pas un plus grand prix qu'à celles des buffles, ou d'autres animaux, qu'ils portent à leur ceinture comme des marques de leur adresse et de leurs succès à la chasse (*)

1775.
Novemb.

IL est assez rare de voir au Cap des dents d'éléphans fossiles; cela vient peut-être, de ce qu'on n'a creusé bien profondément nulle part dans les environs, ou de ce que les Hottentots sont depuis long-tems, dans

---

(*) J'ai rapporté en Suède une queue d'éléphant. La peau détachée de la queue même, est large de deux pouces. Elle a l'épaisseur à-peu-près d'une peau de bœuf. Sur l'animal vivant, elle n'étoit probablement guère plus grosse que le pouce. Depuis la pointe de cette queue, jusqu'à la hauteur d'environ un pied au dessus, on voit quelques crins roides, lisses, au nombre en tout d'environ cent quatre-vingts, gros comme un moyen fil d'archal, d'une couleur noire, lustrée, et longs de quatorze ou quinze pouces. Ces crins ne sont point creux; ils sont entièrement formés d'une substance de corne. Plusieurs sont forts, peuvent se doubler et se ployer en nœuds, sans casser; et toute la force d'un homme est à peine capable de les rompre: ainsi l'on pourroit les adapter utilement à des lignes à pêcher; mais quelques autres sont fort cassans. Ils sont la plupart plutôt plats que ronds, fort inégaux, un peu entortillés; d'autres sont plus gros à la pointe. Peut-être ne trouvera t-on pas ces crins sur tous les éléphans, mais seulement sur les plus grands et les plus âgés. Plusieurs personnes de ma connoissance, qui ont vu des éléphans à la ménagerie de Pétersbourg et à Paris, ne se sont point rappelées d'avoir vu ces poils tels que je viens de les décrire, et que je les leur fis voir.

l'usage de saisir et d'emporter toutes les dents qui, après la mort de quelques éléphans, auroient pu se trouver près de la superficie de la terre, ou de ce que les Caffres ont aussi coutume de faire des bracelets de toutes celles qu'ils peuvent se procurer. Des marins qui avoient visité les côtes orientales de l'Afrique, m'ont cependant dit qu'on y trouvoit de l'ivoire à acheter ou à échanger, en trop grande quantité pour qu'on pût supposer qu'elle fût le produit de la chasse des habitans sauvages. Cela s'accorde avec ce que je me rappelle d'avoir lu jadis dans quelques anciens écrivains de voyages. Je tiens d'un fermier, que demeurant au canton de *Cango*, dans cette colonie, il avoit trouvé, à trois pieds sous terre, quelques dents d'éléphans, qui n'étoient nullement endommagées, et qu'il supposoit y avoir été anciennement enterrées, comme un trésor, par les Hottentots. Il est possible aussi que ces dents se fussent trouvées enterrées par degrés ; que d'abord les vents eussent amoncelé autour d'elles le sable et la poussière, et qu'ensuite le terreau formé par les arbres tombés et les végétaux putréfiés, les eût totalement couvertes. Les habitans du Cap sont fort peu dans l'usage de fouiller dans les entrailles de la terre ; il est cependant probable qu'une grande quantité de dents d'éléphans ont été ensevelies comme je viens de l'expliquer, et qu'on les trouveroit, si on se donnoit la peine de les chercher. Depuis long-tems les savans se sont épuisés en conjectures pour expliquer comment on pouvoit trouver sous

AU CAP DE BONNE-ESPÉRANCE. 367

la froide latitude de la Sibérie, des dents et des os d'éléphans, et des débris du rhinocéros, qu'on y tire de la terre en plus grande quantité que par-tout ailleurs, sous la dénomination de restes du *Mammout*, animal souterrain purement imaginaire.

1775.
Novemb.

JUSQU'A ce que cette matière soit mieux éclaircie, tout ce qu'on peut dire n'est que conjecture. M. de Buffon (*), par exemple, après avoir supposé le globe de la terre brûlant, fait commencer son refroidissement par la Sibérie et les lieux voisins du pôle, au tems que les éléphans, etc. furent créés; d'autres le noient une seconde fois dans un déluge, pour avoir occasion de transporter en Sibérie, par le torrent, le rhinocéros et l'éléphant des climats chauds de l'Asie. Quant à moi, je desirerois que ces grands hommes, avec leurs systêmes, voulussent permettre à ces animaux de suivre paisiblement leur chemin, et d'aller sur leurs pieds en Sibérie. C'est la façon de voyager la plus facile et la plus naturelle; on ne peut en imaginer une plus conforme avec la pratique constante des autres animaux émigrans. Qui ne connoît, par exemple, les émigrations lointaines que font de tems en tems les lemings (*mus lemmus*), à la fin desquelles ils doivent être gelés et mourir de faim, supposé qu'ils aient le hasard d'é-

---

(*) Voy. son supplément, et sur ce systême, M. Marivetz, *Physique du monde*, tome Ier.

chapper à la dent des animaux voraces, ou de n'être pas noyés dans les rivières qu'il leur faut traverser ?

Le *mus migratorius seu accedula* de Pallas, est un autre exemple de ce penchant à changer de climat, naturel à certains animaux. J'aurai dans la suite occasion de parler des émigrations des antilopes, spécialement des *spring-boks*, qui descendent quelquefois jusqu'au Cap de Bonne-Espérance.

Les pérégrinations plus considérables des sauterelles ne peuvent peut-être pas être citées en exemple, quand il s'agit de quadrupèdes; mais les autres que je viens de rapporter, suffisent pour rendre probable l'assertion que les éléphans sont aussi sujets à émigrer, soit par quelque motif inconnu, comme est celui des lemings, ou par d'autres raisons, dont quelques-unes s'offrent, pour ainsi dire, d'elles-mêmes à nos conjectures; par exemple, une propagation trop nombreuse de ces animaux, le manque de nourriture, les inconvéniens qui accompagnent toujours une sécheresse extraordinaire ou une chaleur immodérée. Ils peuvent encore être inquiétés par les hommes, ou effrayés par l'éruption des volcans et des tremblemens de terre dans leur sol natal.

La trop grande propagation est, suivant moi, la première de ces causes, vu le nombre incroyable d'éléphans

phans qu'on voit au Cap de Bonne-Espérance, et la longue vie qu'on prête à chaque individu. De plus, si l'on admet l'hypothèse que la partie sud-est de l'Asie, habitée aujourd'hui par une race d'hommes nombreuse et prolifique, les Chinois, ait été également favorable à la population des éléphans, sur-tout dans les premiers siècles, que l'on suppose avoir été les plus fertiles en productions de toute espèce; il s'ensuit naturellement que dans un tems ou dans l'autre, le nombre de ces animaux a dû s'accroitre au point que la rareté des vivres et les combats mutuels entre les différentes troupes, doivent en avoir forcé quelques-unes à chercher ailleurs leur subsistance.

1775.
Novemb.

LA chaleur et la sécheresse des étés ont dû naturellement augmenter cette pénurie de nourriture, accélérer le déplacement des éléphans, les déterminer à prendre leur route vers le nord, insensiblement attirés par la fraîcheur, et les conduire enfin en Sibérie. Je suis porté à croire, avec les naturalistes, que ce pays n'étoit pas anciennement aussi froid qu'il l'est aujourd'hui; mais je ne puis croire qu'il ait jamais été assez chaud, si ce n'est dans l'été, pour que des éléphans aient pu s'y naturaliser. On sait que nos étés en Laponie, quoique fort courts, sont extrêmement chauds.

IL ne seroit donc pas invraisemblable de dire que des troupes d'éléphans ont été forcées par une ou plu-

Tome I.   Aaa

sieurs de ces causes, à quitter leurs habitations natales; qu'insensiblement, ou par une suite soudaine et précipitée, ils se sont trouvés dans des latitudes plus rigoureuses ; que là, surpris par un froid d'automne ou d'hiver, ils se sont enfoncés encore plus avant dans le nord, dispersés dans la Sibérie et les contrées voisines ; qu'après avoir trouvé la mort dans ce climat, ils ont été enterrés à plus ou moins de profondeur, par des tremblemens de terre, par la déviation des rivières, et qu'enfin ils ont laissé à la postérité des monumens évidens de leurs émigrations.

Une marche d'environ vingt-cinq ou trente degrés, c'est-à-dire, d'environ onze cent quarante milles, entre la Chine et la Sibérie, ne peut être regardée comme un très-long voyage pour des éléphans. J'ai déja observé qu'ils peuvent aisément parcourir l'espace d'un degré ou vingt lieues par jour, et quelquefois le double: quelques auteurs (*) ont même prétendu qu'un éléphant peut faire, en un seul jour, six journées de chemin.

Je m'apperçois qu'entraîné par mon sujet, j'ai traité peut-être avec quelque prolixité l'histoire de ces animaux. Qu'il me soit cependant permis, pour la rendre plus complète, de citer ici quelques passages remarquables de naturalistes et d'écrivains de voyages. Ils mettront en évidence l'intelligence et le caractère de l'animal.

(*) Voy. l'Afrique de Marmol, tome I, page 58.

« Dans l'Inde, on employoit un jour des éléphans
« à lancer des navires à l'eau. L'un d'eux avoit à traîner
« un vaisseau trop pesant pour sa force. Son maître
« dit au conducteur d'éléphans, d'un ton d'aigreur:
« Qu'on ôte cette bête paresseuse, et mettez une autre
« à sa place. Alors le pauvre animal redoublant d'ef-
« forts, se brisa le crâne, et mourut à l'instant » (*).

« A *Delli*, un éléphant passant dans une rue, avança
« sa trompe dans la boutique d'un tailleur, où travail-
« loient plusieurs ouvriers ; l'un d'eux en piqua le bout
« avec son aiguille ; l'animal se retira sans montrer de
« colère ; il alla aussitôt dans une mare remplir sa
« trompe d'une eau fangeuse, revint à la boutique, et
« la dégorgeant jusqu'à la dernière goutte sur ceux
« qui l'avoient offensé, les en couvrit eux et leur ou-
« vrage » (**).

« A *Adsmeer*, un éléphant traversoit souvent le
« bazar ou marché. Une marchande d'herbes, toutes
« les fois qu'il passoit près d'elle, lui donnoit plein sa
« bouche de verdure. Il fut pris un jour d'un de ses
« accès périodiques de fureur ; il rompit ses fers,
« courut à travers le marché, mit tout le monde en
« fuite, et entr'autres cette marchande, qui, dans sa

_____

(*) Pennant's *hist. of quadr.* page 155, d'après Ludolph. *Com. in hist.*
Æthiop.

(**) Penn. l. c. d'après *Hamilton's history of the East. Indies.*

« précipitation, avoit laissé derrière elle un de ses
« petits enfans. L'animal reconnut l'endroit où sa bien-
« faitrice avoit coutume de se placer. Il prit doucement
« l'enfant sur sa trompe, et le posa en sûreté, sur le
« devant d'une boutique voisine » (*).

« A *Dekan*, un autre éléphant, n'ayant point reçu
« l'arack promis par son *cornac* ou gouverneur, pour
« s'en venger, le tua; la femme du cornac, témoin de
« ce spectacle, prit ses deux enfans, et les jeta aux pieds
« de l'animal encore tout furieux, en lui disant : puisque
« tu as tué mon mari, ôte-moi aussi la vie, ainsi qu'à
« mes enfans. L'éléphant s'arrêta court, s'adoucit, et
« comme s'il eût été touché de regret, prit avec sa
« trompe le plus grand de ces deux enfans, le mit sur
« son cou, l'adopta pour son cornac, et n'en voulut
« point souffrir d'autre » (**).

Si l'éléphant est vindicatif, il n'est pas moins reconnoissant. « Un soldat de Pondichéry, qui avoit coutume
« de porter à un de ces animaux une certaine mesure
« d'arack, chaque fois qu'il touchoit son prêt, ayant
« un jour bu plus que de raison, et se voyant poursuivi
« par la garde, qui le vouloit conduire en prison, se
« réfugia sous l'éléphant, et s'y endormit ; ce fut envain

(*) Penn. d'après *terry's voyage*.

(**) M. de Buffon, tome XI, page 77, d'après M. le Marquis de Montmirail.

« que la garde tenta de l'arracher de cet asile : l'éléphant
« le défendit avec sa trompe. Le lendemain le soldat,
« revenu de son ivresse, frémit à son réveil, de se
« trouver couché sous un animal d'une grosseur si
« énorme. L'éléphant, qui sans doute s'apperçut de son
« effroi, le caressa avec sa trompe pour le rassurer,
« et lui fit entendre qu'il pouvoit s'en aller » (*).

« Un peintre vouloit dessiner dans une attitude ex-
« traordinaire l'éléphant qu'on tenoit à la ménagerie
« de Versailles, c'est-à-dire, la trompe levée et la gueule
« ouverte. Le valet du peintre, pour le faire demeurer
« en cet état, lui jetoit des fruits dans la gueule, et le
« plus souvent faisoit semblant d'en jeter. Il en fut in-
« digné, et comme s'il eût connu que l'envie que le
« peintre avoit de le dessiner étoit la cause de cette
« importunité, au lieu de s'en prendre au valet, il
« s'adressa au maître, et lui jeta par sa trompe une
« quantité d'eau, dont il gâta le papier sur lequel le
« peintre dessinoit. »

Le 4 novembre, nous arrivâmes à *Leuwen-bosh*, petit
bois situé sur une rivière du même nom. Ce canton est
ainsi nommé, de ce qu'anciennement il étoit spécialement habité par des lions. Il n'y demeuroit alors que

---

(*) M. de Buffon, tome XI, page 78.

(**) Mém. pour servir à l'hist. des animaux, par Mrs. de l'Acad. des Sciences, part. III.

deux esclaves homme et femme ; ils étoient là pour veiller sur une petite quantité de bétail appartenant à un fermier, et pour garantir les champs de blé du ravage des gazelles. La hutte de l'esclave composoit tout le bâtiment, avec un hangard ouvert, sous lequel nous passâmes la nuit.

Le 5, nous entrâmes dans *Sitsikamma*, où nous visitâmes trois fermiers, dont les habitations étoient sur notre route. Nous trouvâmes dans ces cantons diverses plantes inconnues : aucuns naturalistes n'y avoient pénétré avant nous. Nous y restâmes jusqu'au 12, que nous en partîmes, et dirigeâmes notre route vers *Zeekoe*, ou rivière des *vaches marines* ; et finalement, depuis le 15 jusqu'à la fin du mois, nous logeâmes dans une ferme située près du passage le plus au sud de cette rivière.

Le pays à l'est de *Leuwen-bosh* est proprement une rase campagne ; la longue chaîne de montagnes que nous avions constamment suivie depuis le Cap, se terminant là, ou tournant vers le nord. Cette étendue de pays paroît être de l'espèce de sol que nous avons nommé *doux*, comme toutes les plaines qui avoisinent la mer. On en peut dire autant de la partie citérieure de *Sitsikamma*, dont le terrain, sur-tout près du rivage, est extrêmement bas et sablonneux.

On y trouve, aussi bien qu'aux *Duyven* ou *Doves*

(Colombes), nom qu'on donne au Cap à cet endroit, le *myrica cerifera*. Les petits fruits qu'il produit sont, à certain tems de l'année, couverts d'une substance grasse, verdâtre et semblable à la cire, et qui probablement est formée par des insectes. Les habitans en font des chandelles qui brûlent bien mieux que nos chandelles de suif.

1775.
Novemb.

JE vis dans les plaines des troupeaux nombreux de *l'Antilope Dorcas* ou *Hartbeest* (*).

L'INTÉRIEUR de *Sitsikamma* n'est, m'a-t-on dit, qu'une forêt épaisse. On rapporte que deux Hottentots voulurent y pénétrer du côté de *Houtniquas*; mais qu'après d'inutiles efforts pendant dix ou douze jours, ils furent obligés de revenir sur leurs pas, fort heureux d'avoir pu regagner leur logis sans autre malheur. Ils y virent nombre d'éléphans, plusieurs traces et sentiers spacieux, faits par ces animaux; ces traces avoient toutes une direction du nord au sud, et se perdoient dans des bois épais près du rivage, ou dans la chaîne de montagnes qui sépare *Sitsikamma* de *Houtniquas*. On y trouve aussi des buffles en quantité.

KROMME-RIVIER, à son embouchure, est très-large et très-profonde : les vaisseaux pourroient y

_____

(*) Voy. pl. 11 du tome II. Voy. aussi l'art. du gnométie ou petite gazelle, dont j'ai parlé ci-devant.

mouiller commodément, si les brises de mer et la lame, qui probablement varie chaque jour la forme de cette côte, n'en avoient engorgé l'entrée.

ZEE-KOE-RIVIER étoit jadis assez profonde pour contenir un grand nombre de ces larges animaux appelés dans le pays *vaches marines* (*hippopotamus amphibius*, *pl. 4*, *tom. II*), d'où elle a tiré son nom. Nous la trouvâmes alors si obstruée près de la mer par les sables, que nous aurions pu la traverser de pied sec.

LE fermier qui résidoit près de *Kromme-rivier*, étoit parvenu à rendre ces animaux si familiers, que je les vis en plein jour nager, courir çà et là, et souvent sortir de l'eau leurs narines, pour humer l'air.

SUR les hauteurs, près de la ferme la plus élevée de *Zee-koee-rivier*, croît l'arbre-pain des Hottentots (*broodboom*), découvert par le professeur Thunberg, et dont il a donné une description et un dessin sous le nom de *Cycas Caffra* (*).

LA moëlle (*medulla*), qu'on trouve en abondance dans le tronc de ce petit palmier, est recueillie par les Hottentots, et renfermée dans une peau de veau ou de mouton apprêtée : ils l'enfouissent en terre, et l'y laissent l'espace de plusieurs semaines, jusqu'à ce

---

(*) Voy. *nova acta reg. Soc. Scient. Ups.* vol. II, page 283, tab. V.

que

que cette moëlle devienne assez tendre pour pouvoir se pétrir avec de l'eau, et former une pâte : alors ils en font de petits pains ou gâteaux, qu'ils mettent cuire sous la cendre ; d'autres Hottentots moins délicats, ou qui n'ont pas la patience d'attendre ces longs préparatifs, font sécher et rôtir cette moëlle, et en font une sorte de fromentée brune. Ce *Cycas* croît aussi près des Trois Fontaines (*Drie-Fonteins*) dans *Lange-kloof*.

Il n'y a que huit fermes dans l'étendue de *Sitsikamma*. Entre autres végétaux rares et curieux, on y trouve, nous dit-on, dans les bois une espèce de figuier d'une hauteur extraordinaire, avec des feuilles indivises, et dont le fruit est aussi bon, s'il n'est meilleur, que celui des figuiers de nos jardins.

On nous dit que deux ans avant mon arrivée dans cette contrée, un vaisseau avoit envoyé son canot à terre à *Slangen-rivier* ; que l'équipage y avoit rempli d'eau plusieurs barils ; qu'ensuite s'étant aussitôt rembarqués, ils avoient mis à la voile, sans qu'aucun Colon eût pu leur parler.

Ayant eu occasion d'observer avec soin le long espace de côte entre *Sitsikamma* et *Zondags-rivier*, pour en consigner, comme je l'ai fait dans ma carte, la vraie position, et étant obligé de nommer deux pointes remarquables, qui à cet endroit s'avancent dans la mer, j'ai jugé à propos de leur donner les noms de deux navigateurs Suédois expérimentés, qui ont eux-mêmes mérité l'approbation du public, par les cartes qu'ils ont données de la côte d'Afrique; je veux dire les Capitaines *Ekeberg* et *Burtz*. Le premier a fait aux navigateurs le présent d'une excellente carte et d'une description des baies de *la Table* et *Falso*. L'autre, dans ses derniers voyages, a ajouté aux observations faites par le premier, et a tracé fort exactement le plan de la côte entre *Mossel-bay* et le Cap, lorsqu'à son retour de Chine sur le *Stockholm slot*, navire de la Compagnie des Indes orientales Suédoise, il fut long-tems retardé par les vents contraires et par la perte de son gouvernail. Le Capitaine *Burtz* a bien voulu me communiquer aussi les aspects du pays, vu de la mer, que j'ai placés au haut de ma carte.

Quant à la petite île que j'ai placée près de la pointe Ekeberg, je ne l'ai point vue moi-même, mais j'ai cru devoir, à tout évènement, l'assigner à cet endroit, d'après une ancienne carte Portugaise, qui donne une idée passablement juste de la côte d'Afrique. Le Capitaine *Burtz* étoit dans la persuation que la baie nommée dans cette carte *Bay-constant*, où l'on voit une île près de la pointe, est la même que j'ai tracée dans la mienne, à l'embouchure de *Kromme-rivier*. Il est possible que sur le rivage d'où j'ai fait mes observations, je n'aie pas été à portée de voir cette île, distincte du continent.

Il est nécessaire de remarquer ici que les cartes et

mappemondes jusqu'à présent publiées de la côte orientale d'Afrique, sont fautives, en ce qu'elles la représentent beaucoup moins étendue vers l'est qu'elle n'est réellement. C'est une remarque que j'ai vérifiée dans mon voyage par terre. Je suis très-persuadé que plusieurs navigateurs ont remarqué la même erreur. Le Capitaine Cook, entr'autres, revenant de son premier voyage autour du monde sur l'*Entreprise*, se trouva sur cette côte plus tôt qu'il ne l'espéroit. Pendant notre séjour près de *Zee-koe-rivier*, on vit un soir un navire courant à pleines voiles directement sur le rivage, et il ne vira de bord que lorsqu'il fut tout près de terre. J'ai su depuis au Cap, que c'étoit un vaisseau Hollandois, et que d'après la carte qu'il avoit à bord, il ne s'attendoit pas à trouver si tôt la côte; qu'il ne l'avoit même apperçue qu'un instant avant de virer de bord. Tandis que ce navire cingloit ainsi vers le rivage, nous y étions à cheval mon hôte et moi. Nous montâmes sur une hauteur d'où il pouvoit, lui, distinguer l'équipage; mais il paroît qu'ils ne nous virent point; quelque nuage ou quelque exhalaison de la terre les empêcha probablement de nous appercevoir.

1775.
Novemb.

JE me rappelle d'avoir lu quelque part, dans un papier Anglois, la relation du naufrage du *Doddington*, vaisseau des Indes orientales Angloises, qui se perdit sur une île ou sur un rocher situé par les 33 d. $\frac{1}{2}$ ou

1775.
Novemb.

plutôt par les 32 d. $\frac{1}{2}$ de lat. S. près de la côte orientale d'Afrique. Il est dit dans cette relation, que deux hommes se sauvèrent dans une chaloupe, et abordèrent à force de rames au continent. Dès qu'ils y furent arrivés, c'étoit sur le soir, excédés de fatigue, ils renversèrent la chaloupe et se couchèrent dessous. Malgré cette précaution, ils furent en grand danger d'être dévorés par des bêtes féroces (probablement des hiènes ou *tygres-loups*), qui cherchoient à s'introduire sous la chaloupe. Le lendemain matin, ils furent rencontrés par des habitans sauvages de ce pays (probablement des *hommes-Boshis*), qui leur prirent une paire de pistolets et leurs habits; cependant, après quelque tems de délibération, et voyant que les matelots les supplioient à genoux, ces sauvages leur permirent de reprendre leur canot et leurs rames, et d'aller se réfugier dans l'île qui avoit causé leur désastre. Là, s'étant réunis avec quelques autres hommes de l'équipage, ils s'embarquèrent tous dans une autre barque sauvée du naufrage, et se dirigèrent vers le nord. Ils abordèrent dans un pays rempli de bétail et de dents d'éléphans (probablement la Cafrerie), où ils furent reçus avec bonté, etc.

En comparant ce récit avec un autre que me firent les Colons, il paroît que ce navire fut naufragé précisément devant l'embouchure de *Zondags-rivier*. Ils se rappeloient qu'on avoit vu, il y avoit vingt ou trente

ans, une fumée sortir d'une des îles situées en cet endroit.
Un fermier nommé *Verreira*, qui chassoit alors aux
éléphans dans ce canton, avoit acheté des Hottentots,
un pistolet et un habit rouge, qu'ils disoient tenir de
quelques hommes venus par dessus la mer. Les Colons
me dirent aussi qu'un an après cet évènement, un petit
navire avoit été envoyé du Cap, à la requisition de la
Compagnie des Indes orientales Angloise, pour faire
la recherche de ces îles et des marchandises qui y
avoient été laissées, mais que le Capitaine s'en étoit
retourné à dessein, à ce qu'ils conjecturoient, sans
exécuter sa commission : cependant ce ne seroit peut-
être pas une peine perdue, que de construire exprès
à *Zondags-rivier* un bateau, pour rechercher la position de ces petites îles; mais pour qu'on pût y venir
par mer, il seroit nécessaire que quelqu'un eût, avant
tout, observé la véritable latitude du continent qui leur
est directement opposé : ensuite on pourroit aisément
reconnoître le lieu, au moyen de feux pour signaux.
J'ai vu souvent ces îles, de la pointe *Padron* dans le
havre de *Krakekamma*.

1775.
Novemb.

La ferme près de *Zee-koe-rivier*, où nous logeâmes
le plus souvent du 15 au 30, appartenoit à un honnête
et vieux Colon, Hessois de nation, autant qu'il m'en
souvient. C'étoit un homme plein de sens, d'activité et
d'esprit : aussi sa ferme étoit tenue dans le meilleur
ordre; il y avoit construit plus de bâtimens que nous

n'en avions vu sur aucune ferme depuis notre départ. Le principal corps de logis étoit lui seul composé de six appartemens; il avoit nombre de serviteurs Hottentots et beaucoup de bétail. La chasse aux éléphans avoit été le fondement de sa fortune. Ayant été lui-même dans sa jeunesse grand voyageur, il s'empressa de nous rendre tous les services qui dépendoient de lui. Dès que nous lui eûmes dit que, par pur amour pour la botanique et pour la chasse, nous avions l'intention de courir tous les dangers, d'essuyer toutes les fatigues inévitables dans le cours d'un voyage de cent lieues, de cet endroit jusqu'à *Bruntjes hoogte*, il offrit de nous prêter un guide Hottentot, excellent tireur. Malheureusement pour nous, le tems de la récolte des blés approchoit; elle alloit commencer le 23 de ce mois; et de plus, la plupart de ses Hottentots travailleurs étoient malades d'une fièvre bilieuse.

Je fus donc obligé d'attendre que la moisson fût finie, et de l'avancer autant qu'il me fut possible, par le secours de mes propres Hottentots; pendant ce tems le fermier m'assigna l'emploi de voir et de guérir ses malades; il me montra la plus grande confiance, sur les récits qu'on lui avoit faits d'une cure opérée par moi chez un fermier voisin : j'avois rendu l'usage des jambes à deux esclaves Malabares femelles, qui, par pure fainéantise, gardoient le lit depuis plusieurs jours sous prétexte de maladie. Trois autres esclaves du même maître et de la même nation avoient aussi été véritablement guéris par moi d'une fièvre bilieuse (*).

1775.
Novemb.

(*) L'une de ces trois esclaves fut guérie par une forte décoction de tabac, le seul émétique que j'eusse alors sous la main. Ce ne fut cependant qu'après qu'elle eut avalé plusieurs tasses de cette dégoûtante liqueur, que le remède fit effet. Les deux autres, alitées depuis douze jours, surmontèrent à la fin la maladie, moyennant un changement dans leur régime; mais deux autres, également Malabares, venoient de mourir de la même fièvre avant mon arrivée. On me dit qu'avant d'expirer, il leur étoit survenu un violent saignement de nez, et qu'aussitôt après le fiel avoit dégoutté en abondance par leurs narines. Il est probable que l'imprudente vigilance des gardes à tenir le malade bien étouffé dans des couvertures, et toutes les portes bien fermées, n'avoit pas peu contribué à produire cet effet.

Chez les Chrétiens, la maladie est à son plus haut point le troisième jour; c'est le cinquième ou le septième chez les esclaves et Hottentots.

J'observai que ces derniers se plaignoient beaucoup de douleur dans la tête et dans le cou, et quelquefois dans les épaules. Cette douleur cesse, et passe dans les jambes et dans les bras, ensorte qu'ils ne peuvent se tenir debout, lorsque la maladie va en décroissant; ce qui arrive ordinairement après l'administration des émétiques. Dans une Chrétienne, la crise s'opéra par de violentes douleurs dans le pied.

Le pouls étoit, il faut l'avouer, passablement élevé. Ceux qui essayèrent de la saignée, n'en obtinrent aucun soulagement, et n'en furent pas moins inquiétés par un saignement de nez dans le cours de la maladie. Le blanc des yeux demeuroit jaune pendant long-tems, excepté dans ceux qui avoient assez abondamment vomi; et par ce moyen il se faisoit une métastase des douleurs, du cou aux jambes et aux pieds.

Les Hottentots malades appartenans à mon dernier hôte *Jacob Kok*, qui n'étoient en service que depuis peu, et qui avoient trop brusquement passé de leur vie sauvage à un régime plus abondant, supportoient des doses fort dangereuses, avant qu'il fût possible de les faire vomir. Outre le tabac, je fus obligé, pour y réussir, d'employer le *vinum emeticum, seu aqua benedicta Rulandi*, que je préparai conformément au *dispensary of the*

Lorsque j'eus réussi à guérir la plupart de ces esclaves, je fis prendre à tout le monde de la maison, *London college* pour 1762, c'est-à-dire, deux onces de *croc. antim. lot.* dans une bouteille de vin ordinaire du Cap.

Quoique soixante gouttes fussent suffisantes pour exciter un vomissement assez violent à une Hottentote de quinze ans, élevée depuis son enfance parmi les Chrétiens, et même à plusieurs adultes qui en avoient fait usage au Cap, quatre onces de cette même liqueur ne produisirent pas le moindre effet sur trois filles Hottentotes, à-peu-près du même âge, confiées toutes trois à mes soins. Je fus donc obligé de leur faire avaler des morceaux de tabac en substance, et de leur en faire boire plusieurs grandes tasses en décoction, avant de pouvoir réussir à les faire vomir.

Quant aux deux jeunes esclaves nouvellement pris, plus fluets et moins nourris, je leur donnai, par degrés, diverses cuillerées de l'*aqua benedicta*, jusqu'à ce que chacun d'eux en eût pris environ deux onces ; alors elle commença à opérer. Un jeune homme d'environ 20 ans, tout récemment attaqué, avala onze grains de *gomme gutte*, et paroissoit n'en pas ressentir le moindre effet. Sur cela, je lui donnai, ainsi qu'à un vieux Hottentot nouvellement pris, âgé de 40 ans et plus, tous les deux fort maigres, la continence de plusieurs tasses à thé d'*aqua benedicta*, qui étoit alors fort épaisse et pleine de sédiment, ayant soin en même tems de secouer, du fond de la bouteille, tout le crocus d'antimoine. Je tremblai d'abord en leur administrant de si larges doses, mais elles ne produisirent presque rien ; tant qu'enfin je fis avaler au malade au moins la longueur d'un pied de tabac en substance, coupé en morceaux, boire plusieurs grandes tasses en infusion, et avaler le tabac dont l'infusion étoit faite. Il me fallut encore vider dans le gosier du plus jeune, la tabatière de M. *Immelman*, pour pouvoir l'exciter à vomir. L'effet n'en fut pas moins fort modéré. Au reste, plus les malades vomissoient, plutôt ils étoient rétablis, c'est-à-dire, en deux ou trois jours.

Une vieille Hottentote, grasse et rebondie, qui vivoit depuis longues années avec les Chrétiens, crut être malade ou feignit de l'être. J'eus de fortes raisons de soupçonner que ce n'étoit qu'une maladie simulée,

comme

comme préservatif, une cuillerée de vinaigre avec de la rue fraîche, à jeûn; après quoi personne ne fut plus attaqué de la maladie.

1775.
Novemb.

Le 29, les Hottentots du voisinage demandèrent la permission à leurs maîtres de donner bal en l'honneur de mes Hottentots qui leur avoient rendu le service important de leur aider à mettre le blé dedans, et qui étoient sur le point de partir. Leur requête fut accordée, et le bal s'ouvrit au frais, dès que la lune commença à luire. Environ vingt personnes des deux sexes se réunirent dans cette danse, qui se soutint avec beaucoup d'ardeur jusqu'à minuit passé, et même sans interruption; mais le bal ne finit pas là. Ils entrèrent à couvert, s'assirent tous en cercle, et balançant lentement leur corps en avant et en arrière, ne faisoient autre chose que chanter la plus insipide des chansons. Ils battoient en même tems de leurs doigts une peau de mouton tendue sur une chaudière, accompagnement digne de leur chant.

---

pour avoir le plaisir d'avaler les morceaux de tabac et la décoction que je distribuois si libéralement en cette occasion.

Il faut observer que je plaçois les malades dans l'obscurité, et que j'administrois les médicamens moi-même. J'avoue que je fus étonné de voir qu'il fallût, pour soulever ces estomacs, d'aussi larges doses d'un poison aussi amer et aussi fort que le tabac. Il est vrai cependant qu'il n'est pas moins étonnant de voir les Colons, particulièrement ceux qui ont été élevés dans l'Inde, manger à belles dents une substance aussi poignante et aussi forte que le *capsicum* cru, comme s'ils mangeoient un morceau de pain ou des confitures.

Tome I. Ccc

1775.
Novemb.

La vieille Hottentote qui, comme je l'ai dit dans la note précédente, avoit fait la malade pour le plaisir d'avaler le tabac, paroissoit être le principal personnage. Elle dirigeoit la danse aussi bien que la musique et vocale et instrumentale. Le lecteur desireroit peut-être une description plus détaillée de cette danse. Tout ce que j'en puis dire, c'est qu'il est impossible de la décrire au moins dans toutes ses différentes figures. Je ne crois pas qu'elle puisse avoir de règles particulières; chacun saute et cabriole, tantôt seul, tantôt avec un autre; ils se tortillent et prennent toutes les attitudes extraordinaires et grimacières qui leur passent par la tête. La principale intention de cette danse paroît être de mettre le corps en mouvement. Un Hottentot pourroit peut-être en dire autant de nos danses les plus élégantes. Cependant il est possible que la leur ne fût pas tout-à-fait sans art; car mes Hottentots de *Buffeljagts-rivier* disoient qu'ils n'avoient jamais vu danser celle-là, et qu'ils n'étoient pas capables de s'y joindre.

Notre hôte et notre hôtesse, qui assistèrent aussi quelque tems à la fête, me donnèrent la clé d'une ou deux de leurs contredanses. L'une s'appelloit danse du *babouin*, dans laquelle ils imitoient les babouins ou singes. Elle étoit, comme les autres, distinguée par mille grimaces; mais dans celle-ci les acteurs alloient par fois à quatre pattes. L'autre étoit appelée danse des *abeilles;* les acteurs sembloient faire un petit bour-

donnement. Le bal continua ainsi jusqu'à la pointe du
jour. Alors la plupart des danseurs furent obligés d'aller reprendre leurs occupations accoutumées.

1775.
Novemb.

Je vis aussi en cet endroit un exemple de la polygamie pratiquée chez les Hottentots, usage qu'on dit cependant fort rare parmi eux. Un vieux Hottentot avoit épousé deux femmes, et sembloit en quelque sorte enorgueilli de leur possession, comme faisant honneur à sa qualité d'homme. On me dit cependant que les deux dames étoient souvent en querelle, et en venoient fréquemment aux coups; et que toutes les fois que l'époux vouloit les séparer, elles tomboient sur lui d'un commun accord, et se vengeoient sur ses cheveux.

Il n'est pas étonnant que les mœurs des Hottentots, dont aujourd'hui la plupart sont esclaves, soient sujettes à des variations. Je ne pus alors savoir avec quelque certitude jusqu'à quel point les Hottentots ont anciennement pratiqué la polygamie. Il n'y a, m'a-t-on dit, chez les *boshis* d'autres cérémonies matrimoniales, que celles qui sont inévitablement nécessaires et conformes à la nature, l'accord des parties et la consommation.

Mon hôte et mon hôtesse, qui, vingt ans auparavant, avoient demeuré plus près du Cap, à *Groot vaders-bosh*, croyoient que le bruit populaire concernant les mariages Hottentots, n'étoit pas sans fondement, c'est-à-dire, qu'un maître des cérémonies accomplissoit les rites matrimoniaux, en aspergeant immédiatement de son urine le marié et la mariée; mais que cette coutume ne se pratiquoit que dans l'intérieur de leurs *Craals*, et jamais en présence des Colons. Mes Hottentots, que je questionnai fréquemment sur ce fait, ne me l'ont ni avoué, ni absolumsnt nié; probablement cet usage est encore retenu dans quelques *Craals*; mais que les cérémonies funéraires soient les mêmes dans toutes les tribus de Hottentots, et qu'elles se bornent simplement à ce qu'on va lire, c'est ce dont nous sommes bien assurés. Le mort est déposé, ou nu, ou couvert de son manteau, dans un trou en terre, ou dans quelque passage souterrain où il devient ordinairement la proie de quelque bête féroce. Cependant ils bouchent ordinairement l'ouverture du trou ou passage, d'un gros paquet d'épines ou de brossailles.

PAR-TOUT où je passai, je ne négligeai rien pour connoître jusqu'à quel point il est vrai que les Hottentots excluent de leur société les individus vieux ou inutiles. La seule personne qui put me citer un exemple de ce fait parmi les Hottentots, fut mon hôte. Dans sa jeunesse étant allé chasser à *Krakekamma*, accompagné d'un de ses amis nommé *Vanderwat*, avec lequel j'ai aussi fait connoissance, ils observèrent dans les plaines désertes de ce canton, une petite rigole étroite, formée et environnée par des buissons et des ronces. Attirés par la curiosité, ils s'en approchèrent à cheval, et y trouvèrent une vieille Hottentote aveugle. Aussitôt qu'elle les entendit venir, elle voulut fuir en rampant, et se cacher; ensuite elle se montra, mais avec une mine fort rechignée : elle leur avoua cependant qu'elle avoit été abandonnée à sa destinée par les Hottentots de son *craal*; mais elle ne voulut recevoir aucune assistance de ces Chrétiens. Ils ne lui demandèrent pas à la vérité si c'étoit avec ou sans son consentement qu'elle se trouvoit dans cette situation. Etant ensuite allés au *craal* auquel cette femme appartenoit, ils ne purent tirer des Hottentots d'autres éclaircissemens, sinon qu'ils avoient en effet laissé là la vieille femme. Pour toutes provisions, ils n'apperçurent autour d'elle qu'un baquet qui contenoit un peu d'eau.

UNE autre coutume non moins horrible, qui n'a jusqu'à présent été remarquée par personne, mais dont l'existence chez les Hottentots m'a été pleinement certifiée, c'est, en cas de mort de la mère, d'enterrer vivant, avec elle, son enfant à la mamelle. Cette année même, dans l'endroit où j'étois alors, le fait qu'on va lire étoit arrivé.

UNE Hottentote étoit morte à cette ferme, d'une fièvre épidémique; les autres Hottentots, qui croyoient n'être pas à portée d'élever l'enfant femelle qu'elle avoit laissé, ou qui ne vouloient pas s'en charger, l'avoient déja enveloppé vivant dans une peau de mouton, pour l'enterrer avec sa défunte mère. Quelques fermiers du voisinage les empêchèrent d'accomplir leur dessein; mais l'enfant mourut bientôt après des convulsions.

Mon hôtesse, qui commençoit à n'être plus jeune, me dit qu'elle-même, il y avoit seize ou dix-sept ans, avoit trouvé dans le quartier de *Zwellendam* un enfant Hottentot empaqueté dans des peaux, attaché fortement à un arbre près de l'endroit où sa mère avoit été récemment enterrée. Il restoit encore à cet enfant assez de vie pour le sauver. Il fut élevé par les parens de M^{de} *Kok*; mais il mourut à l'âge de huit ou neuf ans.

Il résulte de ces exemples et de plusieurs autres traits que je tiens des Colons, que les enfans ne sont jamais enterrés ou exposés vivans, que lorsque leurs plus proches parens, leurs gardiens naturels, sont morts. Je crois qu'on peut en conclure aussi que les Hottentots surannés ne sont jamais exposés, s'ils ont des enfans ou proches parens pour prendre soin de leur vieillesse. Comme ces cas sont nécessairement très-rares, il ne faut pas s'étonner que cette pratique fût alors moins en vogue, et que nous-mêmes n'en eussions point encore entendu parler dans le pays.

Quels que soient les motifs qui ont pu donner lieu à cette coutume, ce n'est pas sans raison que nous, qui avons le bonheur de naître dans un état plus civilisé, avons accusé les Hottentots d'inhumanité : il est cependant vrai qu'en cela ils sont plutôt dignes de pitié que de reproches et d'opprobres : en réfléchissant un moment, nous trouverions peut-être que dans nos sociétés si vantées, si polies, on ne rencontre que trop de ces gens délaissés, dépourvus de tout, livrés tout entiers à leur terrible destinée. S'il s'agissoit de comparer strictement et de bonne foi les vices et les crimes des Hottentots avec ceux des peuples civilisés, le résultat sans doute ne feroit honneur ni aux uns, ni aux autres, mais je crains qu'il n'en fît moins encore aux derniers.

Le 30, ou le lendemain du bal, nous nous préparâmes à partir. Notre hôte, qui, jusqu'alors nous avoit accueillis et traités avec bonté et libéralité, prit soin de nous fournir tout ce qu'il crut nécessaire pour notre voyage. Il me prêta une couple d'excellens bœufs de trait, en place de deux des miens, dont l'un, ayant été mordu par un serpent, ne pouvoit me servir, et l'autre étoit en très-mauvais état. Il n'oublia pas d'y joindre son meilleur Hottentot, nommé *Plattje*, celui qui l'avoit toujours accompagné dans ses diverses parties de chasse, pour porter ses armes, et lui aider à tuer le gibier.

Notre hôtesse, qui savoit fort bien, que dans un désert de cent *uurs* de long, et où le gibier n'abonde pas toujours, nous ne trouverions pas souvent une table bien servie, fit pour nous un excellent viatique. Il étoit composé d'une caisse pleine de biscuits, dix livres de beurre, et un gros mouton dépecé et salé dans sa peau liée par les deux bouts en forme de sac. Le reste de nos provisions consistoit en deux gros pains et un sac de farine pour mes Hottentots, qui étoient au nomble de trois.

Durant notre séjour à cette ferme nous trouvâmes un grand nombre d'insectes, et de plusieurs espèces que nous n'avions point encore vues. Celle, entr'autres, qui excita le plus mon admiration, fut le *termes*. Par un jour chaud vers la fin du mois (j'ai oublié d'en marquer exactement la date), je vis sortir de terre, en plusieurs endroits, des milliers d'insectes blancs, ressemblans un peu par leur forme, à des fourmis. Quelques-uns avoient environ un demi-pouce de long, et chacun quatre ailes, avec lesquelles ils s'envolèrent, essaimant dans l'air par pelotons, comme des mouches éphémères, sans cependant qu'ils parussent s'accoupler. Quand ils sont pris, leurs ailes se détachent facilement, si l'on n'y apporte beaucoup de précautions. Ils avoient le corps d'un blanc de lait, extrêmement tendre; l'on en pouvoit aisément exprimer une liqueur blanche. Je vis en même tems des milliers d'insectes, ou fourmis plus petites, qui sortoient de terre par les trous que les premiers sembloient avoir faits. Ceux-ci paroissoient fort aisés à irriter, et enclins à mordre. Leurs têtes étoient plus grosses

grosses que celles des premiers, et leurs mâchoires plus aiguës et plus tranchantes. J'en ramassai une quantité suffisante pour en faire présent à mes amis, amateurs d'insectes, et particulièrement à l'illustre Baron de Geer, qui les a adoptés (*), sous le nom de *termes capensis* (**).

Mon hôte avoit vu de ces insectes ailés en bien plus grande quantité. Il me dit que les Boshis et autres

---

(*) Voyez ses mémoires, tome VII, page 47, pl. XXXVIII, fig. 1—4.

(**) Ce fut à la distance d'un mille et demi de la ferme, dans un endroit couvert de bois, que je découvris le *termes Capensis*. Je les observai perçant la terre en plusieurs endroits, et se faisant jour à travers la surface, avec beaucoup d'impatience. Comme j'étois alors occupé à soigner les Hottentots malades, lorsque je revins le lendemain matin à l'endroit où je les avois vus, ils étoient presque tous disparus, et je ne pus observer plus amplement l'économie de ces insectes, qui doit être fort admirable. Je ne puis dire avec quelque certitude, si ce *termes Capensis* est la même espèce que les fourmis blanches, comme on les appelle, qui bâtissent et habitent ces monticules de terre d'un gris foncé, élevés à la hauteur de trois ou quatre pieds, que j'ai vus souvent à *Lange-kloof*. Toutes les fois que j'ai eu occasion d'ouvrir quelques-unes de ces fourmilières, pour les examiner, ce que je ne faisois pas sans quelque inquiétude, j'ai toujours trouvé les oiseaux dénichés ; mais dans les fourmilières de terre, d'environ un pied de haut, que j'ai examinées sur les montagnes à *Falsebay*, j'ai trouvé une espèce de *termes* gris, qu'ils appellent *pismire*, un peu différent du *termes Capensis* sans ailes.

J'ai vu encore entre *Boshies-man-rivier* et *Vish-rivier*, une autre espèce de *termes* qui n'étoit pas plus grand que notre *termes pulsatorius*, et qui, s'il m'en souvient, ressembloit beaucoup à la fourmi blanche des Indes, ou *termes fatalis*.

Tome I.   Ddd

Hottentots qui en mangeoient devenoient en peu de tems gras et bien portans. Ils les font bouillir dans leurs vases de terre, ou quelquefois les mangent cruds. Voyant un jour que le fils unique de mon hôte en goûtoit, j'en goûtai aussi, et n'y trouvai d'autre goût qu'une fraîcheur au palais. On va voir dans l'article suivant l'histoire plus détaillée de ces insectes.

Les sauterelles sont aussi un grand régal que la Providence envoie de tems en tems aux Hottentots les plus sauvages, et qui habitent les pays les plus reculés; souvent, après une absence de huit, dix, quinze, vingt ans, ou même plus, ils les voient reparoître par essaims innombrables. Ces sauterelles viennent alors du nord au sud, et ne sont rebutées par aucun obstacle dans leur émigration; elles suivent hardiment cette direction, et sont noyées dans la mer, toutes les fois qu'elles osent essayer de la franchir. Les femelles de cette race d'insectes, que les Hottentots mangent de préférence, ont moins d'aptitude à la migration, et ne peuvent, dit-on, voler, vu que leurs ailes sont trop courtes, et leur ventre trop pesant et trop gonflé d'œufs. Elles meurent, dit-on aussi, dès qu'elles ont déposé leurs œufs dans le sable. C'est sur-tout des femelles que les Hottentots font une soupe brune, et qui paroît grasse. Plusieurs différentes personnes se sont accordées sur ce fait, ajoutant que, malgré que les Hottentots fussent bien certains que ces sauterelles détruiroient sur la

terre jusqu'au plus petit brin de verdure, ils étoient
tous dans l'alégresse, en les voyant arriver. Il est vrai
qu'ils se dédommagent amplement sur elles de la destruction des végétaux : ils en mangent tant, qu'en quelques jours on les voit engraissés. Je tiens de mon hôte
que dans une année fertile en sauterelles, comme il
étoit à la chasse de l'autre côté de *Vish-rivier*, les
Hottentots de ces contrées expliquoient ainsi cette extrême abondance : c'étoit un maître magicien, qui se
trouvant alors fort avant dans le nord, avoit levé une
pierre qui couvroit une fosse profonde, et c'étoit de
cette fosse qu'étoient sorties ces nuées de sauterelles,
pour venir leur servir de nourriture.

1775.
Novemb.

IL est cependant difficile d'expliquer les intentions
de la nature dans la production des sauterelles : on
ne peut croire qu'elle n'ait eu d'autre vue que d'engraisser quelques Hottentots ; mais j'ai parcouru trop
précipitamment le promontoire sud de ce coin du globe,
pour pouvoir pénétrer ces mystères.

J'OSERAI cependant hasarder une conjecture : d'après tous les récits, dans tous les endroits où se posent
des essaims de sauterelles, les végétaux sont détruits
et quelquefois entièrement consumés, comme s'ils
avoient été dévorés par le feu. N'est-il pas possible que
ces petits animaux soient propres à nettoyer les champs

des mauvaises herbes, comme le feu, que les Colons emploient quelquefois? Dans l'un et l'autre cas, le sol reste à la vérité absolument dépouillé; mais ce n'est que pour reparoître bientôt après, orné d'une plus magnifique parure. Il se couvre alors de gazons annuels de diverses espèces, d'herbes et de lis superbes, qui languissoient étouffés sous des arbustes et des plantes perpétuelles. Celles-ci, qu'on voyoit l'année précédente dures, desséchées, flétries, d'un jaune pâle, et presque mortes, recommencent alors à pousser des bourgeons et des feuilles; les pâturages sont revêtus de verdure. Heureuse révolution pour les hommes, pour le bétail et pour le gibier (*).

Nota. Nous avons cru faire plaisir à nos lecteurs en insérant dans le voyage de M. Sparman, une relation qui n'a point encore été traduite, sur un insecte d'Afrique, imparfaitement connu sous le nom de *Termes*, et que

---

(*) Il fit plus chaud dans ce mois que dans aucun des précédens, surtout sur la fin, lorsque nous quittâmes *Lange-kloof* et *Cromme-rivier*, et que nous vînmes dans les plaines du côté de la mer.

Vers les huit heures du matin, le thermomètre, à l'ombre, étoit ordinairement de 65 à 70; et sur le midi, de même à l'ombre, il étoit quelquefois jusqu'à 80.

Les jours pluvieux furent les 11, 16, 17, 18, 19 et 26; le vent étant tantôt de sud-est, tantôt de sud-ouest. Les autres jours furent beaux et sans pluie, et les vents furent alors le plus souvent de nord-ouest et d'ouest.

nous nommerons en françois termite. On a imprimé un croquis de cette relation dans la traduction récente du voyage de Makintosh ; mais c'est plutôt une amorce jetée à la curiosité du lecteur, qu'un extrait propre à faire connoître cet insecte merveilleux. Ce sont quelques faits pris au hasard, et cousus ensemble, sans détail, sans description, sans figures, qui puissent en donner, en fixer une idée claire et durable dans l'esprit du savant ou du curieux : et si nos abeilles ont leur histoire et leurs mœurs écrites et circonstanciées dans des volumes entiers, doit-on mutiler et ravir quelques pages consacrées par un observateur oculaire, à la connoisrance de ces petits êtres dont le mince individu renferme une vaste intelligence, qui étonne et égale celle de l'homme ? Cette traduction est faite sur un exemplaire donné par l'auteur, et dont les planches ont été dessinées et enluminées par lui-même.

RELATION SUR LES TERMITES,

Adressée à la Société royale de Londres, par M. Smeatman, en février 1781.

PARMI les objets curieux que m'ont offert mes voyages dans cette contrée presque inconnue qu'on nomme Guinée, les termites, que la plupart des voyageurs ont appelé *fourmies blanches*, m'ont paru, à plusieurs égards, mériter le plus cette observation suivie, et cette attention exacte que je leur ai données.

Les ravages soudains et immenses qu'ils font dans les propriétés de l'homme sous la zone torride, les ont trop fait connoître à ses habitans, dont ils sont le fléau le plus redoutable.

La grandeur et la structure de leurs logemens ont attiré l'attention de beaucoup de voyageurs, et cependant personne ne nous en a encore donné une description passable. Lorsqu'on vient à considérer l'admirable économie de ces insectes, et l'ordre qui règne dans leurs cités souterraines, on ne peut s'empêcher de les placer à la tête de la liste des plus grandes merveilles de la création, en les voyant imiter de si près l'espèce humaine dans la prévoyance, l'industrie et la régularité de leur gouvernement.

La sagacité de ces petits insectes est si supérieure à celle de tous les autres animaux dont j'aie jamais ouï parler, que les faits que j'en raconte ici paroîtroient incroyables, si je n'avois pas heureusement les témoignages les plus authentiques à citer, pour en garantir la vérité. Il existe en Angleterre tant de témoins vivans de cette relation extraordinaire, que j'espère en être cru sur des circonstances singulières, que personne que moi n'a eu occasion d'observer; et qui ne sont pas susceptibles d'être démontrées, excepté sur les lieux mêmes où se trouvent ces insectes (*).

(*) Ils sont connus sous différens noms. Ils appartiennent au *terme* de Linné et des autres naturalistes.

Par les Anglois, { Dans les parties au vent de l'Afrique, ils sont appelés *bugga-bugs*.
Dans les Indes occidentales, *wood-lice*, *wood ants*, ou *white ants*.

Par les François, { Au Sénégal, *vague vagues*.
Dans les Indes occidentales, *poux de bois* ou *fourmis blanches*.

Par les habitans de Balm ou de l'île de *Schrebo* en Afrique, *seantz*.

Par les Portugais dans le Brésil, *coupée*, ou plutôt *coupeurs*, parce qu'ils coupent tout en pièces. C'est par ce dernier nom qu'on les distingue dans les diverses régions du tropique, ou par ceux de *mangeurs*, *perceurs*, et quelques autres semblables.

Le docteur Solander a ainsi divisé les différentes espèces de ces insectes.

1°. Termes *bellicosus*, corpore fusco, alis fuscescentibus; costâ ferrugineâ, stemmatibus subsuperis oculo propinquis, puncto centrali prominulo.

2°. Termes *mordax*, nigricans, antennis pedibusque testaceis, alis fuliginosis : areâ marginali dilatatâ : costâ nigricante, stemmatibus inferis oculo approximatis, puncto centrali impresso.

3°. Termes *atrox*, nigricans, segmentis abdominalibus margine pallidis, antennis pedibusque testaceis, alis fuliginosis : costâ nigrâ, stemmatibus inferis; puncto centrali impresso.

4°. Termes *destructor*, nigricans, abdominis lineâ laterali luteâ, antennis testaceis, alis hyalinis : costâ lutescente, stemmatibus subsuperis, puncto centrali obliterato.

5°. Termes *arborum*, corpore testaceo, alis fuscescentibus : costâ lutescente, capite nigricante, stemmatibus inferis oculo approximatis, puncto centrali impresso.

Les termites sont représentés par Linné comme le plus grand fléau des deux Indes; et ils le sont en effet pour les habitans de l'espace qui est entre les deux tropiques, par les dommages qu'ils leur causent, en dévorant et perçant tous les bâtimens en bois, les ustensiles, les meubles, les étoffes et les marchandises, qu'ils ont bientôt détruits, si on ne les prévient à tems; car il ne faut pas moins que la dureté des métaux et de la pierre pour résister à leurs mâchoires destructives. Ces insectes ont généralement été nommés fourmis, apparemment à cause de plusieurs ressemblances dans leur manière de vivre réunies en vastes communautés, qui bâtissent des nids fort extraordinaires, la plupart sur la superficie de la terre, d'où ils sortent par des passages souterrains, ou des galeries couvertes, qu'ils construisent dès que la nécessité les y oblige, ou que l'avidité du butin les y porte, et delà ils vont faire au loin des excursions et des dégradations qui ne sont croyables que pour ceux qui les ont vues. Mais quoiqu'ils vivent en société, et qu'ils soient omnivores, comme les fourmis; quoiqu'ils soient comme elles dans un certain période de leur existence, fournis de quatre ailes, et qu'ils fassent des émigrations et des colonies dans la même saison, ils ne sont nullement la même espèce d'insectes, et leur forme ne correspond en aucune manière avec celle des fourmis, dans aucun état de leur existence, qui, comme dans la plupart

des

des autres insectes, subit plusieurs métamorphoses. Les termites ressemblent encore aux fourmis dans leur prévoyance et leur activité laborieuse ; mais ils les surpassent, elles et les abeilles, et les guêpes, et les castors, et tous les animaux connus, dans l'art de bâtir, autant que les Européens y excellent au dessus des sauvages les plus grossiers. Il est très-probable qu'ils les surpassent encore dans l'art de se gouverner : il est certain qu'ils offrent plus d'exemples frappans de leur invention et de leur industrie, qu'aucun autre animal, et qu'ils forment des magasins de provisions ; degré de prudence qui vient d'être refusé, peut-être sans raison, aux fourmis (*).

Il est surprenant qu'au défaut de l'admiration, l'intérêt du moins n'ait pas porté à donner, avec étendue et exactitude, l'histoire d'un insecte si funeste aux propriétés de l'homme, et qui en a reçu le nom bien mérité de *fatal*, ou *destructeur*. Bosman, qui écrivoit au commencement de ce siècle, en avoit rapporté quelques circonstances qui auroient dû pi-

---

(*) Quoique les fourmis n'aient aucun besoin d'amasser des magasins pour l'hiver, dans les climats froids, il n'en est pas moins certain qu'elles assemblent de grands amas de provisions dans leur nid, pour la nourriture de leurs petits ; et il est très-probable qu'elles se prémunissent d'avance contre les accidens qui pourroient être funestes à leur jeune famille, qui, comme tous les autres insectes dans l'état de chenille, sont très-voraces, et ne peuvent supporter de longues privations.

quer la curiosité, et éveiller le naturaliste. Suivant ce voyageur, le roi des termites passoit pour être aussi grand qu'une écrevisse : quoique la comparaison soit loin d'être juste, elle approche pourtant de la vérité pour la grandeur de la femelle, qui est la commune mère de la société, et qui en est *la reine*, pour employer le titre adopté depuis un tems immémorial pour les fourmis et les abeilles.

CES communautés sont composées d'un mâle et d'une femelle, qui généralement sont les communs parens de toute la famille, ou de la plus grande partie, et de trois sortes d'insectes, qui offrent en apparence des espèces différentes, mais qui sont réellement la même, et qui tous ensemble composent de grandes républiques, ou plutôt de grandes monarchies, si l'on me passe l'expression.

LE grand Linné, qui n'avoit entendu parler que de deux de ces ordres, en a mal classé le genre : il l'a placé au rang des *aptera*, ou insectes sans ailes, tandis que l'ordre principal, c'est-à-dire, l'insecte dans son état parfait, a quatre ailes sans aiguillon, et conséquemment appartient aux *neuroptera* ; classe où il formera un nouveau genre, ayant sous lui plusieurs espèces (*).

(*) Je ne doute nullement, d'après la description et les figures que l'illustre baron de Geer nous a données du *termes pulsatorius*, ou grillon,

Les différentes espèces de ce genre se ressemblent pour la forme, pour la manière de vivre, et dans leurs bonnes et mauvaises qualités; mais elles diffèrent entre elles, autant que les oiseaux entre eux, dans la manière de construire leurs nids ou habitations, et dans le choix des matériaux dont ils les composent.

De ces cinq espèces de termites décrits dans la note précédente, p. 105, le *termes bellicosus* est le plus gros; le *termes mordax* est le plus petit. La plupart de ces espèces bâtissent sur la surface de la terre, ou partie dessus, partie dessous; et il y en a une, ou peut-être davantage, qui bâtissent sur les branches des arbres, et quelquefois à une très-grande élévation.

Dans chaque espèce, il y a trois ordres; 1°. ceux qui travaillent, que je nommerai travailleurs; 2°. ceux qui combattent, ou les soldats, qui ne travaillent point; 3°. le termite ailé, ou l'insecte à sa perfection. Ces derniers sont mâles ou femelles, et capables de pro-

---

dans le 7°. vol. de ses Mémoires pour servir à l'histoire des insectes, que dans leur état parfait ils n'aient des ailes; qu'ils ne produisent des essaims, et ne fassent des émigrations, et que leur manière de vivre n'ait une grande analogie avec les termites des climats chauds; car ils paroissent avoir toute la forme extérieure des termites exotiques, j'entends de ceux du premier et second ordre. Mémoires de Geer, tome VII, page 45, pl. IV, fig. 1, 2, 3 et 4.

pagation. On peut les appeler la noblesse, car ils ne travaillent ni ne combattent; ils sont incapables d'exercice, et presque de se défendre eux-mêmes. Ils ne sont propres qu'à être élus rois ou reines des termites; et quand la nature les a élevés à l'état ailé, ils sont obligés de changer d'habitation peu de semaines après, et d'aller fonder de nouveaux royaumes, ou mourir en un jour ou deux.

La plus grosse espèce, les termites belliqueux, est aussi la plus remarquable et la mieux connue sur les côtes d'Afrique. C'est des deux premiers ordres de cette espèce, ou d'une semblable, que Linné semble avoir pris sa description du *termes fatalis*; et la plupart des relations qu'on nous a apportées d'Afrique ou d'Asie, sur les fourmis blanches, sont aussi prises d'une espèce si semblable à celle dont nous parlons, par leur forme extérieure et leur grandeur, qu'on peut dire, avec une sorte de certitude, que toutes ces fourmis ne sont que des variétés d'une même espèce.

La raison pour laquelle les gros termites ont été les plus remarqués, est sensible; outre qu'ils bâtissent des nids plus grands et plus curieux, ils sont aussi plus nombreux, et font infiniment plus de mal aux hommes. Ils sont pernicieux, lorsqu'ils attaquent des choses que nous aurions voulu conserver saines; mais quand ils s'attachent à détruire des arbres qui tombent en pourriture, et des substances qui ne font qu'embarrasser la surface de la terre, plus ils sont voraces et destructeurs, plus ils sont utiles.

ENTRE tous les agens chargés de débarrasser dans ces climats la surface de la terre, il n'en est point d'aussi habiles ni d'aussi expéditifs que les insectes dont nous parlons : en un petit nombre de semaines, ils détruisent et emportent des troncs d'arbres énormes. Dans un lieu où, deux ou trois ans auparavant, étoit une grande ville, si les habitans ont jugé à propos de l'abandonner, comme il est souvent arrivé, on voit aujourd'hui un bois épais, et pas un seul vestige d'un poteau, à moins que le bois ne fût de l'espèce que sa dureté a fait nommer *bois de fer*.

CE que je rapporte des termites en général, est le résultat de mes observations sur les termites belliqueux, qui sont l'espèce que je pouvois observer avec plus de facilité et de certitude.

LEURS nids sont si nombreux dans toute l'île des *Bananes*, et dans toutes les parties adjacentes du continent, qu'il est presque impossible, si l'on est dans une place découverte, telle qu'une plantation de riz ou tout autre champ ras, de ne pas appercevoir dans l'espace de cinquante pas, un de leurs édifices ; l'on en voit souvent deux ou trois presque contigus. Dans quelques endroits près du Sénégal, rapporte M. Adanson, où croit, à leur nombre, à leur grandeur, à la proximité de leur position, appercevoir autant de villages (*). L'on en rencontre aussi souvent, mais qui sont moins grands, dans la nouvelle Hollande.

Ces édifices sont appelés monticules par les naturels, à cause de leur figure extérieure qui est celle d'un petit mont plus ou moins conique, généralement d'une forme élégante et approchant de celle d'un pain de sucre; leur hauteur perpendiculaire est de dix ou douze pieds au dessus de la surface de la terre (**). Pl. III, fig. 1.

(*) « Mais de toutes les choses extraordinaires que j'ai observées, « rien ne m'a autant frappé que certaines éminences, qui, par leur « hauteur et leur régularité, me parurent de loin un assemblage de « huttes de Nègres, ou un village considérable, et qui n'étoient que « les nids de certains insectes. Ce sont des pyramides rondes, de huit « à dix pieds de haut, sur une base à-peu-près de la même dimension, « avec une surface unie, de la meilleure argile, excessivement dures « et bien bâties. » *Voyage d'Adanson au Sénégal*, in-8°. page 153—337. *Voyage au Sénégal*, in-4°. page 83—99.

Nota. Ce que dit M. Adanson d'une ouverture par laquelle il suppose que les insectes entrent et sortent, est évidemment une méprise provenant de ce qu'il a conclu naturellement que ces insectes avoient un chemin conduisant à leurs nids, sans examiner où il étoit. On verra par cette relation qu'ils ont en effet des milliers de chemins pour entrer et sortir, mais tous souterrains.

(**) Jobson, dans son histoire de Gambie, dit : « Dans ce pays les « fourmilières sont remarquables; quelques-unes sont élevées par les

AU CAP DE BONNE-ESPÉRANCE. 407

Ces monticules restent nuds jusqu'à ce qu'ils soient à la hauteur de six ou huit pieds ; mais alors la terre stérile et morte dont ils sont construits, est fécondée

« fourmis à la hauteur de vingt pieds, et pourroient contenir une dou-
« zaine d'hommes. Elles s'endurcissent tellement à l'ardeur du soleil,
« que nous avions coutume de nous cacher dans les sommets brisés de
« quelques-unes de ces fourmilières, lorsque nous nous apostions pour
« tirer la bête fauve ou les animaux sauvages. » *Purchas's pilgrims*,
vol. II, page 1570.

« Les fourmis font des nids de terre d'environ deux fois la hauteur d'un
« homme. » *Bosman's, description of Guinea*, page 276—493.

Les *travailleurs* n'ont pas tout-à-fait un quart de pouce de long : cependant, pour éviter les fractions, et les comparer avec plus de facilité, eux et leurs bâtimens, avec ceux des hommes, j'estime à un quart de pouce leur longeur ou hauteur, et la stature humaine, pour éviter aussi les fractions, à six pieds, dimension pareillement au dessus de la hauteur ordinaire des hommes. Si donc un *travailleur* est = à un quart de pouce = à 6 pieds, quatre *travailleurs* sont = à un pouce en hauteur = à 24 pieds, nombre qui, multiplié par les 12 pouces que contient le pied, donne la hauteur comparée d'un pied de leur édifice = à 288 pieds d'un édifice bâti par l'homme; lesquels multipliés par 10 pieds, hauteur supposée d'un de leurs monticules = 2880 pieds, hauteur qui excède de 240 pieds un demi-mille, ou qui est presque cinq fois la hauteur de la grande pyramide ; et comme la base est d'une dimension proportionnée, le cube de leur monticule contient cinq fois le cube de la pyramide.

Si nous joignons à cette comparaison celle du tems que les hommes mettent à ériger ces édifices, et si nous considérons les termites élevant les leurs dans l'espace de trois ou quatre ans, l'immensité de leur ouvrage réduit à un point de vue bien étroit la prétendue grandeur des anciennes merveilles du monde, et donne un exemple d'industrie et d'activité qui surpasse tout l'orgueil des hommes, autant que la cathédrale de Saint Paul surpasse la hutte d'un Indien.

par l'influence génératrice des élémens dans ces climats fertiles, et par l'addition des sels végétaux et d'autres matières apportées par le vent. La seconde ou la troisième année, le monticule, s'il n'est pas ombragé par des arbres, devient, comme le reste de la terre, presque couvert de gazon et d'autres plantes, et dans le tems de la sécheresse, lorsque l'herbe est brûlée par les rayons du soleil, il ressemble assez bien à une grande mule de foin (*).

Chacun de ces édifices, est composé de deux parties distinctes, l'extérieur et l'intérieur. L'extérieur est une large écaille ou croûte, de la forme d'un dôme, assez vaste et assez forte pour protéger l'intérieur contre les vicissitudes de l'air, et les habitans contre les attaques de leur ennemis naturels ou accidentels. Il est conséquemment toujours plus solide que l'intérieur, qui est la partie habitable, divisée avec une adresse et une régularité merveilleuse, en un grand nombre d'appartemens, qui sont le domicile du roi et de la reine, le lieu où est nourrie leur nombreuse lignée,

---

(*) Voy. le *voyageur universel de Salmon*. On y trouve, dans la carte de Gambie, un de ces nids, sous le nom de *pismire hill* (fourmilière) : il y a aussi une figure d'un des insectes travailleurs. Mais comme le monticule est représenté au dessous de sa juste proportion, ou plutôt que l'insecte est beaucoup plus grand que nature, cette figure ne donne aucune idée de l'édifice. Je n'ai pu découvrir d'après quel auteur elle avoit été tracée, et c'est la seule que j'aie jamais vue dans les livres.

et

et de magasins, qu'on trouve toujours pleins de provisions.

Je n'entrerai pas à présent dans un détail plus circonstancié de ces édifices, pour éviter de paroître diffus; mais j'ose croire que lorsque j'y reviendrai, le lecteur suivra avec plaisir le fil de mes observations.

La première indication qui annonce un monticule se formant dans quelque endroit, est une ou deux petites tourelles, élevées à la hauteur d'un pied ou plus, au dessus de terre (*). Bientôt après, tandis que les premières croissent toujours en hauteur et en grosseur, ils en élèvent d'autres à quelque distance, et continuent ainsi d'en augmenter le nombre et de les élargir à la base, jusqu'à ce que leurs ouvrages souterrains en soient couverts, ayant soin de faire celles du milieu les plus hautes et les plus grosses : alors ils remplissent en dessus les intervalles entre chaque tourelle, et les réunissent en un seul dôme.

Ils paroissent s'embarrasser peu de la régularité de ces tourelles, pourvu qu'elles soient solides; et quand par leur réunion le dôme est achevé, ils enlèvent entièrement le dessous des tourelles du milieu, et ne

---

(*) On a représenté quelques-unes de ces tourelles près des monticules (pl. III, fig. 3). J'en ai vu, à côté des nids, plusieurs de quatre ou cinq pieds de haut. (Pl. III, fig. 1, aaa.)

laissent que les sommets, qui, joints ensemble, forment la couronne de la coupole : ils emploient alors cette argile détachée de la coque extérieure, à fabriquer le dedans, ou élèvent de nouvelles tourelles pour porter le monticule plus haut encore ; d'où l'on peut conjecturer qu'ils font plusieurs fois de cette argile entassée l'usage que les maçons font des planches et échafauds.

LORSQUE les monticules ne sont encore qu'à la moitié de leur hauteur, les taureaux sauvages ont coutume de monter dessus, et d'y rester en sentinelle, tandis que le reste du troupeau rumine audessous. (V. la pl. III, fig. 7.) La voûte est assez forte pour les soutenir ; et quand l'édifice a atteint sa pleine hauteur, il sert à merveille d'observatoire. J'ai monté avec quatre hommes sur le sommet d'un de ces monticules. Toutes les fois qu'on venoit nous dire qu'on appercevoit un vaisseau, nous courions aussitôt à quelque fourmilière de *bugga-bugs*, sur laquelle nous grimpions pour découvrir l'objet lointain ; car en restant sur la surface de la campagne, il étoit rarement possible de rien voir au dessus des graminées (*) et

---

(*) Les plantes graminées, connues sous le nom de gazon de Guinée, si estimées de nos cultivateurs dans les Indes occidentales, croissent en Afrique à la hauteur de treize pieds, et même davantage. Elles parviennent à cette hauteur dans l'espace de cinq ou six mois, et la croissance de plusieurs autres plantes est aussi prompte.

autres plantes, qui bornoient de tous côtés la vue de l'horizon.

LE dôme sert non seulement à soutenir l'intérieur, et à le mettre à couvert de la violence et de la pesanteur des pluies; il sert aussi à concentrer et conserver un degré égal de chaleur générative et de moiteur, qui paroissent fort nécessaires pour faire éclore les œufs, et pour élever les petits.

LA *chambre royale*, que j'appelle ainsi parce qu'elle est arrangée exprès pour le roi et la reine qui l'occupent, paroît être un objet très-important pour ce petit peuple. Elle est toujours située aussi près qu'il est possible du centre de l'édifice, et ordinairement à la hauteur de la surface de la terre. Sa forme est à-peu-près celle de la moitié d'un œuf ou d'un ovale aplati; on peut la représenter par un four oblong. (Pl. IV. fig. 1 et 2.)

DANS l'enfance de la colonie, cette chambre n'a guère qu'un pouce de long; mais avec le tems ils l'agrandissent en dedans, jusqu'à la longueur de six ou huit pouces, ou même plus, toujours à proportion de la taille de la reine, qui, croissant en grosseur comme en âge, exige à la fin une chambre de ces dimensions.

J'observerai encore sur cette chambre, que le plancher en est parfaitement horizontal ; et, dans de larges monticules, l'argile solide dont il est formé a quelquefois un pouce d'épaisseur. Le toit est une arcade ovale, aussi très-solide et bien tournée ; mais en quelques endroits elle n'est pas épaisse d'un quart de pouce ; c'est aux deux extrémités des côtés, où elle joint le plancher (pl. IV, fig. 1, a a), et aux endroits où sont pratiquées les portes ou petites entrées, alignées avec le plancher, et à des distances égales l'une de l'autre. (Pl. IV, fig. 2 et 4, b b.)

Aucun animal plus gros que les *soldats* ou les travailleurs, ne peut entrer par ces portes, ensorte que le roi et la reine (qui, lorsqu'elle a atteint sa pleine grosseur, pèse mille fois plus qu'un roi) ne peuvent jamais sortir.

La chambre royale, si le monticule est grand, est entourée d'une quantité innombrable d'autres chambres, de formes, de grandeurs et de dimensions différentes, mais toutes ayant une voûte, soit circulaire, soit elliptique ou ovale.

Ces appartemens donnent l'un dans l'autre, ou se communiquent par des passages spacieux. Comme ils sont toujours vides, il est évident qu'ils ne sont faits que pour les soldats et valets travailleurs. On verra

AU CAP DE BONNE-ESPÉRANCE. 413

bientôt qu'il en faut un grand nombre, et qu'ils soient toujours prêts à remplir leurs fonctions.

Ces appartemens sont attenans aux magasins et aux *nourriceries*, si l'on me permet l'expression : les premiers sont des chambres d'argile, toujours remplies de provisions, qui à l'œil ne semblent être que de la rapure des bois ou plantes que les termites détruisent, mais qu'on reconnoît au microscope être principalement des gommes ou jus épaissis des plantes. Ces gommes sont rassemblées en petites masses, dont quelques-unes sont plus raffinées que les autres : elles ressemblent, les unes au sucre qu'on voit autour des conserves de fruits, les autres à de petites larmes de gomme ; celle-ci tout-à-fait transparente, celle-là comme l'ambre, une troisième brune, une quatrième tout-à-fait opaque, comme nous voyons souvent des parcelles de gomme ordinaire.

Les *nourriceries* sont des édifices tout-à-fait différens des autres ; ils sont entièrement composés de parcelles de bois, qui semblent unies ensemble par des gommes. Je les appelle *nourriceries*, parce qu'elles sont constamment occupées par des œufs et des petits, qu'on apperçoit d'abord sous la forme des travailleurs, mais blancs comme la neige. Ces édifices sont extrêmement serrés, et divisés en plusieurs petites chambres de forme irrégulière. On n'en trouve pas une de la grandeur d'un demi-pouce (pl. IV, fig. 5.) ; elles sont placées autour des appartemens royaux, et aussi près d'eux qu'il est possible.

Quand le nid ne fait que commencer à se former, les *nourriceries* sont presque attenantes à la chambre royale ; mais à proportion que la reine grossit, il est nécessaire d'élargir la chambre pour sa commodité. Comme elle pond alors une plus grande quantité d'œufs, et qu'elle a besoin d'un plus grand nombre de gens employés autour d'elle, il est aussi nécessaire d'élargir les appartemens voisins, et d'en augmenter le nombre. En conséquence les petites *nourriceries* bâties d'abord sont mises en pièces, et les termites en reconstruisent un peu plus loin de nouvelles, plus vastes et plus nombreuses.

Ils sont ainsi continuellement élargissant leurs logemens, abattant, réparant, rebâtissant selon leurs besoins, avec une sagacité, une régularité, une prévoyance, au dessus de tout ce que j'ai jamais entendu dire de toute autre espèce d'animal ou d'insecte.

Il y a relativement aux *nourriceries*, une particularité que je ne dois pas omettre. On les trouve toujours légèrement couvertes de moisissure (pl. IV, fig. 6), et parsemées de petits globules blancs, de la grosseur à-peu-près d'une petite tête d'épingle. Je pris d'abord ces globules pour des œufs ; mais en les regardant au microscope, je vis clairement qu'ils étoient une espèce de mousseron, semblable à nos champignons comestibles, dans l'état où on les choisit pour les confire (Pl. IV, fig. 7.). Entiers, ils sont blancs comme de la neige un peu fondue et gelée une seconde fois; et lorsqu'ils sont brisés, ils semblent composés d'une infinité de parcelles transparentes, à-peu-près ovales, et difficiles à séparer. La moisissure paroît être aussi la même substance (*).

Les *nourriceries* sont renfermées dans des enveloppes d'argile, pareilles à celles qui contiennent les magasins, mais beaucoup plus larges. A la naissance du nid, elles ne sont pas plus grandes qu'une coquille de noix; mais dans les grands *monticules*, elles sont souvent aussi grosses que la tête d'un enfant d'un an.

La disposition des parties intérieures est assez sem-

(*) M. Konig, qui a examiné ces sortes de nids dans les Indes orientales, conjecture, dans un essai sur les termites, lu en présence de la société des naturalistes de Berlin, que ces mousserons sont la nourriture des jeunes insectes. Il faut alors supposer que les vieux ont une méthode pour les faire pousser, et en pourvoir les petits; supposition qui paroîtra étrange aux personnes peu familiarisées avec la sagacité de ces insectes; mais qui, j'ose le dire, d'après maints autres faits extraordinaires que j'en ai vus, n'est pas fort invraisemblable.

Nota. M. Konig n'a pas, autant que je puis voir, apperçu les magasins de provisions dans les nids qu'il a ouverts: mais je dois observer ici que je n'ai connu son ouvrage que par une traduction faite à la hâte des principaux articles de sa relation.

blable dans tous les monticules, excepté quand il se rencontre quelque obstacle insurmontable ; par exemple, lorsque le roi et la reine ont d'abord été logés au pied d'un rocher ou d'un arbre; on est sûr alors que les termites ont changé l'ordre des bâtimens : autrement, ils sont assez généralement conformes à la description suivante.

La chambre royale, est à-peu-près de niveau avec la surface de la terre, à une distance égale de tous les côtés du corps de logis, et directemeent sous le sommet du cône. (Pl. III. fig. 2, A A.)

ELLE est entourée de tous les côtés, et dessus et dessous, par ce que j'appelle les appartemens royaux, qui ne sont occupés que par les travailleurs et les soldats, et dans lesquels ils sont à portée de garder ou de servir les père et mère communs, dont dépendent la sureté, et, suivant les nègres, l'existence même de toute la colonie.

CES appartemens composent un labyrinthe compliqué, qui s'étend de tous côtés à un pied, ou même plus, de distance de la chambre royale : ici commencent les *nourriceries* et les magasins de provisions. Ils sont séparés par de petites chambres vides et des galeries qui les entourent ou communiquent de l'une à l'autre ; ils se prolongent ainsi de tous les côtés contre la coque

qui

qui couvre le tout ; ils s'élevent en dedans à la hauteur des deux tiers ou des trois quarts de cette coque, laissant au milieu, sous le dôme, un espace ou aire découverte, qui ressemble beaucoup à la nef d'une vieille cathédrlae. On voit autour de cette aire trois ou quatre grandes arcades de forme gothique, qui ont quelquefois deux ou trois pieds de haut, au point où elles forment la façade, mais qui diminuent sensiblement en partant de ce point, comme des arcades en perspective, et se perdent bientôt parmi les chambres et *nourriceries* innombrables qui sont derrière.

Les voûtes qui recouvrent toutes ces chambres et les passages qui y conduisent, se soutiennent mutuellement ; et tandis que les grandes arches intérieures les empêchent de tomber dans le centre, et de remplir l'espace vide, la coque extérieure les soutient de l'autre côté.

Il n'y a qu'un petit nombre d'ouvertures qui donne dans la grande aire, en comparaison des autres parties de l'édifice ; et celles qu'on y voit pratiquées semblent n'avoir d'autre objet que de communiquer aux *nourriceries* cette chaleur bienfaisante que le dôme concentre.

Le bâtiment intérieur, ou l'assemblage des *nourriceries*, chambres, etc. est couvert d'un toit ou sommet plat, qui n'est percé dans aucun endroit : ainsi les appartemens inférieurs seroient garantis de l'humidité, si par hasard le dôme, venant à être endommagé, laissoit passer l'eau. Ce toit n'est pas non plus exactement plat, ni uniforme, parce qu'ils y ajoutent toujours de nouvelles chambres ou *nourriceries*. Les divisions ou colonnes déja élevées pour soutenir les voûtes des appartemens futurs, ressemblent assez aux créneaux qu'on voit sur la façade de quelques vieux châteaux, et méritent une attention particulière, en ce qu'elles sont une preuve que ces insectes projettent leurs voûtes, et ne les font point, comme je l'ai cru pendant long-tems, par excavation. (Pl. III , fig. 2 , B.)

L'AIRE a aussi un plancher plat, qui pose sur la chambre royale, mais quelquefois fort élevé au dessus, par les *nourriceries* et magasins qui sont entre deux. (Pl. III , fig. 2. C.) Ce plancher est aussi impénétrable à l'eau, et fabriqué de manière à la laisser écouler dans les grands conduits souterrains, s'il arrivoit qu'elle pénétrât jusqu'à l'aire.

Les conduits sont pratiqués en diverses directions, sous les appartemens les plus bas de l'édifice : quelques-uns sont plus larges que le calibre d'un gros canon. Je me souviens d'en avoir mesuré un, parfaitement cylindrique, qui portoit treize pouces de diamètre. (Pl. III , fig. 2. D. D.) Tous sont enduits d'une couche fort epaisse de la même argile dont le monticule est formé. Ils vont en montant dans la coque extérieure; et serpentant autour de tout l'édifice jusqu'au sommet, se croisent à différentes hauteurs : ils aboutissent, ou dans l'édifice intérieur, ou dans les nouvelles tourelles, ou communiquent à tous ces lieux par d'autres galeries de différens calibres, circulaires ou ovales.

IL y en a sous terre un grand nombre qui descendent obliquement jusqu'à la profondeur perpendiculaire de trois ou quatre pieds. C'est là que les termites ouvriers vont prendre ce gravier fin qui, travaillé dans leurs bouches, prend la consistance d'un mortier, et devient cette argile solide et pierreuse dont le monticule et tous les bâtimens sont construits, excepté leurs *nourriceries*.

D'AUTRES galeries remontent, s'étendent horizontalement de tous côtés, et se prolongent près de la surface, à une grande distance : car si vous détruisez autour de votre maison tous les nids de termites dans l'espace de trois cents pieds à la ronde, les habitans des monticules éloignés, que vous n'aurez point endommagés, conduiront jusque dans vos foyers leurs galeries souterraines, et par la sape et par la mine, envahiront, ravageront vos effets et vos marchandises, et vous causeront de grans dommages, si vous n'êtes sur vos gardes.

Ggg ij

Mais pour revenir aux petites cités, qui sont le centre de ces expéditions perfides, il paroît nécessaire que leurs galeries souterraines soient larges : elles sont les principaux passages par où les travailleurs et soldats vont et reviennent, portant du mortier, du bois, de l'eau ou des provisions; et la pente oblique qu'ils ont soin de donner à ces chemins, est la direction qui convient le mieux à leurs vues ; car les travailleurs ne montent à pic que très-difficilement, et les soldats ne le peuvent point du tout. C'est pour cette raison qu'on voit quelquefois un petit chemin oblique, appendu sur quelques-uns des côtés perpendiculaires de l'édifice intérieur. C'est une espèce de rebord dont la surface supérieure est platte et large d'un demi-pouce ; il monte par gradation, comme un escalier ou comme ces routes taillées sur le côté des montagnes, qui sans elles seroient inaccessibles. C'est par ces inventions et de semblables, que les insectes parcourent avec la plus grande facilité leur immense demeure.

C'est aussi sans doute dans la même intention qu'ils construisent une espèce de pont qui leur sert d'escalier dérobé. Il part du plancher de la grande aire, et va joindre quelques ouvertures sur le côté d'un des piliers droits qui soutiennent les grandes arcades. Ces escaliers doivent abréger considérablement le chemin aux travailleurs chargés de porter les œufs, de la chambre royale à quelques-unes des *nourriceries* supérieures, qui, dans quelques monticules, sont à la hauteur de quatre ou cinq pieds : ils leur épargnent la peine de suivre les sinuosités des passages qui traversent les chambres et les appartemens intérieurs.

J'ai pris mesure d'un de ces ponts : il avoit six lignes de large, trois lignes d'épaisseur, et dix pouces de long; il formoit le côté d'un arc elliptique d'une grandeur proportionnée. Je ne pus concevoir comment il n'étoit pas tombé, brisé par son propre poids, avant que les insectes eussent pu le porter et le joindre au côté de la grande colonne. Il étoit soutenu par une petite arche à la base, et l'on voyoit régner tout le long de la surface supérieure une espèce de creux ou rainure, soit qu'elle eût été pratiquée à dessein, pour le faire traverser avec plus de sureté, ou, ce qui n'est pas invraisemblable, qu'il se fût insensiblement usé à force d'être foulé par les travailleurs. (V. pl. III. fig. 2, perpendiculairement au dessus des lettres E E.)

J'ai décrit avec autant de briéveté que le sujet me l'a permis, et je puis dire sans exagération, ces édifices merveilleux, dont on connoissoit déja la grandeur et la forme, mais dont l'intérieur et les parties les plus curieuses sont si peu connues, que j'ose espérer que ce récit aura du moins le mérite de la nouveauté. Les mots sont insuffisans pour bien décrire un plan d'ouvrage aussi extraordinaire et aussi compliqué : il faut appeler à son secours les différentes figures qui, quoique inférieures encore aux objets représentés, pourront cependant en donner une idée plus juste.

Les nids des termites sont si remarquables par leur grandeur, que les voyageurs qui les ont vus, n'ont guère parlé d'autre chose, et ont généralement nommé les fourmis blanches pour les seules habitantes de ces monticules. Cependant ceux qui sont bâtis par la plus petite espèce de ces insectes sont en grand nombre, et quelques-uns sont vraiment dignes d'attention; sur-tout une espèce particulière de nids, que j'ai, d'après leurs formes, appelés nids *tourelles*. Ils sont beaucoup moins grands que les précédens, et plus petits encore, si l'on en compare la grandeur avec celle des insectes qui les bâtissent; mais leur forme extérieure est plus curieuse ; et si l'on considère leur solidité, on les regardera encore comme de prodigieux édifices pour un si petit animal (*).

Ce sont des cylindres droits, composés d'une terre ou argile noire, hauts d'environ deux pieds trois ou quatre pouces, et couverts d'un toit de la même terre, en forme de cône dont la base s'élargit et excède de

---

(*) Si l'on calcule leur hauteur par la grandeur des bâtisseurs, et qu'on les compare avec nos édifices, d'après la même échelle, on trouvera qu'ils sont quatre ou cinq fois plus hauts que nos plus grands monumens, et infiniment plus solides.

trois ou quatre pouces les côtés perpendiculaires du cylindre. La plupart ressemblent pour la forme à un moulin à vent rond ; mais quelques-uns des toits ont si peu d'élévation dans le milieu, qu'ils sont assez semblables au sommet d'un champignon qui a toute sa crue. (Pl. V. fig. 1. 2.)

Quand une de ces tourelles est finie, elle n'est plus ni changée ni agrandie ; mais lorsqu'elle ne peut plus contenir la famille, ils jettent les fondemens d'une nouvelle tourelle à quelques pouces de la première.

Quelquefois, mais rarement, la seconde est commencée avant que l'autre soit finie, et une troisième avant qu'ils aient achevé la seconde. Ils élèvent ainsi cinq ou six de ces tourelles au pied d'un arbre dans l'épaisseur des bois, et en forment un groupe de bâtimens fort singulier. (Pl. V.)

Les tourelles sont si solidement bâties, que la violence du choc qui les attaque, les renversera de leurs fondemens, ou en déchirera la terre ferme et le gravier, plutôt qu'il ne les rompra par le milieu. Dans ce cas, les insectes en recommencent souvent une autre, et la construisent sur les ruines de la tourelle tombée. Ils attachent et cimentent le cylindre avec le terrain, et élèvent dessus une nouvelle tourelle, qui semble ne poser que sur le cylindre horizontal. (Pl. V. fig. 5.)

Tout ce que j'ai observé de plus sur ces nids, c'est la qualité de l'argile dont ils sont formés. C'est une terre riche, végétable et noire, mais qui devient au feu une brique fine, et d'un rouge clair. L'intérieur est assez également divisé en une infinité de cellules de formes irrégulières. Elles sont quelquefois quadrangulaires ou cubiques, et quelquefois pentagones. Mais souvent les angles sont si mal prononcés, qu'une moitié de cellule ressemble à l'intérieur de ces coquilles qu'on nomme *oreilles de mer*. Chaque cellule a deux ou trois entrées, mais il n'y a ni conduits, ni galeries, ni une variété d'appartemens, ni arcades, ni *nourriceries* de bois, etc. etc., et ces tourelles ne renferment pas les merveilles rassemblées dans les nids en monticules.

Il y a des nids *tourelles* de deux grandeurs, bâtis par deux espèces différentes de termites : les plus grands appartiennent au *termes atrox*, qui, lorsqu'il a atteint toute sa croissance, porte un pouce et trois dixièmes, de l'extrémité des ailes d'un côté à l'extrémité des autres. (Pl. VI. fig. 14.) Le *termes mordax*, la plus petite espèce, ne porte que huit lignes d'une pointe des ailes à l'autre. (Pl. VI. fig. 10.)

D'autres nids, bâtis par une autre espèce d'insectes du même genre, le *termes arborum*, ont fort peu de ressemblance avec les premiers, soit dans leur forme, soit dans la matière dont ils sont fabriqués. Ils sont
généralement

généralement sphériques ou ovales, et bâtis dans les arbres (*). Ils sont quelquefois posés entre les tiges, et souvent sur une seule branche qu'ils environnent, à la hauteur de soixante-dix ou quatre-vingts pieds. On en voit d'aussi spacieux qu'une barrique de sucre. Cependant ceux de cette grosseur sont assez rares (**).

Ils sont composés de petites parcelles de bois et de différentes gommes et sucs d'arbres, combinés peut-être avec des sucs d'animaux. Ces industrieux petits êtres en forment une pâte, qu'ils façonnent en une infinité de petites cellules de formes diverses et irrégulières; mais on n'y trouve rien d'amusant et de curieux, que l'immense quantité d'insectes jeunes et vieux qu'on y voit en tout tems pressés en foule. Les habitans cherchent par fois ces fourmilières pour en nourrir de jeunes volailles, et particulièrement des dindons. Les nids sont très-compactes, et si fortement attachés aux arbres, qu'on ne peut les en arracher qu'en les brisant ou en sciant la branche. Ils soutiendront l'effort d'un *tornado*, ou ouragan, aussi long-tems que l'arbre même sur lequel ils sont fixés. Cette espèce présente à-peu-près la forme,

---

(*) La couleur de ces nids, comme celle des tourelles, est noire; leur surface est irrégulière, et leur forme orbiculaire, d'où ils ont été nommés par les premiers voyageurs Anglois qui ont parlé des îles Caraïbes, *Negro-heads*; et par les François, *têtes de Nègres*. Voyez Hunter's Evelyn's Silva, page 17.

(**) Long's Jamaica, tome III, page 887.
Sloane's Jamaica, tome II, page 221 et suiv.

la grandeur, et même la couleur du *termes atrox*. (Pl. VI, fig. 21.)

On trouve quelques nids bâtis dans ces plaines sablonneuses que nous appelons, d'après les Espagnols, *savannes*. Ils ressemblent aux nids en monticules; mais ils sont composés d'une argile noire que les insectes prennent à quelques pouces au dessous du sable blanc. Ils ont la forme d'un cône imparfait, ou d'une cloche, avec leurs sommets arrondis, et sont ordinairement hauts de quatre ou cinq pieds (*). Comme je n'ai vu ceux-ci qu'en passant à travers diverses savannes, à la poursuite d'autres objets, je ne puis dire que très-peu de chose de leurs bâtimens intérieurs. Ils me parurent habités par des insectes à-peu-près aussi gros que les termites belliqueux, peu différens au reste, excepté dans leur couleur qui est un peu moins foncée.

(*) « Les nids de fourmis sont environ larges de quatre pieds à la base, « et hauts de deux pieds, d'une forme sémi-sphérique. Quoique faits « sur le sable mouvant, ils sont si durs, qu'il faut employer les plus « grands efforts pour les briser, et un chariot chargé ne pourroit les « rompre. —— En octobre et novembre ils y ajoutent un nouvel étage. « —— Les cochons de terre (les *petits mangeurs de fourmis* de M. Pennant) « font dans ces nids des trous de huit pouces de diamètre et de six de « profondeur, et *quand une partie des habitans sont détruits, le nid est abandonné; mais quelquefois d'autres fourmis le rebâtissent.* « (Ce dernier paragraphe ne nous paroît qu'une conjecture.) Voyage au Cap, par M. l'abbé de la Caille, pages 305—356.

Oviédo dit aussi que les fourmis font des fourmilières aussi hautes qu'un homme.

Après avoir pris une idée des nids, le lecteur doit lire sans impatience la description plus détaillée des insectes eux-mêmes, préliminaire indispensable pour pouvoir se familiariser avec leur économie et leur administration, avec leur manière de bâtir, de combattre, de marcher en corps. Nous parlerons aussi de leur utilité dans la création, et des grands dégâts qu'ils font dans les possessions des hommes.

Dans le nombre de ces faits, on en trouvera, je l'avoue, de fort extraordinaires, et plusieurs qui ne sont pas susceptibles de démonstration : tel est, par exemple, l'ordre qui règne dans une armée de *termites* que j'ai nommés *voyageurs*, et la régularité avec laquelle les *termites belliqueux* se conduisent, lorsqu'ils réparent une brèche faite à leur monticule ; mais les faits singuliers dont on a les preuves sous les yeux, doivent être suffisans pour faire croire les autres. Si quelques personnes doutoient de ma véracité, je les prie de considérer, qu'un amateur de la nature, qui se plait à étudier ses loix dans tous les objets, ne peut être tenté d'outrepasser, pour le seul plaisir de mentir, les bornes de la vérité. Je suis pleinement convaincu que les ouvrages de la création, et l'ordre qui les gouverne, ont été établis dans la plus haute sagesse; qu'il seroit absurde de chercher à les exagérer ou à les diminuer, et qu'une fausseté dans cette occasion ne serviroit qu'à dévoiler l'ignorance de son auteur. D'ailleurs ce que j'avance ici doit être confirmé ou contredit dans deux ou trois ans, puisqu'il sera sans doute scrupuleusement examiné par tous les curieux qui visiteront les régions du tropique.

J'AI déja observé que dans chaque espèce de termites, il y a trois ordres; celui des insectes travailleurs est toujours le plus nombreux : dans le termite belliqueux, il paroît y avoir au moins cent travailleurs pour un combattant ou soldat. Dans ce premier état, ils ont à-peu-près la longueur d'un quart de pouce, et vingt-cinq insectes pèsent environ un grain : conséquemment ils sont moins grands que quelques-unes de nos fourmis. (Pl. VI, fig. 6.) D'après leur forme extérieure et leur amour pour le bois, ils ont été nommés, par quelques-uns, *poux de bois*, et tout le genre entier a été connu sous cette dénomination, particulièrement chez les François. Ils courent plus vîte que tout autre insecte de leur grosseur, et sont sans cesse empressés dans leurs fonctions (*).

LE second ordre, ou les soldats, ont une forme différente des travailleurs. Quelques auteurs ont cru que ceux-ci étoient les mâles, et que les précédens étoient des insectes neutres; mais c'est une erreur. Les soldats ont seulement subi un changement de forme, et se sont

---

(*) Rochefort, dans son histoire des Antilles, les appelle poux de bois, et parle des dégâts qu'ils font, etc. page 149.

approchés d'un degré de l'état parfait. Ils sont alors beaucoup plus gros, longs d'un demi-pouce, et égaux en poids à quinze travailleurs. (Pl. VI, fig. 8.)

La forme de la tête et des pinces présente encore, entre ces deux individus, une différence remarquable. Dans le premier état, ces parties sont évidemment conformées pour ronger et retenir les corps; mais dans le second, leurs pinces ont exactement la forme de deux alênes fort aiguës, un peu dentelées. (Pl. VI, fig. 9.) Elles ne peuvent servir qu'à percer ou blesser, objet qu'elles remplissent parfaitement; car elles sont aussi solides que les pinces d'une écrevisse, et placées sur une tête forte, dure comme la corne, d'une couleur rembrunie et plus grosse que tout le reste du corps, qui paroît la traîner avec beaucoup de peine. C'est peut-être ce qui les empêche de monter les surfaces perpendiculaires.

Le troisième ordre, ou l'insecte dans son état parfait, a changé de forme encore plus que dans la première métamorphose. La tête, le thorax et l'abdomen diffèrent presque entièrement des mêmes parties dans les travailleurs et les soldats; et de plus l'animal est alors pourvu de quatre ailes, grandes, transparentes, tirant sur le brun, et qui dans le tems de l'émigration, doivent lui servir à aller à la quête d'un nouvel établissement (*). En un

---

(*) Il y en a d'une certaine espèce, dont les ailes sont rouges. — Ces insectes volans sortent des plus grandes fourmilières, et sont merveil-

mot, il est si différent dans sa forme et ses apparences, de ce qu'il étoit dans les deux autres états, qu'il n'a jamais pu être pris pour le même insecte, que par ceux qui l'ont vu dans le même nid ; et ceux-là même, pour la plupart, n'en ont pas voulu croire le rapport de leurs sens. Je fus long-tems du nombre des incrédules, et ce ne fut qu'après les avoir trouvés moi-même dans les nids, que je fus convaincu que les insectes ailés appartiennent à la même famille. (Pl. VI, fig. 1.) On peut cependant ouvrir vingt nids sans en trouver un seul : on ne les y voit qu'immédiatement avant le commencement de la saison pluvieuse ; c'est à cette époque qu'ils subissent la dernière métamorphose, préparatoire à leur émigration. Ajoutez à cela qu'ils abandonnent quelquefois une partie intérieure de leur bâtiment, lorsque la communauté est diminuée par quelque accident que j'ignore. Quelquefois aussi différentes espèces de fourmis réelles s'emparent de vive force d'un de ces nids ; et c'est ce qui arrive souvent à ceux de la plus petite espèce, qui, totalement abandonnés par les termites, sont alors habités par des fourmis, des *cockroaches*, des scolopendres, des scorpions et autres reptiles amateurs des retraites obscures ; tous occupent des quartiers séparés

---

leusement actifs et industrieux. *Kolbein's Cape of Good-Hope.* in-8°. tome II, page 173.

Dapper appelle la fourmi de bois *acolalan*, et dit qu'elle devient aussi grosse que le pouce, et qu'alors elle s'envole. Description de l'Afrique, in-folio, page 459.

de ces spacieux logemens. Voilà comment il peut arriver que dans la nouvelle Hollande on ait trouvé des fourmis réelles dans des nids de termites.

L'insecte ailé a aussi changé de grosseur; son corps porte alors entre sept et huit lignes de longueur, et les ailes environ deux pouces et demi d'une extrémité a l'autre. Ils sont égaux en poids à trente travailleurs environ, ou à deux soldats. Ils ont deux grands yeux, placés sur chaque côté de la tête, et très-saillans. Cet organe, s'il existe dans les deux premiers états, n'est point apparent. Il leur seroit d'ailleurs peu nécessaire; car vivant comme les taupes, perpétuellement sous terre, les travailleurs et soldats ont peu d'occasions de faire usage de la vue; mais c'est autre chose lorsqu'ils arrivent à l'état ailé; il leur faut alors parcourir l'immense plaine de l'air, et faire la découverte de régions lointaines et inconnues. Sous cette forme, l'animal sort durant ou immédiatement après les premiers *tornados*, qui, lorsque la saison de la sécheresse est à sa fin, amènent les pluies; l'insecte attend rarement la seconde ou la troisième ondée, si la première arrive dans la nuit et laisse après elle beaucoup d'humidité (*).

(*) « Le soir j'allai voir M. Harrison à bord. Comme j'étois là, il « s'éleva un ouragan terrible, pendant lequel nous fûmes assaillis par « des nuées d'une espèce de mouches fort grosses, et portant de longues « ailes. Elles voloient dans la flamme des chandelles; leurs ailes s'y « brûloient, et ces insectes retomboient sur la table, qui en fut bien-

Le lendemain matin toute la surface de la terre, et sur-tout celle des eaux, en sont couvertes. Car leurs ailes ne sont faites que pour les porter quelques heures, et après le lever du soleil, on n'en trouve guère qui les aient toutes conservées, à moins que la matinée ne continue d'être pluvieuse. On les voit çà et là épars et *isolés*, voltiger d'une place à l'autre. Une seule inquiétude semble les agiter; ils paroissent n'avoir qu'une affaire, c'est d'éviter leurs nombreux ennemis, sur-tout une certaine espèce de fourmis qui, sur chaque arbrisseau, sur chaque feuille, dans tous les lieux de l'univers, donnent la chasse à cette race infortunée, dont il est probable que, sur plusieurs millions, il ne sera pas donné à un seul couple de trouver un lieu de sûreté, d'accomplir la première loi de la nature, et de poser les fondemens d'une nouvelle république.

Non seulement les fourmis de toute espèce, les oiseaux, les reptiles carnivores, et tous les insectes en sont les chasseurs avides; les habitans de plusieurs contrées, et particulièrement ceux de cette partie de l'Afrique où j'étois alors, les mangent (*). Cependant,

---

« tôt couverte : celles qui ne se brûlèrent point, ne laissoient pas de
« perdre leurs ailes en voltigeant le long de la table, et n'étoient plus
« après que de véritables vers blancs. » Le 10 juin 1732. Moor's Travels, page 118.

(*) M. Konig, dans son essai sur l'histoire des insectes, lu en présence de la société des naturalistes de Berlin, dit que dans quelques

au milieu de leur détresse, ils oublient quelquefois le danger; la plupart n'ont plus d'ailes, mais ils courent

parties des Indes orientales, on fait prendre vivantes, aux vieillards, les reines des termites, pour les fortifier, et que les naturels ont une méthode pour attraper les insectes ailés, qu'ils nomment les femelles, avant le tems de l'émigration. Ils font deux trous au nid, l'un au vent, l'autre sous le vent. A l'ouverture sous le vent, ils adaptent un pot frotté d'une herbe aromatique, appelée dans le pays *bergera*, dont les naturels font plus de cas qu'on ne fait du laurier en Europe. Du côté au vent, ils font un feu avec des matériaux d'une odeur désagréable, qui chasse non-seulement les insectes dans les pots, mais quelquefois aussi des serpens à chaperon; aussi prennent-ils beaucoup de précautions en les délogeant. Par cette méthode, ils attrapent beaucoup de termites, dont ils font, avec de la farine, différentes pâtisseries, qu'ils vendent à bon marché au peuple. M. Konig ajoute que dans la saison où cette nourriture est abondante, l'abus qu'on en fait produit une colique épidémique, accompagnée de dysenterie, qui emporte les malades en trois ou quatre heures.

Les Africains sont moins ingénieux à les prendre et à les apprêter. Ils se contentent de ramasser ceux qui, lors de leur émigration, tombent dans les eaux voisines. Ils les écument avec des calebasses, en remplissent de grandes chaudières, et les font griller dans des pots de fer, sur un feu doux, en les remuant comme on fait le café. Ils les mangent ainsi sans sauce et sans autre apprêt, et les trouvent délicieux. Ils les portent à leur bouche à pleines mains, comme nous les confitures sèches. J'en ai goûté plusieurs fois d'apprêtés de cette manière, et ils m'ont paru un manger délicat, nourrissant et sain. Ils sont quelquefois plus doux, mais point aussi gras, ni aussi rassasians que le ver palmiste, *curculio palmarum*, qu'on sert sur les meilleures tables des Indes occidentales, et sur-tout sur celles des François, comme le mets le plus délicieux de ces contrées.

Pison, *de Laet*, *Maregrave*, et d'autres écrivains, disent que les termites

excessivement vîte, les mâles après les femelles, sans songer alors à leurs ennemis. J'ai quelquefois remarqué deux mâles poursuivant une femelle, et se disputant le prix avec ardeur (*); mais depuis leur métamorphose ils sont absolument dégénérés. Dès lors, un des plus actifs, des plus industrieux, des plus ardens à la proie, un des plus farouches petits animaux qui soient au monde, est tout-à-coup devenu le plus innocent, le plus poltron de tous les êtres. Incapable de faire résistance aux moindres insectes, on le voit entouré d'un

---

sont un aliment ordinaire, et regardé comme sain, dans diverses parties de l'Amérique méridionale.

« *Alia præterea datur grandis species*, tama-ioura *dicta, digiti articulum adæ-*
« *quans, quarum etiam clunes dissecantur et friguntur pro bono alimento.* » Pison, hist. nat. lib. I, page 9; lib. V, 291.

Voy. Marcgr. hist. nat. 56.

« *Denique formicæ hic visuntur grandissimæ, quas indigenæ vulgò comedunt, et*
« *in foris venales habent.* » De Laet, *Americæ utriusque descriptio*, page 333.

« *Formicis vescebantur, easque studiosè ad victum educabant.* » *Ibid.* p. 379.

« Sir *Hans Sloane* dit que le ver du cotonnier est estimé par les Indiens
« et les Nègres, au dessus de la moëlle; ce n'est qu'un gros ver blanc,
« le larve ou fœtus d'un cerambix assez grand (le *lamia tribulus* de Fabri-
« cius), qu'on apporte aussi d'Afrique, où j'ai mangé de ces vers rôtis.
« On trouve probablement cet insecte dans tous les pays où le coton-
« nier (bombax) est indigène. » *Sloane's Jamaica*, vol. II, page 193.

J'ai conversé avec plusieurs voyageurs sur le goût des fourmis blanches; et en comparant nos notes, nous étions tous d'accord qu'elles sont un manger très-délicat et bon. Un d'eux les compare à de la moëlle sucrée; un autre, à de la crême sucrée et à une pâte d'amandes douces.

(*) Ligon les a observés, sans savoir qui étoient ces insectes. *Ligon's Barbadoes*, page 63.

millier de fourmis, d'espèce et de grosseur différentes, qui traînent à leurs nids cette victime annuelle des lois de la nature. Il est étonnant qu'un seul couple échappe à tant de périls et trouve un asile. Quelques-uns cependant ont ce rare bonheur. Ils sont rencontrés par quelques insectes travailleurs qui courent continuellement près de la surface de la terre sous leurs galeries couvertes, et alors ils sont *élus* rois et reines de nouveaux états. Tous ceux qui ne sont pas ainsi conservés, périssent infailliblement, et sans doute dans l'espace d'un jour.

La manière dont les travailleurs protègent le couple heureux contre leurs redoutables ennemis, non seulement au jour du massacre de presque toute leur race, mais encore long-tems après, doit justifier le terme d'*élection* que j'ai employé. Ils les enferment aussitôt dans une petite chambre d'argile, proportionnée à leur grandeur, à laquelle ils ne laissent d'abord qu'une très-petite entrée, qui ne peut donner passage qu'aux travailleurs et aux soldats, et quand la nécessité les force à ouvrir des portes nouvelles, elles ne sont jamais plus larges. Ainsi ces sujets volontaires s'imposent l'obligation de pourvoir aux besoins de leurs souverains, et à ceux de leur nombreuse lignée, de même que celle de les défendre jusqu'à ce qu'ils aient produit une famille capable de partager au moins la tâche avec eux.

Ce n'est qu'alors probablement qu'ils consomment

leur mariage ; car je n'ai jamais vu deux de ces insectes en copulation. Bientôt commence la grande affaire de la propagation ; et bientôt les travailleurs, après avoir construit une petite *nourricerie* de bois, telle que je l'ai décrite, y portent les œufs et s'empressent de les y loger aussi promptement qu'ils peuvent les obtenir de la reine.

A peu près à cette époque, il commence à se faire, dans l'individu de celle-ci, un changement fort extraordinaire et dont je ne connois d'exemple que dans la *chique* (*pulex penetrans* de Linné), et dans différentes espèces de *coccus*, ou cochenille. L'abdomen de cette femelle commence à s'étendre par degrés, et à s'élargir à une si énorme grosseur, que dans une vieille reine il sera quinze cents fois ou deux mille fois plus volumineux que le reste de son corps, et égalera en pesanteur vingt ou trente mille fois un laboureur, comme je m'en suis convaincu en comparant soigneusement, et pesant leurs masses dans leurs différens états. (Pl. VI, fig. 3.) La peau entre les segmens de l'abdomen, s'étend dans toutes les directions ; et à la fin, ces segmens sont reculés d'un demi-pouce les uns des autres, quoique d'abord la longueur de l'abdomen entier ne fût pas d'un demi-pouce. Ces segmens conservent leur couleur brunâtre, et la partie supérieure de l'abdomen est marquée tout le long de barres brunes, transversales, régulièrement placées. Les intervalles qui sont entre elles sont couvertes d'une peau délicate, transparente, de la couleur de la crême fine, un peu obscurcie par la couleur noire des intestins et par un fluide aqueux qu'on apperçoit çà et là au dessous. Lorsque l'abdomen a atteint la longueur de trois pouces, je conjecture que l'animal doit être âgé de plus de deux ans. J'en ai quelquefois trouvé qui avoient presque deux fois cette mesure. L'abdomen est alors d'une forme oblongue et irrégulière, étant contracté par les muscles de chaque segment, et il devient une vaste matrice remplie d'œufs, qui font de longues circonvolutions à travers une quantité innombrable de petits vaisseaux dont ils sont entourés. Un anatomiste qui voudroit les disséquer et développer, trouveroit un sujet digne d'exercer son industrie. Cette singulière matrice n'est pas plus remarquable par son étonnante grosseur que par son mouvement péristaltique, qui ressemble à l'ondulation des flots, et continue sans cesse, sans effort apparent de l'animal; ensorte qu'une partie ou l'autre est toujours se levant ou s'abaissant dans une succession continuelle. Elle pousse sans relâche ses œufs au dehors, jusqu'au nombre de soixante dans une minute (*) (j'en ai souvent fait l'expérience

---

(*) On peut observer dans une reine pleine d'œufs, une séparation le long du dos, et un mouvement continuel d'une extrémité à l'autre, très-semblable à celui qu'on voit dans les vers à soie. (*Account of english ants*, par Gould, page 22.)

Je ne puis assurer que les reines donnent une aussi prodigieuse quantité d'œufs dans tous les tems; mais il sembleroit que la ponte étant

438

sur de vieilles reines), ou quatre-vingt mille et plus dans les vingt-quatre heures.

Le roi, après avoir une fois perdu ses ailes, ne change plus de forme, et ne paroît pas augmenter en grosseur. Il se tient ordinairement caché sous un des côtés du vaste abdomen de la reine. Il ne paroît pas être le principal objet des soins des autres insectes. (Pl. VI. fig. 2.)

Les œufs sont pris par les travailleurs (dont il y a toujours un nombre suffisant en attente dans la chambre royale et dans les galeries adjacentes), et portés aux *nourriceries*. Là, les petits, lorsqu'ils sont éclos, sont pourvus de tout jusqu'à ce qu'ils soient en état de se tirer d'affaire eux-mêmes, et de prendre part aux travaux de la société.

J'ose me flatter que la description qu'on vient de

---

l'effet du mouvement péristaltique, est involontaire chez elles, et que le même nombre, ou à-peu-près, doit être indispensable. L'étonnante multitude d'habitans qu'on trouve dans leurs nids, fortifie puissamment cette opinion.

Depuis la publication de cette relation, M. John Hunter, si célèbre par son savoir et son expérience en anatomie comparée, a disséqué deux jeunes reines : il a trouvé que l'abdomen contient deux ovaires, dans chacun desquels sont plusieurs centaines d'*oviductus*, et dans chaque conduit une grande quantité d'œufs. Il a aussi disséqué des rois ; mais on verra le résultat de ces dissections dans un autre écrit, avec de nouvelles particularités.

lire est faite avec soin, ainsi que mes observations sur le termite belliqueux (ou l'espèce qui construit les plus grands nids) dans ses différens états.

Ceux qui bâtissent les tourelles ou les nids dans les arbres, ont dans plusieurs circonstances beaucoup de ressemblance avec les premiers, tant dans leur forme, que dans leur économie. Ils subissent les mêmes changemens depuis l'œuf jusqu'à l'état ailé. Les reines grossissent aussi en comparaison des *travailleurs*, mais beaucoup moins que les reines *belliqueuses*. Les plus grandes ont d'un pouce à un pouce et demi de long, et ne sont guère plus grosses qu'une plume ordinaire. On voit dans leur abdomen le même mouvement péristaltique, mais à un degré beaucoup inférieur; et comme l'animal est aussi incapable de remuer de sa place, les œufs sont portés par les *travailleurs* aux différentes cellules, et les petits nourris avec soin, comme dans les grands nids.

Il est à remarquer que, dans ces différentes espèces, l'insecte *travailleur* et le *combattant* ne s'exposent jamais en plein air; ils voyagent sous terre ou dans l'intérieur des arbres et des substances qu'ils détruisent, excepté lorsqu'ils ne peuvent marcher le long de leurs passages souterrains, et qu'ils jugent à propos ou nécessaire de chercher leur butin sur terre; dans ce cas, ils font de petits conduits de la même matière dont leurs nids sont construits. La plus grande espèce se sert d'argile rouge ; les bâtisseurs de tourelles, de terre noire ; et les termites, des arbres, de substances ligneuses (*). C'est aussi de

---

(*) « Les petits oiseaux, les volailles, les lézards et autres reptiles, « les recherchent (les termites). Ils sont pour eux des morceaux déli- « cieux. Ces insectes ont donc soin de ne sortir que sous l'abri de leurs « chemins couverts. » Dutertre, in-4°. tome II, page 345.

« La terre de ces environs étoit toute remplie d'une espèce de fourmis « blanches, appelée *vag-vague*, différente de celle que j'ai décrite ailleurs. « Celle-ci, au lieu de faire des pyramides, demeure enfoncée sous « terre, et n'annonce jamais sa présence que par de petites galeries « cylindriques de la grosseur d'une plume d'oie, qu'elle élève contre les « différens corps qu'elle a dessein d'attaquer. Ces galeries sont faites de « terre. Les *vag-vagues* s'en servent comme de chemins couverts, pour « travailler sans être vues ; et tout ce qu'elles attaquent, soit cuir, « drap, linge, livres ou bois, est à coup sûr rongé et consumé. Je me « serois cru fort heureux, si elles n'avoient attaqué que les roseaux de » ma hutte : mais elles percèrent un coffre posé sur des tréteaux, à la « hauteur d'un pied au dessus de terre, et mangèrent la plupart de mes « livres. » (*Adanson's voyage to Guinea*, 179—337.)

Nota. M. Adanson est certainement tombé dans une méprise, en disant qu'elles ne se font jamais connoitre que par leurs chemins couverts ; et il est le premier homme que j'aie entendu se plaindre d'avoir été attaqué vivant par les fourmis blanches. Je soupçonne, quoique les termites se soient avancés jusqu'à son lit, que les morsures qu'il a reçues étoient de *fourmis réelles*, fort nombreuses en ce pays, dont quelques-unes sont imperceptibles et causent beaucoup de douleur ; au lieu que la morsure du termite fait sortir beaucoup de sang, mais ne laisse pas le moindre symptôme de venin. Voyez. les *Antilles de Dutertre*, tome II, page 344 ; et description de l'Afrique, par *Labat*, tome III, page 298.

Voy. Sloane, Ligon, Linné (*termes fatalis*) ; Forskal (*termes arda*), et les différens voyages en Afrique et aux deux Indes.

cet enduit qu'ils doublent la plupart des chemins conduisant de leurs nids dans les différentes parties de la contrée.

S'ils rencontrent un rocher ou quelque autre obstacle, ils prennent leur route sur la surface, et élèvent ces conduits, que nous nommerons leurs *petites galeries* : ils les prolongent quelquefois fort loin, avec des sinuosités et des ramifications. Ils ont, autant qu'il est possible, la précaution de faire ces petites galeries doubles, l'une au dessus du sol, l'autre souterraine et parallèle à la première : si l'une vient à être détruite par quelque choc, ou qu'ils soient alarmés par le pas des hommes ou des animaux, ils se sauvent dans l'autre. Ces petits animaux, comme on voit, ne plaignent jamais leurs peines pour obtenir leur sûreté.

Si l'on entre dans un petit bois peu fréquenté, couvert de petites galeries, il semble qu'ils donnent l'alarme par des sifflemens aigus, qu'on entend très-distinctement. On peut aussitôt après briser et examiner ces conduits : on n'y trouve plus les insectes; ils se sont déja sauvés dans leurs souterrains, par de petits trous pratiqués exprès.

Les petites galeries sont assez grandes pour qu'ils y puissent passer et repasser sans engorgement, quoiqu'elles soient toujours remplies d'insectes en marche.

Elles les garantissent de la lumière, de l'air et de leurs ennemis, dont les plus nombreux, et conséquemment les plus redoutables, sont les vraies fourmis.

Hors la tête, les termites sont extrêmement tendres, et couverts d'une peau fine et délicate : comme ils sont aveugles, ils ne peuvent faire face en plein air aux fourmis, qui voient, et qui sont couvertes d'une forte écaille de corne presque impénétrable. Lorsque les termites sont délogés de leurs petites galeries, les autres fourmis, aussi nombreuses sur terre que les autres dessous, tombent sur eux en foule, et si elles le peuvent, les traînent à leurs nids pour en nourrir leurs petits (*).

(*) Sir *Hans Sloane* s'est certainement trompé dans son Mémoire sur les fourmis de bois. Il est contre toute vraisemblance qu'elles aillent dans les nids des fourmis rouges, et qu'elles les tuent. Il est très-probable que l'erreur est provenue de ce que sir Hans a confondu les deux genres d'insectes, *termes* et *formica*, ce qui fait qu'il ne peut jamais en parler avec justesse. L'inverse de son assertion est plus vraisemblable, c'est-à-dire, que les *fourmis* portent leur pillage jusque dans le nid des *termites*, et les détruisent ; car ces derniers se tiennent toujours, ou dans leurs nids, ou dans leurs galeries couvertes, évitant toute communication avec les autres insectes et animaux, et ne se mêlant jamais avec eux, même après leur mort ; au lieu que la fourmi rode par-tout, et entre dans toutes les crevasses, dans tous les trous assez grands pour la contenir. Elle attaque non-seulement les insectes et les reptiles, mais aussi de plus grands animaux. Voyez *Sloane's voyage to Jamaïca*, tome II, pag. 221—222, pl. CCXXXVIII, *hist. de l'Académie royale des Sciences*, 1701, page 16, *fourmis de visite*.

Ligon parle d'une autre espèce de fourmis, et décrit les galeries des termites. *Ligon's Barbadoes*, pages 64, 65.

Les termites doivent donc être et sont extrêmement jaloux de tenir ces chemins couverts en bon état. Si vous démolissez des petites galeries la longueur de quelques pouces, vous serez étonné de voir avec quelle promptitude ils la rebâtiront : dans leur alarme, ils avancent d'abord dans la partie découverte l'espace d'un pouce ou deux ; mais ils s'arrêtent si subitement, qu'il est aisé de voir qu'ils sont surpris : quoique quelques-uns courent en ligne droite et gagnent au plus vite l'ouverture opposée de la galerie, la plupart retournent sur leurs pas ; dans quelques minutes vous les verrez rebâtissant et réparant la brèche, et dès le lendemain matin, ils en auront reconstruit la longueur de dix ou douze pieds. Si vous la rompez une seconde fois, vous trouverez dans les deux conduits la même quantité d'insectes. Si vous continuez à la détruire plusieurs fois, ils paroissent à la fin vous abandonner la place, et ils en bâtiront une autre dans une direction différente ;

Merian dit que les fourmis font leurs nids à la hauteur de huit pieds, par où je conçois qu'elle veut parler des nids de *termites* : mais lorsqu'elle décrit les mœurs des insectes, c'est certainement d'une certaine espèce de *fourmis* qu'elle parle. Celles qui dépouillent les arbres sont une espèce appelée à Tobago, fourmis *parasols*, parce qu'elles découpent dans les feuilles de certains arbres et des plantes, des pièces presque circulaires, et qu'on les voit toute l'année voyageant depuis les plantes qui sont sur leur chemin jusqu'à leurs nids, tenant chacune à leur mâchoire une de ces pièces circulaires, qui, par leur forme et leur couleur, représentent assez bien un groupe de monde se promenant avec des parasols (*umbrellas*). Merian, *insectes de Swinam*, page 18.

mais si l'ancienne conduit à quelque butin favori, peu de jours après ils la rebâtiront encore, et à moins qu'on ne détruise leur nid, ils n'abandonneront jamais tout-à-fait leur petite galerie.

Les termites des arbres posent aussi quelquefois leurs nids sur les toits ou sur quelque autre partie de la maison, et y font de grands dégâts ; mais la plus grande espèce est la plus destructive, et celle dont il est le plus difficile de se garantir. Ils s'avancent sous terre, descendent sous les fondemens des maisons et des magasins ; delà ils remontent jusqu'à l'aire, ou pénètrent dans les poteaux qui forment les côtés des bâtimens : ils les percent d'un bout à l'autre, en suivant le fil du bois, ou faisant des perforations latérales et des cavités çà et là, à mesure qu'ils avancent.

Tandis que quelques-uns sont ainsi employés à vider les poteaux, d'autres creusent droit, montent tout le long, et entrent dans une solive ou dans quelque partie du toit : s'ils peuvent une fois atteindre le chaume, qui paroît être un de leurs vivres favoris, ils y portent bientôt leur argile liquide, et y bâtissent leurs petites galeries, dirigées en tous sens, suivant l'étendue du toit : alors ils mangent les feuilles et branches de palmier, qu'on emploie dans ce pays au lieu de chaume, et peut-être aussi (car ils paroissent aimer beaucoup la

AU CAP DE BONNE-ESPÉRANCE. 445

variété) le rotin (*), ou autres plantes pliantes, qui servent, comme des cordes, à lier le toit aux poteaux qui le soutiennent. Ainsi, avec l'assistance des rats qui, dans la saison pluvieuse, ont coutume de s'y mettre à couvert et d'y percer des lucarnes, ils sauront ruiner en fort peu de tems une maison de fond en comble; les poteaux seront perforés dans toutes les directions, comme le bois de charpente du fond des vaisseaux, auquel les vers se sont mis; les parties noueuses étant les plus dures, sont toujours gardées pour les dernières (**).

(*) Le rotin ou ratan, roseau des Indes, que l'on fend pour en faire des meubles de canne.

(**) Les vers de mer, si pernicieux à nos vaisseaux, paroissent chargés dans les eaux du même office que les termites ont sur terre. Avec un peu d'examen, on verra qu'ils sont des êtres de la plus grande importance dans la chaîne de la création, et des exemples frappans de cette puissance infiniment sage et bienfaisante, qui forma et qui conserve l'univers dans sa beauté et dans un ordre si merveilleux. Sans la rapacité de ces animaux et d'autres semblables, les rivières du tropique, et l'océan même, seroient engorgés par l'énorme quantité d'arbres déracinés, portés chaque année par les torrens, et dont plusieurs subsisteroient des siècles entiers, et produiroient immanquablement des maux dont, grace à l'heureuse harmonie de notre univers, nous ne pouvons nous former une idée. Tous ces grands corps, consumés par les insectes, sont plus aisément brisés par les vagues, et leurs débris, devenus plus légers, sont plus promptement et plus aisément jetés sur le rivage, où le soleil, le vent, d'autres insectes et divers autres agens, achèvent promptement leur dissolution, et rendent les molécules dont ils étoient formés, « à cette main puissante qui, toujours agissante, » roule les sphères en silence, travaille invisible dans le secret abyme;

En faisant cette opération, ils voient, je ne prétends pas assigner comment, que le poteau a un poids à soutenir; alors, si le chemin leur convient, ou que le bois du poteau leur soit agréable, ils y portent leur mortier, et en remplissent toutes ou la plupart des cavités, laissant libres les routes qui leur sont nécessaires pour parvenir au toit. Ce mélange du ciment et du bois forme un corps si compacte, que dans la suite, lorsqu'on démolit la maison, et qu'on examine si quelqu'un des poteaux peut encore servir, on les trouve souvent réduits à une mince écorce extérieure, et tout le reste métamorphosé en une pétrification aussi solide que les pierres de taille dont on bâtit en Angleterre. La même chose arrive, lorsque les termites belliqueux pénètrent dans une malle ou coffre contenant des habits et autres effets. Si la partie supérieure est pesante, ou qu'ils craignent les fourmis ou d'autres ennemis, ils pratiqueront avec le tems leurs conduits tout au travers,

---

« et delà se manifestant, répand cette brillante profusion des trésors du « printems, darde du soleil le jour enflammé, nourrit toutes les créa- « tures, et lance la tempête dans les airs; cette main qui, au moment « où cette agréable révolution s'opère sur la terre, émeut et anime « toutes les sources de la vie. » [THOMSON.]

On ne peut douter de la propriété qu'ont certains bois de se conserver plusieurs siècles dans l'eau, lorsqu'on voit dans le museum de sir *Ashton Lever*, un des pieux de chêne chassés dans la Tamise au tems que Jules César envahit la grande Bretagne, et qu'on trouve journellement dans les marais d'Angleterre et d'Irlande, des troncs d'arbres qui, restés dans l'eau, les pieux depuis dix-huit cents ans, les arbres depuis plus de deux mille ans, se sont parfaitement conservés.

rempliront une grande parties des vides avec leur mortier, et dirigeront leurs galeries dans tous les sens.

Les termites des arbres, lorsqu'ils entrent dans un coffre, y font assez souvent leur nid, et une fois qu'ils s'en sont emparés, ils le dévastent à loisir. C'est ce qu'ils ont fait à la boîte pyramidale qui contenoit mon microscope : elle étoit d'acajou, et je l'avois laissée pendant quelque mois dans le magasin de M. Campbell, gouverneur de Tobago, tandis que je faisois un voyage aux îles du Vent. A mon retour, je trouvai que ces insectes avoient fait beaucoup de dégât dans le magasin, et entre autres choses, qu'ils avoient pris possession du microscope : excepté le métal, ils avoient tout mangé, les bords du microscope, la table sur laquelle le piédestal étoit fixé, les tiroirs au dessous, et tout ce qu'ils renfermoient. Les cellules étoient bâties tout autour du piédestal et du tube, auquel elles étoient attachées de chaque côté. Tous les verres, qui avoient été couverts de la matière dont ils forment leurs nids, demeurèrent empreints d'une crasse gommeuse, que j'eus beaucoup de peine à nettoyer ; et le vernis qui couvroit les parties de cuivre, fut totalement enlevé. Un autre essaim avoit pris goût aux cerceaux d'une pièce de vieux vin de Madère, et l'avoit fait écouler presque toute entière. Si ceux d'Afrique (les termites belliqueux) avoient été aussi long-tems tranquilles possesseurs d'un semblable magasin, il ne fût pas resté du bâtiment et de tout ce qu'il contenoit vingt livres pesant de bois (*).

CES insectes ne sont pas moins expéditifs à détruire les tablettes, lambris et autres boiseries d'une maison, que la maison même. Ils aiment de prédilection le pin et le sapin; ils en creusent les planches et enlèvent le bois avec une diligence et une industrie merveilleuses. A moins qu'il n'y ait sur la table un livre ou quelque autre objet qui puisse les tenter, ils ne perceront la surface dans aucun endroit; ils mangeront tout l'intérieur, à la réserve de quelques fibres qui tiendront encore les deux côtés unis ensemble; ensorte qu'une planche épaisse d'un pouce, qui paroît solide à l'œil, n'a pas plus de poids que deux feuilles de carton d'égale

---

(*) M. Philipp, capitaine de vaisseau, qui a été quelque tems dans le Brésil au service du Portugal, m'a donné l'anecdote suivante. Un ingénieur revenant de lever des plans du pays, laissa sa malle sur une table. Le lendemain matin ses habits et tous ses papiers étoient détruits par les *fourmis blanches*, ou *coupeurs*, les papiers sur-tout, dont il ne subsistoit plus un seul morceau de la grandeur d'un pouce en carré. Les crayons étoient si complétement détruits, qu'il n'en put retrouver le plus léger fragment, même de la mine de plomb. Les habits n'étoient pas totalement coupés en piéces, mais ils étoient comme une étoffe rongée par les teignes, et l'on pouvoit à peine y trouver un morceau de la largeur d'une piéce de vingt-quatre sous, qui ne fût pas criblé de petits trous. Des pièces d'argent qui se trouvoient dans la malle furent marquées de petites taches noires, produites par une matière si corrosive, qu'on avoit beaucoup de peine à les enlever avec le sable. *Queen's Square*, le mercredi, 17 janvier 1781.

grandeur,

grandeur, lorsque ces animaux en ont été quelque tems en possession (*). Ils commenceront à élever leurs ouvrages, dans les maisons neuves sur-tout, à travers l'aire ou plancher (**), qui souvent est fait d'argile prise de leurs monticules mêmes. Si l'on détruit l'ouvrage, et qu'on fasse du feu à l'endroit où ils se montrent, la nuit suivante ils le recommenceront d'un autre côté ; et s'il arrive qu'ils puissent de bonne heure dans la nuit se faire jour sous un coffre, ils auront percé le fond, détruit et spolié tout ce qu'il contient, avant le lendemain matin (***). En conséquence, nous étions fort soigneux de placer tous nos coffres et malles sur des pierres ou briques, et de les tenir ainsi élevés de quelques pouces au dessus de terre ; précaution néces-

---

(*) Les fourmis blanches mordent si vivement, que dans l'espace d'une seule nuit, elles auront, en rongeant, fait leur chemin au travers d'un coffre de bois très-épais, et l'auront criblé de trous, comme s'il eût été percé de plusieurs coups de fusil à plomb. *Bosman's Guinea*, page 276, 7, 493.

Voy. *Moore's Travels*, page 221 ; voyage de Labat aux îles, tome II, page 331 ; *Hughe's Barbadoes*, page 93.

(**) Les planchers sont en général faits de pierre ou d'argile prise des monticules élevés par ces insectes, qu'on détrempe avec de l'eau, qu'on pétrit, et qui est ensuite battue avec une espèce de battoir, jusqu'à ce qu'elle soit devenue unie, douce et compacte.

(***) Une nuit ils percèrent en peu d'heures un pied de la table, et étant montés de cette manière, ils conduisirent leurs arcades à travers la table, et delà descendirent par le milieu de l'autre pied jusqu'au plancher, heureusement sans faire aucun dommage aux papiers qu'on y avoit laissés. Kempfer, hist. du Japon, vol. II, page 127.

Tome I.

saire pour empêcher les insectes de les trouver aussi promptement, et pour garantir le fond d'une humidité corrosive qui vient de la terre, et d'une foule d'autres insectes et reptiles mal-faisans, tels que des bêtes à cent pieds, bêtes à mille pieds, scorpions, fourmis, etc. qui pourroient aussi s'y nicher.

Quand les termites veulent attaquer les arbres et les branches en plein air, ils ont diverses manières de le faire. Si un poteau dans une haie n'a pas pris racine et végété, on peut s'en rapporter à eux du soin de le détruire : s'il a une écorce saine, ils entreront par le pied, mangeront tout, excepté l'écorce, et le poteau n'en aura pas l'air moins solide. Il arrive aussi qu'un essaim vagabond de fourmis ou d'autres insectes s'y réfugie jusqu'à ce que les vents dispersent le poteau. Mais si les termites ne se fient point à l'écorce, ils commencent par enduire de leur mortier le poteau entier, qui a l'air d'avoir été trempé dans une boue épaisse et que le soleil a séchée. Alors ils travaillent sous ce couvert, et ne laissent souvent que l'enveloppe, ensorte qu'un pieu gros comme le bras, long de cinq ou six pieds, et solide en apparence, si vous venez à le toucher légèrement de votre canne, perd à l'instant sa forme, disparoît comme une ombre, et tombe en poussière à vos pieds. Ils pénètrent souvent dans de gros troncs d'arbre que le tems ou la hache auront abattus ; ils y entrent par le côté qui touche la terre, rongent et emportent à leur loisir tout, excepté l'écorce, sans s'embarrasser de le couvrir de leur mortier ou de remplacer le bois qu'ils en ont ôté, sentant, je ne sais comment, qu'il est inutile de prendre cette peine. Ces troncs creusés m'ont trompé deux ou trois fois dans mes excursions. Il m'est arrivé une fois d'en escalader un, à la hauteur de deux ou trois pieds : il eût été tout aussi sage à moi, de chercher à monter sur un nuage : à l'instant où j'y pensois le moins, je me sentis descendre avec une si grande violence, qu'outre la secousse qui me froissa les dents et me disloqua les os, je fus précipité la tête la première au milieu des arbres et des buissons voisins. Quelquefois, quoique rarement, les insectes attaquent des arbres vivans ; mais jamais, au moins je le présume, avant qu'il ne paroisse aux racines quelques symptômes de corruption, puisqu'il est évident que l'objet principal que ces animaux ont à remplir dans la nature, est de hâter la dissolution des arbres et végétaux, qui, arrivés à leur dernier point de maturité, ne pourroient qu'embarrasser la surface de la terre par une longue et stérile décadence. Ils remplissent si parfaitement cette vue, que rien de périssable ne leur échappe, et il est presque impossible de rien laisser sur la terre de pénétrable, qui y soit en sureté : placez-le où vous voudrez, ils sauront le découvrir avant le lendemain, et sa destruction, ordinairement, ne tarde pas à suivre. Ainsi les forêts ne restent jamais long-tems embarrassées des arbres tombés, branches et troncs; et par-là, comme je l'ai observé, la destruction totale des villes abandonnées, est si complétement opérée, que dans deux ou trois années, un bois épais les a remplacées; et à moins qu'on n'ait employé des poteaux de bois de fer, on ne trouvera pas le moindre vestige d'une maison.

Le premier objet d'admiration dont on est frappé à l'ouverture d'un de leurs nids, est la conduite des soldats. Si vous faites une brèche dans une des parties les plus minces du monticule, et que vous la fassiez brusquement avec une forte pioche, dans l'espace de deux ou trois secondes un soldat paroît, et rôde autour de la brèche, comme pour voir où est allé l'ennemi, et examiner quelle est la cause de l'attaque: il rentre quelquefois, comme pour donner l'alarme; mais le plus souvent il est suivi, peu de tems après, par deux ou trois autres, courant le plus vîte qu'ils peuvent l'un après l'autre, et en désordre. Ceux-ci sont bientôt suivis par une troupe nombreuse de soldats, qui sortent aussi promptement que l'ouverture le permet, et s'avancent de même, leur nombre croissant toujours, tant qu'on continue à battre leur édifice (*). Il n'est pas aisé de décrire la furie qu'ils montrent.

(*) Ils élèvent de petits monticules de sept à huit pieds de haut, si remplis de trous, qu'ils ressemblent plutôt aux rayons des abeilles qu'à des gîtes souterrains. Ces nids de fourmis sont d'une très-petite circon-

Dans leur précipitation ils manquent souvent leur prise, et roulent le long des côtés du dôme; mais ils se remettent aussitôt. Comme ils sont aveugles, ils mordent tout ce qu'ils rencontrent, et font un craquement bruyant, tandis que les autres, en frappant à coups redoublés sur le bâtiment avec leurs tenailles ou forceps, font une petite vibration un peu plus perçante et plus vive que le tictac d'une montre. Je pouvois distinguer ce bruit à la distance de trois ou quatre pieds, et il duroit l'espace d'une minute consécutive, avec de courts intervalles. Tant que l'attaque continue, ils sont dans la plus violente agitation. Si l'un deux peut s'attacher à quelque partie du corps d'un homme, il fait sortir en un instant assez de sang, pour balancer le poids de son corps entier; et si c'est la jambe qu'il a blessée, vous en verrez sur votre bas une tache d'un pouce de large. Ils accrochent profondément leurs mâchoires dès le premier coup, et jamais ne lâchent prise; ils se laissent arracher une jambe après l'autre, et tout le corps morceau à morceau, sans faire la moindre tentative pour se sauver : mais éloignez-vous, et laissez-les agir sans les interrompre, en moins d'une demi-heure ils seront retirés dans le nid, comme s'ils suppo-

---

férence, en proportion de leur hauteur, et si aigus au sommet, qu'à les voir on croiroit qu'un souffle peut les renverser. Un jour j'essayai de faire sauter un de ces sommets avec ma canne, mais le coup n'eut d'autre effet que de faire sortir quelques milliers de ces animaux, pour voir de quoi il étoit question; et je pris mes jambes à mon cou, et je m'enfuis en diligence. *Smith's voyage to Guinea.*

soient que le monstre merveilleux qui a endommagé leur château est parti, et maintenant hors de leur atteinte. Avant que toute la troupe soit rentrée, vous verrez alors les travailleurs en mouvement, et arrivant en foule de différens côtés vers la brèche, ayant chacun dans leur bouche un fardeau de mortier promptement apprêté; ils l'appliquent avec tant de célérité sur les côtés de la brèche, et avec un ordre si précis et si facile, que jamais ils ne s'arrêtent ni ne s'embarrassent l'un l'autre; et vous êtes agréablement surpris, lorsqu'après une scène en apparence de trouble et de confusion, vous voyez un nouveau mur s'élever, et l'ouverture se remplir insensiblement.

Tandis qu'ils travaillent ainsi, presque tous les soldats sont rentrés dans le nid, excepté un petit nombre qu'on voit çà et là, errans et dispersés, un entre six cents ou mille travailleurs; mais jamais ils ne touchent le mortier ni pour l'élever, ni pour le porter.

Un d'eux paroît être particulièrement chargé de conduire les travaux. Il est placé tout auprès du mur qu'ils construisent. Ce soldat semble veiller. Il se retourne tranquillement de tous les côtés. Il lève la tête, par intervalles d'une minute ou deux, et avec ses pinces il bat sur le dôme et fait la même vibration dont j'ai parlé. Ce bruit est immédiatement suivi d'un sifflement perçant qui sort de l'intérieur du dôme, de toutes les cavernes et galeries souterraines, et qui paroît être la réponse de tous les travailleurs ; il est du moins certain qu'à chaque signal vous les voyez se hâter, doubler le pas, et travailler avec encore plus d'activité.

Comme les expériences les plus intéressantes, si elles sont trop répétées ou continuées trop long-tems, lassent à la fin et rassasient l'attention, une nouvelle attaque sur le monticule change à l'instant la scène, et satisfait encore plus la curiosité. A chaque coup, vous entendez un sifflement général ; les travailleurs rentrent aussitôt dans leur édifice avec tant de vitesse, qu'ils semblent s'évanouir tout-à-coup, et dans l'espace de quelques secondes tout est disparu ; mais aussi les soldats sont revenus, nombreux et respirant la vengeance (*). S'ils ne trouvent point d'ennemi, ils rentrent, et les travailleurs reparoissent comme auparavant. On peut ainsi se donner autant de fois qu'on le desire, le plaisir de les voir alternativement combattre ou travailler, et l'on trouvera toujours que, quelque urgente que soit la circonstance, l'ordre qui travaille

---

(*) Il paroît que les soldats ne se retirent de la vue que pour laisser de la place aux travailleurs. En cela ils montrent beaucoup plus de bon sens que le gros de l'espèce humaine ; car dans un incendie, le nombre de gens qui s'assemblent pour regarder, surpasse de beaucoup le nombre de ceux qui viennent pour secourir ; et il arrive rarement, sur-tout dans les grandes villes, une émeute ou une rixe dangereuse, dans lesquelles le bas peuple, les femmes et les enfans, ne soient pas tentés de se mêler.

n'entreprendra jamais de combattre, ni celui qui combat, de travailler.

Nous eûmes de grands obstacles à surmonter pour pouvoir examiner l'intérieur de ces monticules. D'abord les appartemens qui entourent la chambre royale, les *nourriceries*, etc. sont humides, et conséquemment l'argile est molle et fort fragile; ces parties ont aussi entre elles une si étroite connexion, une sorte d'emboîtement si exact, qu'on ne peut abattre une seule arcade sans en faire tomber deux ou trois autres. Ajoutez à cela l'obstination des soldats, qui résistent jusqu'à l'extrémité, et qui disputent opiniâtrément chaque pouce de terrain. Les nègres, qui sont sans souliers, sont forcés de fuir, et les blancs n'échappent qu'avec les jambes ensanglantées. On ne peut laisser subsister debout l'édifice, de manière à se procurer une vue complète des parties intérieures; car tandis que les soldats défendent les dehors, les travailleurs barricadent tous les chemins, ferment tous les passages qui conduisent aux divers appartemens, sur-tout à la chambre royale. Ils en remplissent les avenues avec tant d'art qu'on ne peut la distinguer, tant que la moiteur subsiste; elle n'a l'air que d'une masse informe d'argile (*) : on la reconnoit cependant facilement,

---

(*) La figure 4, pl. IV, a été dessinée sur une chambre royale que j'ai apportée avec moi en Angleterre. Les petites portes avoient été toutes bouchées avant que je fusse parvenu au centre du monticule. Je

d'après

d'après sa situation par rapport aux autres parties de l'édifice, et par la foule de travailleurs et de soldats qui l'environnent, et montrent leur inaltérable loyauté, en mourant sous ses murs. La chambre royale, dans un grand nid, est assez spacieuse pour contenir, outre le couple royal, plusieurs mille serviteurs, et elle en est toujours aussi remplie qu'elle peut l'être. Ces fidèles sujets n'abandonnent jamais leurs offices, même dans la dernière détresse ; car toutes les fois qu'il m'est arrivé d'enlever du nid la chambre royale, et de la conserver, ce que j'ai fait souvent, pendant quelque tems dans un bocal de verre, voici ce que j'ai remarqué : les insectes continuoient de tourner en courant, avec une extrême sollicitude, autour du couple royal, suivant toujours la même direction. Il m'a paru que quelques-uns s'arrétoient à chaque tour près de la tête de la reine, comme pour lui donner quelque chose à manger. Quand ils venoient à l'extrémité de l'abdomen, ils en enlevoient les œufs, et les mettoient en pile dans quelque partie de la chambre, ou dans le bocal, derrière ou sous quelque morceau d'argile qui leur convenoit le mieux.

---

les ai ouvertes depuis; j'en ai cependant laissé exprès une fermée, telle qu'on voit près de la brèche A, marquée d'une croix. J'ai aussi divers échantillons de chambres royales, et des bâtimens intérieurs, où l'on voit différentes galeries et passages qui ont été fermés tandis que nous étions à attaquer le nid.

Tome I. Mmm

Quelques-unes de ces malheureuses petites créatures rôdoient hors de la chambre, comme pour reconnoître la cause de cette ruine horrible de leur magnifique bâtiment : après plusieurs tentatives inutiles pour sortir du bocal, elles alloient rejoindre leurs compagnons, et continuoient ensemble de tourner jusqu'à la fin autour de leurs communs parens. (Pl. IV, fig. 4. B.) D'autres se plaçant le long de ses côtés, s'attachoient à la vaste matrice de la reine, et avec leurs mâchoires la tiroient de toute leur force, tâchant visiblement de la soulever; mais n'ayant jamais vu aucun effet produit par ces tentatives, je ne puis déterminer si leur but étoit de remuer son corps, ou de la stimuler à se mouvoir elle-même, ou s'ils avoient quelque autre intention. Après beaucoup d'efforts inutiles, ils abandonnoient leur projet et recommençoient à circuler avec les autres.

Pendant ce tems quelques autres insectes rongent l'argile des parties extérieures de la chambre ou de quelques morceaux brisés de l'édifice, et l'humectant de leurs propres sucs, commencent à en former une coquille mince, en forme d'arcade, au dessus de leur reine, comme pour la garantir de l'air, ou pour empêcher qu'elle ne soit vue de quelque ennemi. S'ils ne sont pas interrompus, ils parviendront à la couvrir toute entière avant le lendemain matin, ayant soin de ménager en dedans assez de place pour ceux qui doivent courir autour d'elle.

Le roi est petit, en comparaison de la femelle, et il se tient, comme je l'ai déja dit, placé sous quelque coin de son abdomen. Il s'approche quelquefois de sa tête, mais plus rarement que les autres.

Si, en attaquant le monticule, on ne touche pas à la chambre royale, et qu'en abattant seulement environ la moitié de l'édifice, on laisse à jour quelques milliers de galeries et de logemens, tout sera refermé par de légères couches d'argile avant le lendemain matin. Si l'on renverse l'édifice tout entier, et que les différens bâtimens ne forment plus qu'un amas confus de ruines, pourvu que le roi et la reine ne soient pas tués ou délogés, chaque interstice entre les décombres sera refermé en peu de tems, et si on laisse ces animaux travailler sans trouble, en moins d'un an ils auront rebâti l'édifice entier sur ses premières dimensions.

Une autre espèce de *termites*, ou peut-être de fourmis, sur lesquelles les Nègres n'ont pu me donner aucune lumière, mais que j'appelle *termes viarum*, m'a offert un jour une curiosité intéressante et dont malheureusement, je n'ai pu jouir qu'en passant. Ce fut le hasard qui me procura cet amusement. Après avoir fait une course avec mon fusil, le long de la rivière *Camerankoes*, je repassois une forêt fort épaisse, et marchois en silence, dans l'espérance de trouver quelque gibier, lorsque j'entendis tout-à-coup un sifflement perçant, que je crus être celui d'un serpent, et dont je fus d'abord alarmé. Au premier pas que je fis, nouveau sifflement, dont je reconnus bientôt la cause; mais je fus surpris de ne voir autour de moi, ni petites galeries, ni monticules. Je me détournai de quelques pas du sentier, en avançant du côté d'où partoit le bruit, et je vis une armée de termites, sortant d'un trou sous terre, qui n'avoit guère que quatre ou cinq pouces de large. Ils sortoient en très-grand nombre et avançoient, à ce qu'il paroissoit, le plus promptement qu'il leur étoit possible. Après avoir ainsi parcouru un peu moins de trois pieds, ils se partageoient en deux colonnes, composées principalement d'insectes du premier ordre, douze ou quinze de front, serrés l'un contre l'autre, allant droit en avant, sans s'écarter ni à droite ni à gauche. Au milieu de la troupe, on voyoit d'espace en espace un des soldats marchant péniblement avec eux sur la même direction, et sans s'arrêter ni se détourner; et comme il paroissoit fatigué de porter son énorme tête, il me rappela l'idée d'un bœuf gras et lourd, au milieu d'un troupeau de moutons. Tandis que le gros de la troupe marchoit avec ardeur, on voyoit une quantité de soldats épars de chaque côté des deux files, à un ou deux pieds de distance, tantôt s'arrêtant, tantôt errant autour, comme s'ils eussent été à la découverte, dans la crainte que quelque ennemi ne vînt fondre à l'improviste sur les travailleurs. Mais l'objet le plus extraordinaire de cette marche étoit la conduite de quelques autres soldats, qui ayant monté sur les plantes clair-semées dans l'épaisseur de la forêt, s'étoient placés sur la pointe des feuilles à une élévation de dix ou quinze pouces au dessus de terre, et dominoient l'armée marchant au dessous d'eux. De tems en tems, l'un ou l'autre battant la feuille de ses pinces, faisant ce *tictac* que j'ai si souvent vu faire au soldat inspecteur ou surintendant des termites belliqueux. Ce tictac produisoit dans la marche de ceux-ci un effet pareil ; car à chaque signal toute l'armée répondoit par un sifflement, et obéissoit en hâtant le pas. Les soldats qui étoient ainsi montés et qui donnoient ces signaux, restoient tout-à-fait tranquilles dans les intervalles, excepté qu'ils faisoient de tems à autre un léger tour de tête, et paroissoient aussi soigneux de garder leurs postes que les sentinelles d'une armée. Les deux colonnes se réunissoient environ à douze ou quinze pas de leur séparation, sans s'être jamais écartées l'une de l'autre de plus de neuf pieds ; ensuite ils descendoient tous dans la terre par deux ou trois trous. Ils marchèrent ainsi sous mes yeux pendant plus d'une heure que je restai là à les admirer, sans que leur nombre parût grossir ni diminuer, excepté que les soldats quittoient la ligne de la marche pour se placer à différentes distances de chaque côté des deux colonnes, car ils me parurent beaucoup plus nombreux au moment où je quittai la place. Ne m'attendant plus à voir aucun changement dans leur marche, et étant pressé par l'heure de la pleine mer, où nous devions nous rembarquer, je quittai la scène avec quelque regret, dans l'idée qu'une observation d'un jour ou deux de plus auroit pu me conduire à découvrir la raison et la nécessité de cette marche expéditive, et aussi à déterrer leur principal établissement, qui probablement est bâti de la même manière que les vastes monticules que j'ai décrits. Si cela est, leur nid doit être beaucoup plus grand et plus curieux, ces insectes étant d'un tiers plus gros que les autres espèces, et conséquemment leurs logemens doivent être, s'il est possible, plus merveilleux encore. Toujours est-il certain qu'il doit y avoir quelque place fixée pour leur roi, leur reine et leurs petits. Je n'ai point vu l'insecte de cette espèce dans son état parfait.

L'ÉCONOMIE de la nature éclate admirablement dans la comparaison des différentes espèces destinées à vivre sous terre, jusqu'à ce qu'elles aient des ailes, avec cette espèce qui marche par corps nombreux en plein jour : les premières, dans leurs deux premiers états, n'ont point d'yeux, du moins que j'aie pu découvrir : lorsqu'elles arrivent à l'état ailé ou parfait, dans lequel elles doivent sortir, elles sont pourvues de deux yeux très-beaux et brillans ; mais les *termites voyageurs*, destinés à marcher en plein air et à la lumière, sont, même dans leur premier état, doués d'yeux proportionnellement aussi beaux que ceux que reçoivent les insectes des autres espèces, dans leur état parfait.

Fin du premier Volume.

EXPLICATION
DES PLANCHES
RELATIVES AUX TERMITES.

Planche III, *fig.* 1. Le nid en monticules des termites belliqueux, décrit. Page 406

a a a Tourelles qui leur servent à élever et à agrandir les monticules. 409

Fig. 2. Une section de monticule, *fig.* 1, tel qu'il paroîtroit s'il étoit coupé par le milieu, depuis le sommet jusqu'à un pied au dessous de la surface de la terre.

A A Une ligne horizontale du point A sur la gauche, et une perpendiculaire du point A en-bas, se croiseront à la chambre royale. 416

Les parties plus ombrées qui l'environnent, sont les appartemens et passages. Ils semblent n'être laissés vides que pour les serviteurs du roi et de la reine, qui, lorsqu'ils sont vieux, ont besoin de près de cent mille serviteurs chaque jour.

Les parties qui sont moins obscures et moins serrées, sont les nourriceries, entourées de tous côtés, comme la chambre royale, de passages vides, afin que les serviteurs puissent plus aisément porter à ces nourriceries les œufs de la reine, des provisions pour les petits, etc.

Nota. Les magasins de provisions sont situés sans aucun ordre apparent parmi les passages vides qui entourent les nourriceries. 413

B Le sommet de l'édifice intérieur qui, par les arcades dont il est couvert, paroît comme s'il étoit orné de créneaux antiques. 418

C Le

EXPLICATION DES PLANCHES, etc. 465

C Le plancher de l'aire ou nef.   Page 418
DD Les grandes galeries qui montent en spirale de dessous terre jusqu'au sommet.   *Ibid.*
EE Perpendiculairement au dessus sont les ponts.   421
Fig. 3. Un monticule qui se forme, commençant par deux tourelles.   409
Fig. 4. Un arbre avec le nid des termites, des arbres et leur chemin couvert.   425
F F F F Chemins couverts des termites des arbres. *Ibid.*
Fig. 5. Une section du nid des termites des arbres. *Ibid.*
Fig. 6. Un nid des termites belliqueux sur lequel sont montés des Européens, qui semblent observer un vaisseau en mer.
Fig. 7. Un taureau en sentinelle sur un de ces nids, tandis que le reste du troupeau rumine au dessous.   410
GGG Palmiers d'Afrique. C'est avec leurs noix qu'on fait l'*oleum palmæ*.

PL. IV. *fig.* 1. Une section transversale d'une chambre royale.   411
aa Les minces côtés de la voûte, où sont les entrées. *Ibid.*
Fig. 2 Une section en longueur, d'une chambre royale.
b Les entrées.   *Ibid.*
A La porte fermée telle que les travailleurs l'ont laissée.   *Ibid.*
Fig. 3. Une chambre royale vue de face.   *Ibid.*
Fig. 4. La même chambre royale représentée à l'instant où elle est ouverte, laissant voir la reine et ses serviteurs courant autour d'elle.   412
bb Une ligne droite de *b* à *b* suivra la rangée de portes ou entrées.   *Ibid.*
AAA Une ligne tirée d'A à AA croisera la porte qui est

EXPLICATION DES PLANCHES

toujours demeurée fermée, comme on l'a trouvée. Les autres sont représentées comme elles sont depuis que le mortier dont elles étoient bouchées en a été en partie ou totalement enlevé avec un petit instrument.

Page 412

Fig. 5. Une nourricerie. 413

Fig. 6. Une petite nourricerie avec les œufs, les petits, les mousserons et la moisissure, etc. au moment où ils sont tirés hors du nid. 414

Fig. 7. Les mousserons vus à travers une bonne lentille. 415

Pl. V. *fig.* 1 et 2. Les nids tourelles du *termes mordax* et du *termes atrox*, avec les toits achevés. 423

Fig. 3. Une tourelle avec le toit commencé.

Fig. 4. Une tourelle à moitié élevée.

Fig. 5. Une tourelle rebâtie sur une autre abattue.

Fig. 6. Une tourelle rompue en deux.

Pl. VI. *fig.* 1. Un termite belliqueux. n°. 1 et page 400

Fig. 2. Un roi. 438

Fig. 3. Une reine. 436

Fig. 4. La tête d'un insecte parfait, vue au microscope. 429

Fig. 5. Une figure du même insecte avec les (*) *stemmates*, vue au microscope. *Ibid.*

Fig. 6. Un travailleur. 428

Fig. 7. Un travailleur vu au microscope.

Fig. 8. Un soldat. *Ibid.*

Fig. 9. Les pinces d'un soldat, et une partie de sa tête, vues au microscope. 429

(*) Dans les figures 5, 11, 15, 20 et 22, les deux points blancs entre les bords ou côtés sont les *stemmates*.

Fig. 10. Le *termes mordax.* n°. 2 et page 399
Fig. 11. Sa figure avec les *stemmates*, vue au microscope.
Fig. 12. Un travailleur.
Fig. 13. Un soldat.
Fig. 14. Le *termes atrox.* n°. 3, *ibid.*
Fig. 15. Sa figure et ses *stemmates* vus au microscope.
Fig. 16. Un travailleur.
Fig. 17. Un soldat.
Fig. 18. *Idem.* *Ibid.*
Fig. 19. Le *termes destructor.* n°. 4, *ibid.*
Fig. 20. Sa figure et ses *stemmates* vus au microscope.
Fig. 21. Le *termes arborum.* n°. 5, *ibid.*
Fig. 22. Sa figure et ses *stemmates* vus au microscope.
Fig. 23. Un travailleur.
Fig. 24. Un soldat.
Fig. 25. Une reine. 436

TABLE
DES MATIÈRES
CONTENUES DANS LE 1er. VOLUME.

Introduction. Occasion et but du voyage. Quelques réflexions sur les écrivains de voyages. Page xv

CHAP. Ier. *Voyage de Gottenbourg au Cap.* Départ de Gottenbourg en Suède. Description d'une tempête violente. Détresse d'un vaisseau hollandois. Clairs de mer. Dissertation sur la nature et les différentes espèces de ces lueurs. Arrivée au Cap. Page 7

CHAP. II. *Résidence au Cap de Bonne-Espérance, jusqu'au voyage de l'Auteur à la mer du Sud.*

Section I. *Résidence à la ville du Cap.* Description de cette ville et des environs. Visite au gouverneur et au commandant. Esquisse du caractère et de l'histoire du baron *Van Prehm.* 15

Section II. *Résidence à Falsebay.* L'auteur va à Falsebay faire sa visite au résident, dont il doit instruire les enfans. Le soir, un riche paysan le régale, sur la route, de pain rempli de gravier, et de viandes conservées dans le poivre. La politesse particulière à la nation françoise. Contraste avec les usages des Hollandois de cette colonie. L'auteur rencontre au Cap son ancien camarade, le docteur Thunberg. Description de Falsebay et des environs. Politesse hollandoise à table. Histoire d'une Angloise qui alloit pour se marier aux Indes orientales. Chasse aux veaux marins.

TABLE DES MATIÈRES. 469

La torpille. Description de divers poissons, insectes et plantes. Page 33

Section III. *Résidence à Alphen, près de Constance, jusqu'au voyage de l'Auteur à Paarl.* L'auteur va demeurer à Constance avec le résident. Plants de ce canton. Vignobles. L'arbre d'argent. Forme extraordinaire et position de la montagne de la Table. Point de pluie au pied de la montagne. Belle perspective au sud. L'auteur perd son chemin dans la nuit, et aventures qui s'ensuivent. Dissertation sur les vins de Constance et du Cap. Description de Hout-bay. Les Palmites. Diverses espèces de petites gazelles. Plusieurs espèces de *viverra* ou blaireaux. La manière de les prendre, et leurs usages. Un jeune hippopotame. Quel cas on fait de la botanique au Cap. Conduite singulière d'un médecin. 55

Section IV. *Paarl et ses environs.* Lettre à un marin, son confrère, contenant les détails d'une excursion de six semaines, faite à pied en octobre. L'auteur prend à louage, pour lui servir de guide, un bâtard, enfant de famille. Roues, potences et gibets placés sur le chemin public. Nouvelle espèce de *cicindelles* ou vers luisans. Il rencontre un chariot traîné par douze bœufs. Il y monte; mais en descend bientôt après. Concert de *jackals*, de grenouilles et de chouettes. Il est logé et régalé par un esclave. Combat entre l'esclave gardien de la maison et le gardeur de troupeaux. Quelles semences on emploie dans la colonie. Méthode curieuse pour servir à-la-fois Dieu et *Mammona*. Salut d'un *boor*. L'auteur peu galant, se refuse aux vœux d'une esclave. Esclave qui se venge de l'avarice de son maître. L'auteur court le risque d'être chassé de chez une riche veuve, qui vient à s'appercevoir que son chapeau est bordé d'insectes enfilés. Il passe nu une rivière, sur des liasses de palmites, et va botaniser dans une petite île. Conduite d'un meûnier bourru, mais hospitalier. L'auteur fait plaisir à un mari et à sa femme, en leur pronostiquant la mort prochaine de cette dernière. Est bien accueilli par un *boor* savant. La tour de Babel. Soldats ivres. L'auteur obligé, ainsi que son hôte, de s'enfermer, de crainte d'être tué par les esclaves. Distinctions d'amour entre les femmes de diverses nations. Prix des esclaves et du bétail. Conséquences funestes du trafic des esclaves. Son guide n'a pas la moindre idée de la Divinité. Fin de la lettre. Page 88

SECTION V. *Résidence à Alphen, au retour de Paarl.* Observations sur l'uniola et le pisang. 90

CHAP. III. *Voyage à la mer du Sud.*

SECTION I. *Circonstances qui ont donné lieu à ce voyage.* L'auteur fait le tour du monde avec le capitaine Cook, pour seconder M^{rs}. Forster. Raisons qui le déterminèrent à ce voyage. 95

SECTION II. *Voyage du Cap de Bonne-Espérance à la nouvelle Zélande.* Continuation du journal de voyage. 98

SECTION III. *Premier voyage de la nouvelle Zélande à Otahiti, et retour à la nouvelle Zélande.* Quelques évènemens qui n'ont été rapportés, ni par M. Cook, ni par M^{rs}. Forster. 101

SECTION IV. *Second voyage de la nouvelle Zélande à Otahiti, et retour.* Continuation du journal. 108

SECTION V. *Voyage de la nouvelle Zélande à la terre de Feu, et de là plus loin vers le pôle antarctique.* Continuation du journal. 110

TABLE DES MATIÈRES. 471

Section VI. *Retour au Cap de Bonne-Espérance.* Retour. Le vaisseau absolument dépourvu de provisions. Page 115

CHAP. IV. *Voyage du Cap au pays des Caffres.*

Section I. *Résidence à la ville du Cap avant le départ.* Situation dangereuse d'un vaisseau dans la baie de la Table. Naufrage. Plusieurs hommes d'équipage sauvés par un vieux soldat monté sur un cheval vigoureux. Cruauté et ingratitude du gouvernement. Humanité des Chinois en ces occasions. Etat du ciel au Cap pendant les mois de mai, juin et juillet 1775. 124

Section II. *Préparatifs pour son voyage dans l'intérieur de l'Afrique.* Préparatifs et équipage pour le voyage. L'auteur achète un chariot et douze bœufs. Il engage M. Immelman, fils d'un officier du Cap, à l'accompagner. 130

Section III. *Voyage du Cap aux bains chauds.* Incommodités de la route. Description des chariots de voyage en Afrique. Description d'une plante. Le sceptre de Gustave. Point de ponts en Afrique. De quelle manière on y passe les rivières avec les chariots. Description du pays à Bott-rivier. Mauvais vin à *Agter de Berg*. L'auteur voit diverses gazelles sur sa route, et des troupes de zèbres. Chasse aux autruches. Manière de compter la longueur du chemin, et d'enharnacher les bœufs. 146

Section IV. *Résidence aux bains chauds.* Description des bains chauds de *Hottentot-holland*. La maison du bain et les fontaines. Analyse chimique des eaux. Cures opérées par ces bains. Dissertation sur leur origine. Restes d'un volcan. Les *onkjes*, fleurs du genre de l'iris. On se nourrit de la plante bulbeuse, et on compte les saisons par le retour annuel de ces plantes. L'auteur tue un chat sauvage dans un arbre. Les différentes espèces de ces chats qu'on trouve dans le pays. Chasse au porc-épic. Perdrix et faisans du Cap, et leur cri *korrim*. L'oiseau des secrétaires, autrement le mangeur de serpens. De quelle manière il les attaque. L'auteur fait de fréquentes visites à un malade des environs. On le paie en lait et en provisions. Chiens sauvages, animaux fort dangereux. Leurs mœurs. Ils se retournent quelquefois lorsqu'on les chasse, et chassent à leur tour ceux qui les poursuivent. Le tygre-loup ou l'hyène mange les cadavres et les ossemens qui infecteroient sans cela l'atmosphère, car les autres bêtes féroces n'y touchent point. Comment il attaque, en lâche et par artifice, les autres animaux. Il sait imiter leurs cris, et les écarter du troupeau pour les dévorer. C'est le plus vorace et le plus vigilant de tous les animaux. Il découvre son approche par son hurlement involontaire, qui paroît provenir de son estomac toujours vide, et toujours affamé. On les laisse entrer la nuit dans la ville du Cap, dont ils nettoient les boucheries. Aventures d'un joueur de trompette ivre, avec une hyène. Cet animal avoit été jusqu'à présent mal décrit. Une hyène mange un des traits du chariot appartenant à l'auteur. Pourquoi on a prétendu que cet animal avoit la propriété de changer de sexe, et de charmer les bergers par sa voix. On en prend rarement et presque jamais à coup de fusil. A quoi sert à l'animal sa fourrure à longs poils.   Page 182

CHAP. V. *Voyage des bains chauds à Zwellendam.* Le conducteur ne sait point la route. Les deux voyageurs ne peuvent se procurer un Hottentot pour mener les bœufs. Ils font de nécessité vertu, et les conduisent eux-mêmes.

Ils

Ils se procurent un Hottentot, qui s'enivre, lui et plusieurs autres, avec l'eau-de-vie de l'auteur. Ils sont en danger d'être tués par les Hottentots ivres. Ils mettent un serpent vivant dans la liqueur. Les Hottentots avalent le poison des serpens, qu'ils regardent comme un puissant préservatif contre leurs morsures. L'auteur trompé dans son attelage de bœufs. L'un d'eux retourne à la maison du vendeur. Description de la ferme et de la forêt de *Tiger hoek*. Description des Hottentots, de leurs personnes, habillemens, ornemens et armes. Ils se frottent de graisse et de suie, ce qui dénature la couleur de leur peau. Ils ont été mal décrits par les auteurs. Les mâles n'ont aucun vice dans les organes de la génération, et les femelles n'ont rien d'extraordinaire. Ce que les Hottentotes ont de plus que les autres femmes est artificiel et non naturel. Les Hottentots se frottent de la poudre de *bucku*. Ils ne portent point aux bras et aux jambes des intestins d'animaux, mais des anneaux de cuir. Comment ils font ces anneaux. Leurs *craals* ou villages, et leurs huttes. Leurs mœurs et leur caractère. Les *hommes-boshis* ou Hottentots sauvages. Leurs maximes et leurs armes. Ils vivent dans les bois, de graines, de chenilles et d'autres insectes. Leur étonnante voracité. Ils sont maigres et fluets, mais une fois réduits en esclavage, ils s'engraissent en peu de semaines. Les colons leur donnent la chasse comme à des bêtes féroces, et vont souvent, comme à une partie de plaisir, les prendre et les asservir. Ils sont sujets à déserter, mais n'emportent jamais rien que ce qui leur appartient. Toujours affamés, la plupart de ceux qui s'évadent meurent d'inanition. Ni ceux-ci, ni les autres Hottentots, n'ont aucune idée, et ne peuvent s'en former aucune de l'Etre suprême. Ils regardent toujours la pluie comme un mal. Ils menacent le tonnerre. Ils ont beaucoup de foi à la sorcellerie. Les sorciers sont leurs médecins, et les guérissent de leurs maladies à force de les battre. Diverses fourberies de ces jongleurs. Quoique superstitieux, les Hottentots n'ont pas peur de la nuit et des ténèbres. Ils semblent pourtant avoir quelques idées des esprits et d'une autre vie. Ils ont une sorte de respect pour des insectes du genre du *mantis*, mais ils ne les adorent point. Ils n'adorent point la lune. Méprise de Kolbe à cette occasion. Le christianisme prêché à *Tyger hoek* par un Moravien, accusé par la suite de rapine et d'avarice. Il n'y reste plus aucune trace de cette religion. Deux filles Hottentotes viennent voir leur chariot par curiosité. Leur conduite édifiante. L'auteur cherche en vain à louer un Hottentot pour mener ses bœufs. A la fin un jeune Hottentot consent à les mener jusqu'à Zwellendam. Lenteur et paresse des Hottentots. Réflexions douloureuses et justes d'un esclave. Etat du ciel pendant le mois d'août. Hessaquas-kloof. Maladie extraordinaire parmi les chevaux. Le landrost de Zwellendam offre de vendre à l'auteur un meilleur attelage de bœufs. Etat du ciel dans ce canton. Zèbres et *quagga*, deux espèces différentes. Le *quagga* ne craint point l'hyène. Mêlé avec d'autre bétail, il peut le défendre contre les attaques de l'hyène. Tous les deux mangent moins, et sont plus forts que les chevaux ordinaires. On pourroit les atteler. Un homme attèle quelques *quagga*, encore sauvages, à sa voiture. Ce qui en arrive. Riet-valley. Langue des Hottentots comparée avec celle des Hottentots-Chinois. Leur musique instrumentale et leurs pipes. Leur manière de fumer. Leur jeu de quadrille. *Page* 250

CHAP. VI. *Voyage de Zwellendam à Muscle-bay.* Singes noirs. Croot-vaders-bosh. Plante nommée *arrête un peu.* Ils s'égarent dans la nuit. Bœufs de selle. L'auteur visite un *craal* hottentot. Se régale de lait conservé dans une peau. Le lait doux est mal sain. Rundganger, capitaine Hottentot. Vain titre. Les capitaines sont espions de leurs compatriotes. Les Hottentots opprimés par les Hollandois, et obligés de s'enfoncer de plus en plus dans l'intérieur du pays. Epine qui porte la gomme arabique. Abondance de lait dans une ferme. Ruisseaux de lait de beurre. Distinction des terrains arides, acides et doux. Le premier rendu fertile par des aqueducs. Vaches qui se rongent mutuellement les cornes. Hottentots changent continuellement de demeure, par des motifs de superstition, et cet usage prévient la détérioration du sol et de leur bétail. Les colons devroient les imiter. L'arbuste du rhinocéros. Débordemens de Gauritz-rivier. Gelée blanche qui n'est que du sel. Description de Mossel-bay. Le pays de Houtniquas. Algoa-bay. Réflexions sur divers abus dans la colonie, et avis pour les réformer. Page 280

CHAP. VII. *Voyage à travers Houtniquas.* Animaux naturels à ce canton. Description du bosh-bok. L'oiseau nommé *hadelde.* Etat du ciel. Presque tout le canton mis en désordre par un baril d'eau-de-vie. Description de la maîtresse hottentote d'un blanc. Bâtards ne sont point baptisés. Stratagême d'un blanc à Batavia, pour faire baptiser son enfant. Comment on construit dans ce district. Les Hottentots aux gages de l'auteur, punis pour s'être enivrés, désertent. Etat du ciel en septembre. 313

CHAP. VIII. *Continuation du voyage à travers Lange-dal.*

TABLE DES MATIÈRES.

Départ de Houtniquas. L'auteur s'égare avec son cheval, passe la nuit au bel air, exposé à une pluie violente. Arta-quas-kloof. Le canton infesté par une herbe dysurétique. L'auteur obligé de passer la nuit dehors, par d'innombrables essaims de mouches, dont les murs de la maison étoient couverts. Manière curieuse de les prendre et de les tuer. Méprise de M. Mason dans les transactions philosophiques. L'arbuste de *canna*, nouvelle espèce de *salsola*; sa description. Manière de fertiliser le pays le plus aride. Ragoût de perdrix à la nouvelle mode. Moutons extraordinairement gras, dont les queues pèsent plus de douze livres. L'auteur saigne un Hottentot. Un Hollandois compatissant. Lamentations des femmes hottentotes sur un agonisant qui revient à la vie. Loutres et poissons d'Afrique. L'auteur trompé par une femme de fermier, dans l'achat d'une paire de bœufs. Une femme dont l'uterus est tombé. L'auteur s'égare encore. Mauvais procédé de quelques Hottentots. Son cheval s'embourbe avec lui. Bergers princes. Misérable condition des Hottentots fugitifs. Monceaux de pierres. Fosses pour attraper de gros gibier. Hottentots des montagnes. Une petite Hottentote qui déserte. Lézard noir. Animaux nommés *dasses* ou blaireaux. Page 334

CHAP. IX. *Suite du voyage de Lange-dal à Sitsikamma, et de là à la rivière de Zee-koe. Kromme-rivier. Eschenbosh.* Le *pneumora*, insecte qu'on suppose ne vivre que d'air. Il approche quand on l'appelle. *Hommes-boshis* qui se régalent de chair d'éléphant. Description et mesures de l'animal. Comment il fut tué par deux fermiers. Discussion sur la meilleure manière de chasser les éléphans. Un homme attaquera seul une troupe d'éléphans. L'éléphant cesse de fuir quand il est blessé. De quelle manière il nage. Il est par fois dangereux de les rencontrer. Anecdotes relatives aux éléphans. Etrange anecdote rapportée par La Caille. Accouplement des éléphans. On ne les a jamais vus en copulation. Deux personnes de la connoissance de l'auteur ont vu des éléphans prêts à s'accoupler. Régime de l'éléphant. Il en coûte fort cher pour les nourrir apprivoisés. Les usages auxquels ils peuvent être employés. Les Nègres en achètent les queues fort cher, par quelques motifs de superstition. Description des queues d'éléphans. Dents fossiles d'éléphant. Os de *mammout* trouvés en Sybérie, ne sont autre chose que des dents d'éléphans. Improbabilité des systêmes de quelques naturalistes. Emigrations du *mus lemmus* et d'autres animaux, viennent à l'appui de l'opinion de l'auteur. Divers traits de la sagacité des éléphans. Naufrage du *Doddington*, vaisseau de la Compagnie des Indes, sur la côte d'Afrique. Ceux qui se sauvent sont volés par les Hottentots. Un capitaine Hollandois envoyé du Cap pour faire des perquisitions sur la cargaison naufragée, revient à dessein sans avoir rien fait. Une fièvre bilieuse règne parmi les Hottentots. Etrange méthode employée par l'auteur pour les guérir. Bal hottentot. Danse des abeilles, danse des babouins. Polygamie des Hottentots. Situation misérable d'un vieux Hottentot polygame. Cérémonies du mariage qui s'accomplissent en aspergeant d'urine le marié et la mariée. Leur manière d'enterrer les morts. Ils enterrent vivans et abandonnent tous les enfans qui ont perdu leur mère. Ils laissent mourir de faim les Hottentots vieux et inutiles. Ce qui peut pallier leur crime. Préparatifs pour traverser le désert. Fourmis blanches mangées par les Hottentots. Les Hottentots croient que les essaims de sauterelles dont la terre est quelquefois couverte, leur sont envoyés pour leur nourriture. Soupe aux sauterelles. Ces animaux sont peut-être utiles en ce qu'ils nettoient les campagnes. Page 397

RELATION sur les termites, par M. Smeatman. 397—463

Fin de la Table.

FAUTES A CORRIGER.

Page 403, *ligne* 10, *il y a* page 105, *lisez* page 399.
Page 146, *il y a* SECTION V, *lisez* SECTION IV.

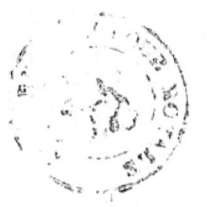

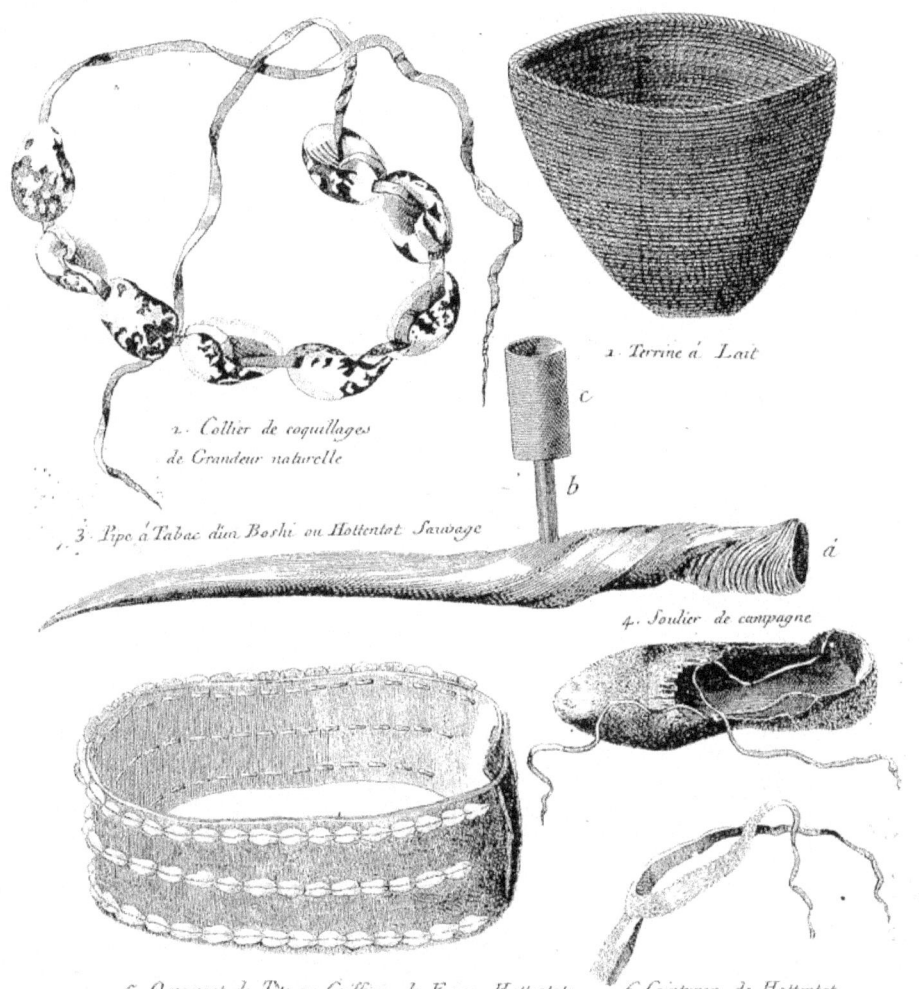

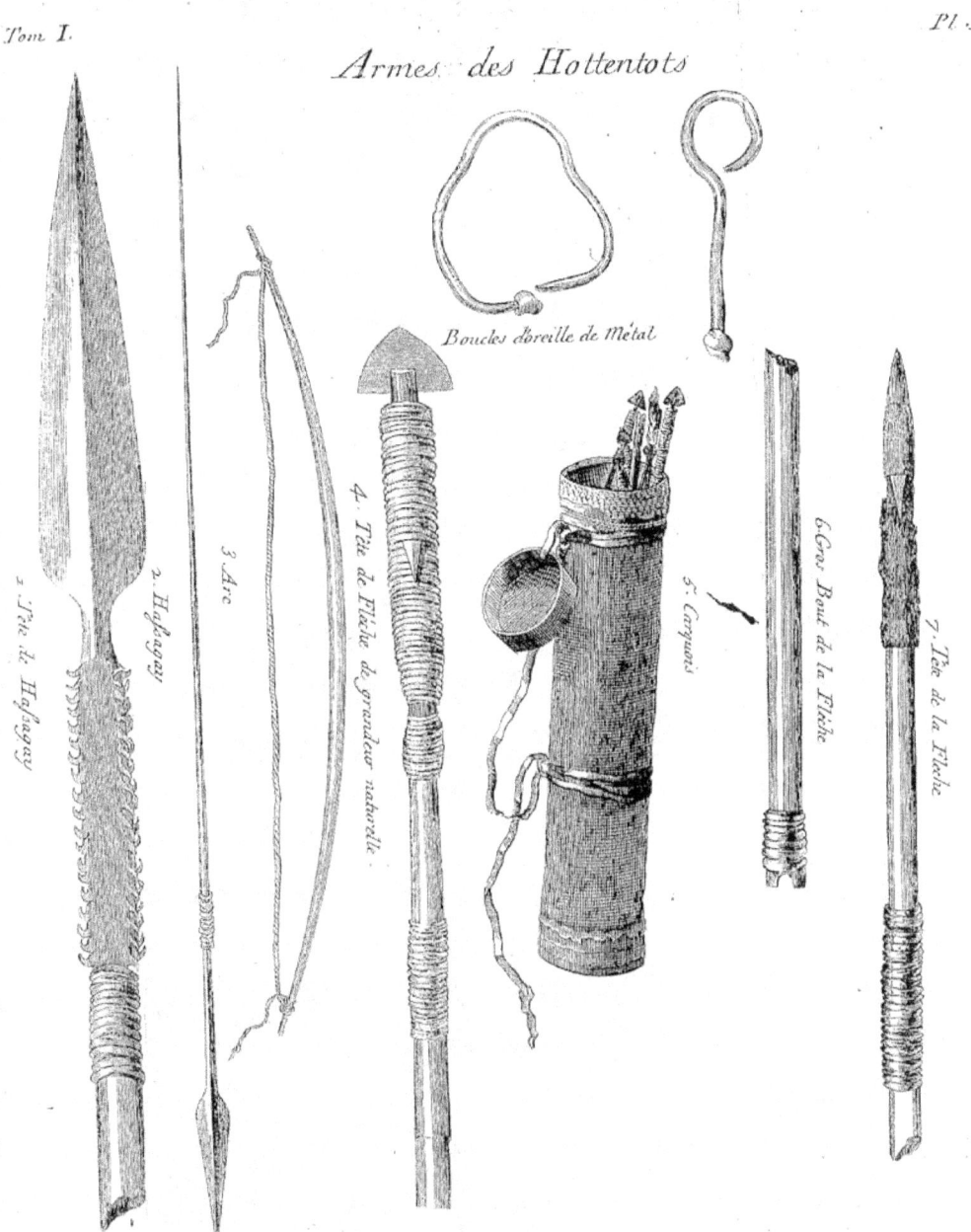

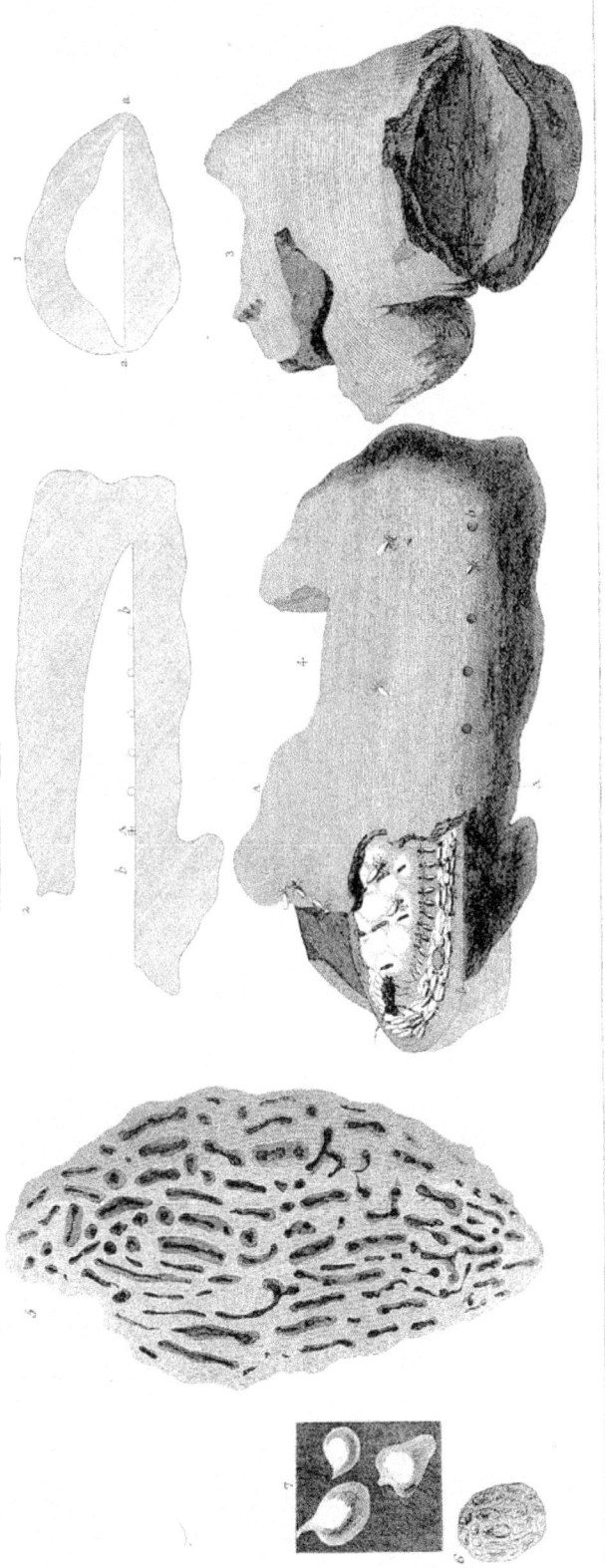

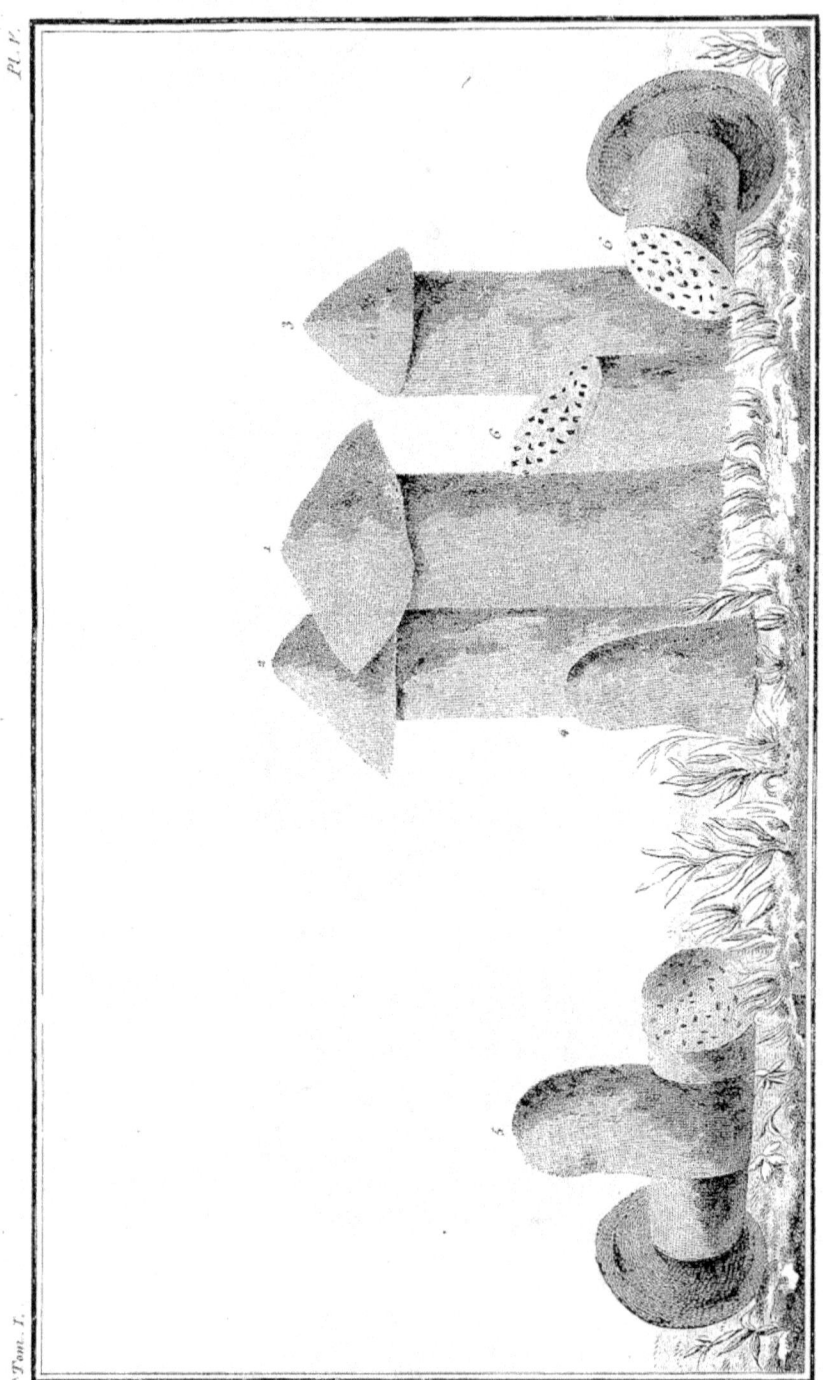